国家出版基金项目
NATIONAL PUBLICATION FOUNDATION

"十三五"国家重点图书出版规划项目

城市安全风险管理丛书

城市交通拥堵风险防控

Prevention and Control of Urban Traffic Congestion Risk

吴 兵 涂辉招 王俊骅 吴志周 编著

同济大学出版社
TONGJI UNIVERSITY PRESS

图书在版编目(CIP)数据

城市交通拥堵风险防控 / 吴兵等编著. —上海：同济大学出版社，2020.11
(城市安全风险管理丛书 / 钟志华总主编)
“十三五”国家重点图书出版规划项目
ISBN 978-7-5608-9509-3

Ⅰ.①城… Ⅱ.①吴… Ⅲ.①城市交通—交通拥挤—风险管理—研究 Ⅳ.①U491.2

中国版本图书馆 CIP 数据核字(2020)第 173367 号

“十三五”国家重点图书出版规划项目
城市安全风险管理丛书

城市交通拥堵风险防控

Prevention and Control of Urban Traffic Congestion Risk

吴 兵 涂辉招 王俊骅 吴志周 编著

出 品 人：华春荣
策划编辑：高晓辉 吕 炜 马继兰
责任编辑：陆克丽霞 宋 立
责任校对：徐春莲
装帧设计：唐思雯

出版发行 同济大学出版社 www.tongjipress.com.cn
(地址:上海市四平路 1239 号 邮编:200092 电话:021-65985622)
经 销 全国各地新华书店、建筑书店、网络书店
排版制作 南京文脉图文设计制作有限公司
印 刷 上海安枫印务有限公司
开 本 787mm×1092mm 1/16
印 张 16.75
字 数 418 000
版 次 2020 年 11 月第 1 版 2020 年 11 月第 1 次印刷
书 号 ISBN 978-7-5608-9509-3
定 价 88.00 元

内容简介

本书概述了城市交通系统的特点和国内外城市普遍面临的交通拥堵问题，从城市交通流特征、交通拥堵风险要素、交通流的不稳定性和交通流的不确定性四个方面阐述了城市交通拥堵的机理，介绍了常发性交通拥堵风险和偶发性交通拥堵风险的评估方法，并从网络规划、设施设计和运行管控三个维度，由面及点构建了全方位的交通拥堵风险防控体系。

本书既是一本有关城市交通拥堵风险知识的普及读物，也是一本供交通决策者、管理者及相关技术人员了解、学习、掌握城市交通拥堵风险防控的推荐读物，可以为城市交通管理行业与相关企业的管理人员提供理论与技术指导。

作者简介

吴　兵

同济大学交通运输工程学院教授、博士生导师，主要研究方向为交通系统分析与优化设计、交通拥挤管理与控制。国家精品资源共享课《交通管理与控制》负责人，曾获上海市教学成果一等奖。主编普通高等教育国家级规划教材 1 部、专著 2 部、交通运输部行业标准和上海市行业标准各 1 部，参编教材 2 部，发表学术论文 80 余篇，主持或参与研究教育部项目、科技部 863 计划主题项目、国家自然科学基金重点和面上项目以及各省市项目等 40 余项。

涂辉招

同济大学城市风险管理研究院副院长，交通运输工程学院教授、博士生导师；交通运输部“交通青年科技英才”。主要从事交通风险管理、智能网联汽车与智慧交通、交通行为分析和交通规划的基础及前沿课题研究工作，已出版专著 2 部、发表高水平学术论文 89 篇，参与主编了交通运输部行业标准 1 部和地方标准 2 部。近年来主持国家自然科学基金项目 3 项、教育部课题 2 项、上海市科委重点课题 2 项；参与教育部创新团队等课题 6 项；获山东省科技进步奖一等奖 1 项，上海市科学技术进步奖二等奖 1 项、三等奖 1 项，中国智能交通协会科技进步奖三等奖 1 项。

王俊骅

同济大学交通运输工程学院道路与机场工程系教授、博士生导师，美国加州大学伯克利分校访问学者，上海市浦江人才。主要研究方向为道路运营安全、道路应急管理和交通大数据应用。近年来主持国家重点研发计划课题 1 项、专题 1 项、“十二五”国家科技支撑计划专题 2 项、国家自然科学基金 2 项、上海市自然科学基金 1 项；发表学术论文 50 余篇，其中 SCI 20 余篇，出版专著 1 部；拥有国家发明专利 2 项，参编国家标准 1 部、地方及行业标准规范 7 部；获国家科学技术进步奖二等奖、上海市科学技术进步奖一等奖、中国公路学会科学技术奖一等奖及其他省部级科技进步二等奖 4 项；获中国工程建设标准化协会“标准科技创新奖”二等奖 1 项。

吴志周

博士、研究员、博士生导师，美国南佛罗里达大学访问学者，现任同济大学交通科学与技术研究院副院长，兼任中国智能运输系统标准化技术委员会委员、中国智能交通协会高级会员、上海市交通与港航发展研究中心特聘研究员、同济大学智能城镇化协同创新中心特聘研究员等职务。主要研究方向为智能交通系统、车联网与自动驾驶、主动交通安全。近年来主持完成国家科技部重点研发计划子课题 3 项、国家自然科学基金面上项目 1 项、省部级课题 20 余项；发表论文 100 余篇；拥有国家发明专利 4 项；先后荣获 2006 年华夏建设科学技术奖三等奖、2011 年上海市科学技术进步奖三等奖、2012 年上海市科学技术进步奖二等奖、2012 年浙江省科学技术进步奖三等奖、2018 年中国智能交通协会科学技术奖一等奖。

“城市安全风险管理丛书”编委会

总序

浩荡40载，悠悠城市梦。一部改革开放砥砺奋进的历史，一段中国波澜壮阔的城市化历程。40年风雨兼程，40载沧桑巨变，中国城镇化率从1978年的17.9%提高到2017年的58.52%，城市数量由193个增加到661个(截至2017年年末)，城镇人口增长近4倍，目前户籍人口超过100万的城市已经超过150个，大型、特大型城市的数量仍在不断增加，正加速形成的城市群、都市圈成为带动中国经济快速增长和参与国际经济合作与竞争的主要平台。但城市风险与城市化相伴而生，城市规模的不断扩大、人口数量的不断增长使得越来越多的城市已经或者正在成为一个庞大且复杂的运行系统，城市问题或城市危机逐渐演变成了城市风险。特别是我国用40年时间完成了西方发达国家一二百年的城市化进程，史上规模最大、速度最快的城市化基本特征，决定了我国城市安全风险更大、更集聚，一系列安全事故令人触目惊心。北京大兴区西红门镇的大火、天津港的“8・12”爆炸事故、上海“12・31”外滩踩踏事故、深圳“12・20”滑坡灾害事故等等，昭示着我们国家面临着从安全管理1.0向应急管理2.0乃至城市风险管理3.0的方向迈进的时代选择，有效防控城市中的安全风险已经成为城市发展的重要任务。

为此，党的十九大报告提出，要“坚持总体国家安全观”的基本方略，强调“统筹发展和安全，增强忧患意识，做到居安思危，是我们党治国理政的一个重大原则”，要“更加自觉地防范各种风险，坚决战胜一切在政治、经济、文化、社会等领域和自然界出现的困难和挑战”。中共中央办公厅、国务院办公厅印发的《关于推进城市安全发展的意见》，明确了城市安全发展总目标的时间表：到2020年，城市安全发展取得明显进展，建成一批与全面建成小康社会目标相适应的安全发展示范城市；在深入推进示范创建的基础上，到2035年，城市安全发展体系更加完善，安全文明程度显著提升，建成与基本实现社会主义现代化相适应的安全发展城市。

然而，受制于一直以来的习惯性思维，当前我国城市公共安全管理的重点还停留在发生事故的应急处置上，突出表现为“重应急、轻预防”，导致对风险防控的重要性认识不足，没有从城市公共安全管理战略高度对城市风险防控进行统一谋划和系统化设计。新时代要有新思路，城市安全管理迫切需要由“强化安全生产管理和监督，有效遏制重特大安全事故，完善突发事件应急管理体制”向“健全公共安全体系，完善安全生产责任制，坚决遏制重特大安全事故，提升防灾减灾救灾能力”转变，城市风险管理已经成为城市快速转型阶段的新课题、新挑战。

理论指导实践，“城市安全风险管理丛书”(以下简称“丛书”)应运而生。“丛书”结合城市安全管理应急救援与城市风险管理的具体实践，重点围绕城市运行中的传统和非传统风险等热点、痛点，对城市风险管理理论与实践进行系统化阐述，涉及城市风险管理的各个领域，涵盖城市建设、城市水资源、城市生态环境、城市地下空间、城市社会风险、城市地下管线、城市气象灾害以及城市高铁运营与维护等各个方面。“丛书”提出了城市管理新思路、新举措，虽然还未能穷尽城市风险的所有方面，但比较重要的领域基本上都有所涵盖，相信能够解城市风险管理人士之所需，对城市风险管理实践工作也具有重要的指南指引与参考借鉴作用。

“丛书”编撰汇集了行业内一批长期从事风险管理、应急救援、安全管理等领域工作或研究的业界专家、高校学者，依托同济大学丰富的教学和科研资源，完成了若干以此为指南的课题研究和实践探索。“丛书”已获批“十三五”国家重点图书出版规划项目并入选上海市文教结合“高校服务国家重大战略出版工程”项目，是一部拥有完整理论体系的教科书和有技术性、操作性的工具书。“丛书”的出版填补了城市风险管理作为新兴学科、交叉学科在系统教材上的空白，对提高城市管理理论研究、丰富城市管理内容，对提升城市风险管理水平和推进国家治理体系建设均有着重要意义。

中国工程院院士

2018 年 9 月

前言

随着我国城市化进程的快速推进，现代城市管理者面临的一个重要课题就是如何进一步提升城市管理水平，以改善城市居民的生活、出行、工作和休憩环境。一直以来，城市交通拥堵始终是城市管理的痛点和难点，给城市运行带来了严重影响。根据相关统计资料，2018 年，由于交通拥堵导致的间接经济损失，美国纽约高达 90 多亿美元，英国伦敦将近 50 亿英镑，德国柏林约为 20 亿欧元，而我国北京则高达数千亿人民币，约占北京市生产总值的 5%。交通拥堵在导致时间和经济双损失的同时，也会诱发交通事故，还会增加车辆的尾气排放，从而污染大气环境。如何缓解城市交通拥堵已成为现代城市管理者所面临的严峻挑战之一。受城市环境、交通条件、人的行为以及气候状况等多种因素的影响，城市交通拥堵状况日趋严峻，因而相应的治理模式和手段都有待完善与提高。因此，对我国城市交通拥堵治理及风险防控进行有针对性的分析与研究，具有十分重要的现实意义。

本书在总体架构上分为两部分：第一部分为城市交通拥堵风险的识别与评估（第 1 章至第 5 章）；第二部分为城市交通拥堵风险的防控方法（第 6 章至第 9 章）。第 1 章主要介绍了城市交通系统的特点和国内外城市普遍面临的交通拥堵问题，并根据调查数据分析了各相关城市的交通拥堵特征及发展趋势，介绍了适用于不同条件的各种拥堵评价指标。第 2 章主要从城市交通流特征、交通拥堵风险要素、交通流的不稳定性和不确定性等四个方面介绍了城市交通拥堵机理。第 3 章主要介绍了统计类、概率类、基于人工智能和基于主观感知的风险评估方法，并阐述了基于风险要素的交通拥堵风险评估方法。第 4 章分别针对路网结构特征、养护施工作业和不良信号控制等方面所引发的交通拥堵，介绍了常发性交通拥堵的风险评估方法。第 5 章分别针对大型活动、交通事故、恶劣天气和其他偶发性事件等方面所引发的交通拥堵，介绍了偶发性交通拥堵风险评估方法。第 6 章主要从网络规划、设施设计、运行管控三个方面构建了交通拥堵风险防控体系。第 7 章到第 9 章则由宏观到微观、由面及点地构建了全方位的交通拥堵风险防控策略和方法。其中，第 7 章主要从道路网络层面介绍了交通拥堵的风险防控策略，第 8 章从快速路和主干路通道层面介绍了交通拥堵的风险防控方法，第 9 章则从交叉口节点层面介绍了交通拥堵的风险防控方法。本书编写分工如下：第 1 章由吴兵、涂辉招和王俊骅负责撰写；第 2 章由涂辉招、王俊骅和吴志周负责撰写；第 3 章由土俊骅、吴志周和涂辉招负责撰写；第 4 章由王俊骅负责撰写；第 5 章由王俊骅和吴兵负责撰写；第 6 章、第 7 章和第 9 章由吴志周负责撰写;第 8 章由涂辉招和吴志周负责撰写。全书由吴兵和涂辉招统稿。在本书的编写过程中,参考了大量文献和资料,在此对原作者表示诚挚的谢意。另外,研究生曾昕、杨玥、崔航、魏海然、杨航等对本书的撰写提供了帮助,在此一并表示感谢。

本书能够列入“城市安全风险管理丛书”,得到了同济大学城市风险管理研究院的大力支持,在此特别表示感谢。

由于时间匆忙和作者水平有限,本书必然存在不足之处,敬请各位读者不吝批评指正。

编著者

2020 年 5 月

目录

1　城市交通系统与交通拥堵

城市道路交通拥堵治理是一个系统工程。充分认识城市交通系统的组成及其功能，了解当前城市道路交通系统的复杂性以及与交通拥堵相关的各类因素，是研究如何有效缓解道路交通拥堵的基础。近年来，国内外许多大城市在普遍面临交通拥堵的困境下，提出了各种缓解技术和相关措施，然而总体上效果并不明显。本章重点介绍国内外主要城市的道路交通拥堵现状和评价方法，提出交通拥堵风险的概念和相关影响因素。

1.1　城市交通系统及交通拥堵情况

1933年，国际现代建筑协会在雅典通过了《雅典宪章》，这是由城市规划师和建筑师们确定的关于现代城市规划设计基本原则的文件，由此人们达成了共识，即城市可以划分为居住、工作、游憩和交通四大功能。其中，交通联系着居住、工作和游憩，是城市应具备的主要功能之一。城市交通是指城区范围内各种用地之间人和物的流动[1]，即这些流动都是以一定的城市用地为出发点，以一定的城市用地为终点，经过一定的城市用地而进行的。城市交通是一个独具特色、由多种类型的交通方式组合而成的交通系统。

城市交通系统是城市社会经济系统中的一个子系统。从构成要素来看，城市交通系统由人、交通工具（车）、交通设施（路）、交通规则及信息等要素和交通环境（城市地理环境、城市形态规模、土地使用、社会环境等）构成。城市交通系统的有效运行取决于诸要素间的整合协同。城市交通系统既包括硬件（设施、设备），也包括软件（技术、政策、法规、信息）；既有整体、综合和动态的内部关系，也与城市社会经济环境相联系，具有多变量、多目标、多层次、多属性等特点。

传统的城市交通系统主要由三部分构成：①城市交通基础设施系统，包括城市道路、桥梁、轨道系统等；②城市客货运输系统，包括公共汽车、电车、出租汽车、地铁、轻轨、人力三轮车、自行车、摩托车以及货运车等交通工具；③城市交通管理和控制系统，包括交通标志标线、信号系统、交通信息采集、传输及控制等交通管制系统等。随着城市功能不断拓展，现代城市交通系统已经发展成为一种立体化、综合化的系统。现代城市交通作为一个集经济性、社会性、公益性于一体的领域，除了传统城市交通系统的构成要素外，还包括管理体制、城市规划布局、投融资体制、交通方式选择、公共交通运营组织和交通需求管理等多方面的内容，涉及管理、法规、规划、工程、经济、财政、教育、文化、环境、能源、信息以及人文等社会经济诸多学科领域。这些方面集成在一起，形成了一个错综复杂的大城市交通系统。

城市交通系统中存在出行者的决策博弈行为，从而使得城市交通系统的运行机理极其复杂，具体表现为：①人流、车流以及道路、交叉口、枢纽等交通工程及管控设施众多且联系紧密；②系统中的人流、车流不仅具有高度智能性，能够针对周围环境的变化做出快速反应，还具有明显的自组织、自适应和自驱动等能力；③系统中运动的人流、车流之间存在强烈的非线性相互作用；④系统具有较强的动态性和随机性，处于不断发展变化中；⑤系统的高度开放性进一步加深了城市交通系统的复杂性。随着城市用地布局的调整、居民出行距离的增加和出行行为的改变，城市交通系统运行中的不确定因素越来越多，交通事故频发，交通拥堵、交通污染与噪声等问题层出不穷且越来越复杂，交通问题已成为诸多城市问题中的关键问题。

交通拥堵是指某一时段道路交通系统局部产生的车辆排队和延误等现象。交通拥堵产生的原因主要有三类：①土地使用不合理所导致的道路功能及路网结构与交通需求不匹配；②偶发性交通事故等非常态事件导致的道路通行能力突然下降；③大型活动或节假日出行等引起的交通需求随机波动[2]。根据 1991 年美国制定的《综合陆上交通运输效率化法案》(*Intermodal Surface Transportation Efficiency Act*)[3]的定义，交通拥堵是指由于交通冲突导致系统性能处于不可接受的水平。因此，从交通供需角度来看，交通拥堵的本质就是交通需求大于交通供给。时至今日，交通拥堵问题仍普遍存在，且对城市运行和居民生活造成了严重影响：机动车被迫低速行驶，这不仅造成了能源浪费，而且也增加了废气排放；居民出行时间增加，由此降低了生活便捷度。城市中交通效率的下降，严重影响了城市的运行效率。交通拥堵及其伴生的环境污染与安全等问题已成为我国首要解决的问题之一。

1.1.1 国外城市交通拥堵情况

成立于 2005 年的 INRIX 公司是一家交通咨询公司，它每年会对世界上部分城市的交通状况进行调查并发布相应的调查报告，这些城市中包含了大部分发达国家的城市。根据每年的 INRIX 调查结果，从全球范围来看，人口和经济的不断增长以及持续的城镇化发展是交通拥堵的根本原因。2017 年，INRIX 的调查覆盖了全球 38 个国家的 1 360 个城市(其中并不含有中国的城市)，依据相关数据分析报告[4]，所调查的城市的交通拥堵情况如下。

1. 所调查的国家与城市的整体交通拥堵情况

1) 所调查的国家的交通拥堵情况

2017 年，交通拥堵问题最严重的前 10 个国家如表 1-1 所列。

表 1-1　　2017 年 INRIX 调查的交通拥堵最严重的前 10 个国家的情况

排名	国家	高峰时段拥堵平均花费时间/h	平均 INRIX 拥堵指数
1	泰国	56	11.0
2	印度尼西亚	51	11.1

（续表）

排名	国家	高峰时段拥堵平均花费时间/h	平均 INRIX 拥堵指数
3	哥伦比亚	49	10.2
4	委内瑞拉	42	8.2
5	俄罗斯	41	9.2
6	美国	41	7.3
7	巴西	36	7.3
8	南非	36	5.9
9	土耳其	32	6.7
10	英国	31	5.6

注：1. 数据来源：INRIX 相关分析报告[4]。
2. 排名指标针对七种主要时期和出行模式：高速公路进出城市高峰期、城市内的高峰期、高速公路进出城市日间出行、城市内日间出行、高速公路进出城市夜间出行、城市内夜间出行、周末在所有道路上出行。
3. 高峰时段拥堵平均花费时间：在过去的一年内，所有通勤者因遭遇拥堵而花费的高峰小时的平均值，其中高峰时段定义为 6:00—9:00 和 16:00—19:00。
4. 平均 INRIX 拥堵指数：INRIX 拥堵指数[4,5]的加权平均值。
5. 对于每个国家，高峰时段拥堵平均花费时间与平均 INRIX 拥堵指数均为该国家主要城市的交通拥堵加权平均值，且权值以城市面积来衡量。

在所涉及的 38 个国家中，泰国连续两年位列交通拥堵程度第一名，该国通勤者在高峰拥堵时段平均花费 56 h。总体来说，INRIX 调查涉及的发达国家较多。

2）所调查的城市的交通拥堵情况

2017 年，交通拥堵最严重的 25 个主要城市排名和相应的拥堵情况如表 1-2 所列。

表 1-2　　2017 年 INRIX 调查的交通拥堵最严重的 25 个城市的情况

排名	城市	国家	洲	高峰时段拥堵花费时间/h	INRIX 拥堵指数	平均拥堵率
1	洛杉矶	美国	北美洲	102	18.3	12%
2	莫斯科	俄罗斯	欧洲	91	20.1	26%
3	纽约	美国	北美洲	91	17.4	13%
4	圣保罗	巴西	南美洲	86	16.9	22%
5	旧金山	美国	北美洲	79	13.7	12%
6	波哥大	哥伦比亚	南美洲	75	16.2	30%
7	伦敦	英国	欧洲	74	14.1	13%
8	亚特兰大	美国	北美洲	70	12.3	10%
9	巴黎	法国	欧洲	69	13.1	13%
10	迈阿密	美国	北美洲	64	11.8	9%

（续表）

排名	城市	国家	洲	高峰时段拥堵花费时间/h	INRIX 拥堵指数	平均拥堵率
11	曼谷	泰国	亚洲	64	12.5	23%
12	雅加达	印度尼西亚	亚洲	63	13.4	20%
13	华盛顿	美国	北美洲	63	10.8	11%
14	波士顿	美国	北美洲	60	10.6	14%
15	伊斯坦布尔	土耳其	欧洲	59	12.2	19%
16	墨西哥城	墨西哥	南美洲	58	12.4	13%
17	芝加哥	美国	北美洲	57	10.3	10%
18	麦德林	哥伦比亚	南美洲	57	11.4	21%
19	克拉斯诺达尔	俄罗斯	欧洲	57	12.4	25%
20	西雅图	美国	北美洲	55	9.6	12%
21	圣彼得堡	俄罗斯	欧洲	54	11.6	21%
22	达拉斯	美国	北美洲	54	9.3	6%
23	苏黎世	瑞士	欧洲	51	9.2	17%
24	里约热内卢	巴西	南美洲	51	10.6	15%
25	慕尼黑	德国	欧洲	51	9.1	16%

注：1. 数据来源：INRIX 相关分析报告[4]。
2. 平均拥堵率：平均拥堵时间百分比，即在七种主要时期和出行模式下拥堵时间与总出行时间比值的均值。

在所调查的全球主要城市中，洛杉矶排名首位，2017 年洛杉矶的驾驶人在高峰时段拥堵中平均花费 102 h，紧随其后的城市有：莫斯科（91 h）、纽约（91 h）、圣保罗（86 h）、旧金山（79 h）、波哥大（75 h）、伦敦（74 h）。除了莫斯科和伦敦，只有一小部分欧洲城市位于全球交通拥堵最严重的 25 个城市之内，其中巴黎位列第九名（69 h）、伊斯坦布尔位列第十五名（59 h）、苏黎世位列第二十三名（51 h）、慕尼黑位列第二十五名（51 h）。位于前 25 名的主要俄罗斯城市有：莫斯科（位列第二名，91 h）、克拉斯诺达尔（位列第十九名，57 h）、圣彼得堡（位列第二十一名，54 h）。

依据统计结果，交通拥堵排名前十的主要城市里，6 个为超大城市。研究表明，由于大城市的知名商业与行政中心等大多区域路网密集，且出行人口众多，相比其他城市而言更易出现严重的拥堵问题。

在所调查的发展中国家里，也有较大规模的城市严重交通拥堵的情形存在，例如曼谷、雅加达等，这些城市往往人口众多、公共交通基础设施匮乏、路网结构混乱，且未充分利用智能交通系统。相比之下，虽然许多发达国家拥有很多拥堵情形较为严重的城市，但除了少数几个城市的交通拥堵排名靠前外，发达国家主要城市的平均交通拥堵程度还是相对较低的。

2. 美国和英国拥堵现状

1）美国

2017 年，INRIX 分析了美国 296 个城市的拥堵情况，在交通拥堵高峰时段美国驾驶人的交通拥堵花费时间平均为 41 h，人均拥堵成本为 1 445 美元，合计成本高达 3 050 亿美元。虽然在国家层面美国的交通拥堵世界排名第六，但美国各个城市在世界拥堵主要城市中占主导地位，在全球拥堵城市中，洛杉矶名列第一，通勤者在高峰拥堵中平均耗时 102 h。此外，纽约位列第三、旧金山位列第五、亚特兰大位列第八、迈阿密位列第十。在交通拥堵最严重的 25 个城市中美国城市就有 10 个。

2）英国

2017 年，INRIX 调查分析了英国 111 个城市的拥堵情况，平均拥堵率比 2016 年增加了 28%，交通拥堵造成的直接和间接成本总计超过 377 亿英镑，在世界各国交通拥堵排行中名列第十，而伦敦是英国最拥堵的城市，在欧洲主要拥堵城市中排名第二。2017 年，伦敦驾驶人在高峰时段拥堵中平均耗费 71 h，人均拥堵成本 2 430 英镑，合计成本高达 95 亿英镑，且其整体拥堵成本还在逐年增长。除伦敦外，曼彻斯特和伯明翰分别名列英国拥堵城市的第二和第三，高峰时段拥堵平均耗费 39 h 和 6 h，人均拥堵成本分别为 1 403 英镑和 1 281 英镑。目前，尽管英国汽车保有量增长缓慢，人均行驶里程数持续下降，但拥堵情况每年仍在加剧，随着电子商务的普及，如何应对城市中心商务车数量的快速增长成为一项新的挑战。英国政府也正在推出一项耗资 11 亿英镑的投资计划以解决英国的交通拥堵问题，同时，英国是引入智能高速公路的先锋，这也为部分路段增加了额外的通行能力[4]。

1.1.2　我国城市交通拥堵情况

进入 21 世纪以来，交通拥堵一直是我国各大城市普遍面临的难题。近几年来，随着我国城镇化进程的不断加快、机动车保有量持续增长，交通出行需求日益丰富，城市道路交通量也迅猛增长，在高峰时段已严重超出城市交通基础设施的运行负荷。交通出行需求与基础设施供给的不匹配使得交通拥堵问题愈发凸显，严重影响了城市的健康发展。

根据 2016—2018 年的中国主要城市交通分析报告[5-7]，采用高峰拥堵延时指数进行分析与排名，我国交通拥堵状况如下。

1. 整体拥堵状况

1）2016 年

2016 年，全国有 1/3 的城市出行高峰时段通勤受拥堵影响，其中 32 个城市高峰拥堵延时指数超过 1.8，即正常通勤 30 min 在这些城市会再增加 24 min。从城市规模来看，北京和济南分列超大型及Ⅰ型大城市第一[5]。

2）2017 年

2017 年，全国高峰时段超 26%的城市处于拥堵状态，55%的城市处于缓行状态，仅 19%的城市不受高峰拥堵影响(图 1-1);从平峰时段来看,超 63%的城市处于畅通状态,超 35%的城市处于缓行状态。从城市规模来看,仍然是北京和济南分列超大型及Ⅰ型大城市第一[6]。

3) 2018 年

2018 年,全国高峰时段有 13%的城市处于拥堵状态,61%的城市处于缓行状态,26%的城市不受通勤拥堵威胁(图 1-2)。从城市规模来看,北京和济南仍然分列超大型及Ⅰ型大城市第一[7]。

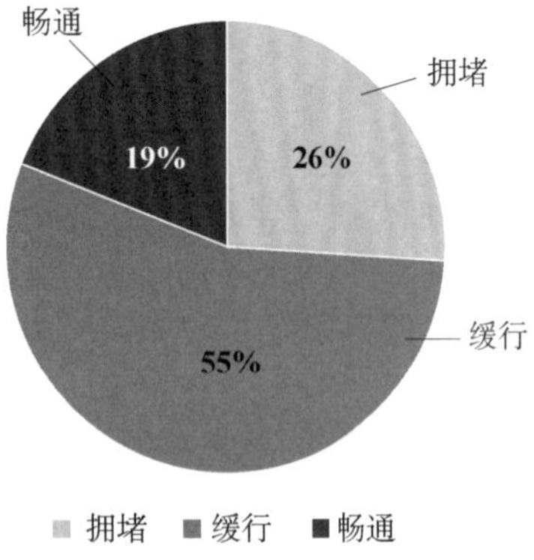

图 1-1 2017 年全国城市通勤高峰时段拥堵状况
(数据来源:2017 年度中国主要城市交通分析报告[6])

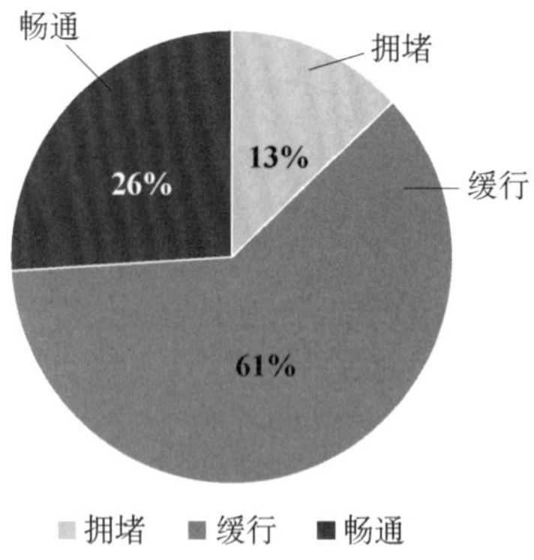

图 1-2 2018 年全国城市通勤高峰时段拥堵状况
(数据来源:2018 年度中国主要城市交通分析报告[7])

2. 交通拥堵特征及变化趋势

1) 2016 年

2016 年,就全国交通拥堵分布来看,一线城市和省会城市交通拥堵程度更高;就交通拥堵变化趋势来看,同比上一年,45 个主要城市中有 82%的城市交通拥堵加重,沿海地区、西部地区的交通拥堵呈加重趋势,而中部地区城市交通拥堵除较大城市加重外,其他城市基本与上一年持平或小幅下降。

同时,一些与省会城市或经济发达城市相邻的城市的区域交通拥堵呈下降趋势,而经济较为发达的城市其交通拥堵呈上升趋势,这说明区域内的经济发达城市虹吸周边小城市的趋势逐渐增强。2016 年 11 月,北京、上海、广州、深圳开始出现交通拥堵由中心城区转向郊区的趋势[5]。

2) 2017 年

2017 年,就全国交通拥堵分布来看,西南地区由于地形等原因高峰时期交通拥堵程度较高;就交通拥堵变化趋势来看,全国 45 个主要城市高峰时段的交通拥堵整体有所缓解,较上一年拥堵率下降了 2.45%,平峰时段的拥堵率下降了 2.1%,超大、特大城市拥堵率下降了 2.5%。同比上一年,51%的城市交通拥堵情况有所缓解,且多数为省会、直辖市或经济发达城市,27%的城市交通拥堵情况基本与上一年持平,22%的城市交通拥堵加剧,全国整体交通拥堵状况良好。

同比 2016 年，2017 年有 10 个城市交通拥堵呈现出向近郊扩散的趋势，分别为北京、上海、天津、南京、武汉、西安、南昌、徐州、杭州、济南，其中除徐州外其余城市均是直辖市或省会。

同时，在 2016 年及 2017 年中，第四季度都是交通最拥堵季度，而第一季度受春节假期影响所以交通拥堵的城市较少，第三季度虽然 9 月较为拥堵，但 7—8 月正是暑期学生放假的时候，外加高温天气，故出行相对减少，所以在第三季度交通拥堵的城市也相对较少[5,6]。

3）2018 年

与 2017 年相比，全国 62%的城市交通拥堵同比下降，27%的城市基本持平，只有 11%的城市交通拥堵呈上升趋势。

2018 年，全国 45 个主要城市整体处于交通拥堵缓解状态。2016—2018 年全国主要城市通勤高峰时段拥堵变化如图 1-3 所示，2016 年高峰时段交通拥堵延时指数处于最高位，其值为 1.68；2017 年的交通拥堵情况较 2016 年略有缓解，高峰时段交通拥堵延时指数为 1.64；2018 年，高峰时段交通拥堵延时指数为 1.60，是三年里最低的，指数降幅明显[7]。

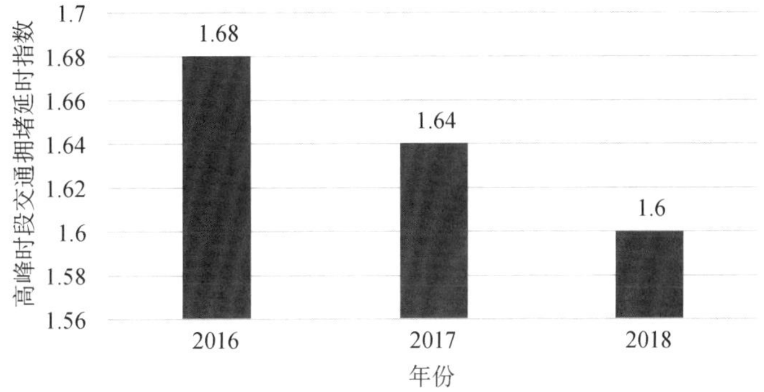

图 1-3 2016—2018 年全国主要城市通勤高峰时段拥堵变化

（数据来源：2018 年度中国主要城市交通分析报告[7]。）

城市交通拥堵情况逐年缓解，这可能与政府对交通治理的重视、城市智能交通系统中新技术的不断应用、基础道路网络的建设和完善、公共交通（尤其是地铁网络）的不断完善有关[7]。

3. 典型拥堵城市

选取北京、上海、广州、深圳、济南作为典型交通拥堵城市进行对比分析，2016—2018 年的交通拥堵统计数据如表 1-3 所列。

表 1-3 典型城市交通拥堵数据统计

城市	交通拥堵排名			高峰时段交通拥堵延时指数			高峰时段实际车速/(km·h^{-1})		
	2016 年	2017 年	2018 年	2016 年	2017 年	2018 年	2016 年	2017 年	2018 年
北京	3	2	1	2.061	2.033	2.032	23.14	22.17	23.35
上海	11	8	8	1.858	1.878	1.847	25.16	23.18	23.27

（续表）

城市	交通拥堵排名			高峰时段交通拥堵延时指数			高峰时段实际车速/($km \cdot h^{-1}$)		
	2016 年	2017 年	2018 年	2016 年	2017 年	2018 年	2016 年	2017 年	2018 年
广州	10	6	2	1.859	1.892	1.911	23.05	24.13	23.96
深圳	6	37	15	1.892	1.751	1.782	24.39	27.08	26.41
济南	1	1	7	2.173	2.067	1.848	19.89	21.12	25.84

数据来源：2016—2018 年度中国主要城市交通分析报告[5-7]。

1）北京

近几年来，在全国主要城市中，北京的交通拥堵情况排名一直靠前，尤其在超大型、特大型城市中一直位列第一。其交通拥堵具有明显的乘数效应和放大效应，一旦某个路段出现拥堵，就会快速蔓延，造成局部地区大范围拥堵。同时，由于高峰时期的出行需求远远超出道路供给能力，城区环路、进出城快速路、主干道、次干道、道路节点等都会是交通拥堵的常发路段，交通运行承担了较大压力[8]。

2016—2018 年，北京交通拥堵情况在高德地图排名稳居前三，尤其在特大型城市交通拥堵排名中始终位列第一。2016—2017 年，北京市昌平、顺义、通州三个区域的交通拥堵有上升趋势，而中心城区的交通拥堵出现普遍缓解的情况，其中丰台区和石景山区拥堵率下降幅度较为显著[5,6]。

2）上海

受道路规划历史遗留问题、机动车控制策略、出租车营运效率等影响[9]，上海的交通拥堵形势十分严峻，虽与北京相比稍好些，但在通勤早、晚高峰及节假日，交通拥堵造成的影响也是十分显著的。

2016—2018 年，在全国主要城市中，上海的交通拥堵情况一直较为严峻，但交通拥堵状况整体上较为稳定、没有出现大的波动，在特大型城市中，交通拥堵状况仅次于北京与广州[5-7]。其中，2017 年上海呈现出中心城区交通拥堵下降、周边城区交通拥堵上升的趋势，其中宝山区交通拥堵上升幅度最大[6]。

3）广州

2016—2018 年，广州的交通拥堵排名一直位于全国前列。2017 年以后，其在特大型城市中交通拥堵排名仅次于北京，且在近三年中交通拥堵呈明显上升趋势。其中，2017 年广州在晚高峰时段交通拥堵情况超过济南，成为当年晚高峰最堵城市[6]。

4）深圳

与北京、上海、广州相比，2016—2018 年深圳的交通拥堵情况整体较好，但变化幅度较大，2017 年以来，在全国主要城市中交通拥堵排名呈上升趋势[5-7]。

5）济南

2016 年，济南在全国主要城市中交通拥堵排名第一，其拥堵主要与 2016 年政府“高快一体”“海绵城市建设”以及新建地铁等城市大面积修路施工有关[5]。2017 年，济南通勤高峰年度排名仍为第一，但在汽车保有量不断增加、GDP 不断增长的情况下，交通拥堵并没有继续恶化，而是同比上一年拥堵基本持平，尽管其依旧是堵车时间最长的城市，但治堵效果显著，同比上一年堵车时间下降了 13.7%[6]。2018 年，受第一季度、第二季度影响，济南在全国主要城市拥堵排名中位列第七，但其下半年交通拥堵缓解较为明显，全年来看，同比 2017 年其交通拥堵降幅达 10.57%，成为唯一下降幅度超过 10%的城市。济南交通拥堵缓解得益于城市的快速路成网以及交通管理部门的治理行动[7]。

1.2 交通状态指数

城市交通拥堵治理的首要工作就是要准确了解城市交通运行状况。国内外普遍采用交通状态指数来表征城市交通运行状况。

1.2.1 美国

为了便于交通管理部门更好地把握交通拥堵的状态与成因，美国提出了多种交通拥堵评价指标，包括行程时间指数（Travel Time Index，TTI）、道路拥堵指数（Road Congestion Index，RCI）、拥堵持续指标（Lane Kilometer Duration Index，LKDIF）、拥堵严重度指标（Congestion Severity Index，CSI）、Tomtom 拥堵指数（Tomtom Congest Index，CI）以及单位出行者延误时间（Average Delay Per Traveler，ADPT）、拥堵成本（Congestion Cost，CC）等[10]。

1. 行程时间指数（TTI）

美国得克萨斯州交通研究所（Texas Transportation Institute）最早提出了交通指数概念。该研究所主要致力于道路交通机动性方面的研究，采用行程时间指数 TTI 来描述道路网络中路段行程时间的随机波动特征，其定义为[11]

$$\begin{aligned}\text{行程时间指数}(TTI) &= \frac{\text{高峰出行时间}}{\text{自由流出行时间}} \\ &= \frac{\text{延误时间} + \text{自由流出行时间}}{\text{自由流出行时间}}\end{aligned} \tag{1-1}$$

TTI 表示高峰期间实际行程时间与自由流状态行程时间的比值。例如，当 TTI 值为 1.30 时，表示 20 min 的自由流出行在高峰出行时段将会花费 26 min。

2. 道路拥堵指数（RCI）

1994 年美国得克萨斯州交通研究所提出道路拥堵指数（RCI）。RCI 定义为不同等级道路（包括高速公路和主干路）每公里平均日交通量的加权平均值，可用来衡量道路交通密度，描述拥堵强度和持续情况，具体计算分为三个步骤[10]。

（1）计算每日车英里数 $DVMT$，公式如下：

$$DVMT = \frac{AVMT}{365} \tag{1-2}$$

式中，$AVMT$ 表示每年的车英里数，该数据由美国联邦公路局提供。

高速公路（freeway）、主干道（arterial）的日车英里数分别由市区道路和乡村道路两部分组成：

$$DVMT_{\text{freeway}} = UDVMT_{\text{freeway}} + RDVMT_{\text{freeway}} \tag{1-3}$$

$$DVMT_{\text{arterial}} = UDVMT_{\text{arterial}} + RDVMT_{\text{arterial}} \tag{1-4}$$

式中 $UDVMT$——市区的日车英里数；

$RDVMT$——乡村的日车英里数。

（2）计算每日车道英里数。日车道英里数由日车英里数除以车道里程得到，即

$$PLM_{\text{freeway}} = \frac{UDVMT_{\text{freeway}}}{ULM_{\text{freeway}}} + \frac{RDVMT_{\text{freeway}}}{RLM_{\text{freeway}}} \tag{1-5}$$

$$PLM_{\text{arterial}} = \frac{UDVMT_{\text{arterial}}}{ULM_{\text{arterial}}} + \frac{RDVMT_{\text{arterial}}}{RLM_{\text{arterial}}} \tag{1-6}$$

式中 PLM——日车道英里数；

ULM——市区车道里程，车道里程为车道线与线路长度的乘积；

RLM——乡村车道里程。

（3）计算道路拥堵指数 RCI，用车英里数与车道英里数的比值经加权后计算，即

$$RCI = \frac{DVMT_{\text{freeway}} \times PLM_{\text{freeway}} + DVMT_{\text{arterial}} \times PLM_{\text{arterial}}}{14\ 000 \times DVMT_{\text{freeway}} + 5\ 500 \times DVMT_{\text{arterial}}} \tag{1-7}$$

若 $RCI \geqslant 1.0$，说明交通处于拥堵状态。

3. 拥堵持续指标（LKDIF）

加利福尼亚州 35 座城市采用 LKDIF 作为评价周期性交通拥堵严重程度的指标，具体计算可分为两个步骤[10]。

（1）判别拥堵路段。该方法采用年平均日交通量与通行能力的比值（V/C 或 $AADT/C$）来判别，当 $V/C > 1.0$ 或 $AADT/C > 9.0$ 时，定义该路段发生交通拥堵。

（2）计算区域 $LKDIF$ 值。以路段上发生交通拥堵的车道长度和持续时间来计算，即

$$LKDIF = \frac{\sum_{i=1}^{N} L_i \times t_i}{N} \tag{1-8}$$

式中 L_i ——拥堵路段的车道长度，km；

t_i ——路段拥堵的持续时间，h；

N ——区域内发生拥堵的路段数。

4. 拥堵严重度指标(CSI)

美国联邦公路管理局以拥堵严重度指标 CSI 作为量化拥堵的指标，将其定义为每百万车公里出行总的车辆延误时间。若只考虑高峰期间，并且该指标统计标准定义为千车公里出行时，CSI 可由式(1-9)计算[10]：

$$CSI = \frac{D_{\text{peak}}}{L_{\text{peak}}} \tag{1-9}$$

式中 D_{peak} ——高峰小时千辆车的出行总延误，h；

L_{peak} ——高峰小时千辆车出行的车公里数。

5. Tomtom Congest Index(CI)

目前，一些北美城市采用 CI 指标评价交通拥堵状况。与 TTI 指标类似，该指标以出行时间比为核心，反映实际出行时间比自由流情况出行增加的时间比例，既能用于宏观分析，又能用于中、微观分析[10]，即

$$CI = \frac{T_{\text{a}} - T_{\text{f}}}{T_{\text{f}}} \times 100\% \tag{1-10}$$

式中 T_{a} ——实际的出行时间，h；

T_{f} ——在自由流下的出行时间，h。

6. 拥堵成本

拥堵成本指标是从经济学角度出发，定义为在拥堵出行中额外时间和额外燃油的价值[12]。

除了上述构建具体的指标模型来评价交通拥堵状况外，2016 年美国《道路通行能力手册》(*Highway Capacity Manual*)(以下简称 HCM2016)[13]中的公路服务水平也可用于评价道路运行状况，其根据高速公路的车流密度、交叉口的平均停车延误和主干路的平均速度来定义。HCM2016 将车速在22 km/h以下的不稳定车流称为拥堵车流[11]。

HCM2016 通过计算平均行程速度与对应公路自由流速度之比(记为 r)，将公路服务水平划分为 6 个等级。

(1) A 级：$r \geqslant 90\%$，自由流状况，交通流中车辆的操控完全不受阻碍，信号控制的延误最小；

(2) B 级：$70\% \leqslant r < 90\%$，合理无阻碍状况，交通流中的机动性仅受到轻微限制，信号交叉口的控制延误不显著；

(3) C 级:50%≤r<70%,稳定运行状况,与 B 级相比,车辆在道路中部的操控和变换车道能力受到较大限制;

(4) D 级:40%≤r<50%,临界运行状态,接近交通流量稍有增加就会引起延误明显增大、行程速度大幅下降的范围;

(5) E 级:33%≤r<40%,延误显著;

(6) F 级:25%≤r<33%,车辆运行速度非常低。

对于一般道路,服务水平采用 C 级即稳定运行状况来控制即可。

1.2.2 欧洲

自 2010 年以来,欧洲大多数国家开始采用 INRIX 指标进行交通拥堵评价。INRIX 指标以各路段的期望速度与实际速度比例为基础,并以各路段的长度为权重计算全路网的指标,且每月统计发布一次[10]。具体计算分为三个步骤。

第一步:计算统计间隔里各路段的 INRIX 指标值 A_{ij}。

数据上传间隔为 15 min,故 15 min 路段 i 的 INRIX 指标值 A_{ij} 的计算公式为

$$A_{ij}=\left(\frac{RS_{ij}}{CS_{ij}}-1\right)\times 100\% \tag{1-11}$$

式中 RS_{ij}——路段 i 第 j 个间隔的参考速度,即自由流下的速度值,km/h;

CS_{ij}——路段 i 第 j 个间隔的计算速度,即实际的运行速度,km/h。

第二步:计算统计间隔里全市的 INRIX 指标值 B_j。

以路段的长度为权重系数,对各个路段的指标值 A_{ij} 进行加权以求得平均 B_j,公式为

$$B_j=\frac{\sum_{i=1}^{N}(A_{ij}\times L_i)}{\sum_{i=1}^{N}L_i} \tag{1-12}$$

式中,N 为全市的路段总数。

第三步:计算全市的月度 INRIX 指标值 II。

每月的数据仅统计该月工作日(周一至周五)的高峰时段(6:00—10:00、15:00—19:00)共 8 h 的交通流数据,月度指标值 II 由该月所有时段的 B_j 平均得到,即

$$II=\frac{\sum_{j=1}^{M}B_j}{M} \tag{1-13}$$

式中,M 表示该月 15 min 间隔总数。

除 INRIX 指标外,一些欧洲城市也采用 CI 指标评价交通拥堵状况。

1.2.3 日本

日本以拥堵度(Degree of Congestion, DC)来衡量交通拥堵状况,定义为某路段实际交通量与一天 24 h 或白天 12 h 的评价基准量之比,类似于饱和度[10]。以白天 12 h 为例,拥堵度的计算公式为

$$DC = \frac{\omega \times Q}{C} \tag{1-14}$$

式中,ω 表示权重系数;

$$\omega = 1 - \frac{\alpha}{100} + \alpha \times \beta / 100 \tag{1-15}$$

式中 α ——大型车辆混入率;

β ——大型车辆的标准车当量系数;

Q ——白天 12 h 的交通总量,veh;

C ——白天 12 h 评价基准交通量,该值可由道路规划等级和设计通行能力、峰值率、同方向率求出,veh。

不同拥堵度所表示的白天 12 h 路网运行水平见表 1-4。

表 1-4 不同拥堵度所表示的白天 12 h 路网运行水平

拥堵度 DC	白天 12 h 路网运行水平
$DC < 1$	畅通
$1 \leqslant DC < 1.75$	拥堵时段逐渐增加
$DC \geqslant 1.75$	慢行,拥堵

拥堵度是反映白天 12 h 交通状态的指标,而不能直接反映各时刻、各地点的交通状态。因此,该指标一般用于宏观评价。

1.2.4 中国

1. 上海

2011 年之前,上海市仅采用红、黄、绿三色来反映城市道路交通运行的畅通与拥堵状况。2011 年,上海市基于市科学技术委员会重点项目《道路交通状态指数及示范应用关键技术研究》(编号:11231202800)[14]的研究成果以及所积累的道路网实时数据提出了道路交通状态指数(又称交通拥堵指数,Traffic State Index, TSI),用量化数值表达道路交通的拥堵程度,分为基本计算模型和加权计算模型。为了便于公众理解和使用交通状态指数指导出行,这项研究将 0~100 指数值划分为 4 个区间,分别对应"畅通""较畅通""拥挤""堵塞"四种拥堵等级。

2016 年 7 月,上海市经市质量技术监督局批准,基于道路交通状态指数形成了地方标准

《城市道路交通状态指数评价指标体系》(DB31/T 997—2016)，并于 2016 年 11 月正式实施[15]。

1）基本计算模型

TSI 定义为单位时间 T 内，拥堵相对正常通行的情况比例。拥堵指数区间为 0～100，数值越趋向 100 代表交通越拥堵，即交通路况越差；数值越小则代表交通越畅通，即交通路况越好。*TSI* 计算原理为

$$TSI_i = \frac{v_f - v_i}{v_f} \times 100 \tag{1-16}$$

式中 v_i—— 路段 i 的行程车速，km/h；

v_f—— 路段 i 的自由流车速，km/h。

指数计算采用的自由流车速是按照多个等级进行筛选和标定的，可按照《上海城市道路分级体系研究》[16]中确定的城市道路各等级车速的设计值，自由流车速阈值范围见表 1-5。

表 1-5　　自由流车速阈值范围

道路等级	高速公路	快速路	主干路	次干路	支路
自由流车速/($km \cdot h^{-1}$)	80～100	60～80	35～40	30～40	20～30

对不同等级道路的统一评价是通过自由流车速 v_f 实现的，对快速路、地面道路需要进行自由流车速标定，以凌晨的实测速度、道路限制速度等作为自由流车速的实施约束。其中，快速路车速建议值为 60～80 km/h，地面道路主干路车速建议值为 35～40 km/h。行程车速是指城市快速路路段或者地面道路基本路段的实时行程车速，分别由感应线圈、GPS 等检测系统采集获取。

2）加权计算模型

在实际计算中，若考虑里程长度、车道数对道路拥堵程度的影响，则需要对里程长度和车道数进行加权，加权计算模型如式(1-17)所示。

$$TSI = \frac{\sum_{i=1}^{I} k_i l_i [(v_f - v_i)/v_f]}{\sum_{i=1}^{I} k_i l_i} \times 100 \tag{1-17}$$

式中 l_i—— 路段 i 的里程长度，km；

k_i—— 路段 i 的车道数。

根据实际应用需求，可结合其他因素进行加权计算[17]。

交通指数的分级除了要考虑交通流参数的相互影响关系外，还需要结合交通管理者的实际经验与人们日常出行的拥堵体验，综合考虑交通指数的等级划分与边界阈值选取问题。基于上述几点考虑及分析，且为了便于公众理解和使用交通状态指数指导出行，上海市以区域指数与流量的函数关系为基础，首先，将区域指数划分为畅通和拥堵两个显著差异数据区间；其次，在

每个半区中继续分为两种指数特征，即形成四个阈值区间。综合上述各因素的考虑，建立如表 1-6所列的指数分级阈值区间分配关系。

表 1-6　　交通指数等级划分与边界阈值

等级(颜色)	畅通(深绿)	较畅通(浅绿)	拥堵(橘黄)	严重拥堵(暗红)
指数区间	[0, 30)	[30, 50)	[50, 70)	[70, 100]

资料来源：上海市地方标准《城市道路交通状态指数评价指标体系》(DB31/T 997—2016)[15]。通过使用深绿、浅绿、橘黄、暗红四种颜色，分别表示交通指数的畅通、较畅通、拥堵、严重拥堵四个状态等级。

2. 北京

北京于 2011 年 4 月 28 日发布了《城市道路交通运行评价指标体系》(DB11/T 785—2011)[18]，并于同年 8 月 1 日正式实施。该指标体系以车公里数为权重对各等级道路的拥堵里程比例进行加权，由此计算得到全市的道路网拥堵里程比例，然后按照一定的转换关系计算得到道路交通运行指数 *TPI*(又称道路交通拥堵指数)，并用该指数来综合反映全市的道路网交通运行状况。[19]下面说明道路交通运行指数的计算方法。

(1) 按照《城市道路交通规划设计规范》(GB 50220—1995)[20][现已更新为《城市综合交通体系规划标准》(GB/T 51328—2018)[21]]划分的道路等级(快速路、主干路、次干路和支路)，以不大于 15 min 为统计间隔，计算道路网中各路段的平均行程速度。

(2) 分别统计各等级道路中处于严重拥堵运行等级的路段里程比例，其中路段交通严重拥堵划分标准见表 1-7。

表 1-7　　路段交通严重拥堵划分标准

道路等级	车速/($km \cdot h^{-1}$)
快速路	≤20
主干道	≤15
次干路、支路	≤10

(3) 计算各等级道路的车公里数(Vehicle Kilometers Traveled, VKT)。下面以快速路的车公里数计算为例进行说明(图 1-4)。主干路、次干路和支路 *VKT* 值的计算以此类推。

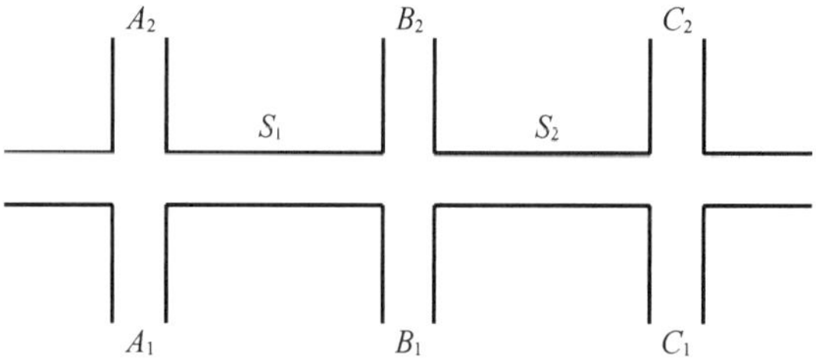

图 1-4　路段 VKT 值计算示例

设 V_{S_i} 表示统计时段内路段 S_i 的当量小汽车交通量，L_{S_i} 表示路段 S_i 的长度，则统计时段内路段 S_i 的 *VKT* 值为

$$VKT_{S_i} = V_{S_i} \times L_{S_i} \tag{1-18}$$

在统计时段内快速路的 *VKT* 值为

$$VKT_{快速路} = \sum_{i=1}^{N_1} VKT_{S_i} \tag{1-19}$$

式中，N_1 表示快速路的路段数。

（4）计算各等级道路 VKT 值占道路网总 VKT 值的百分比。

（5）对各等级道路拥堵里程比例以 VKT 比例作为权重进行加权，计算确定道路网拥堵里程比例。

（6）道路网拥堵里程比例与道路交通运行指数 TPI 的转换关系见表 1-8。

计算道路交通运行指数 TPI，而道路交通运行指数取值区间为[0, 10]，各个数值处于的道路网运行水平见表 1-9。

表 1-8　　道路网拥堵里程比例与 TPI 的推荐转换关系

道路网拥堵里程比例	道路交通运行指数 TPI	道路网拥堵里程比例	道路交通运行指数 TPI
[0, 5%]	[0, 2]	(11%, 14%]	(6, 8]
(5%, 8%]	(2, 4]	(14%, 24%]	(8, 10]
(8%, 11%]	(4, 6]	>24%	10

表 1-9　　道路交通运行指数 TPI 与道路网运行水平的对应关系

道路交通运行指数 TPI	道路网运行水平	道路交通运行指数 TPI	道路网运行水平
$0 \leqslant TPI < 2$	畅通	$6 \leqslant TPI < 8$	中度拥堵
$2 \leqslant TPI < 4$	基本畅通	$8 \leqslant TPI \leqslant 10$	严重拥堵
$4 \leqslant TPI < 6$	轻度拥堵		

3. 深圳

深圳市交通指数计算利用了全市 14 000 余辆出租车的实时 GPS 数据（包含车速、位置等），相当于每天有万余辆车不断地在全市各条道路上巡回，持续发回调查结果，相比人工调查等传统方法在覆盖范围和准确性上优势明显。利用出租车 GPS 数据能够计算各条道路、各个片区以及全市路网的平均车速和出行时间。通过实地调查和专家打分，深圳市建立了出行时间与交通指数的换算关系模型，这样由点及线、由线及面，一步步推算出路段、关口、片区以及全市等不同空间范围的交通指数，具有相对稳定可靠的优点，能够较好地贴合人们对实际路况的主观感受。

在深圳市交通运输委员会官网上，每 5 min 就会实时更新深圳全市 58 个交通小区的交通指数。发布的交通指数取值范围为 0～5，分为畅通（0～1）、基本畅通（1～2）、缓行（2～3）、较拥堵（3～4）和拥堵（4～5）五个等级，分别用深绿色、浅绿、黄色、橙色和红色表示。交通指数越大表明一次出行相比顺畅状况（如凌晨时段）花费的时间越长。例如，当处于"畅通"等级时，车辆可如在凌晨时段那样自由行驶；当处于"拥堵"等级时，路上花费的时间将是顺畅状况下的 2 倍以上。深圳市交通指数和出行时间关系如图 1-5 所示。

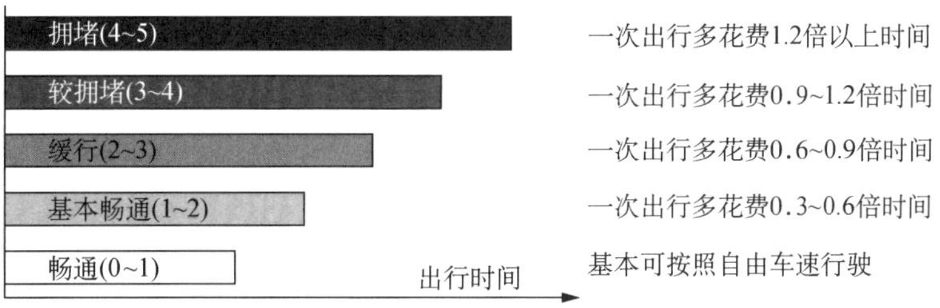

图 1-5 深圳市交通指数和出行时间关系

4. 广州

广州于 2013 年 3 月发布了《城市道路交通运行评价指标体系(征求意见稿)》[22]。与北京类似,广州的道路交通运行评价指标体系也以车公里数为权重,以道路交通运行指数来反映道路网的交通运行状况,只是各等级道路处于同一拥堵等级的速度值不同。

1.3 交通拥堵风险

随着我国城市化进程的快速推进,现代城市管理者面临的一项重要课题是如何进一步提升城市管理水平,以改善城市居民的生活、出行、工作和休憩环境。城市交通拥堵是城市管理的痛点和难点,给城市正常运行造成了严重影响。根据有关统计资料,2018 年,美国纽约由于交通拥堵导致的经济损失高达 90 多亿美元,英国伦敦将近 50 亿英镑,德国柏林约为 20 亿欧元;而我国的北京每年由交通拥堵带来的直接、间接经济损失高达数千亿人民币,约占北京市生产总值的 5%。交通拥堵在导致时间和经济损失的同时,还会诱发交通事故和增加车辆的废气排放而污染大气环境。交通作为城市运行的"命脉",大规模、长时间的拥堵会影响到整个城市的健康运行甚至导致城市陷入瘫痪。如何缓解城市交通拥堵已成为现代城市管理者所面临的最大挑战之一。

受城市环境、交通条件、人的行为以及气候状况等多种因素的影响,城市交通流具有不稳定性和不确定性等特征(详见本书 2.3 节和 2.4 节),易引起交通状态突变等情况的发生,并常常产生交通拥堵。同时,这些交通流特征也造成了交通拥堵在拥堵时间、拥堵发生地点、拥堵影响范围等方面具有不确定性。因此,交通拥堵具有显著的风险属性。有效地预测、控制、管理交通拥堵风险是现代化城市交通管理的核心内容之一。

交通拥堵风险(Traffic Congestion Risk, TCR)是交通拥堵发生的概率(P_{tcr})及其造成的影响(L_{tcr})的组合。一般而言,交通拥堵风险高指的是拥堵发生概率高,或拥堵后果严重,或二者同时变化的综合结果。按照上述分析可以将交通拥堵风险表述为

$$TCR = P_{tcr} \times L_{tcr} \tag{1-20}$$

式中 TCR—— 交通拥堵风险;

P_{tcr}—— 交通拥堵风险发生的概率;

L_{tcr}—— 交通拥堵风险发生造成的影响。

交通拥堵根据所发生的原因,可分为常发性交通拥堵和偶发性交通拥堵。常发性交通拥堵是指道路承载力无法承担因需求波动而增加的交通流所造成的拥堵,其产生原因往往是道路交通规划先天不足或是道路周围交通需求的波动。常发性交通拥堵是一种具有一定周期性、可预测的拥堵。偶发性交通拥堵是由于“特殊事件”造成的,例如大型活动、交通事故、恶劣天气等都是诱发偶发性交通拥堵的原因,在这类拥堵中,那些由突发性的“特殊事件”所引起的拥堵一般无规律可循且难以预测[9]。

从产生机理角度出发,交通拥堵风险主要有三方面的致因:其一是交通需求出现大幅波动,其二是道路供给不足,其三是偶发性事件的影响。前面两个致因主要针对常发性交通拥堵风险产生的影响,第三点则是偶发性交通拥堵风险的主要致因。

拥堵风险致因从主、客观性出发,可分为主观因素和客观因素,主观因素主要指行人和驾驶人的违规及不文明行为;客观因素则包括交通供给、交通需求、交通规划三方面[9]。

拥堵风险致因从影响形式出发,可分为直接因素和间接因素,直接因素主要指交通需求的持续增加、交通出行中的违规行为等;间接因素指一些非常态事件的影响,例如社会公共事件、自然灾害事件等[20]。

拥堵风险致因从具体表现形式出发,可分为交通需求、交通供给、社会发展能力、居民出行行为、政府管理能力以及其他影响因素等六个方面[9]。

1) 交通需求

交通需求的大幅增长会给路网增加通行压力,易导致交通拥堵的发生,而交通需求的变化受多方面因素的影响。一方面,不同时段、不同地区的居民出行行为以及偶发事件,会给交通拥堵风险造成最直接的影响;另一方面,城市人口增长率、公共交通分担率等的变化,会使整体出行结构发生改变,也会对交通需求产生一定的影响。

2) 交通供给

在交通需求大幅增长的同时,若交通供给无法匹配,则易发生交通拥堵。交通供给主要反映了交通拥堵的结构性风险[23],其影响因素较多。城市结构与土地使用、道路通行能力、路网密度、公共交通系统供给、交通系统智能化水平等都会对交通供给产生不同程度的影响。

3) 社会发展能力

从宏观层面来看,城市生产总值、常住人口的增长,城镇化水平、人均消费水平的提高等都可能促进交通需求的增长,因此这些也是增加交通拥堵风险的潜在因素。

4) 居民出行行为

每个出行者的出行行为选择、驾驶行为规范性都会影响交通拥堵风险。例如,不同的出行行为选择对交通需求和道路通行能力都会产生一定的影响,而驾驶行为的规范性又会影响事故发生的概率,从而影响交通拥堵发生的概率。

5) 政府管理能力

政府对整个交通系统的有效管理与调控会在一定程度上缓解交通拥堵。而管理水平、政府治堵能力、城市规划与布局、治堵政策完善率等对交通拥堵风险也会产生一定的影响。

6）其他影响因素

环境与能源状况、大型活动、道路施工、恶劣天气等对交通拥堵风险均会产生影响。

参考文献

[1] 杨晓光.论中国城市交通发展战略及其选择[J].交通与运输，2012，28(4)：1-3.
[2] WRIGHT C，ROBERG P. The conceptual structure of traffic jams[J]. Transport Policy，1998，5(1)：23-35.
[3] CONGRESS U. Intermodal Surface Transportation Efficiency Act[Z]. Pub L，1991：102-240.
[4] COOKSON G，PISHUE B. INRIX Global Traffic Scorecard-Appendices[R]. INRIX Research，2017.
[5] 高德地图交通大数据研究团队.2016 年度中国主要城市交通分析报告[R]. 2017.
[6] 高德地图交通大数据研究团队.2017 年度中国主要城市交通分析报告[R]. 2018.
[7] 高德地图智慧交通行业中心数据分析团队.2018 年度中国主要城市交通分析报告[R]. 2019.
[8] 赵辉.北京市交通拥堵特征及其影响因素分析[D].北京：北京交通大学，2017.
[9] 陈凯丽.上海市城市交通拥堵原因及对策研究[D].天津：天津商业大学，2013.
[10] 郑淑鉴，杨敬锋.国内外交通拥堵评价指标计算方法研究[J].公路与汽运，2014(1)：57-61.
[11] 何承.城市道路交通状态指数研究[J].交通与运输，2018(2)：79.
[12] 陆化普，王长君，陆洋.城市交通拥堵机理与对策[M].北京：中国建筑工业出版社，2014.
[13] MANUAL H C. Highway Capacity Manual[R]. Washington DC：[s. n]，2016.
[14] 上海市科学技术委员会.道路交通状态指数及示范应用关键技术研究[R]. 2011.
[15] 上海市质量技术监督局.城市道路交通状态指数评价指标体系：DB31/T 997—2016[S].北京：中国标准出版社，2017.
[16] 陈小鸿.上海城市道路分级体系研究[J].城市交通，2004，2(1)：39-45.
[17] 张扬，何承，张祎，等.上海市道路交通状态指数简介及应用案例[J].交通与运输，2016，32(3)：16-18.
[18] 北京市质量技术监督局.城市道路交通运行评价指标体系：DB11/T 785—2011[S].北京：北京市质量技术监督局，2011.
[19] 伍帅.城市快速路瓶颈路段交通流状态判别及拥堵机理研究[D].广州：华南理工大学，2017.
[20] 国家技术监督局，中华人民共和国建设部.城市道路交通规划设计规范：GB 50220—1995[S].北京：中国计划出版社，1995.
[21] 住房和城乡建设部.城市综合交通体系规划标准：GB/T 51328—2018[S].北京：中国建筑工业出版社，2019.
[22] 广州市质量技术监督局.城市道路交通运行评价指标体系(征求意见稿)[R]. 2013.
[23] 李锋，陈永茂.大城市严重交通拥堵风险评估与应对策略[J].城市交通，2011，9(2)：15-21.

2 交通拥堵风险机理

城市交通流、随机要素、道路属性静态要素、气候环境动态要素等的耦合作用，常常会引起城市交通流的拥堵问题。本章从分析城市交通流特征入手，剖析了交通拥堵风险要素，阐述了交通流的不稳定性和不确定性对交通拥堵风险的作用机制。

2.1 城市交通流特征

2.1.1 交通流状态特征模型

交通流理论经历了较长的发展阶段，从最初的基本图理论，到三相、四相交通流理论，再到当前运用数据挖掘方式来判别不同的交通流状态，城市道路交通流的定义与特征一直在不断发展中。

1. 基本图理论

基本图理论是经典的早期交通流理论，它将交通流主要分为两大相：低密度的自由流相和高密度的拥堵流相。

具体来说，在低密度时，车流保持自由流速度，流量随车流密度线性增长；当车流密度增大到一定程度以后，车速随着密度的增大开始减小，当车流密度达到最大(即车流堵塞密度)时，车速降为零。在此过程中，流量在中间密度范围内存在一个最大值，该最大值两侧存在相变，即将交通流至少分为两相——低密度时的自由流和高密度时的拥堵流。在发生自由流到拥堵流的相变时，车流密度往往高于相反方向相变的车流密度，即存在“交通迟滞现象”；在拥堵流中，车辆平均速度显著小于自由流状态时的车速[1]。

在基本图理论的基础上，国内外学者提出了许多模型。其中，Greenshields 模型作为经典模型之一，是历史上第一个速度-密度关系模型[2]。该模型是基于美国公路数据统计分析得到的，基本关系式如下：

$$v=v_{\mathrm{f}}\left(1-\frac{k}{k_{\mathrm{j}}}\right) \tag{2-1}$$

式中 v_{f} ——自由流速度，km/h；

k ——交通流密度，veh/km；

k_{j} ——阻塞密度，veh/km。

依据式(2-1)，很容易推导出流量-密度关系式和速度-流量关系式，且均为抛物线模型，如图 2-1 所示。

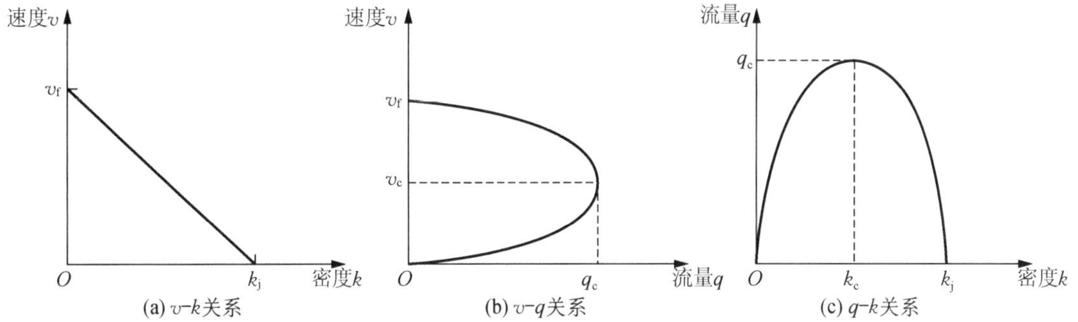

图 2-1　Greenshields 模型三关系式曲线

在 Greenshields 模型中，临界速度 v_c 为自由流速度 v_f 的一半，即有 $v_c=0.5v_f$；临界密度 k_c 为阻塞密度 k_j 的一半，即 $k_c=0.5k_j$；q_c 为临界速度下的流量，即为道路通行能力。可见，该模型是随密度增大而线性下降的单一结构的速度-密度模型，Greenshields 速度-密度关系式被称为线性平衡关系式。

2. 三相交通流理论

基本图理论下的流量-密度单值线状假设，只能被视为对该二维区域内散布的数据点进行平均化处理后的结果，在真实交通情况下是不成立的[2]。B. S. Kerner 等指出[3,4]，二维散布状态并非由于测量误差所致，且在此基础上，进一步将拥堵流细分为同步流和宽运动阻塞两个相，提出了三相交通流理论，即交通流存在三个相：自由流相、同步流相和宽运动阻塞相。

1）自由流相(Free Flow)

自由流相，简称 F 相。当路段交通状态处于自由流相时，路段上行驶车辆以允许的最大速度自由行驶，彼此之间的相互作用可以忽略不计。在流量-密度图即 q-k 关系图上，自由流状态时，密度与流量关系是一条准线性曲线，并且流量随密度增大而增大，速度随密度增大而减小，与经典的基本图理论中自由流状态类似[1,2,5]。

2）同步流相(Synchronized Flow)

同步流相，简称 S 相，是三相交通流的理论核心。当路段交通状态处于同步流相时，车流的平均速度明显小于自由流状态时的行驶速度，车流密度明显高于自由流状态时的密度，流量与自由流状态下的流量相当，车辆间处于存在强烈的非线性相互作用的状态，快慢车相互影响而车速差异趋于稳定，显现出复杂的动态时空特性。此时，实测的流量-密度数据广泛分布在一个二维区域内，处于非稳定的交通状态。同步流中的"流"指车辆没有明显的停顿，车流处于流动状态；"同步"表明在这种流动状态下，存在使多车道的车辆通过穿越不同车道而达到车速同步的趋势，亦有使同一车道的车辆达到车速同步的趋势[1,2,5]。

进一步划分[4]，同步流还可以分为以下三种子状态：①稳定均匀的同步流状态，速度、密度和流量在相对较长的时间段内(2～5 min)保持近似均匀和恒定。②平均速度在相对较长的时间段内保持近似均匀恒定，而密度和流量则在此时间段内发生明显的变化。通常在这种同步流状态下，不同车道上的车辆速度无法显现出同步趋势。③速度、密度和流量都不均匀也不恒定，在相邻的实验数据点之间即发生明显变化，此种状态较为常见。

3）宽运动阻塞相(Jams Flow)

宽运动阻塞相，简称J相。当路段交通状态处于宽运动阻塞相时，道路的通行能力急剧下降，车速和流量都较低，密度却显著增大，局部区域的车速和流量都接近于零，而在下游速度陡变附近流出量较大。“运动”表示阻塞以一个局部结构在道路上传播；“宽”主要反映的是如果阻塞宽度远远大于阻塞上下游波面宽度，并且阻塞内部车辆速度为零，那么阻塞下游波面会以近似恒定的速度向上游传播这种特性[1, 2, 5]。

在时间分布方面[6]，快速路阻塞相大多发生在早、晚高峰时期，且在阻塞流前后易发生交通流状态的改变，真正意义上的阻塞流数据非常少且持续时间较短；在空间分布方面，阻塞流状态下断面交通流参数不仅取决于相邻上游断面的交通流参数，相邻下游断面的交通流参数也会回溯影响断面交通流参数。从上游断面驶出的车流，由于其中所包含车辆的行驶速度存在差异，在到达下游断面之前车与车便逐渐拉开距离，即发生离散现象。整个流量不断变化，流量峰值逐渐变得平缓，流量过程时间则逐渐拉长，空间分布趋于均匀。

总体来说，三相交通流将交通状态划分为自由流相、同步流相和宽运动阻塞相，并依据流量及密度特性将自由流划分为“自由流态”与“稳定态”，将同步流相归为“同步态”，将宽运动阻塞相划分为“崩塌态”“拥挤态”和“停止态”，如图 2-2 所示。

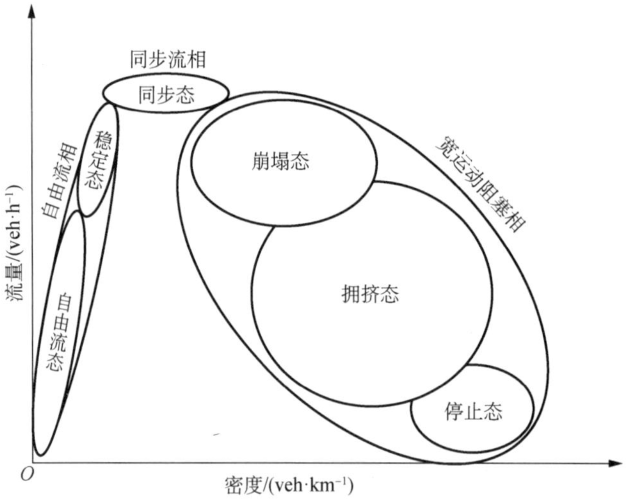

图 2-2 三相交通流理论图示[7]

3. 四相交通流理论

在三相交通流理论中，当交通流处于同步流状态时，由于本身的不稳定及来自外部的扰动，有可能发生交通突变，从而引发交通堵塞，因此相关学者将交通流状态突变前后速度较高的状态称为高速状态，速度较低的状态称为低速状态。如此，在流量-密度平面上交通流状态被分为自由流、高速同步流、低速同步流、堵塞流四个状态[8]，如图 2-3 所示。

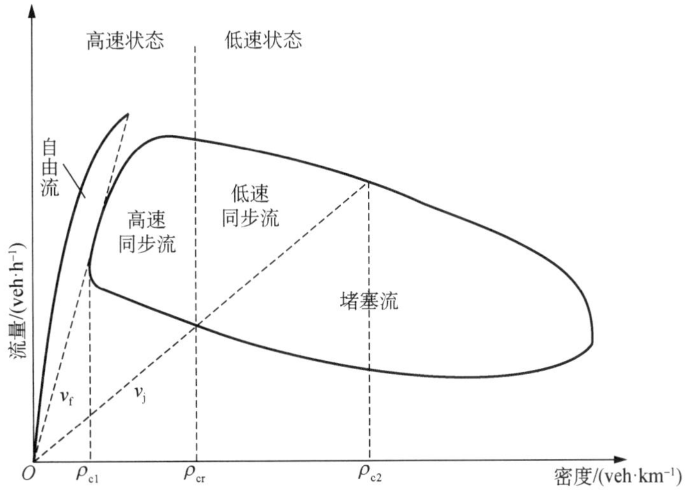

图 2-3　四相交通流状态划分[8]

通过对图 2-3 进行分析，我们可以有如下发现：

(1) 自由流部分为一条曲线，由于多车道快速路中，达到最大流量时自由流的速度略有下降，因此该曲线在顶端略有弯曲。

(2) 高速同步流状态下，交通流的稳定性随着密度增加而降低，表现为车道间速度的同步性逐渐降低和速度跃迁概率逐渐升高，此时交通流处于亚稳定状态。

(3) 低速同步流状态下，交通流的稳定性随密度增加而增加，并逐渐形成交通拥堵，这时车道间速度差异逐渐缩小，速度恢复的可能性也逐渐降低，此时交通流处于亚稳定状态。

(4) 堵塞流状态下，交通流速度很低，各车道的车速再度趋于一致。

2.1.2　城市道路交通自由流特征

城市交通与公路交通既有相似之处，也有许多不同的特征。由于公路和城市道路所处位置不同，所服务的人群不一样，提供的功能也有所差异，因而公路交通流与城市交通流就存在着不同的特征。从驾驶人组成来看，在公路上专业司机较多，而在城市中尤其是大城市，私家车占了一定的比例，私家车的驾驶人一般来说本身即是车主，还拥有其他的工作，从驾车技术方面来说，与职业驾驶人有一定的差别。从车辆组成来看，城市道路上多为小客车，而公路上货车所占比例较大。因此，城市交通流车辆换算时以小客车为标准车，公路交通流车辆换算时一般以货车为标准车。由于不同类型的机动车动力性能不同，有时甚至差别很大，因此不同的交通组成必然会反映出不同机动车的性能特点，使得公路与城市道路上的交通流有一些差别。

另外，在城市道路系统中，由于交通流运行过程中受到信号灯的周期性阻滞作用，所以交通流具有典型的时变性、非线性和间断性特点[9]。城市道路上大量平面交叉口的存在，使得交通流受相交道路车流或信号灯控制的影响非常大[10]。所以，若按照交通设施对交通流的影响来划分的话，交通流可以分为非间断交通流（或称连续交通流）和间断交通流。城市道路（除快速路外）多属于间断流设施，因为存在很多信号控制交叉口，车辆不能连续地行驶，往往走走停停。由于城市道路交通流存在间断性这一特点，除了速度、流量与密度等宏观交通流特征外，行程时间也常被用来表征城市道路的拥堵状况。

1. 自由流车速分布

自由流车速是交通流理论中一个很重要的参数，它具有相对的稳定性。自由流车速不仅是对连续流进行通行能力研究和道路服务水平分析的基础，同样对于承载间断交通流的城市干道交通功能的研究也具有重要意义。在 HCM2016 中，自由流速度是指给定的交通设施在低交通量情况下的车辆平均速度，此刻驾驶人按照期望速度行驶，且不受控制延误的影响。基于这样的定义，本节研究的城市道路自由流车速是指不受交叉口排队、进出交通等因素影响的自由行驶车辆的速度，其主要取决于道路条件、车辆性能、驾驶人行为特性等。在忽略车辆性能、驾驶人等因素的影响下，通过采集城市干道上足够多的自由流车速样本并进行分析，以反映城市道路的功能、质量和服务水平[11]。

1）车速分布拟合方法——Kolmogorov-Smirnov 检验

Kolmogorov-Smirnov 检验（K-S 检验）基于累积分布函数，用以检验某个经验分布是否符合某种理论分布或比较两个经验分布是否有显著性差异。单样本的 K-S 检验是用来检验一个数据的观测经验分布是否是已知的理论分布。当二者间的差距很小时，推断该样本取自已知的理论分布。作为零假设的理论分布一般是一维连续分布 F（如正态分布、均匀分布、指数分布等），有时也用于离散分布（如泊松分布），即 H_0：总体 X 服从某种一维连续分布 F。

检验统计量为

$$Z=\sqrt{n}\max[\,|F_n(x_{i-1})-F(x_i)|,\ |F_n(x_i)-F(x_i)|\,]\ (i=1,\ 2,\ 3,\ \cdots) \tag{2-2}$$

H_0 真，Z 依分布收敛于 Kolmogorov 分布，即当样本取自一维连续分布 F 时，

$$Z\rightarrow K=\sup|B[F(x)]| \tag{2-3}$$

当 F 是连续分布时，随机变量 K 的分布不依赖于 F。

2）实例分析

选取 2012 年上海市城市次干道自由流车速的调查数据进行分析。在天气状况良好的条件下，在北京西路上选择车流密度小，且不受下游车流影响的两个路段，于 22:00 后进行自由流车速的调查。

将调查所得的 107 个样本数据按照 5 km/h 的组间距进行分组，计算组中值，统计各组频数，并计算频率，结果见表 2-1，绘制的自由流车速频数分布直方图如图 2-4 所示。

表 2-1　　车辆速度分布统计表[11]

速度分组/(km·h⁻¹)	组中值/(km·h⁻¹)	观测频数	观测频率	累计频数	累计频率
20～25	22.5	1	0.93%	1	0.93%
25～30	27.5	0	0.00	1	0.93%
30～35	32.5	1	0.93%	2	1.87%
35～40	37.5	8	7.48%	10	9.35%
40～45	42.5	23	21.50%	33	30.84%
45～50	47.5	28	26.17%	61	57.01%
50～55	52.5	17	15.89%	78	72.90%
55～60	57.5	14	13.08%	92	85.98%
60～65	62.5	9	8.41%	101	94.39%
65～70	67.5	5	4.67%	106	99.07%
70～75	72.5	1	0.93%	107	100.00%

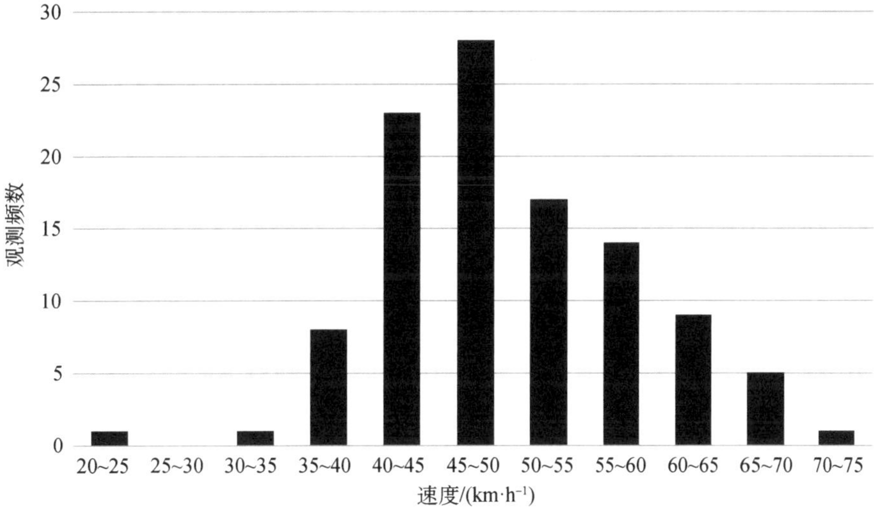

图 2-4　自由流车速频数分布直方图

根据 K-S 检验原理，检验结果见表 2-2。

表 2-2　　单样本 K-S 检验

项目	N	V
样本数		107
正态参数①,②	均值	49.684
	标准差	8.5223
	绝对值	0.079

(续表)

项目	N	V
最极端差别	正	0.079
	负	-0.067
Kolmogorov-Smirnov	Z	0.812
渐进显著性(双侧)		0.525

注:① 检验分布为正态分布。
② 根据数据计算得到。

由表 2-2 可以看出,参与检验的样本数有 107 个,双尾检验计算得到显著水平 $P=0.525$,取显著水平 $\alpha=0.05$,$P\gg\alpha$,说明该组自由流车速服从正态分布。

2. 基本图模型

1) Van Aerde 模型

Van Aerde 模型为传统路段交通流基本图模型之一。1995 年,Michel Van Aerde 推导了经典的四参数单一结构连续模型。该模型具体公式为

$$k=\frac{1}{c_1+\dfrac{c_2}{v_f-v}+c_3v} \tag{2-4}$$

$$c_1=\frac{v_f(2v_c-v_f)}{k_jv_c^2} \tag{2-5}$$

$$c_2=\frac{v_f(v_f-v_c)}{k_jv_c^2} \tag{2-6}$$

$$c_3=\frac{1}{q_c}-\frac{v_f}{k_jv_c^2} \tag{2-7}$$

式中 k——交通流密度,pcu/km;
v——交通流速度,km/h;
q_c——通行能力,pcu/h;
v_f——自由流速度,km/h;
v_c——临界速度,km/h;
k_j——阻塞密度,pcu/km;
c_1,c_2,c_3——模型的三个中间变量。

交通量的特征参数(通行能力 q_c、自由流速度 v_f、阻塞密度 k_j 和临界速度 v_c)是 Van

Aerde 单一结构模型的基础，可用于计算 c_1，c_2，c_3。Van Aerde 模型的关系曲线形式如图 2-5 所示。

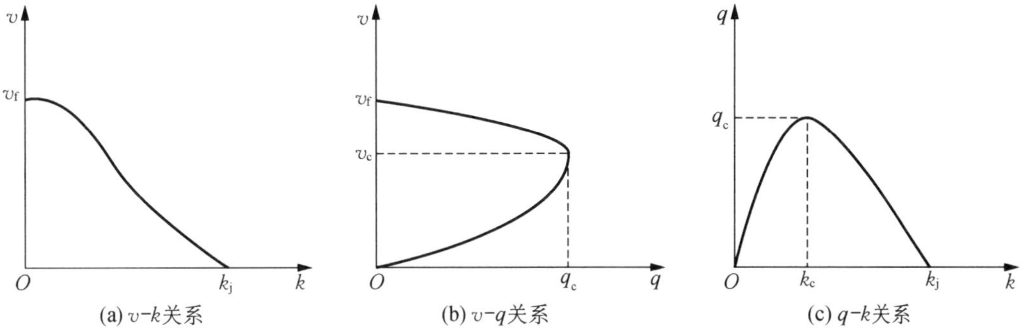

图 2-5　Van Aerde 模型关系曲线

Van Aerde 单一结构模型较为简单，易于标定。常用的其他交通流基本图模型，如 Greenshields 模型和 Pipes 模型是其特殊形式。

建立交通流模型的基本方法有两种[12]：

(1) 通过理论分析建立理论模型，即通过对交通流进行机理分析以确定关系模型，再利用实测数据来标定模型参数。这种方法有较强的理论支撑，但是由于实际道路条件、交通条件差别很大，交通流的随机性又比较强，参数间的关系复杂，根据经典的理论模型，难以标定其中的参数。

(2) 根据实测数据建立经验模型，近年来的交通流模型大多基于实测数据建立。由实测数据直接分析得到的交通流模型与数据的拟合度较高，但是由于经验性太强，没有比较完善的理论说明。

以上两种方法各有利弊，为了扬长避短，可先根据实测数据的分布建立模型，但在建模的同时须遵循基本的交通流理论。因此，首先根据实测交通参数关系图确定所选择模型的大体形态；其次，利用多个经典交通流模型拟合选定最优的模型形式。

2) 实例分析

(1) 相关参数标定

为了研究城市道路交通流基本图模型，至少需要收集速度、密度、流量三类数据中的两类，然后还需要进行自由流速度、通行能力和临界速度的标定。依托北京市交通信息采集系统以及流量调查，获取 2013 年北辛安路(次干路)速度和流量数据。

对基于 Van Aerde 模型所获取的流量与速度数据呈现出来的交通流特征参数(自由流速度、通行能力、临界速度)进行标定，模型标定特征参数值如表 2-3 所列。

表 2-3　　　　基于 RTMS 数据和 FCD 的参数标定结果

参数	检测路段一		检测路段二	
	基于 RTMS[①] 速度	基于 FCD[②] 速度	基于 RTMS 速度	基于 FCD 速度
通行能力/($pcu \cdot h^{-1} \cdot lane^{-1}$)	1 520	1 506	1 320	1 300
自由流速度/($km \cdot h^{-1}$)	70	66	76	66
临界速度/($km \cdot h^{-1}$)	51	36	61	43

注:① 数据来源于远程交通微波传感器。
② 数据来源于浮动车。

通过对表 2-3 进行分析,可以有如下发现:

① 对于检测路段一,基于 RTMS 的自由流速度达到 70 km/h、临界速度达到 51 km/h,高于基于 FCD 的自由流速度值 66 km/h 和临界速度值 36 km/h。

② 对于检测路段二,基于 RTMS 的自由流速度达到 76 km/h、临界速度达到 61 km/h,高于基于 FCD 的自由流速度值 66 km/h 和临界速度值 43 km/h。

以上两个现象是基于 RTMS 的速度为时间平均速度,基于 FCD 的速度为空间平均速度。而在干扰因素较多的城市道路上,时间平均速度更是明显高于空间平均速度,HCM2016 中也提到:在同一场景下,时间平均速度总是高于空间平均速度。

另外,在两个检测路段上,FCD 速度随流量的增大导致的下降快于 RTMS 速度,这是因为 FCD 速度为平均行程速度,能够体现路段内车辆与车辆之间的相互干扰。

(2) 模型拟合

分别利用线性模型、对数模型和指数模型对平均速度与平均密度散点图进行拟合,拟合结果如表 2-4 所列。

表 2-4　　　　平均速度与平均密度关系的三种模型拟合结果[①]

模型类型	模型的函数形式	判断系数 R^2
线性模型	$v=-0.93k+73.68$	0.981 9
指数模型	$v=76.94^{-0.018k}$	0.987 3
对数模型	$v=-14.42\ln(k)+91.95$	0.916 2

注:① 岳园圆:《基于多源数据的北京市多层次交通流基本图研究》,硕士学位论文,北京交通大学,2015 年。

单从三个模型曲线拟合的判断系数来看,R^2 都大于 0.90,尤其是线性模型和指数模型,R^2 均达到 0.98 以上,相比较而言,对数模型与实际数据的偏离较大。另外,线性模型在中密度时,略高于实测数据,在高密度时又略低于实测数据;指数模型在低、中、高密度时均能较好拟合实测数据。根据以上分析,最终选择适用于小密度状态下的 Underwood 指数模型作为平均速度与平均密度模型,模型表达式为

$$v=v_f e^{-\frac{k}{k_m}} \tag{2-8}$$

式中　v_f—— 自由流速度，km/h；

k_m—— 最佳密度，pcu/km。

根据 $q=vk$，推导平均流量-平均密度关系模型和平均流量-平均速度关系模型，分别为

$$q=kv_f e^{-\frac{k}{k_m}} \tag{2-9}$$

$$q=-k_m v \ln \frac{v}{v_f} \tag{2-10}$$

根据以上模型，对次干路交通流三参数基本图进行拟合，得到基本图模型为

$$q=-\frac{v}{0.026}\ln \frac{v}{39.02} \quad R^2=0.914 \tag{2-11}$$

$$v=39.02e^{-0.026k} \quad R^2=0.920 \tag{2-12}$$

$$q=39.02k e^{-0.026k} \quad R^2=0.923 \tag{2-13}$$

2.1.3　城市道路交通拥堵流特征

相比自由流交通运行状态，交通拥堵时的车辆间隙很小，车辆间的相互作用很明显，多处于紧急跟驰状态，受到前后及侧向的干扰明显增大，车流的运行速度、密度等均有显著变化，此时司机多处于紧张焦虑状态，驾驶倾向性（如冒风险、性别、年龄等的差异）表现更为明显，对交通流的影响也更大[13]。

拥堵但车流相对稳定时，不同车道上的车速差异很小，多以同步流向前行驶，此时的换道动机不一定是为了提高速度，可能是为了寻求更好的行驶空间，车速在大家公认的可以接受范围之内，只是速度和驾驶自由度受到严格约束，舒适性和便利程度较差，交通量的少量增加都会造成运行状态的偏离。

拥堵且车流不稳定时，交通量稍有增加，或交通流内部有小的扰动就会产生较大的运行障碍，甚至发生交通中断，交通处于强制流状态，车辆经常排队，走走停停。在这种情况下，交通量与速度同时由大变小直到为零，而交通密度则随交通量的减少而增大。当车速低于某一临界值时，车辆会减速直至停车，当与前车间距大于某一临界值时，车辆才会加速启动。对于拥挤流的车辆行为进行分析，发现换道对周边车辆的行驶状态影响较大。当前方间距不足时，有换道意图的车辆会先减速以拉大与前车的间隙；当后方间距不足时，有换道意图的车辆会先向目标车道上的后车发出换道请求，后车再选择是否减速让行。而非拥挤状况下，由于目标车道前后车的间距较大，一般不存在这种减速行为，此时换道对车辆间的影响较小。

由于城市道路交通流间断性的特点，选取行程时间[14]作为指标来表征城市道路拥堵交通

流特征。行程车速是指车辆的行驶距离除以行程时间，而行程时间又包括行驶时间和中途受阻的停车时间。本节将对行程时间与行程车速展开回归分析。

路段行程时间(速度)的估计与预测是建立在交通流数据基础之上的，目前绝大多数城市都布设了线圈检测器，可以采集地点交通参数数据，基于地点线圈检测器数据进行城市道路行程时间特性与估计研究。

1. 城市道路行程时间特性分析

路段上的流量是影响路段行程时间最直观的因素，如图 2-6所示。

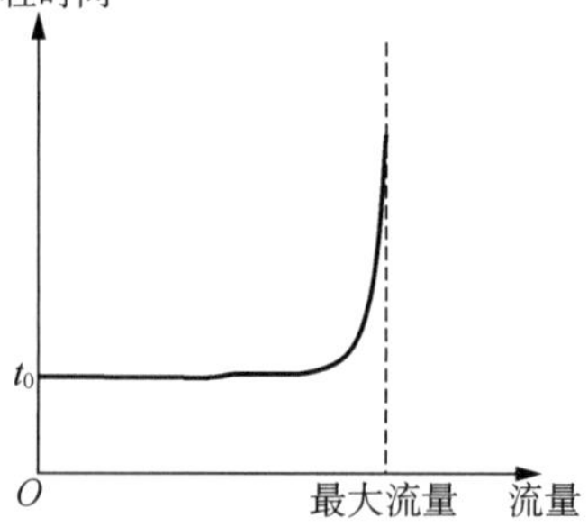

图 2-6 Blunden 的流量-行程时间函数理论特性图

Blunden 提出了 3 条与流量有关的行程时间函数所要求的理论特性[15]：

(1) 当流量充分小时，行程时间接近平均“零流量”行程时间 t_0；

(2) 当流量远小于道路的通行能力时，行程时间会随着流量的缓慢变化而变化；

(3) 在稳定流状态下，行程时间曲线将变成饱和流量纵坐标的渐近线。

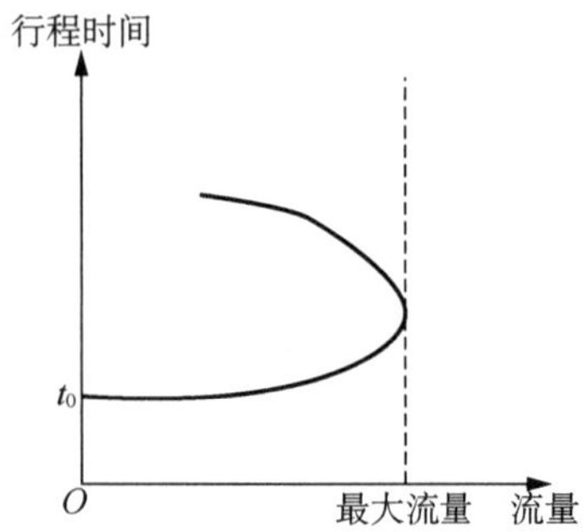

图 2-7 城市主、次干路的流量-行程时间函数理论特性图

然而，这些结论只适用于城市快速路等连续交通流设施，并不适用于城市的主、次干路。在城市主、次干路系统中，随着拥挤程度的增加，由于信号控制的存在，车辆将以一定的饱和流率放行，路段行程时间不可能无限增长，而是趋于一个稳定的较高值。同时，由于路段并不是孤立的，而在路网组成中占一小部分，因此随着拥挤程度的增加，在相应时刻内流量会减少，如图 2-7 所示。

通过分析图 2-7 和相关数据可知，与流量相关的城市主、次干路段的行程时间函数具有以下理论特性：

(1) 当流量较小时，流量的变化对行程时间的影响不大，行程时间接近于平均“零流量”行程时间 t_0；当流量达到或者超过道路通行能力，逐渐接近最大流量时，即在拥挤形成的过程中，行程时间曲线的变化率较大，随着流量的增加，行程时间也迅速增加。

(2) 当流量远小于道路通行能力时，流量与行程时间成正向变化关系。

(3) 当流量达到或者超过道路通行能力且逐渐接近最大流量时，即在拥挤形成的过程中，行程时间曲线的变化率较大，随着流量的增加，行程时间也迅速增加。

(4) 当流量达到最大流量后，即在拥挤消散的过程中，行程时间曲线的变化率依然较大，但随着流量的减少，行程时间却依然在增加。

(5) 在拥挤状态下的稳定系统中，随着流量持续下降，行程时间趋于一个稳定的较高值。

从上述分析可知，流量对于路段行程时间有着重大影响，而流量又是导致交通状态发生改变的直接诱因，由此可见，交通状态对于路段行程时间也有着非常大的影响。在顺畅、阻滞和拥堵三种交通状态下，路段上的车辆运行状态差异较大。因此，在不同的交通状态下，采集到的交通参数数据与路段行程时间的关系必然不是恒定的。

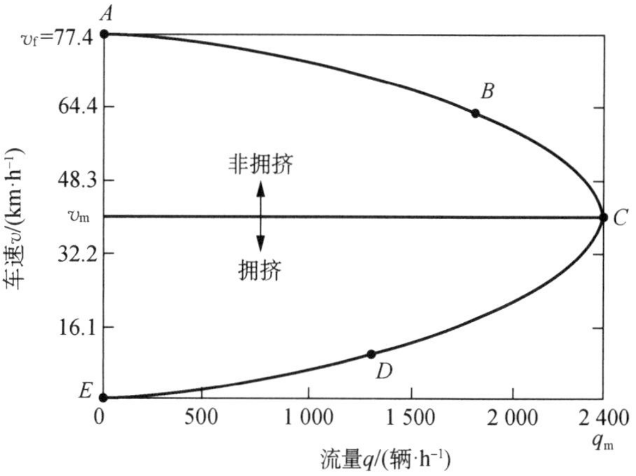

图 2-8　连续交通流的速度-流量关系

2. 城市道路不同交通状态下行程时间预测研究方案

在交通流理论中，连续交通流的速度与流量之间是抛物线关系，如图 2-8 所示。

图 2-8 中，AC 段为非拥挤状态，CE 段为拥挤状态，BD 段为过渡阶段。也可认为 AB 段为顺畅交通状态，BD 段为阻滞交通状态，DE 段为拥堵交通状态。城市主、次干路受信号控制系统的影响，在拥堵交通状态下会以饱和流率对车辆放行，流量与速度不会降至零，其余阶段与图 2-8 趋势相同。因此，可以认为城市主、次干路的交通状态分类与此大致相同。

在自由流交通状态下，路段上车辆较少，多数车辆由驾驶人根据其自身驾驶习惯进行驾驶，车辆驾驶较自由。此时，车辆运行速度受驾驶人的驾驶特征、车辆性能、道路状况等因素的影响更多，而车辆之间的黏滞效应较小，车辆均近似以自由流速度运行。因此，在此交通状态下，路段行程时间数据会有所差异，但波动不大。一般路段行程时间的分析周期为 5 min，由于信号控制的影响，每个分析周期内信号控制时间的分配是不同的，即所包含的红灯时间有所不同。所以，不同信号控制系统的检测器所采集的地点交通参数数据与路段行程时间之间的相关关系会有较大区别。

在阻滞交通状态下，路段上车辆较多，车辆运行较为混乱，有的车辆可以自由行驶，驾驶较为随意；有的车辆在路段上见缝插针超车行驶；有的车辆则由于周围车辆开始增多，行驶起来小心翼翼；有的车辆已经进入排队，只能跟着前行。已经形成排队，或者接近排队位置的车辆速度较慢，而远离排队位置的车辆速度相对较快。此时，路段上的交通状态为顺畅交通状态与拥堵交通状态之间的过渡期，可以分为两种情况：一种是从顺畅交通状态向拥堵交通状态发展，即处于拥堵的形成阶段；另一种是从拥堵交通状态向顺畅交通状态过渡，即处于拥堵的消散阶段。无论哪种情况，车辆的行驶都显得较为混乱，再加上信号控制等交通管制措施的影响，在该交通状态下，路段行程时间数据波动较大，相对而言，与采集到的交通参数数据间的相关关系也最难确定。由于整个路段内车辆运行表现并不统一，有时路段下游车辆运行已经开始混乱，而路段上游依然处于自由流状态，所以不同信号控制系统所采集的地点交通参数数据与路段行程时间的相关关系也不能保证相同。

在拥堵交通状态下，路段上的车辆非常多，造成严重的排队，车辆不能自由行驶，车辆间的黏滞效应明显，只能相互跟驰。因此，在该交通状态下，路段行程时间数据波动较小，与采集的交通参数数据间的相关关系也相对容易确定。

由此可见，在不同的交通状态下，车辆运行特性差别较大，为了使所建立的模型更合理、更有针对性，有必要分析由不同信号控制系统检测器所获得的数据之间的关系，从中找出交通状态临界点或临界区间，进而分析交通状态对路段行程时间数据的影响。在以往基于地点交通参数数据估计与预测路段行程时间的方法中，大多数方法没有对交通状态进行分类，所有交通状态均采用统一的模型，即使少数对交通状态采取分类的模型，也通常只是以数学指标作为状态分界线，界线两边是截然不同的状态，这种源于经典集合论“非此即彼”的观点很难准确地反映路段上车辆运行的真实状态。因为从一种交通状态过渡到另一种交通状态是一个渐进的过程，并不是突变的过程，更不可能是一个尖点突变。本书正是基于这种交通状态界限的模糊性，即中间过渡的不分明性，提出了交通状态模糊临界的概念。交通状态模糊临界即在进行路段行程时间估计或预测时，首先要对交通状态进行分类，然后针对不同的交通状态提出不同的估计或预测方法，但在进行交通状态分类时，对于非拥挤状态与拥挤状态的分界并不采用确定的值，而是采用一个区间，即图 2-8 中的 *BD* 段为临界区间，区间内的数据在分别建立两个状态模型时要进行重复使用，表明这一区间的归属并不明确，同时隶属于两个状态。然后，在估计或预测此区间行程时间时，对两个状态的模型进行加权处理。

交通状态模糊临界包括以下几方面的含义：①各交通状态之间的分界并不采用一个确定的数值，而是采用一个模糊的区间；②在进行回归分析建立相邻两个交通状态的估计模型时，模糊临界区间的数据要进行重复使用，表明这一临界区间的归属并不明确，即同时隶属于相邻的两个状态；③在建立此模糊临界区间交通参数估计模型时，对相邻两个交通状态的模型进行加权处理；④亦可在模糊临界区间内，根据变量间的延续关系，寻找交通状态临界的最佳逼近点，以此点作为交通状态的分界，但分析表明，当采用不同的自变量时，很难捕捉到同一个点，因此在确立最优变量前，临界区间比临界点效果好。经过分析检测器获取的地点速度、流量和占有率之间的关系可知，三参数间的变化趋势可以分为三段：第一段是流量与占有率正向增长，速度与占有率近似直线关系；第二段是变量之间虽然同向变化，但不再是近似直线关系，而是呈现不规则曲线关系；第三段是占有率增长，流量下降，同时震荡剧烈，速度与占有率关系虽然同向变化，但波动带宽加大。这三段变化正好对应交通流运行的三种交通状态，即顺畅、阻滞和拥堵。

分析路段下游检测器获取的地点速度、流量和占有率三参数之间的关系，以及此三参数与路段行程时间的关系可知，占有率更能体现交通状态变化，故本书定义当检测器位于路段下游截面时的交通状态指数为

$$I_a^{\mathrm{d}}(t)=10\times o_a^{\mathrm{d}}(t) \tag{2-14}$$

式中 $I_a^{d}(t)$——a 路段 t 时刻当检测器位于路段下游截面时所获取的交通状态指数；

$o_a^{d}(t)$——a 路段 t 时刻路段下游检测截面的占有率数据。

从图 2-9 可以看出，交通状态指数与路段行程时间的变化趋势几乎完全相同，该指数能较好地体现交通状态的变化，故以 $I_a^{d}(t)$ 作为检测器在下游截面时的交通状态分界指标。以 $I_a^{d}(t) \in [250, 400]$ 作为交通状态模糊临界区间，即阻滞交通状态。当 $I_a^{d}(t) < 250$ 时，为顺畅交通状态；当 $I_a^{d}(t) > 400$ 时，为拥堵交通状态。

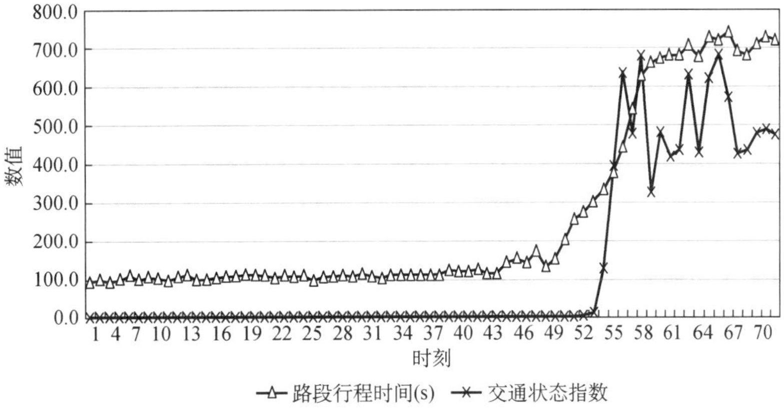

图 2-9 交通状态指数与路段行程时间的关系[16]

根据图 2-10，比较两条速度曲线可以得到以下结论：①两种速度之间的相关性很大，总体变化趋势相同；②由于路段行程时间中包含停车时间，所以路段行程速度曲线较地点速度曲线整体下移；③当流量较小时，两种速度均较大，并且二者的曲线变化趋势相近；④随着流量持续增加，当交通状态变为拥挤后，两种速度均变小，但路段行程速度有一个骤降的过程，两条曲线之间的差异变大，这是因为随着交通拥堵的加剧，达到甚至超过道路通行能力时，会出现二次甚至多次排队的现象，行程时间显著增多；⑤两种速度不可能无限减小，速度曲线经历突变后，会稳定于某一数值；⑥路段行程速度突变点前后两条曲线的关系差别很大，突变点之前，二者基本同步变化，波动幅度相近，突变点之后，二者的相关性虽然存在，但地点速度的波动幅度很大，路

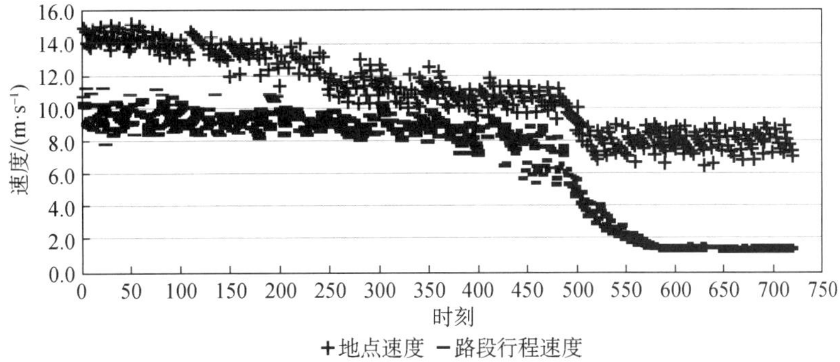

图 2-10 路段下游检测截面地点速度与路段行程速度对比图[16]

段行程速度波动幅度很小，近似趋于稳定。从以上分析可知，两种速度有很大的相关性，但这种关系并不唯一，在不同的交通状态下关系会有所差别。因此，需要区分交通状态建立路段行程时间估计模型。

在进行分交通状态分段回归时，将自由流交通状态和拥堵交通状态作为两个不同的对象，将阻滞状态数据进行重叠使用。以地点速度为自变量的不同交通状态分段回归模型如下：

自由流交通状态：

$$v_s = \alpha v_l^2 + \beta v_l + \gamma \tag{2-15}$$

拥堵交通状态：

$$v_c = \alpha v_l^2 + \beta v_l + \gamma \tag{2-16}$$

阻滞交通状态：

$$v_b = \frac{1}{2} v_s + \frac{1}{2} v_c \tag{2-17}$$

式中 v_l—— 地点平均车速；

v_s，v_c，v_b ——分别为自由流、拥堵和阻滞交通状态时的路段行程速度。

经过对线圈检测器所采集到的数据进行标定处理，参数分别如下：

自由流交通状态：

$$v_s = -0.2477 v_l^2 + 6.5406 v_l - 33.455 \tag{2-18}$$

拥堵交通状态：

$$v_c = 0.4629 v_l^2 - 6.4374 v_l - 23.768 \tag{2-19}$$

从图 2-11 可知，最大误差在 13 000～17 000 s 之间，此时为拥堵形成初期，即图 2-10 中速度骤然下降期间。在此之后误差较小，此时已经进入拥堵状态，车辆之间牵制较大，排队稳定行驶。

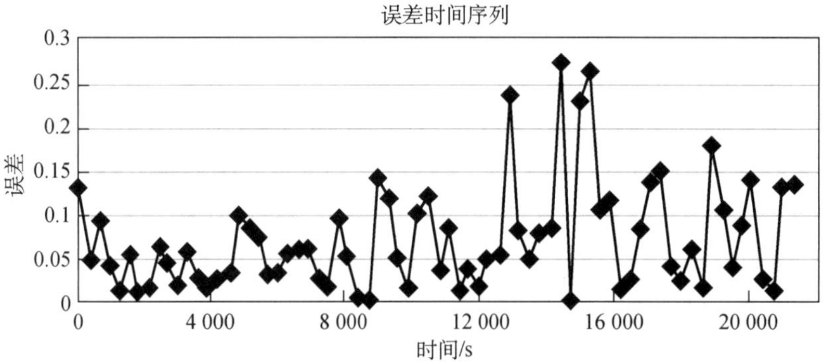

图 2-11 不同交通状态分段回归估计模型的误差时间序列

综上所述，路段行程速度估计模型为

$$v_x^{\mathrm{b}}=\alpha(-0.2477v_l^2+6.5406v_l-33.455)+\beta(0.4629v_l^2-6.4374v_l-23.768) \quad (2-20)$$

式中 $\alpha=\begin{cases}1, & \text{当占有率}<25\text{ 非拥挤状态时；}\\ \frac{1}{2}, & \text{当占有率}\in[25,40]\text{ 阻滞状态时；}\\ 0, & \text{当占有率}>40\text{ 拥挤状态时；}\end{cases}$

$\beta=\begin{cases}0, & \text{当占有率}<25\text{ 非拥挤状态时；}\\ \frac{1}{2}, & \text{当占有率}\in[25,40]\text{ 阻滞状态时；}\\ 1, & \text{当占有率}>40\text{ 拥挤状态时。}\end{cases}$

由路段距离除以行程车速可以得到该路段的行程时间。

2.2 交通拥堵风险要素

2.2.1 交通流随机要素

交通流是由许多车辆与其驾驶人所组成，并以独特的方式在车辆间、道路要素以及总体环境间产生影响。简单地说，一段时间内一条道路上依次通过的车辆就构成了交通流。

交通流运行状态的定性、定量特征为交通流特征，可以从道路交通流的特性参数入手描述交通流状态。用于描述交通状态的交通流参数分别为宏观参数和微观参数，其中宏观参数用于描述交通流作为一个整体表现出来的运行状态特性，主要包括交通流量、速度、交通密度、占有率、排队长度；微观参数用于描述交通流中彼此相关的车辆之间的运行状态特性，包括车头时距和车头间距。

分析交通流在道路基本路段上的运动，基本方法是将交通流从宏观的角度看作可压缩的连续流体介质，强调车辆的集体行为和整体效果，不对车辆的个体行为(例如驾驶人的刹车、换道、跟驰、超车、对前车状态的时间反应)或效果(车辆的加速和减速)进行刻画，常用的参量是平均流量、平均速度、平均密度。另外，在时空层面的状态参量(t, x)上，空间的研究范围往往指路段或是交通网络，而时间往往都是宏观的一段时间。

2006年，美国交通运输部(U.S. Department of Transportation, DOT)出台了《针对减少美国的交通网络拥塞的国家战略》(*National Strategy to Reduce Congestion on America's Transportation Network*)[18]，该战略指出交通拥堵的原因包括交通事故、天气状况、大型活动、交通信号灯故障等，但其根本原因是缺乏一种有效的机制来管理并利用好现有的交通容量。根据美国公路使用者联盟(American Highway Users Alliance, AHUA)的调查显示：在造成交通拥堵的重要因素中，交通瓶颈，即交通需求超过道路容量(注意此交通瓶颈与 C. Wright 的分类角度有所不同)占总数的50%,交通事故占25%,道路施工占15%,交通信号灯故障占5%。

美国公共政策与公共行政管理学者安东尼·当斯(Authony Downs)[18]认为,产生交通拥堵的原因有四个:①人流高峰期主要集中在上、下班时间段;②居民收入不断增加使更多的家庭有能力购买房产和车辆,继而促使人们由步行、乘公交车、骑自行车转变为开私家车;③人口的飞速增长导致交通需求的急剧增长;④意外事故、天气、道路等。因此,当斯认为造成交通拥堵的根本原因不是政策,而是由于经济的快速发展。

美国公共交通协会(American Public Transportation Association, APTA)在其《缓解交通拥堵的关键措施》报告中指出交通拥堵的根本原因在于[20]:出行线路有限,过多的车辆挤占了道路可用空间。其他原因则包括:私家车保有量的迅速增加、公共交通落后、公共交通财政投入少、公共政策下自动导向模式的发展迅速、道路和停车场的建设占用土地太多。

交通拥堵是经济发展的副产品和必然结果,其产生的根本原因在于交通需求和交通网络容量供给不平衡所致,交通事故也是导致这种不平衡的一个原因。

2.2.2 道路属性静态要素

城市交通拥堵的根本原因是道路交通供给与交通需求之间的供求不平衡。道路属性是常发性交通拥堵的重要风险要素。城市道路有等级、长度、横断面组成、线形设计要素、地理走向、交通信号控制等属性。

1. 道路属性基本概念

1) 道路分级

城市道路是指在城市范围内具有一定技术条件和设施的道路。按照城市道路所承担的城市活动特征,城市道路可分为干线道路、地方道路,以及二者之间联系的集散道路三个大类;城市快速路、主干路、次干路和支路四个种类。其中,干线道路包括城市快速路和主干路,主要承担城市长距离联通性活动;集散道路包括次干路;地方道路包括支路;集散道路和地方道路共同承担城市长距离活动的集散以及地方性中短距离活动的组织。

(1) 快速路。快速路在特大城市或大城市中设置,主要联系市区各主要地区、市区和主要的近郊区、卫星城镇、主要对外公路等,负担城市主要客、货运交通,提供交通量大、距离长的快速交通服务。快速路对向车道之间应设中间分车带,其进出口应采用全控制或部分控制。

(2) 主干路。主干路是城市道路网的骨架,联系城市的主要工业区、住宅区、港口、机场和车站等货运中心,是承担城市主要交通任务的交通干道。当自行车交通量大时,宜采用机动车与非机动车分隔的形式。主干路沿线两侧不宜修建过多的行人和车辆入口,否则会降低车速。

(3) 次干路。次干路为市区内普通的交通干路,配合主干路组成城市干道网,起着联系各部分和集散的作用,也分担主干路的交通负荷。次干路兼有服务功能,允许在其两侧布置能够吸引人流的公共建筑,且应设停车场。

(4) 支路。支路是次干路与街坊路的连接线,主要是为了解决局部地区的交通而设置的,以服务功能为主。部分主要支路可设公共交通线路或自行车专用道，支路上不宜通行过境交通，只允许通行为地区服务的交通。

2）道路长度

道路长度指道路本身的长度以及与道路相通的桥梁、隧道的长度，按车行道中心线计算。城市道路由车行道和人行道两部分组成。道路长度是计算道路网密度指标的重要基础，道路长度和路网密度是评价城市道路网是否合理的基本指标，体现了城市道路的发展规模，从本质上反映了道路交通的供给能力。此外，它还对交通控制方式、居民日常生活及运输营运费用产生很大的影响。

3）道路横断面要素

道路横断面是指沿着道路宽度方向，垂直于道路中心线所做的竖向剖面。

（1）城市道路横断面组成

城市道路横断面由行车道、人行道、绿化带以及道路附属设施用地组成。

城市道路的交通性质和组成较为复杂，行人和非机动车较多。城市道路上供各种车辆行驶的部分统称为行车道。在行车道断面上，供汽车、无轨电车、摩托车等行驶的部分称为机动车道；供自行车、三轮车、板车等行驶的部分称为非机动车道。此外，还有供行人步行使用的人行道和分隔各种车道或人行道的分隔带及绿化带。在城市规划设计中，主要考虑设置专用非机动车道道路系统；交通组织和横断面布置应尽可能做到机非分离，非机动车道设计经常采用“宁宽勿窄”的原则，即要适当留有余地。

四条及四条以上车道应设置中间带，中间带可以分割上、下行车流，以防车辆驶入对向车道，减少道路交通干扰，提高通行能力和行车安全；一定宽度的中间带还可达到防止对向灯光引起驾驶人眩晕的目的。为了便于养护作业、临时调整行车方向和某些车辆在必要时掉头，中央分隔带应按一定距离设置开口。开口的设置间距一般为 2 km，开口太密会造成交通紊乱。城市道路中间带开口也可根据横向交通（车辆和行人）的需要设置。

（2）城市道路横断面形式

城市道路常见的横断面形式有单幅路、双幅路、三幅路和四幅路。单幅路占地少、投资省，但各种车辆混合行驶，对交通安全不利，仅适用于机动车交通量不大且非机动车较少的次干路、支路以及用地不足和拆迁困难的旧城改建的城市道路。双幅路断面将双向行驶的车辆分开，从而可减少对向行车干扰，提高车速，且分隔带可用于绿化、布置照明和敷设管线，但各种车辆单向混合行驶干扰较大。双幅路主要用于各向至少具有两条机动车道且非机动车较少的道路，另外有平行道路可供非机动车通行的快速路、郊区道路、横向高差大或地形特殊的路段也可采用。三幅路将机动车与非机动车分开，对交通安全有利，且分隔带上可以布置绿化，利于夏天遮阳防晒、布置照明和减少噪声等。在机动车交通量大、非机动车多的城市道路上宜优先采用三幅路，但其占地较多，只有当红线宽度等于或大于 40 m 时，才能满足车道布置的要求。四幅路不但将机动车和非机动车分开，还将双向行驶的机动车分开，从安全和车速角度而言，较三幅路更为有利，但其占地更多、造价更高，适用于机动车车速较高、双向两条机动车道以上、非机动车多的快速路与主干路。

一条道路宜采用相同形式的横断面。当道路横断面形式或横断面各组成部分的宽度变化时，应设过渡段。过渡段的起、止点宜选择在交叉口或结构物处。

（3）车道宽度

城市道路横断面的路幅宽度又称道路红线宽度，其宽度主要考虑交通需求和地下、地上管线设施的需要。机动车道宽度根据设计车辆宽度、设计交通量、交通组成和汽车行驶速度来确定。城市道路上行驶的车辆各异，其车道可以调剂使用，故一条车道的平均宽度取 3.50 m，当车速大于 40 km/h 时，可取 3.75 m。对于城市道路而言，当车道宽度小于 3 m 时，通行能力会受影响。

4）道路线形设计要素

道路线形设计包括平面线形设计、纵断面线形设计及二者的组合设计。道路平面设计要素包括直线、圆曲线及缓和曲线。主要设计指标包括圆曲线半径、缓和曲线长度和直线长度等。道路纵断面设计根据汽车在道路上的行驶特性及其对道路纵坡设计的具体要求，结合地形条件、道路等级等确定纵坡的大小、坡长等要素。二者的组合设计应协调平顺，满足视觉和心理方面的连续性和舒适性。道路线形设计关系到行车运行的平稳与安全。

5）道路地理走向

道路地理走向除受地形、地质、地物等因素限制外，道路定线还要受技术标准、国家政策、社会需求、道路美学、风俗习惯等无形因素的制约。城市道路地理走向直接关系到路网连接度、可达性、非直线系数等路网指标（详见本书第 4.1.2 节）。

6）交通信号控制

交通信号包括交通信号灯、交通标志、交通标线和交通警察的指挥，其作用是科学分配道路上的车辆和行人的通行权，使之有序地顺利通行。

（1）交通信号灯。交通信号灯（红绿灯）是以一定时间交互更迭的光色讯号，设置于交叉路口或其他特殊地点，用以将道路通行权指定给车辆驾驶人与行人，管制其行止及转向的交通管制设施。以红、黄、绿三色灯号或辅以声音，指示车辆及行人停止、注意或行进。按功用分为机动车信号灯、非机动车信号灯、人行横道信号灯、车道信号灯、方向指示信号灯（箭头信号灯）、闪光警告信号灯和铁路平交道口信号灯。

（2）交通标志。交通标志是用图案、符号、数字和文字对交通进行导向、限制、警告或指示的交通设施。一般设置在路侧或道路上方，体现了交通安全法规的效力，有利于调节交通流量、疏导交通，提高道路通行能力；预示道路状况，减少交通事故；节省能源，降低公害，美化路容。

道路交通标志分为主标志和辅助标志两大类。主标志又分为警告标志、禁令标志、指示标志、指路标志、旅游区标志和道路施工安全标志六种。辅助标志是在主标志无法完整表达或指示其内容时，为维护行车安全与交通畅通而设置的标志，为白底、黑字、黑边框，形状为长方形，附设在主标志下，起辅助说明作用。

(3) 交通标线。交通标线是指在道路路面上用线条、箭头、文字、立面标记、突起路标和轮廓标等向交通参与者传递引导、限制、警告等交通信息的一类标识。其作用是管制和引导交通。按功能分类可分为指示标线、禁止标线、警告标线;按形态分类可分为线条、字符、突起路标、轮廓标。交通标线按标画分类可分为白色虚线、白色实线、黄色虚线、黄色实线、双白虚线、双黄实线、黄色虚实线、双白实线。

(4) 交通警察指挥。交通警察指挥手势信号分为 8 种,分别是:停止、直行、左转弯、左转弯待转、右转弯、变道、减速慢行、示意车辆靠边停车。在有交通警察指挥的情况下,应按照交通警察的手势行车,而不按照其他三种交通信号。

2. 我国城市道路属性存在的问题

1) 土地使用有限

由于潜在交通量的存在和城市空间的限制,对于土地的需求和供给矛盾难以解决,城市交通对道路空间的需求无法得到满足。

2) 城市布局形态影响

纵观城市旧城道路发展历程,尽管随着时代的变迁一些道路被打通或展宽了,但很多城市棋盘式等路网系统骨架并没有改变,基本延续了历史上原有的道路格局。一旦城市经济得到发展,交通量增长,这种路网系统便不能适应新的交通需求[21]。

3) 道路分类分级功能不明

城市道路级配欠佳,没有形成高效协调的城市交通系统,如北京等城市的主干路与次干路、支路相比,比例过大,城市交通过于依赖主干路。

4) 城市道路车道数量不平衡

同一条道路应采用相同形式的横断面,然而某些城市的道路存在前后车道数量不一致,或交叉口进、出口车道数量不匹配的情况,导致"瓶颈"现象的出现,从而影响道路通行能力。

5) 交叉口选位与渠化不合理

(1) 交叉口的间距过小会造成车辆频繁的制动,产生多余的停车延误,每个交叉口都会导致车流不断并入,车流紊乱,冲突点、合流点及分流点增加。

(2) 交叉口形式不合理。城市规划或地形的限制,会形成不规则的交叉口,如错位交叉口、锐角交叉口、多岔交叉口等。这类交叉口的几何设计考虑不甚合理,导致交通拥挤和车辆运行混乱,从而加大了车辆通行难度。

(3) 交叉口所设置的车道数,其通行能力的总和必须大于高峰小时交通量的要求,否则交叉口会产生交通拥挤和阻塞的现象。为了确保交叉口交通的流畅性,需使流出交叉口的车道数适应流入交叉口的车道数。一般情况下,出口道的车道数至少等于进口道的车道数,当相交道路的左转或右转车流量较大时,应相应增加出口道的车道数。

(4) 人流冲突。信号灯控制的平交路口,由于路口范围较大,经常会出现行人无法在一个信号周期内一次性过街的情况,致使行人在交叉口中央等待,甚至还会出现行人违章穿越的现象，从而影响车辆通行。当路口没有设置左转专用相位灯，直行绿灯亮时左转机动车会受到行人过街的干扰，不能顺利通过交叉口，进而影响对向直行机动车的通行，造成人车冲突，严重时可能引发交通堵塞或交通事故[22]。

6）非机动车道、人行道宽度过窄或缺失

由于城市道路用地面积受限，城市道路的发展往往会牺牲非机动车道和人行道的宽度，而非机动车道、人行道的宽度过窄或缺失会致使行人、非机动车占用机动车道通行，这不仅影响道路的通行能力，更大大增加机动车通行安全隐患。

7）停车场站设施不足

由于停车问题越发严重，我国大城市的交通拥堵也越发严重[23]。不仅汽车停车位长期严重不足，公交车、摩托车和自行车停车场也较为缺乏。停车问题对交通拥堵造成的影响主要表现在四方面：①泊位供应严重不足；②路边违法停车现象严重；③停车管理混乱；④停车设施落后，设置不规范。

2.2.3 气象环境动态要素

道路设施是完全暴露在自然环境中的基础设施。因此，道路交通的运行状况除了受其本身的各种因素的影响外，还要受到气象环境的影响。然而，非正常的气象环境不仅会影响道路路面的正常性能，还会对驾驶人的驾车行为产生一定的影响。这些影响综合起来就会影响整个交通流的正常运行，从而导致交通拥堵甚至引发交通事故。在这里我们主要讨论恶劣天气对交通运输系统的影响。

1. 恶劣天气的含义

在交通运输工程学领域，对于恶劣天气主要关注雨、雪、雾、风等天气状况对交通运输的影响。研究任务是通过观察分析这些非正常天气条件对于交通运输系统的影响，从而获得在恶劣天气条件下交通运输系统运行的变化规律，并提出恶劣天气条件下交通运输系统的管理与控制方法。

法国的El Faouzi等[24]从交通运行的角度出发，认为恶劣天气是指特定时空下对交通最佳运行不利的大气气象条件，既包括普通的频发的雨、雪、雾等天气，又包括极端罕见的暴风雪、飓风等。美国在交通运输领域内所研究的“天气事件”，特指一些不会对驾驶人造成截然不同行为的不利或恶劣天气；这些不良天气（降雨、降雪等）通常会为驾驶人提供一个相对较长的时间来应对，驾驶人可以在一定程度内控制车辆，但是由于物理因素（能见度、身体舒适度等）和路面摩擦系数的降低，驾驶人对于车辆的控制度要弱于正常天气时的控制度[25]。而像龙卷风、洪水、台风、飓风等极端的“天气事件”，通常被当作一类交通偶发事件来对待，主要研究该情形下的交通快速疏散和紧急救援等问题。在我国，同济大学柳本民[26]提出了灾害性天气概念，是指可能对高速公路网的交通运行安全构成威胁，引发交通事故，降低运行效率，严重时可导致高速公路网交通系统瘫痪的天气。同济大学季运文等[27]进一步厘清灾害性天气与天气灾害二者的因果关系与区别。根据城市轨道交通天气灾害的成因特点，他把天气灾害分为雨灾、风灾、雪灾、雾灾、雷暴灾害、温度变化等六类，每一类又对应几种灾害性天气，并列举了灾害性天气的直接灾害后果和间接灾害后果。

根据我国气象行业标准《公路交通高影响天气预警等级》(QX/T 414—2018)[28]，高影响天气是指对公路交通安全和通行能力产生不利影响的灾害性天气，包括台风、暴雨、暴雪、冰冻、大雾、沙尘暴、大风、高温等。此外，联合国气候变化政府间专家委员会(Intergovernmental Panel on Climate Change，IPCC)第 3 次评估报告指出，极端天气事件是指某一地点或地区从统计分布的观点看，不常或极少发生的天气事件，如用累积分布函数表示，一般指那些发生的概率等于或小于第 10(或大于第 90)百分位数的天气事件[27]。

本书所讨论的恶劣天气是指对道路交通系统正常运行造成威胁，降低路网运行效率，引发路网交通拥挤，甚至导致路网交通瘫痪的几类气象环境。它包括雾、雨、(冰)雪、大风、极端气温等五类，与 El Faouzi 提出的恶劣天气事件定义十分接近，所以它不仅包括了灾害性天气、气象灾害，还包含可能造成交通拥挤的常见普通强度的雨、雪、雾等不良天气[24]。

2. 恶劣天气对交通系统的影响

如前所述，恶劣天气下城市路网交通拥挤风险是指在恶劣天气干扰下城市道路交通运输系统运行出现大范围、长时间的路网层面的交通拥挤或交通瘫痪等现象的可能性及后果，其风险因素是道路交通系统的人、车、路、环境和管理，风险事件是各种类型各等级的恶劣天气所造成的大范围、长时间的路网交通拥挤。因此，有必要分析恶劣天气对交通系统的影响。

1) 对系统构成要素的影响

交通系统构成要素是交通系统最基本的单元。通过分析受到恶劣天气影响的系统要素有哪些，各系统要素遭遇恶劣天气时的响应过程，以及各要素交通特性变化，可以找到恶劣天气与交通系统要素之间较稳定的因果联系。人、车、路是最核心的三个构成要素，由于恶劣天气对它们的作用程度和方式有较大差别，所以逐一分析恶劣天气对每一个构成要素的干扰过程是必要的，也有利于识别和量化恶劣天气下交通拥挤发生的深层次风险要素。

人们从 20 世纪 90 年代起就开始研究不同气象灾害或恶劣天气对道路交通系统各构成要素的影响。气象学团体从气候变化出发，重点研究了以道路网为部分或全部承载体的气象灾害评估，而交通运输学科领域在研究交通安全、应急疏散等问题时，仅分析了各构成要素受天气的影响[29-32]，对于恶劣天气下日常交通的运行管理与控制问题却没有给予重视。人们虽然对恶劣天气交通拥堵的成因进行了归纳[33-36]，但没有深入研究恶劣天气下交通拥堵的机理。因此，需要以交通畅通运行为出发点，整合前人的研究结果和结论，通过归纳与演绎得到恶劣天气下干扰交通系统构成要素的一般规律和特征，为分析交通拥堵形成机理和风险识别提供理论支持。

2) 对交通供需水平的影响

针对交通供需子系统的影响分析是对构成要素影响分析的进一步深化，具有动态含义。交通系统要素的不同组合及彼此相互作用的结果就是产生了交通需求和交通供给，二者在与外界环境不断交互中呈现出“平衡—不平衡—平衡”状态的动态变化。交通需求子系统的功能水平主要由交通量体现，而交通供给子系统的功能水平主要由自由流车速和通行能力体现。

这里以降雨为例，综述国内外针对雨天条件下交通量、自由流车速和道路通行能力受天气影响的研究结果。K. Keay 和 I. Simmonds[37]记录了墨尔本城市主干道的交通量与降雨及其他天气变量数据，得出了不同季节潮湿天气下的交通量减少值，最大降幅为 3.43%。Seungkirl Baek 和 Bumjin Kim 等[16]认为，雨天时交通量会减少，平均出行距离也会减少，当降雨量超过 30 mm，高速公路交通量急剧下降。Zhirui Ye 等[38]总结了近年来恶劣天气对连续流交通运行和交通安全方面的影响，发现小雨条件下道路通行能力下降 5%～10%，大雨条件下道路通行能力下降 10%～17%。P. D. Prevedouros 和 K. Chang 等[39]的研究也表明在降雨条件下快速路的通行能力平均减少 8.3%。Manish Agarwal 等[40]对美国双子城①的快速路车速、车头时距、通行能力受雨雪天气的影响进行了分析，发现大雨降低道路通行能力 10%～17%；大雪降低道路通行能力 19%～27%。E. Chung 等[41]分析了降雨条件下日本东京高速公路车速与通行能力的变化，发现小雨和大雨情况下通行能力分别降低 4%～7%和 14%；雨天使自由流车速降低4.5%～8.2%。H. M. Alhassan 和 J. Ben-Edigbe[42]调查了不同降雨强度下马来西亚城际道路的通行能力，发现在小于 2.5 mm/h，2.5～10 mm/h 和 10～50 mm/h 三种级别降雨强度下通行能力分别降低 8.14%，50.30%和 31.09%。

杨中良等[43]分析了雨雪天气对上海快速路交通流的影响，提出了基于交通流模型拟合的快速路通行能力计算模型，并得到了不同气象等级下的通行能力折减系数，结果表明雨天环境下通行能力降幅在 6%～15%。肖琳[44]利用大到暴雨天气和正常天气下北京快速路微波检测数据分析了降雨天气对非工作日交通出行的影响。统计结果表明：在大雨天气下，绝大多数检测器的通过流量均呈现出下降趋势，下降幅度在 1%～35%。西三环平均下降幅度为 6%，北三环平均下降幅度为 11%。利用相同数据，肖琳还以一处典型交织路段为例，计算了不同等级降雨条件下自由流车速和通行能力的下降情况：暴雨、大雨和中雨条件下的自由流车速相对于正常天气分别下降了 29.7%，7.7%和 1.5%；暴雨条件下车道通行能力降低了 10.1%～25.8%，内侧车道和中间两条车道受影响程度差别不大，但都明显大于外侧车道受到的影响；中雨条件下车道通行能力下降 0.7%～5.6%[44]。总结上述研究结果，汇总为表 2-5 所列。

表 2-5　不同等级降雨情况下交通供需水平指标下降比例

参数	小雨	中雨	大雨	雨天	现有研究
交通量				3.43%	K. Keay 和 I. Simmonds(2005)
			1%～35%		肖琳(2013)
自由流车速	4.50%		8.20%		E. Chung 等(2006)
				13%	H. Perrin 和 P. T. Martin(2001)
				7%	Adel W. Sadek, Seli J. Amison-Agbolosu(2004)

① 美国双子城是指位于美国明尼苏达州东南部的明尼阿波利斯和圣保罗。

(续表)

参数	小雨	中雨	大雨	雨天	现有研究
通行能力		0.7%~5.6%	7.7%~29.7%		肖琳(2013)
				6%~15%	杨中良等(2010)
			10%~17%		Manish Agarwal 等(2005)
	4%~7%		14%		E. Chung 等(2006)
	5%~10%		10%~17%		Zhirui Ye 等(2009)
	8.14%	50.30%	31.09%		H. M. Alhassan 和 J. Ben-Edigbe(2011)

目前,关于雾使道路通行能力降低的研究相对较少,有些人员研究了在光线亮度、路面干燥度和是否工作日等不同交通运行环境条件下的道路通行能力变化情况。其中,W. Brilon 和 M. Ponzlet[45]使用德国的数据对比分析了晚上和白天的道路通行能力,发现前者比后者少13%~47%。

3) 对交通流特性的影响

自 20 世纪 50 年代开始,特别是八九十年代,国内外学者使用实测或仿真数据开展了恶劣天气下交通流特性的研究,得到了许多有用的成果及结论。然而,这些研究所针对的恶劣天气类型和道路交通特征都具有显著的地区性特点,不能简单地照搬套用。

(1) 降雨天气下间断流交通特性

在有关主干路的运行车速和行程时间方面,Andrew D. Stern 等[46]研究了主干路出行时间受道路、气象条件(如降水类型和强度、持续风力、能见距离和路面条件等)的影响,降水会使高峰时段出行时间平均增加 11%,平峰时段增加 13%。Wang Lixiao 等[47]利用 2004 年 5 月至 6 月日本 Nagoya 市中心的浮动车数据分析了降雨对主干路上行程车速的影响,发现降雨强度越大,平均出行车速越低;大雨情况下会使平均行车速度降低 6.03 km/h,而且影响程度还与道路等级、车道数、正常天气下车速等因素有关;平均行程时间在小雨天气下增加了 10%,在大雨天气下增加了18%。Mei Lam Tam 和 William H.K.Lam 等[48]利用 2006 年香港自动车辆识别(AVI)数据研究了穿越隧道的交通流的行程时间和行程车速,并建立了车速减少百分比对降水强度的二次多项式模型,当降水强度为 26 mm/h 时,车速下降比最大,为 12%;当降水强度在 0~26 mm/h 之间时,车速递减上升;当降水强度大于 26 mm/h 时,车速递增下降。I. Tsapakis 和 T. Cheng 等[49]利用 2009 年 10 月 1 日—2009 年 12 月 10 日的气象与交通数据,分析了在不同等级降雨(表 2-6)、降雪和气温条件下大伦敦地区城市道路上运行车速和总出行时间的变化,并与其他运行车速研究结果进行了比较。

表 2-6　　　　　不同等级降雨条件下运行车速的下降情况[49]

现有研究	小雨 1 （0～0.2 mm/h）	小雨 2 （0.2～6 mm/h）	大雨 （>6 mm/h）
HCM(2000)	2%～14%	2%～14%	5%～17%
A. T. Ibrahim 和 F. L. Hall(1994) Mississauga，Ontario	0～13 km/h	0～13 km/h	5～10 km/h
M. Kyte 等(2000) Idaho	9.5 km/h	9.5 km/h	9.5 km/h
M. Agarwal 等(2005) Twin Cities，Minnesota	3%～5%	3%～5%	3%～5%
Smith 等(2004) Hampton Roads，Virginia	1%～2.5%	2%～5%	4%～7%
T. H. Maze 等(2005) I-35，Northern Iowa	2%	4%	6%
I. Tsapakis 和 T. Cheng 等(2013) London，UK	0.1%～2.1%	1.3%～3.8%	3.6%～6%

曾伟良等[51]结合浮动车 GPS 数据和气象站降雨量检测数据，分析了降雨对广州市城市道路车辆行驶速度的影响。结果表明：降雨天和非降雨天的车辆行驶速度的差异比较显著；持续性降雨造成交通行驶速度的较大波动，快速路和主干路的交通流车速下降比较明显；降雨量和速度变化量之间的相关性不明显[50]。

在主干道自由流车速、交叉口饱和流率、启动损失时间等方面，美国的研究人员详细分析了犹他(Utah)州[51]和佛蒙特(Vermont)州[52]在不同恶劣天气下主干路上自由流车速和交叉口饱和流率的变化，结果如表 2-7 所列。

表 2-7　　　　不同道路天气条件下主干道自由流车速与交叉口饱和流率的变化情况

道路天气条件	自由流车速降低百分比/%		交叉口饱和流率降低百分比/%	
	犹他州	佛蒙特州	犹他州	佛蒙特州
干燥	0	0	0	0
湿滑	10	3	6	2
湿滑＋下雨	13	7	11	4
湿滑＋雪泥	25	7	18	15
车辙有薄冰	30	N/A	18	21
压实雪	N/A	16	20	16

注：N/A 表示无可用数据。

国外关于降雨条件下信号控制交叉口的饱和流率或通行能力的其他研究结果还有：W. J. Gillam 和 R. A. Wilhill[53]通过调查发现，降雨条件下英国莱斯特(Leicester)地区交叉口饱和流率由 2 010 pcu/h 降为 1 890 pcu/h，下降幅度约 6%。Chi-Hyun Shin 和 K. Choi[54]的研究也表明降雨条件下交叉口饱和流率下降 4%～13%。P. Martin 和 H. Perrin[51] 对采集自美国佛蒙特州 2002—2004 年的冬季交通数据处理得到，降雨条件下交叉口饱和流率下降 6%；在湿滑路面条件下，车辆在交叉口的启动损失时间由 2.0 s 增加到 2.1 s，增幅为 5%。Adel W. Sadek 和 Seli J. Amison-Agbolosu[55] 的研究结论是小雨湿滑路面条件下交叉口饱和流率下降 2%～3%，但是干燥路面和小雨湿滑路面条件下饱和车头时距均值之差统计意义上不显著。V. P. Sisiopiku 和 A. Sullivan[56] 研究发现小雨条件下交叉口饱和流率下降 0～4%，中雨条件下交叉口饱和流率下降 3%～9%。J. Chodur，K. Ostrowski 和 M. Tracz[57] 的数据表明交叉口饱和流率在长时间降雨条件下会下降 8.5%～12.3%，短时间降雨条件下会下降 3.6%。J. Asamer 和 H. J. Van Zuylen[58] 的结论是在小雨湿滑路面，直行车道数分别为 1 条、2 条和 3 条的进口道饱和流率分别下降 8.3%，5.5%和 3%。

在国内，北京工业大学刘力力[59] 研究了降雨条件下城市道路交叉口交通运行特征：相对于正常天气而言，当小时降雨量在 1.5～6 mm 时，饱和车头时距有缓慢增长，可增加 5%～20%，饱和流率降低 6%～15%；当小时降雨量达到 15 mm 时，饱和车头时距相对于正常天气时增加 30%，饱和流率下降 25%，此级别的降雨量对城市交通的正常运行会造成一定影响；当小时降雨量达到 32.6 mm 时，饱和车头时距增加将近 45%，饱和流率下降 30%，说明这个级别的雨量对城市交通造成了显著影响。不同等级降雨条件下北京市交叉口饱和流率和启动损失时间的变化情况如表 2-8 所列。

表 2-8　不同等级降雨条件下北京市交叉口饱和流率和启动损失时间的变化情况

小时累计降雨量/mm	降雨等级	平均饱和车头时距/s	饱和流率/($pcu \cdot h^{-1}$)	饱和流率减少百分比/%	(前 5 辆车)启动损失时间/s	启动损失时间增加百分比/%
0	—	2.24	1 604	0	2.63	0
1.5	小雨	2.38	1 510	5.86	3.28	24.88
3.7	中雨	2.55	1 412	11.97	3.47	32.04
5.7	中雨	2.60	1 385	13.65	3.98	51.35
14.9	大雨	2.93	1 229	23.38	4.02	52.94
32.6	暴雨	3.20	1 125	29.86	4.60	75.18

总结上述国内外研究成果，不同等级降雨条件下交叉口饱和流率及启动损失时间的变化情况如表 2-9 所列。

北京工业大学刘力力[59] 通过分析雾天条件下城市道路交叉口的交通运行特征得到，在能见度为 500 m 左右的雾天天气下，交叉口的饱和车头时距为 2.28 s，相对于正常天情况下的 2.25 s，增加了 1.14%；雾天情况下饱和流率为 1 581 puc/h，相对于正常天气下的 1 599 pcu/h，减少了 1.13%。此时，由于城市信号交叉口机动车行驶范围还是比较小，一般不会大于 100 m，驾驶人员能较清楚地看见视域范围内机动车的行驶方向和轨迹，因此这个级别的雾天气对机动

表 2-9　　不同等级降雨条件下交叉口饱和流率及启动损失时间变化幅度

参数	小雨	中雨	大雨	雨天	现有研究
交叉口饱和流率下降比例				11%	H. Perrin 和 P. Martin(2001)
				4%	Adel W. Sadek 和 Seli J. Amison-Agbolosu(2004)
				6%	W. J. Gillam 和 R.A.Wilhill(1992)
				4%~13%	Chi-Hyun Shin 和 K. Choi(1998)
				6%	P. Martin 和 H. Perrin(2001)
	0~4%	3%~9%			V. P. Sisiopiku 和 A. Sullivan(2011)
				8.5%~12.3%	J. Chodur, K. Ostrowski 和 M. Tracz(2011)
	3%~8.3%				J. Asamer 和 H. J. Van Zuylen(2011)
	5.86%	11%~13.65%	23%~29.86%		刘力力(2013)
启动损失时间上升比例				5%	P. Martin 和 H. Perrin(2001)
	24.88%	32%~51.04%	53%~75%		刘力力(2013)

车在信号交叉口启动和行驶没有造成显著影响，换言之，可以认为饱和车头时距较正常天气没有明显差别。但是强雾天气情况下，即能见度降到 50 m 以下时，驾驶人对驾驶环境的变化会倍加小心，因而车速会明显下降，雾会影响信号控制下的车辆启动和停止。

(2) 降雨天气下连续流交通特性

国内外对于连续流交通特性受恶劣天气的影响也进行了大量研究。从交通流特性指标上看，国外研究的交通流特性主要包括交通量、自由流车速[60-63]、运行车速[64, 65]、路段通行能力[40, 41]和流密速关系[42, 66, 67]等；国内研究的交通流特性有车速、通行能力、行程时间、流量和速度[44, 60]。从恶劣天气角度来看，均以正常天气为参照，以降雨、降雪等恶劣天气为主，同时考虑在模型中引入其他气象要素。从研究方法角度来看，均基于实际采集的交通气象数据进行回归分析或对比分析。

具体而言，在运行速度和行程时间方面的相关研究中，M. Kyte 等[68]将运行车速与能见度、路面条件、降水强度和风力之间进行了线性回归分析，最好回归模型的 R^2 为 0.4；Zhao 等[69]对不同的气象要素分别设计了天气因子指标，并建立了运行车速的线性回归模型，R^2 为 0.56，发现了车速降低主要受能见度、天气类型、降水量和风速的影响。D. Akin[70]分析了土耳其城市快速路的车速、交通量和密度的关系，考虑了大型车流量、小型车流量、密度、气温和地面温度等因素，建立了对数线性回归模型，R^2 为 0.895。E. Hooper 等[71]分析了降雨条件下英国公路走廊上速度与流量的关系，发现路段车速和最大流率显著下降，速度-流量关系图会向下平移。叶佳缘等[72]分析了不同降雨等级下高速公路行程时间的变化，发现与无雨情况相比，小雨、中雨、大雨、暴雨时行程时间的增幅分别为 1.07%，6.76%，9.36%，12.00%。

在自由流车速回归建模中，施莉娟[73]利用美国的交通数据和降水类型、强度、路面条件、光照条件、路面温度、能见距离、持续风力等气象及道路数据，建立了回归模型，最好模型的 R^2 为 0.326。F. Torregrosa 等[74]则针对西班牙高速公路的自由流车速与货车交通量、能见度、风力、降水强度及积雪厚度的关系提出了 4 个多元非线性回归模型，且研究发现不同的气象要素作用规律和程度不一样，同时结果依赖研究对象的地理位置。

在降雨天气下流密速关系与模型方面，A. T. Ibrahim 和 F. L. Hall[75]通过计算得到小雨天气下高速公路平均车速下降 2 km/h，大雨天气下平均车速下降 5～10 km/h 的结论；同时，恶劣天气下流量-时间占有率线性关系的斜率变小；流密速之间的函数关系没有发生变化，只是自由流速度、最大流量和最佳速度等关键参数值有所差异。D. Unrau 和 J. Andrey 等[76]分析了小雨和干燥环境下高速公路交通流参数变化，建立了拥挤状态和非拥挤状态下高速公路速度-流量关系模型，表明在非拥挤状态下，小雨会导致平均车速降低 8 km/h，且推荐非拥挤状态下使用二次函数模型，拥挤状态下使用指数函数模型。H. Rakha 等[77]利用美国明尼苏达圣保罗、巴尔的摩和西雅图的交通气象数据建立了不同恶劣天气条件下 Van Aerde 交通流模型，它能同时估计出自由流车速、最佳速度、通行能力和阻塞密度等关键参数。T. Hou 等[78]选择了二段式的改进 Greenshields 模型来拟合快速路的速度-密度关系，并利用美国欧文、芝加哥、盐湖城和巴尔的摩等大城市的数据分别标定了不同降雨等级和降雪等级的交通流模型。张存保等[79]研究了降雨情况下高速公路交通流参数（如速度、车头时距、车头间距等）的分布规律，基于连续的 Van Aerde 模型建立了雨天环境下高速公路交通流模型，并给出了正常和降雨天气下交通流的流量-速度曲线和速度-密度曲线，结果表明，与无雨天气相比，小雨、中雨和大雨天气下高速公路平均速度分别降低 4.7%，9.8%和 16.1%，通行能力分别降低 10.5%，17.4%和 27.1%。肖琳[44]基于北京市三环快速路的微波检测数据，发现交通流的流密速关系在降雨影响下发生了变化，降雨对低密度区域的影响要比高密度区域更为显著；比较了多个交通流模型发现暴雨天气下 Underwood 模型拟合速度-密度关系的表现较好。目前对于交通流模型估计关键参数能力的比较研究较少，只有 S. Sajjadi 等[80]利用美国高速公路的交通气象数据对比了 Northwestern 模型、Van Aerde 模型、Modified Greenshields 模型、美国 HCM 方法估计关键交通流参数的能力，发现 Modified Greenshields 模型比其他模型的估计效果好，但是仍不能满足通行能力估计要求，该研究最后给出了一种实测阈值法来得到准确的通行能力。

2.3 交通流的不稳定性

2.3.1 交通流稳定性影响因素

由交通流不稳定导致的交通拥堵会引起道路交通网络运行效率下降，并对行程时间、燃油消耗、空气环境、交通安全造成消极影响，因此，交通流不稳定性的研究对交通运行管理有着重要影响。

一些学者在研究交通流理论时观测到了交通流中类似混乱的非线性行为。交通流的亚稳态或非稳定行为存在于这些行为中，表明在密集交通中，临界扰动将扩大并引发交通阻塞。现场实验[81]已经表明，扰动沿着车辆向上游传播，并不断扩大，直至达到某一点使得车辆完全停止。这种不稳效应描述了一旦密度超过了某临界密度，交通流将在短时间内变得非常拥挤。局部的阻塞可以持续数小时，并保持其形式和特征属性。

交通工程界除了采用两相交通流划分交通流状态，即划分为非拥挤流（free flow）和拥挤不稳流以外，A. Polus 和 M. A. Pollatchek[82]提出了另外一种状态，稳定密集流（stable dense flow），处于非拥挤区域和拥挤区域之间。交通状态突变（Traffic Breakdown）被定义为从稳定密集流到拥挤不稳流之间的转变。B. N. Persaud 等[83]将交通状态突变作为车辆在瓶颈入口处由自由行驶转变为排队等待的一种交通流变化过程，当交通状态突变发生后，排队的车辆从瓶颈处向上游传播。F. L. Hall和 M. A. Gunter 等[84]从观测数据的角度描述了交通状态突变的特征：交通流在到达最大流量之前变化到高占有率区域（拥挤区域），在交通流基本图流量-密度关系中不经过最大流率。M. A. Gunter 等[85]通过对流量-密度图的分析，发现交通流可以从一支变化到另一支而不经过通行能力状态，或并不是绕着通行能力点在变化。

Wu[86]将两个基本的交通流状态各自划分为两个均匀状态，如表 2-10 所列。他将非拥挤流定义为流动区域，将停停走走的拥挤不稳流定义为阻塞交通。流动区域的均匀态为“自由车辆”和“聚集的车队”；阻塞交通的均匀态为“聚集的车队”和“停滞的车辆”。

表 2-10 交通状态分类[86]

区域	均匀状态	简称	与水的物理状态的类比
流动区域（fluid traffic）	自由车队（free vehicles）	free	气体
	聚集的车队（bunched convoy）	convoy	液体Ⅰ
阻塞交通（jam traffic）	聚集的车队（bunched convoy）	go	液体Ⅱ
	停滞的车辆（standing vehicles）	stop	冰

J. Banks[67]将“自发（spontaneous）”这一术语与交通状态突变和发生交通状态突变的瓶颈特征或道路的非均匀性联系起来，并总结了可能导致交通状态突变的一些事件：①宏观交通流的不稳定性，流量和密度的波动演变到某一点以至于触发了不可逆的速度下降；②在正常车辆跟驰模型的相互作用中出现了微观交通流的不稳定性；③由合流或车道变道（交织）所导致的交通流的波动；④道路几何条件的变化（车道数减少、设计车速的变化、坡度变化等）都可能降低运行速度；⑤事故或停止的车辆引起的事件。

1. 外部因素对交通流稳定性的影响

交通状态突变现象的发生常常是由于初始的小的扰动在沿着车队传播时不断扩大的结果。

速度的波动是交通扰动的最常见形式。速度的下降是速度扰动在向上游传播途中扩大的结果。这些速度扰动可能是由不同的操作如车道变换或者合流造成的，同样地，道路特定的几何和环境条件的变化也可能会对交通流的速度造成干扰，比如隧道出入口和上下匝道处。交通扰动是交通系统中各种干扰因素共同作用的结果，交通扰动造成了交通流的不稳定性，而不稳定的交通流又很容易发生交通状态突变，因此交通扰动是交通拥堵的重要起因。

日本高速公路上有许多通行能力瓶颈，如下弯的竖曲线、隧道入口，但没有车辆汇入、驶出或交织段。驾驶行为，尤其是跟车行为被认为是这种瓶颈现象的成因[87]。在日本，当交通流量增加时，更多的驾驶人会倾向于使用超车道，这就使得超车道上形成了长且密集的车队。当这样的车队驶过一个下凹的竖曲线时，由于坡度的变化和不充分的加速，头车速度稍有降低。而这种速度的降低产生了一个减速波，在其向后传播时不断扩大，使得位于密集车队尾部的车辆几乎处于停车状态。C. F. Daganzo[88]提出，如果前一个车队尾部车辆在重新启动离开之前又有一队车辆到达，通行能力瓶颈则被触发，并出现排队交通流，这有别于堵塞交通流，因为堵塞交通流可能包含具有高密度、高流量的非排队流。

R. I. Strickland[89]研究了隧道入口对通行能力的影响，对纽约的水下隧道进行了一系列的实验，发现当车辆经过隧道下坡时会无意识地加速，因此需要进行制动以减慢车速，这种制动就是速度扰动的最初发生源。R. S. Foote[81]发现，速度扰动出现在隧道出口的上坡处，但其对上游交通流的影响与 R. I. Strickland 的研究结果类似。近些年，M. Koshi 等[90]在日本的高速公路隧道中也发现了类似现象。L. Newman[91]分析了入口匝道对主线交通流稳定性的影响，测量了洛杉矶某条高速公路某一入口匝道上游的速度，该入口匝道的位置和糟糕的设计引起了高速公路交通流频繁出现车流停滞现象。H. S. Mika 等[92]测了一条 2.4 mile（1 mile＝1 609.344 m）长的包含若干个出入口匝道的高速公路上 13 个地点的速度情况，发现当密度超过 45 veh/(mile・lane)时，交通流变得不稳定，而这些不稳定的起源就是那些出入口匝道。

2. 内部因素对交通流稳定性的影响

对于没有任何外界干扰的理想道路条件，且假设车辆都是理想的、车流是均匀的，在车辆守恒方程和交通流运行规律的作用下，交通流随着交通需求的增加呈现平稳变化。而实际上，车辆并不是理想的，车流也并非均匀，交通流的运行规则也不绝对严格，车辆运行存在随机性，这种随机性所引发的微小速度扰动的演变也是一种随机现象。此外，不同车道间车辆的变道行为也会引起速度扰动。A. Elefteriadou[93]详细分析了和 L. Newman 类似的研究对象，记录了当一辆或一队车汇入高速公路时主线流量的变化情况，发现即使对匝道、隧道没有造成影响，由于驾驶人行为的随机性和车流的非均匀性同样会导致速度的变化。在微观跟车模型中，稳定性包含两层意思：局部稳定性和渐近稳定性[94]。局部稳定性是关注跟驰车辆对其前面车辆运行波动的反应，即关注车辆间配合的局部行为，指前后两车的速度大致相等、车间距离大致保持在某一常数值。渐近稳定性是关注车队中每一辆车的波动特性及其在车队中的表现，即车队的整体波动特性，如车队头车的波动在车队中的传播，如果速度变化的振幅在传播中扩大了，这种叫作不稳定，如果振幅逐渐衰减，则叫作稳定，这种情形称为渐近稳定。交通扰动是交通流不稳定的诱因，交通扰动在沿着车队传播的过程中，是否使交通流趋向稳定取决于以下几个因素的共同作用：背景交通状况、驾驶人特性和车队的均一性[95]。

1）背景交通状况

背景交通状况指扰动始发点上游的交通状况，即交通需求状况和车辆到达情况。跟车模型假定车辆间距在 0 m 至 100～125 m 时车辆之间存在跟车关系[93]，在车辆较少的自由流状态，由于车间距大，车辆间几乎不存在相互作用，也不存在跟车关系，因此车辆自身的速度扰动不会在车流中传播，也不会导致交通流不稳定。当交通需求接近通行能力时，车流中大部分车辆之间的车间距非常小，并已接近最小安全车距。后车只有对前车的减速行为及时作出反应才能避免碰撞，而后车反应的迟疑很容易导致其速度大幅骤降，而跟车效应使得后续车辆的速度持续下降，直至达到某一处车辆开始出现停滞。

假设在较长一段时间内交通需求恒定，然而由于车辆到达的不均匀性，交通流可以看作是多个连续的由一定数量的车组成的“车队”，不同的车队具有不同的车头间距，当扰动发生在车头间距小的车队中时，很可能使扰动振幅扩大。这种情况的一个现实示例就是大城市中快速路入口匝道附近的交通状况。当一个入口匝道与城市干道联结点的上游临近交叉口时，交叉口会在绿灯时间内向入口匝道输入大量车流，而在红灯期间停止输送，即入口匝道的交通需求是以交叉口信号周期为脉冲周期的脉冲交通流。与相同条件下相同时段内等量的均匀到达流相比，脉冲式的匝道汇入车流更容易使快速路主线交通流变得不稳定。

2）驾驶人特性

驾驶人特性包括驾驶人的倾向特性和反应特性。

（1）倾向特性

驾驶人按其在跟车过程中对前车的紧随倾向的不同可以分为冒险型和保守型两种。冒险型驾驶人具有快速反应能力和强烈的紧随愿望，因此在较高的车速情况下依然能够保持与前车较小的车间距，但当前车速度发生较明显变化时，由于车间距过小和反应的滞后性，冒险型驾驶人敏捷的反应也难免会使自身车速发生更大幅度的变化，从而很容易引发交通流的不稳定。一些学者曾观测到高速公路快车道交通流比慢车道交通流突变发生得更剧烈、阻塞程度更严重，而冒险型驾驶人占较大比例可能是其中的一个重要原因。保守型驾驶人的反应能力相对较弱，但安全意识较强，没有强烈的紧随愿望，因此在跟车行为中往往与前车保持较大的车间距，在前车速度发生变化时能够从容地调整自身车速以保证行车的安全性。因此，与冒险型驾驶人相比，保守型驾驶人对减小交通流扰动振幅和抑制不稳定交通流的形成会起到积极作用。

（2）反应特性

驾驶人的反应特性是指在跟车条件下，后随车对前导车速度波动形成的刺激的反应能力，主要通过驾驶人的反应时间来表示。对于驾驶人而言，敏感的刺激信息包括：车速、加速度、车间距、相对速度、与前车靠近的速率等。

驾驶人的反应时间一直是交通安全、交通流理论研究中的重要课题之一。驾驶人从感觉器官接受刺激对控制系统做出反应到车辆行驶状态改变之间的时距，即为驾驶人的反应时间。驾驶人在行车过程中，交通环境复杂多样，如在快速路上行驶时，要关注交通标志、交通信号、其他行驶车辆等，再从众多的信息中选择与行车有关的信息并做出反应，这种复杂反应要比简单反应所花的时间长。驾驶人反应时间的确定对于行车安全、建立车辆跟驰模型、研究驾驶人特性对交通流变化的影响等都有着重要的作用。

驾驶人对刺激的反应过程通常可以分为感觉、认识、判断和执行四个阶段，反应时间是这四个阶段时间的综合。例如，当前导车在 t 时刻采取减速措施，后随车在$(t+T)$时刻才跟着采取减速措施，则 T 就表示反应时间，用 T_1，T_2，T_3，T_4 分别表示四个阶段的时间。整体而言，反应时间主要和驾驶人的年龄、性别、驾驶熟练程度以及生理、心理特性有关，反应时间的长短也取决于驾驶人对反应的准备程度、信息的强弱、刺激时间的长短、刺激次数的多寡、饮酒、疲劳、驾驶车辆、道路情况、设计车速等。反应时间的长短和驾驶人采取的反应措施的强烈程度并无关系。一般来讲，反应迅速的驾驶人能够对平稳交通扰动起到积极作用，而反应迟钝的驾驶人将会扩大扰动的幅度。

直接测量反应时间很难，但在交通流检测中，借助较为精密的仪器可以得到车辆轨迹，根据每辆车顺次改变车速的时间可以计算出每辆车针对某一个扰动刺激的反应时间。反应时间在一定程度上和驾驶人的预测能力有关，有些 T 值较大的车辆并非驾驶人真的反应迟钝，而是“快反”而“迟应”，即反应过程的每个阶段经历的时间都较短，但在判断阶段和执行阶段中间却有一定的间隔时间，可称其为“观望阶段”，即驾驶人在前三个阶段已经了解了前方刺激的特征，并已决定了下一步需要采取的措施，但在执行之前尚希望继续观望，直到接近其可接受的安全边界时才进入执行阶段。这种反应特征实际上也是紧随愿望的一种反映。此种情况下，在车辆轨迹图中观测到的反应时间往往偏高。

3）车队的均一性

车队的均一性（或称为均质性，homogeneity）特征指的是车流中具有不同反应特征（或不同认知能力和决策）的车辆驾驶人的分布情况，车队的均一性对交通流稳定性的影响可以从两个方面来理解。

（1）将期望的安全距离相等、严格保持车间距的车辆称为理想车辆，完全由这样的车辆组成的车队称为均一车队，否则称为非均一车队。对于车型相同的均匀到达的车流，当初始扰动发生后，均一车队中的每辆车在一定的延迟时间后继承了初始扰动，且扰动在沿车队传播的过程中振幅保持不变。对于非均一车队，由于期望的安全车间距不等，与其他车辆相比，一些车辆在距前车更近或更远的位置开始对前方刺激作出反应，或者并未像其他车辆一样继承前导车受扰后的车速，或者在驶出扰动后再次加速时存在不同的滞后时间。非均一车队对稳定交通流存在双面作用，推迟减速可能导致更大幅度的降速，从而扩大扰动幅度，促成交通流的不稳定；而提前降速到稍高于前车的速度或许可以减小扰动的幅度，促成交通流的稳定。

（2）将能够在扰动波到达之前很好地预测并快速作出反应的驾驶人称为稳定型驾驶人。稳定型驾驶人不一定是理想车辆的驾驶人，由于这些驾驶人希望自身车辆受扰动的影响尽量小，因此他们是通过稳定自身从而间接地稳定整个交通流。

扰动所波及的范围，即减速波波面和加速波波面之间的宽度变化，以及扰动最终是否能消失，是以上因素共同作用的结果。如果车队中有较多的不稳定型驾驶人，则最终将会引起交通流的不稳定，从扰动始发点上游某处开始，将观测到交通状态突变现象。然而，如果这些不稳定型驾驶人分散在稳定型驾驶人中间，将仍有可能使整个交通流保持稳定。

2.3.2 交通状态突变概率

交通状态突变是现实交通系统中广泛存在的现象，它是指当交通需求达到或接近路段通行能力时，车流速度出现急速下降。近年来，人们观测到的众多交通流复杂现象中，许多需要引入时间因素，即从交通过程角度才能得到解释，而其中最重要的就是交通状态突变过程。交通状态突变往往导致交通拥挤的产生，并与交通流理论中的许多方面有关，如交通流基本图、相变、迟滞现象、通行能力降低、突变理论等。交通状态突变问题的重要研究价值正日益体现。何蜀燕等[8]在三相交通流理论的基础上，依据北京市环路交通流的实测数据，将交通流按照稳定性的不同，在流量-密度平面上划分为以下四个状态：自由流、高速同步流、低速同步流和堵塞。其理由是当交通流处于同步流状态时，由于本身的不稳定性以及来自外部的扰动，有可能发生交通突变，进而引发交通堵塞或走停现象。将交通流状态突变前后速度较高的状态称作高速状态，速度较低的状态称作低速状态，如图 2-3 所示。

（1）自由流部分为一条曲线，在顶端略有弯曲。这是因为在多车道快速路中，达到最大流量时自由流的速度会略有下降。自由流状态最低速度以 v_f 表示，这是一种稳定状态，不会发生速度跃迁现象。

（2）高速同步流位于密度处于 $\rho_{cl} < \rho < \rho_{cr}$ 且速度小于 v_f 的区域，这个状态的交通流稳定性随着密度增加而降低，表现为车道间速度的同步性逐渐降低和速度跃迁概率逐渐提升。此时，交通流处于亚稳定状态。

（3）低速同步流为密度大于 ρ_{cr} 且速度大于 v_j 的区域，这个状态的交通流稳定性随密度增加而逐渐增加，也就是逐渐形成交通堵塞的过程，车道间速度差异逐渐减小，速度恢复的可能性也逐渐降低。此时，交通流处于亚稳定状态。

（4）速度小于 v_j 的区域为堵塞状态，这时交通流速度很低，各车道速度再度趋于一致。实测数据表明，当速度变化值低于 v_j 时，流量往往产生较大幅度的下降，这也说明速度降至 v_j 以下的交通流出现了或长或短的停滞现象。

随着时间的推移，当交通流的密度由低到高跨越高速状态与低速状态的临界密度 ρ_{cr} 时，往往产生速度跃迁；反之，由高到低跨越 ρ_{cr} 时，易发生速度恢复。从稳定性方面分析，密度高于 ρ_{cl} 后，交通流进入亚稳定状态，直至堵塞状态形成，而整个亚稳定状态的区域包括高速同步流和低速同步流两个状态，即同步流状态。

研究表明通道高流量情景下的交通状态是极其不稳定的，维持的时间也很短，主要原因是交通流本身具有较高的随机性。这种随机性可以用交通状态突变(即交通状态从自由流状态突变到拥挤状态)的概率来表征。实际交通数据分析表明交通状态突变的概率随着通道流量或交通流量的增加而增大。

A. G. R. Bullen[96]首次提出了交通流失效概率模型，该模型中将失效概率计算为流率的增函数，但他没有提供失效概率的计算表达式，也没有对交通流突变的机理作出解释。

J. H. Banks[97]发现交通流失效可能在流量未达到通行能力时发生，并认为匝道流量(或密集车队的大小)是引起快速路交通流失效的主要原因之一。他研究了通过匝道调节来防止或延迟交通状态突变，从而提高快速路瓶颈处通行能力的问题，对 4 个具有匝道调节设备的交通流状态进行分析，发现以 12 min 为集计周期，所有车道交通状态突变后的流率降低率是交通状态突变之前的 3%，因此他认为不值得通过进一步的匝道调节来开发这一效益。然而，他发现了支持 L. Elefteriadou[98]等所做的研究的一些证据，即通过匝道调节阻止入口匝道汇入车流的“成簇”(clustering)，从而可以降低发生交通状态突变的概率。

L. Elefteriadou 等[99]随后印证了 J. H. Banks 关于交通状态突变概率特征的结论，并对某些特定的入口匝道和高速公路主线汇合点进行了观测，发现大股的入口匝道车流汇入主线时干扰了交通流的运行，并将交通状态突变的过程描述为：①大股的车流从入口匝道涌入高速公路；②在合流点处速度降低；③速度降低这一扰动会向上游传播，随后导致交通状态突变。根据这一机理，L. Elefteriadou 等提出了一个失效概率模型(图 2-12)，这个模型呈 S 形曲线，是高速公路和入口匝道流量的方程。根据这一机理，汇入车辆簇的大小、车辆试图汇入时快速路主线上车辆的位置和驾驶人的操作都是影响交通状态突变概率的随机元素。

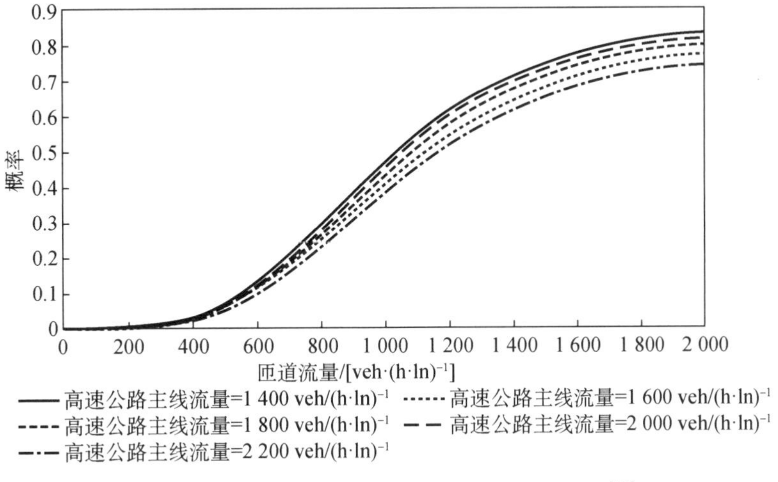

图 2-12 L. Elefteriadou 等提出的失效概率模型[99]

M. Lorenz 等[99]认为由于交通流失效现象的存在，路段通行能力不应被定义为一个固定值，而应被定义为一个与失效概率有关的概率函数，并提出了以快速路和匝道流量为自变量的S形交通流随机概率模型。J. L. Evans 等[100]采用离散时间马尔科夫链的方法对快速路汇入区的失效概率进行了研究。J. Sun 等[101]利用上海市快速路流量数据发现了早发性失效现象，即流量在远小于通行能力的情况下就产生交通流失效，并通过换道行为对这种特殊现象进行了解释。

郝媛等[102]从交通状态突变发生的诱因和过程进行了分析，认为交通状态突变与三个因素有关，即流量水平、扰动和驾驶行为。假设交通状态突变的概率为 P_{br}，δ 为扰动，q 为流量水平，b 为驾驶行为，那么交通状态突变概率是流量水平、扰动和驾驶行为的函数，即 $P_{\mathrm{br}}=f(\delta,q,b)$。其中，扰动 δ 包括四个因素：扰动诱因 δ_{c}，初始扰动幅度 δ_{m}，初始扰动持续时间 δ_{d} 和扰动频率 δ_{f}。

H. Tu 等[103]认为交通状态突变可以在低于或高于传统定义的通行能力流量下发生；路段的交通状态突变是一个概率变量，且交通状态突变概率是交通流量的增函数。基于 Brilon 对交通状态突变的定义，即在一个时间段内路段的平均速度从较高的水平降低到临界值 70 km/h以下即发生了路段交通状态突变。H. Tu 等[103]认为交通状态突变可以被定义为两种类型：①自发性交通状态突变，由交通流内部的局部扰动所引起。这种内部局部的扰动可以是高速公路瓶颈处确定的局部扰动，或者是交通流中发生的随机的局部扰动。②诱发性交通状态突变。局部的诱发性交通状态突变是由交通流外界短期的局部扰动所引起的，外界的扰动与高速公路其他路段发生的排队的传播有关。该种定义方式区分了主要的自发性和诱发性交通状态突变，然而两种情况涉及的诱因尚不完整。在荷兰和德国高速公路上的观测表明，大多数交通状态突变都是在短时间内发生了速度骤降。统计时间的长短对交通状态突变的分析会有一定的影响。当测量时间段较短时(如 1 min)，交通流可以吸收该流量下的短暂波动而不会导致交通状态突变，这是因为这种流率仅存在很短的一段时间。但如果集计时间达到较大的值，例如 15 min，由于这种流率持续很长的一段时间，将增大交通状态突变的概率。因此，H. Tu 等[103]提出以 10 min 作为集计时间。路段交通状态突变概率可用式(2-21)来描述：

$$p_{\mathrm{k}}^{\mathrm{br}}(q_m)=\frac{n_{\mathrm{k}}^{\mathrm{br}}(q_m)}{N_{\mathrm{k}}^{\mathrm{br}}(q_m)} \tag{2-21}$$

式中 $p_{\mathrm{k}}^{\mathrm{br}}(q_m)$—— 在某一个流率 q_m 下交通状态突变的概率；

$n_{\mathrm{k}}^{\mathrm{br}}(q_m)$—— 在某一个流率 q_m 下紧接着发生交通状态突变的时段数量；

$N_{\mathrm{k}}^{\mathrm{br}}(q_m)$—— 在某一个流率 q_m 下交通流处于稳定状态(stationary condition)或转变状态(transition condition)的时段数量。

图 2-13 显示的 A1201 路段，包括一段高速公路主线路段和一段入口匝道；图 2-14 显示

了两条高速公路走廊的交通状态突变随交通流量变化而变化的概率。一般来说，交通状态突变的概率随着流入量的增加而增加，但存在一定的临界流量值（A1201：每车道每小时约1 500 veh）。当超过该临界流量时，交通状态突变的概率明显提高。

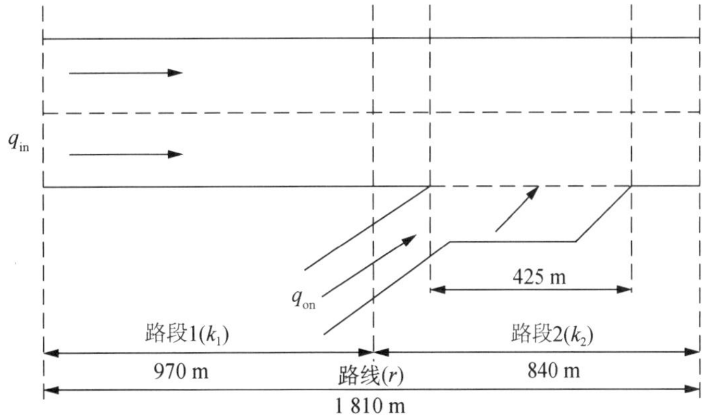

图 2-13 A1201 路段（包括一段高速公路主线路段和一段入口匝道）

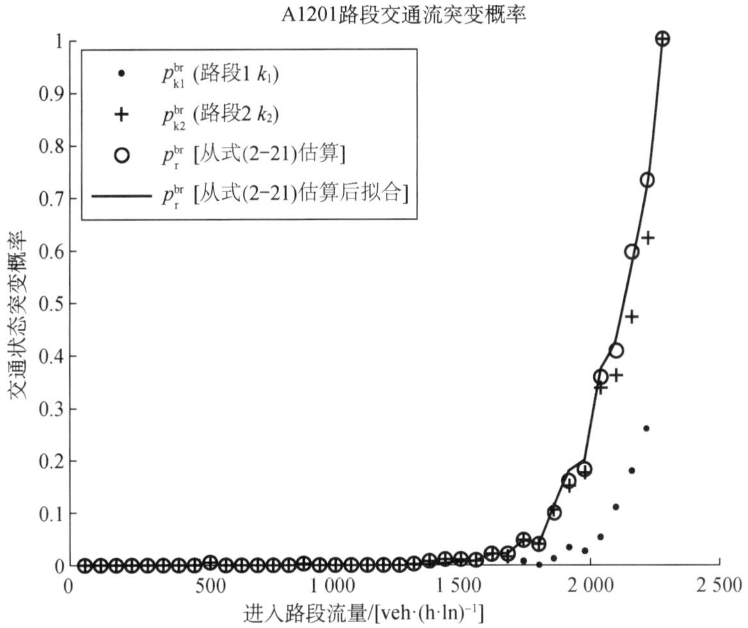

图 2-14 交通流突变概率与流入量关系

可以看出，路线级别的交通故障概率 p_r 从方程式估算相当于根据方程得出的交通分解概率。结果表明，k_1 路段的交通故障概率通常低于 k_2 路段的概率，特别是当流入量很高时，因为瓶颈对路线上交通故障的可能性具有显著影响，这是因为 k_2 路段具有来自入口匝道的合并流，瓶颈部分的交通故障发生率远高于普通/基本高速公路部分。

2.4 交通流的不确定性

2.4.1 拥堵时间的不确定性

拥堵时间的不确定性主要体现在拥堵发生时间的不确定和拥堵持续时间的不确定两方面。

1. 拥堵发生时间的不确定

交通需求的大幅增长是影响拥堵发生的主要因素之一。一般来说，交通需求变异性主要受时间(或季节等)影响，例如，在工作日与双休日，人们的出行目的不同；同时，高峰时段与平峰时段的交通需求差异大，导致交通流量也存在较大差距。

如图 2-15 所示，荷兰的交通拥堵在 7 月、8 月比 10 月要少得多。

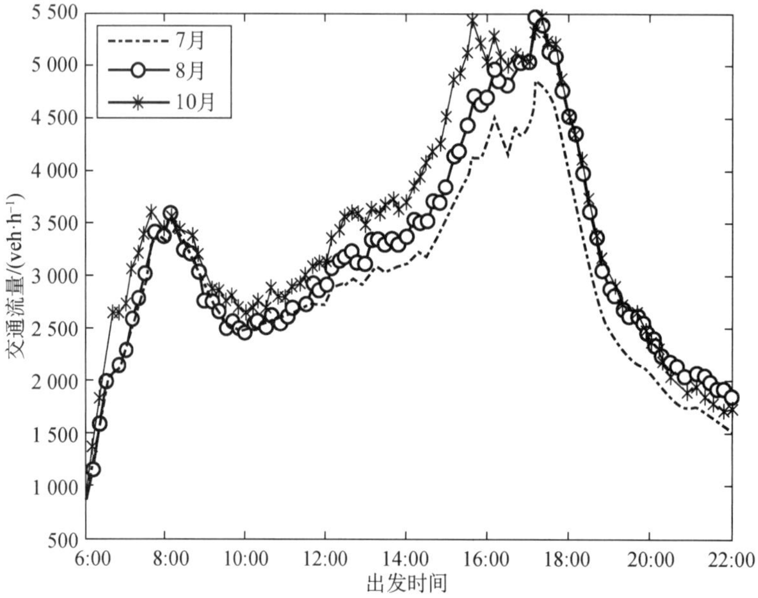

图 2-15 交通流量随出发时间的变化情况(7月、8月和 10月)

(注：流量数据来源于荷兰东南部 A12 高速公路)

2. 拥堵持续时间的不确定

拥堵持续时间本身是一个随机变量，其分布类型一般难以准确确定，并且交通拥堵持续时间往往会受到许多因素的影响。影响拥堵持续时间的因素有三类：交通状况、道路状况和时空因素。交通状况主要指实际的交通运行状况，包括平均流量、平均速度、平均占有率等交通运行参数。道路状况反映了道路基础设施的建设情况，包括匝道、公交站点、高架桥和车道数设计情况。时空因素主要包括时间和地理位置因素，例如是否在工作日、高峰发生，拥堵发生地点等[104]。由于各影响因素均会发生变化，因此拥堵持续时间具有不确定性。

通常可用延误指标来量化拥堵持续的时间。延误是指驾驶人、乘客或行人花费的额外的行程时间。其中,作为延误的一部分,交通延误是由于车辆之间的相互影响使得驾驶人将车速减到自由流速度以下而引起的延误,其主要受道路交通量的增加及道路本身几何条件的影响[105]。常用的延误指标包括路网单位里程延误、城市道路信号交叉口延误、延误率等。美国的道路通行能力手册中交叉口信号灯之间的路段延误计算方法为:有信号灯的街道每公里的自由流行驶时间减去每公里的路段行驶时间,并乘以整条街道的长度得到[106],即计算所得单位里程延误如式(2-22)所示:

$$D_M = L \times (T_0 - T_R)/3\,600 \tag{2-22}$$

式中 D_M ——路段延误,h;

L ——路段长度,km;

T_R ——每公里的行驶时间,s;

T_0 ——自由流速度下的每公里行驶时间,s。

拥堵时间的不确定性还可用行程时间可靠度、行程时间变异性等指标来表征。行程时间可靠度定义为满足一定服务水平的交通出行,能在规定时间内完成的概率[107-111]。行程时间变异性则反映了其变化的不确定性。由于拥堵发生及持续时间具有不确定性,这在一定程度上影响了出行的完成情况,从而影响了行程时间可靠度与变异性。

尽管拥堵时间具有不确定性,但交通拥堵仍有一定的时间分布特性[112]:①周期性,一个城市的交通拥堵发生通常呈现明显的周期性特点,如一年中不同的月、一个月中不同的周期呈现明显的周期性规律;②规律性,工作日早高峰时段和晚高峰时段拥堵明显,高峰时段一般出现在7:00—9:00和17:00—19:00,国家法定节假日拥堵也较严重,具有明显的规律性;③波动性,一般情况下,每个工作日出现交通拥堵的时段一致,周一的早高峰时段交通流量相对较大,每天的交通流量呈现出明显的波动性;周末与工作日相比,无明显的早晚高峰。

2.4.2 拥堵范围的不确定性

拥堵范围的不确定性主要体现在拥堵发生地点的不确定和拥堵影响范围的不确定两方面。

1. 拥堵发生地点的不确定

一方面,拥堵发生地点的不确定受到交通需求变化的影响。由于城市中不同地区的交通需求不同,因此地理位置是影响交通需求的一个重要因素。同时,在日常出行需求之外,一些特殊事件也诱增了交通需求,如北京奥运会、上海世博会等重大活动的举办,均增加了交通拥堵隐患。因出行需求发生地点的不同,导致了拥堵发生地点具有不确定性。

另一方面,拥堵发生地点的不确定还受交通供给变异性的影响。交通供给变异性的主要影响因素是路网特性,尤其是道路的几何设计对交通供给的影响。例如,三车道高速路每车道通行能力大约为每小时2 100辆,但单车道高速路的通行能力只有每小时2 000辆左右[113]。同时,一些研究人员提出同一段道路的通行能力不是一个常值,而是具有很大的变异性[114],图2-16显示了通行能力在同一路段具有不同值。

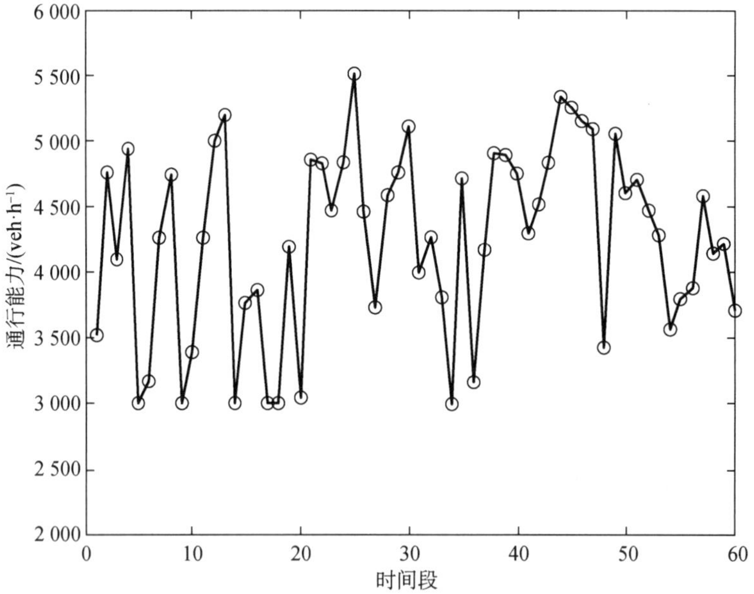

图 2-16 A15 高速公路通行能力变异性

除了路网特征，诸如环境、动态交通管理、交通事故等因素也会影响交通供给。由于同一地点的交通供给具有变异性，当变化着的供给不及需求时，拥堵易发生。因此，受交通供给变异性的影响，拥堵发生地点不确定。

2. 拥堵影响范围的不确定

交通拥堵在空间上具有呈区域蔓延态势、交叉口拥堵严重、不同类型道路拥堵情况不同等特点，且受城市路网、交通流等多种因素的影响，因而拥堵发生后的影响程度和范围具有不确定性，一般拥堵影响范围包括点、线、面三类[112]。点拥堵主要指的是细微的基本单元的拥堵，例如独立的交叉口、瓶颈路段等，其作用范围不大，影响也不是特别大。线拥堵通常指主干路上的拥堵，指局部点交通发生拥堵时由于没有及时疏散，或在一段时间内交通需求的激增，使得拥堵向路段上游蔓延，致使上游多条路段出现拥堵，呈线拥堵状态，线拥堵常出现在路段相互关联的城市主干路上。面拥堵也称区域性拥堵，指交通拥堵分布在城市路网的某一个区域，该区域内的路段和交叉口相互关联，各个部分的交通流之间相互影响，直接的结果是交通拥堵疏通不畅导致区域性拥堵。一般情况下，当某一路段或交叉口发生交通拥堵时，不仅仅在这一片区域会出现交通拥堵，往往会蔓延至其他区域，甚至会造成大面积的交通拥堵。

一般地，可用排队长度来量化拥堵影响范围。排队现象在交叉口、高速公路、城市快速路均会发生。车辆在交叉口处由于受到交通信号灯控制、行人穿行和行驶道路变窄等影响，不得不减速甚至停驶，因此通常在道路交叉口处发生车辆排队的现象较多。车辆排队通常表现为两种：①排队车辆在道路交叉口汇集，但能够在数个信号周期内消散完毕，排队长度未超出道路长度限制；②道路通行能力无法满足实际交通需求，排队车辆无法在一定时间内及时消散，只能不断向上游交叉口方向蔓延，直至超出道路长度。前者一般不会形成大面积交通拥堵，而后者则会在一段时间后导致严重的交通拥堵。因此，车辆排队长度的变化是一个时间上的动态过程，可以量化反映道路从畅通到拥堵的演化过程[115]。

国内外针对车辆排队现象的分析手段主要集中在三个方面：概率方法、基于输入输出模型的研究方法和基于冲击波理论的研究方法[116]。

（1）概率方法是一种通过严格定义交通流到达和离去的分布，以估计平均车辆排队长度及最大排队长度期望值的方法。概率方法主要以信号交叉口处车辆排队现象为研究对象对车辆排队长度进行估计[117]。另外，利用马尔科夫链对车辆排队长度进行估计也是一种常见的估计排队问题的方法[118]，然而该方法主要用于间断性交通排队问题。

（2）输入输出模型是一种常用于估计不间断交通流道路上车辆排队长度的方法。传统的输入输出模型又可称为决定性排队模型或累积到达离开模型，该方法基于所有到达和离开某一交通设施的车辆数来计算车辆排队长度。

（3）冲击波在交通学界被定义为用来区分不同交通状态的时空域边界状态的交通波，当两种不同的交通状态相遇时会产生冲击波，如当上游密度较低的交通流（如自由流）遇到下游密度较高的交通流（如拥堵流）时，便会产生向上游蔓延的冲击波。冲击波理论是一种可用于饱和交通系统的技术，因此越来越多的学者应用此方法分析车辆排队问题。

此外，交通拥堵发生地点及范围的不确定性，仍可由可达性可靠度、通行能力可靠度等指标来反映。可达性可靠度是指路网每个节点能连通的概率[119, 120]，该方法适合于非常规性拥堵状态，如自然灾害、交通事故发生地点的不确定性，导致非常发性拥堵发生地点不确定。通行能力可靠度定义为路网在满足一定服务水平的基础上能够承担一定交通需求的概率[120]，其考虑了由于道路结构或外界因素造成每个路段通行能力的不确定性，因此可反映拥堵发生地点及影响范围的不确定性，适合于分析常发性拥堵。

2.4.3 交通拥堵风险后果

路段交通拥堵风险较大，会在安全、效率、经济、能源和环境几方面造成更严重的后果。

1. 行驶安全性降低

在拥堵状态下，车流波动性加剧，经常出现“走走停停”的现象[122]，会增加追尾事故风险。同时，由于长时间处于拥堵状态，出行者易出现烦躁心理，会影响其正常的驾驶行为，在拥堵过程中、拥堵消散后均会导致其他安全问题。

2. 路网瘫痪

交通拥堵使得路网密度增大，通行效率降低，且往往呈现一定的蔓延特征。起初，拥堵发生在一个路段或一个交叉路口，形成“点拥堵”。然而，交通流量的快速增长或局部点拥堵未得到及时缓解等导致拥堵在相互关联的路段上蔓延，且主要分布在一条主干道上，形成“线拥堵”。同样地，若拥堵形势愈发严峻且未得到针对性的管控，线拥堵会进一步蔓延，最终广泛分布在路网中,造成区域性大范围拥堵,使得区域路网瘫痪[112]。

3. 出行时间与成本增加

交通拥堵使得行驶速度大幅下降,甚至趋向于零,出行者为了完成既定的出行目标需增加额外的时间成本。同时,燃油费也随之增加。

4. 能源浪费与环境污染

交通拥堵会对能源与环境产生不良影响。一方面,额外的出行时间会造成燃料等能源的浪费;另一方面,拥堵过程中车辆连续的低速行驶会增加尾气的排放量,对环境影响较大。

参考文献

[1] 高坤.从基本图方法到三相交通流理论[D].合肥:中国科学技术大学,2008.

[2] 杨泳,户佐安,梁标.城市快速路交通流特性分析[J].西华大学学报(自然科学版),2016,35(2):50-55,60.

[3] KERNER B S, REHBORN H. Experimental features and characteristics of traffic jams[J]. Physical Review E, Statistical Physics Plasmas Fluids & Related Interdisciplinary Topics, 1996, 53(2): R1297-R1300.

[4] KERNER B S, REHBORN H. Experimental properties of complexity in traffic flow[J]. Physreve Review E, Statistical Physics Plasmas Fluids & Related Interdisciplinary Topics, 1996, 53(5): R4275-R4278.

[5] 田钧方.基于基本图和三相交通流理论的离散建模方法研究[D].北京:北京交通大学,2014.

[6] 董春娇,邵春福,马壮林,等.阻塞流状态下城市快速路交通流时空特性[J].交通运输工程学报,2012,12(3):73-79.

[7] 冯星宇,周晨静,荣建.基于速度特性的城市快速路常发性交通拥堵研究[J].交通信息与安全,2014(1):29-33.

[8] 何蜀燕,关伟.城市快速路交通流状态跃迁的实证分析[J].中国公路学报,2008,21(5):81-86.

[9] 李林波,吴兵,潘弘,等.城市道路路段拥挤交通流特性研究[J].山东交通学院学报,2010,18(1):13-16.

[10] 马国旗.城市道路交通流特征参数研究[D].北京:北京工业大学,2004.

[11] 郝朝静,刘灿齐,原二普.城市次干道自由流车速分析[J].交通科技与经济,2013,15(1):73-75,87.

[12] 庄焰,吕慎.城市道路交通流三参数关系研究[J].深圳大学学报(理工版),2005,22(4):373-376.

[13] 孙勇.城市干道交通流运动状态特性研究[D].哈尔滨:哈尔滨工业大学,2007.

[14] 李继伟.城市主次干路的路段行程时间估计与预测方法研究[D].长春:吉林大学,2012.

[15] 杨佩昆,钱林波.交通分配中路段行程时间函数研究[J].同济大学学报(自然科学版),1994,22(1):27-32.

[16] BAEK S, KIM B, LIM Y, et al. Impact of rain on travel characteristics on Korean Freeways[R]. 2009.

[17] WRIGHT C, ROBERG P. The conceptual structure of traffic jams[J]. Transport Policy, 1998, 5(1): 23-35.

[18] MINETA N. National Strategy to Reduce Congestion on America's Transportation Network[R]. US Department of Transportation, 2006.

[19] DOWNS A. Can traffic congestion be cured? [J]. The Washington Post, 2006(4):955-974.

[20] Assocoation A p t. Critical relief for traffic congestion[R]. 2002.
[21] 祝付玲.城市道路交通拥堵评价指标体系研究[D].南京:东南大学,2006.
[22] 齐赛,牛犇.城市交叉口存在的主要问题及改善对策[J].中国高新技术企业,2016(1):97-98.
[23] 周勇.城市停车场问题思考[J].城市发展研究,1998(4):43-44.
[24] EL FAOUZI N-E, BILLOT R, NURMI P, et al. Effects of adverse weather on traffic and safety: State-of-the-art and a European initiative[C]// Proceedings of the 15th International Road Weather Conference, 2010.
[25] MAHMASSANI H S, DONG J, KIM J, et al. Incorporating weather impacts in traffic estimation and prediction systems[R]. Washington: US Department of Transport, 2009.
[26] 柳本民.灾害性天气下高速公路运行安全控制技术研究[D].上海:同济大学,2008.
[27] 季运文,施其洲,叶玉玲,等.城市轨道交通灾害性天气的定义、分类及研究方向[J].城市轨道交通研究,2005,8(6):23-27.
[28] 中国气象局.公路交通高影响天气预警等级:QX/T 414—2018[S].北京:中国气象出版社,2018.
[29] 陈勇.不良气候条件下道路交通安全事故预防系统研究[D].重庆:重庆大学,2007.
[30] GOODWIN L C. Weather impacts on arterial traffic flow[R]. Mitretek Systems Inc, 2002.
[31] COVA T, CONGER S M. Transportation hazards[M]//KUTZ M. Handbook of Transportation Engineering. New York: McGraw Hill, 2004.
[32] ZHANG L, HOLM P, COLYAR J. Identifying and assessing key weather-related parameters and their impacts on traffic operations using simulation[R]. FHWA-HRT-04-131. FHWA, U.S. Department of Transportation, 2004.
[33] 洪建军,张飞军.吉林省冰雪天气道路拥堵现象分析[J].吉林交通科技,2010(2):19-20.
[34] 贾丽霞.恶劣天气下城市主干道交通拥堵的管理对策[J].山西建筑,2011,37(17):8-9.
[35] 和利永.恶劣气候条件下城市主干道交通拥堵问题及其管理对策[D].长沙:中南大学,2009.
[36] 杨金顺.适应气候变化的公路网规划理论与方法研究[D].上海:同济大学,2015.
[37] KEAY K, SIMMONDS I. The association of rainfall and other weather variables with road traffic volume in Melbourne, Australia[J].Accident Analysis & Prevention, 2005, 37(1): 109-124.
[38] YE Z. Evaluation of the Utah DOT weather operations/RWIS program on traffic operations[J]. [S.l.]: [s.n.], 2009.
[39] PREVEDOUROS P D, CHANG K. Potential effects of wet conditions on signalized intersection LOS [J].Journal of Transportation Engineering, 2005, 131(12): 898-903.
[40] AGARWAL M, MAZE T H, SOULEYRETTE R. Impacts of weather on urban freeway traffic flow characteristics and facility capacity[C]//Proceedings of the 2005 Mid-continent Transportation Research Symposium, 2005.
[41] CHUNG E, OHTANI O, WARITA H, et al. Does weather affect highway capacity[C]// Proceedings of the 5th International Symposium on Highway Capacity and Quality of Service, Yakoma, Japan, 2006.
[42] ALHASSAN H M, BEN-EDIGBE J. Effect of rainfall intensity variability on highway capacity[J].

European Journal of Scientific Research, 2011, 49(1): 18-27.

[43] 杨中良,林瑜,高霄.恶劣天气条件下城市快速路通行能力研究[J].交通信息与安全,2010,28(1): 75-78.

[44] 肖琳.特殊需求下网络交通拥挤传播机理及态势评估[D].上海:同济大学,2013.

[45] BRILON W, PONZLET M. Variability of speed-flow relationships on German autobahns [J]. Transportation Research Record Journal of the Transportation Research Board, 1996, 1555(1): 91-98.

[46] STERN A D, SHAH V, GOODWIN L, et al. Analysis of weather impacts on traffic flow in metropolitan Washington DC [R]. US Department of Transportation Federal Highway Administration, 2003.

[47] WANG Li-xiao, YAMAMOTO T, MIWA T, et al. An analysis of effects of rainfall on travel speed at signalized surface road network based on probe vehicle data[C]//Proceedings of the 5th International Conference on Traffic and Transportation Studies. Xi'an: American Society of Civil Engineers, 2006.

[48] TAM M L, LAM W H K, CHEN B, et al. Using automatic vehicle identification data for investigation of rain effects on vehicular travel speeds and travel choice behaviour[C]. Proceedings of the 6th International Conference on Traffic and Transportation Studies, 2008.

[49] TSAPAKIS I, CHENG T, BOLBOL A. Impact of weather conditions on macroscopic urban travel times[J]. Journal of Transport Geography, 2013, 28:204-211.

[50] 曾伟良,龚峻峰,何兆成,等.降雨对城市道路交通行驶速度的影响分析[J].环境科学与技术,2011(S2): 201-205.

[51] PERRIN H, MARTIN P, HANSEN B. Modifying signal timing during inclement weather[J]. Transportation Research Record Journal of the Transportation Research Board, 2001, 1748(1): 66-71.

[52] AGBOLOSU-AMISON S J, SADEK A W, ELDESSOUKI W. Inclement weather and traffic flow at signalized intersections: Case study from Northern New England[J]. Transportation Research Record Journal of the Transportation Research Board, 2004, 1867(1): 163-171.

[53] GILLAM W J, WILHILL R A .UTC and inclement weather conditions[C]// Proceedings of the Road Traffic Monitoring, 1992.

[54] SHIN C-H, CHOI K. Saturation flow rate estimation under rainy weather conditions for on-line traffic control purpose[J]. KSCE Journal of Civil Engineering, 1998, 2(3): 211-222.

[55] SADEK A W, AMISON-AGBOLOSU S J. Validating traffic simulation models to inclement weather travel conditions with applications to arterial coordinated signal systems[R]. Burlington Vt: University of Vermont, 2004.

[56] SISIOPIKU V P, SULLIVAN A, SURHABI S R. Impacts of signal system timings on rain related congestion[J].International Journal of Engineering and Industries, 2011, 2(1): 1-12.

[57] CHODUR J, OSTROWSKI K, TRACZ M. Impact of saturation flow changes on performance of traffic lanes at signalised intersections[J].Procedia-Social and Behavioral Sciences, 2011, 16:600-611.

[58] ASAMER J, VAN ZUYLEN H J. Saturation flow under adverse weather conditions[J].Transportation Research Record Journal of the Transportation Research Board, 2011, 2258: 103-109.

[59] 刘力力.不利天气条件下城市交叉口交通流特征参数研究[D].北京:北京工业大学,2013.
[60] COOLS M, MOONS E, WETS G. Assessing the impact of weather on traffic intensity[J].Weather, Climate and Society, 2010, 2(1): 60-68.
[61] DATLA S, SHARMA S. Impact of cold and snow on temporal and spatial variations of highway traffic volumes[J]. Journal of Transport Geography, 2008, 16(5): 358-372.
[62] PEREZ ZURIAGA A M, GARCÍA A, CAMACHO-TORREGROSA F J, et al. Modeling operating speed and deceleration on two-lane rural roads with global positioning system data[J].Transportation Research Record Journal of the Transportation Research Board, 2010, 2171:11-20.
[63] SHI L, CHENG Y, JIN J, et al. Effects of rainfall and environmental factors on traffic flow characteristics on urban freeway[C].Transportation Research Board Annual Meeting, Washington DC, US, 2011.
[64] BELL M G H, IIDA Y. Transportation network analysis[M]. John Wiley & Sons, Ltd, 1997.
[65] ASAKURA Y, HATO E, KASHIWADANI M. Stochastic network design problem: An optimal link investment model for reliable network[C]// The Network Reliability of Transport: Proceedings of the 1st International Symposium on Transportation Network, Kyoto, Japan, 2001.
[66] OGUCHI T. Practical research on queued traffic flow occurrence at capacity bottleneck on expressway basic section[J]. Expressways and Automobiles, 2001, 44(12): 27-34.
[67] BANKS J. Review of empirical research on congested freeway flow[J].Transportation Research Record Journal of the Transportation Research Board, 2002, 1802(1): 225-232.
[68] KYTE M, KHATIB Z, SHANNON P, et al. Effect of environmental factors on free-flow speed[J]. Transportation Research Circular, E-C018:108-119.
[69] ZHAO Y, SADEK A W, FUGLEWICZ D. Modeling the impact of inclement weather on freeway traffic speed at macroscopic and microscopic levels [J]. Transportation Research Record Journal of the Transportation Research Board, 2012, 2272(1): 173-180.
[70] AKIN D, SISIOPIKU V P, SKABARDONIS A. Impacts of weather on traffic flow characteristics of urban freeways in Istanbul[J]. Procedia-Social and Behavioral Sciences, 2011, 16:89-99.
[71] HOOPER E, CHAPMAN L, QUINN A.The impact of precipitation on speed-flow relationships along a UK motorway corridor[J].Theoretical and Applied Climatology, 2014, 117(1/2): 303-316.
[72] 叶佳缘,杨赛霓,刘浩.降雨对高速公路小型车行程时间的影响[J].公路交通科技,2012,29(11):135-139, 158.
[73] 施莉娟.不良天气对快速路交通运行影响研究[D].上海:同济大学,2012.
[74] TORREGROSA F, GARCÍA A, BELDA E. Analysis of Impact of Adverse Weather on Freeway Free-Flow Speed in Spain[J]. Transportation Research Record, 2010:150-159.
[75] IBRAHIM A T, HALL F L. Effect of adverse weather conditions on speed-flow-occupancy relationships[J]. Transportation Research Record, 1994, 1457:184-191.
[76] UNRAU D, ANDREY J. Driver response to rainfall on urban expressways[J].Transportation research record, 2006, 1980(1): 24-30.

[77] RAKHA H, FARZANEH M, ARAFEH M, et al. Inclement weather impacts on freeway traffic stream behavior[J]. Transportation Research Record, 2008, 2071(1): 8-18.

[78] HOU T, MAHMASSANI H S, ALFELOR R M, et al. Calibration of traffic flow models under adverse weather and application in mesoscopic network simulation[J]. Transportation Research Record, 2013, 2391(1): 92-104.

[79] 张存保,万平,梅朝辉,等.雨天环境下高速公路交通流特性及模型研究[J].武汉理工大学学报,2013,35(3):63-67.

[80] SAJJADI S, SCHROEDER B, ROUPHAIL N. Traffic stream model evaluation under inclement weather conditions using a fused database[C]. The 93rd Annual Meeting of Transportation Research Board, Washington DC, USA, 2014.

[81] FOOTE R S. Single lane traffic flow control[C]//Proceedings of the 2nd International Symposium on the Theory of Road Traffic Flow, 1965:84-103.

[82] POLUS A, POLLATSCHEK M A. Stochastic nature of freeway capacity and its estimation[J]. Canadian Journal of Civil Engineering, 2002, 29(6): 842-852.

[83] PERSAUD B N, HURDLE V F. Some new data that challenge some old ideas about speed-flow relationships[J]. Transportation Research Record Journal of the Transportation Research Board, 1988, 191-198.

[84] HALL F L, GUNTER M A. Further analysis of the flow-concentration relationship[J]. Transportation Research Record Journal of the Transportation Research Board, 1986, 1091: 1-9.

[85] GUNTER M A, HALL F L. Transitions in the speed-flow relationship[J]. Transportation Research Record, 1986,1091:18-21.

[86] WU Ning. A new approach for modeling of Fundamental Diagrams[J]. Transportation Research, Part A: Policy and Practice, 2002, 36(10):867-884.

[87] OGUCHI T, KATAKURA M, SHIKATA S. Initiation of queued traffic flow at capacity bottlenecks on basic expressway sections[R]. 2001.

[88] DAGANZO C F. A behavioral theory of multi-lane traffic flow, Part I: Long homogeneous freeway sections[J]. Transportation Research Part B: Methodological, 2002, 36(2): 131-158.

[89] STRICKLAND R I. Traffic operations at vehicle tunnels[C]//Proceedings of the 33rd Annual Meeting of the Highway Research Board, 1954.

[90] KOSHI M, KUWAHARA M, AKAHANE H. Capacity of sags and tunnels on Japanese motorways [J].Ite Journal, 1992, 62(5): 17-22.

[91] NEWMAN L.Traffic operation at two interchanges in California[J]. Highway Research Record, 1963, 27:14-43.

[92] MIKA H S, KREER J B, YUAN L S.Dual mode behavior of freeway traffic[J].Highway Research Record, 1969,279:1-13.

[93] ELEFTERIADOU A. A probabilistic model of breakdown at freeway-merge junctions[R]. Brooklyn: Department of Civil and Environmental Engineering, Polytechnic University, 1994.

[94] GARTNER N H, MESSER C J, RATHI A K. Revised monograph on traffic flow theory[R]. Washington DC: Fed Highway Admin, 1996.

[95] 郝媛,徐天东,孙立军.交通扰动与交通流稳定性机理解析[J].武汉理工大学学报(交通科学与工程版),2010,34(2):217-220.

[96] BULLEN A G R. Strategies for practical expressway control[J]. Journal of the Transportation Engineering Division, 1972, 98(3):599-605.

[97] BANKS J H. Two-capacity phenomenon at freeway bottlenecks: A basis for ramp metering? [J]. Transportation Research Board, 1991,1320:83-90.

[98] ELEFTERIADOU L, ROESS R P, MCSHANE W R. Probabilistic nature of breakdown at freeway merge junctions[J]. Transportation Research Record Journal of the Transportation Research Board, 1995, 1484: 80-89.

[99] LORENZ M, ELEFTERIADOU L. A Probabilistic approach to defining freeway capacity and breakdown[J]. Transportation Research Circular, 2000, E-C018:84-95.

[100] EVANS J L, ELEFTERIADOU L, GAUTAM N. Probability of breakdown at freeway merges using Markov chains[J].Transportation Research Part B: Methodological, 2001, 35(3): 237-254.

[101] SUN J, ZHANG J, ZHANG H M. Investigation of early-onset breakdown phenomenon at urban expressway bottlenecks in Shanghai, China[C]// Proceedings of the Transportation Research Board 92nd Annual Meeting,2013.

[102] 郝媛,孙立军,徐天东,等.城市快速路交通拥挤分析及拥挤阈值的确定[J].同济大学学报(自然科学版),2008,36(5):609-614, 630.

[103] TU H, LI H, LINT H V, et al. Modeling travel time reliability of freeways using risk assessment techniques[J].Transportation Research Part A: Policy & Practice, 2012, 46(10): 1528-1540.

[104] 王文成,杨小宝,周映雪,等.基于Cox风险模型的城市道路交通拥堵持续时间分析[J].长安大学学报(自然科学版),2015(s1):235-239.

[105] 李晨曦.基于交通延误的路网交通状态评价分析[D].北京:北京交通大学,2010.

[106] 美国交通研究委员会.道路通行能力手册[M].北京:人民交通出版社,2007.

[107] ASAKURA Y, KASHIWADANI M. Road network reliability caused by daily fluctuation of traffic flow[J]//European Transport, Highways & Planning, 1991, 19:73-84.

[108] ASAKURA Y. Reliability measures of an origin and destination pair in a deteriorated road network with variable flows[M]//Transportation Networks: Recent Methodological Advances, 1999.

[109] DU Z-P, NICHOLSON A. Degradable transportation systems: sensitivity and reliability analysis[J]. Transportation Research Part B: Methodological, 1997, 31(3): 225-237.

[110] BELL M G H, CASSIR C, IIDA Y, et al. A sensitivity-based approach to network reliability assessment[C]//Proceedings 14th International Symposium on Transportation and Traffic Theory, Jerusalem, 1999: 283-300.

[111] YANG H, LO K K, TANG W H. Travel time versus capacity reliability of a road network[C]// Reliability of Transport Networks. Hertfordshire: RSP Ltd., 2000:119-138.

[112] 赵辉.北京市交通拥堵特征及其影响因素分析[D].北京:北京交通大学,2017.
[113] TRB. Highway Capacity Manual [C]// Proceedings of the Special Report 209, Transportation Research Board, National Research Council, 2000.
[114] BRILON W, GEISTEFELDT J, REGLER M. Reliability of freeway traffic flow: A stochastic concept of capacity[M]//Reliability of Freeway Traffic Flow. Transportation and Traffic Theory, 2005.
[115] 冯毅文.基于大规模车辆轨迹数据的道路交叉口排队长度探测[D].深圳:深圳大学,2017.
[116] 曹静.城市快速路交通拥堵特征与实时排队长度确定方法研究[D].西安:长安大学,2016.
[117] VITI F, VAN ZUYLEN H J. Probabilistic models for queues at fixed control signals [J]. Transportation Research Part B: Methodological, 2010, 44(1): 120-135.
[118] 张和生,张毅,胡东成.路段平均行程时间估计方法[J].交通运输工程学报,2008,8(1):89-96.
[119] IIDA Y, WAKABAYASHI H. An aproximation method of terminal reliability of a road network using partial minimal path and cut set [C]// Proceedings of the 5th World Conference on Transport Research, Yokohama, Japan, 1989.
[120] ASAKURA Y, HATO E, KASHIWADANI M. Stochastic network design problem: An optimal link improvement model for reliable network. [M]//BELL M G H and LIDA Y eds. The Network Reliability of Transport. London: Pergamon Press, 2003.
[121] CHEN A, YANG H, LO H K, et al. Capacity reliability of a road network: An assessment methodology and numerical results[J]. Transportation Research Part B: Methodological, 2002, 36(3): 225-252.
[122] 伍帅.城市快速路瓶颈路段交通流状态判别及拥堵机理研究[D].广州:华南理工大学,2017.

3 风险评估方法

由于交通拥堵在风险要素、交通状态、时间与范围上存在着不确定性，因此交通拥堵对人们的生活、生命、财产等各个方面造成的影响和损失也是不确定的，为了量化测评交通拥堵带来的损失，需要根据交通拥堵的具体情况采用合适的风险评估模型与风险要素进行风险预测。本章首先重点介绍了几种常用的风险评估方法，包括统计类、概率类、基于人工智能和基于主观感知的风险评估方法；其次，列出了几种风险要素的识别方法，根据选用的评估方法与交通拥堵风险要素的不同，总结出几类常用的交通拥堵预测方法；最后，结合交通拥堵风险的特点，介绍这些方法在交通拥堵风险评估中的基本应用。

3.1 常用风险评估方法

3.1.1 统计类风险评估方法

统计类风险等级评估方法（R_L）是指对特定区域与未来某时段内的交通拥堵造成的财产损失、环境影响的相对期望损失高低进行评估。依据区域内各个导致交通拥堵因子的强度、各类道路的承受程度(敏感度)，再根据不同时段内导致拥堵的因子强度与交通拥堵等级之间的矩阵函数关系，求得区域内不同时段相对期望损失等级[1,2]，通用的计算公式如式(3-1)所示。

$$R_L = f_R(H_S \cdot E_S) \tag{3-1}$$

式中 R_L—— 风险等级；

H_S—— 导致拥堵的因子强度；

E_S—— 道路的敏感度；

f_R ——导致拥堵的因子强度与交通拥堵等级之间的矩阵函数关系。

对于不同时段的交通拥堵程度进行计算，可采用多种概率分布函数(包括正态分布、对数正态分布、指数分布、韦伯分布、伽马分布、泊松分布)来拟合道路监测点的拥堵程度分布。在每个站点最优分布的选择上使用 AIC(Akaike Information Criterion 赤池信息量准则)指数。AIC 指数通常用于权衡所估计模型的复杂度和此模型拟合数据的优良性，AIC 指数的值越小，代表拟合效果越好。如此可以得到各站点不同时段的拥堵程度，计算方法如式(3-2)和式(3-3)所示。

$$RP = \frac{1}{EP} = \frac{1}{1-F(x)} \tag{3-2}$$

$$F(x)=P(x>X)=\int_{x}^{\infty}f(x)\mathrm{d}x \tag{3-3}$$

式中 RP—— 拥堵事件重现期，即多长时间发生一次拥堵；

EP—— 事件重现概率，即在一定时间内发生拥堵的概率；

$F(x)$—— 变量 x 的累积分布函数；

$f(x)$—— 变量 x 的概率密度函数。

每一个重现期对应一个极值分位数，表示极端事件的极值变量的数值大小。对于给定重现期的情形，极值分位数越大，说明超越概率越小，极端事件发生的可能性越小。

用 f_R 来表示风险矩阵，如表 3-1 所示，按照导致风险的因子强度，分为极低、低、中、高、极高五个级别；按照要素的敏感度，分为极低、低、中、高四个级别；二者组合起来，得到拥堵风险级别，分为极低、低、中、高、极高五个级别。例如，若导致拥堵的因子强度为极高级别，要素敏感度为中级或高级，则风险级别判定为极高。

表 3-1 f_R 风险矩阵

导致风险的因子强度 / 要素敏感度	极低	低	中	高	极高
极低	★	★	★★	★★	★★★
低	★	★★	★★★	★★★	★★★★
中	★★	★★★	★★★★	★★★★	★★★★★
高	★★	★★★	★★★★	★★★★★	★★★★★

注：“★”代表“极低风险”；“★★”代表“低风险”；“★★★”代表“中风险”；“★★★★”代表“高风险”；“★★★★★”代表“极高风险”。

3.1.2 概率类风险评估方法

概率类风险评估方法(Probabilistic Reliability Assessment，PRA)最早由美国电力科学研究院提出，是目前在北美被广泛认可的一种系统风险评估方法。该方法与传统确定性静态安全分析方法不同，既考虑了网络故障的可能性，又考虑了故障对系统的冲击程度，通过将故障概率指标与故障影响指标相结合，形成一个统一的风险系数指标——PRI 指标(Probabilistic Reliability Index，PRI)[3]。PRI 指标定义为事故概率与其受损程度的乘积，即 PRI＝事故概率(Probability)×受损程度(Impact)。PRA 方法是一种定性与定量相结合的安全性分析方法，它要求自下而上(如故障模式影响分析)与自上而下(如故障树分析)相结合，将定性与定量相结合，将多种试验数据(本系统、分系统、部件的直接试验和类似系统的试验数据)、多种有关信息、模型计算结果和专家经验有机结合，它既强调应用定量计算，又注意工程技术人员的实际经验。例如，本书 8.2.3 节利用 PRA 方法定量评估交通突变概率，从而分析快速路通道交通拥堵风险。

将 PRA 方法具体运用到交通拥堵风险评估中，也就是将每个风险的发生作为一个事件的风险，主要使用的风险分析方法有事故链（事件链 Scenario）、主逻辑图（Master Logic Diagram，MLD）、功能事件顺序图（Functional Event Sequential Diagrams，FESD）、事件树（Event Tree，ET）、故障树（Fault Tree，FT）等。

1. 事故链

事件链是一串按时间排列的事件序列，它由某些偶发事件而发生，通过干涉事件而结束。如果事件链的结束状态是一个事故，就称为事故链。即便在最简单的系统中，一个初因事件都可能导致几条事件链，这取决于干涉事件的结果。事故链可以概念性地表示为图 3-1。

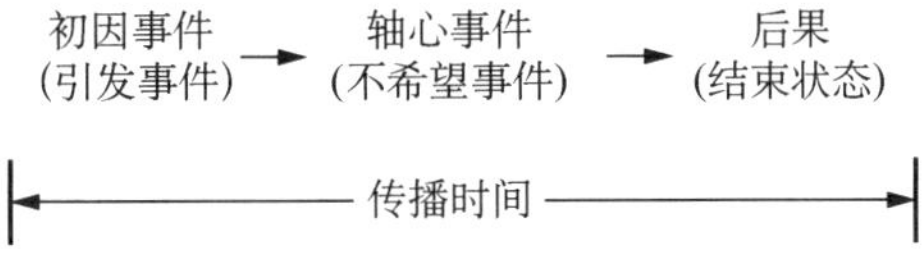

图 3-1 事故链图解

描述事故链的关键术语主要有：

(1) 初因事件，也称引发事件。它和预先存在的潜在危险一起导致事故链的发生，例如某条道路上的交通事故。

(2) 轴心事件，也称不希望事件。它有改变事故链发展方向的能力，可分为预防性事件（保护性）、恶化事件或弱化（良性）事件。

(3) 后果，也称结束状态。它有满意、良好、不好等多种结果，对应到交通拥堵中可以是拥堵未发生、轻度拥堵、重度拥堵等。

(4) 传播时间，即从引发初因事件开始，经过一系列轴心事件到最后结束所花费的时间。

2. 主逻辑图

确定导致事故发生的初因事件可采用主逻辑图法（MLD）。MLD 是一种层次结构图，是对顶事件发生的必要条件的一种分级描述。一般来说，上面各级事件是交通系统顶级或系统单元的功能失效，下面各级事件是子系统或部件的功能失效。

MLD 的建立是一个自上而下的过程。首先，把拥堵事件作为顶事件，将其分解为一组新的下级事件，每个新的下级事件都是导致拥堵发生的必要条件，并且具有不同的系统响应。然后，对每个新的下级事件继续进行分解，分解后的新事件是导致拥堵的必要条件并且具有不同的系统响应。这种关于事件的逐级分解过程，一直要进行到分解后的新事件都具有相同的系统响应为止。由于 MLD 底层的基本事件是导致事故不可分解的必要条件，并且具有相同的系统响应，所以 MLD 的基本事件就可作为导致拥堵的初因事件。

3. 功能事件顺序图

对每个初因事件可以建立相应的功能事件顺序图（FESD），它描述了从初因事件到事故发生所经历的全部中间事件，即系统对初因事件的各种不同响应。建立 FESD 可采用归纳法，通过回答“下一步可能发生什么？”这一问题来确定初因事件之后的所有中间事件。

FESD 不仅是描述系统对初因事件的各种响应和系统的设计特性的有效工具，而且可以有效地获取系统专家的知识。对每个初因事件建立相应的 FESD 之后，可将其转化成事件树，从而可以确定导致拥堵的事故链。

4. 事件树

事件树是指每个事件有两种输出结果的决策树，通常与 FESD 拥有相同的信息，但它更易于通过计算机来构造所需的代数方程。对于事件树的每个决策结点，要求建立发生的联合概率。

根据 FESD 可以得到简化的事件树，由此可以得到导致交通拥堵发生的事故链和导致允许异常终止但不发生交通拥堵的事件链。计算每条事故链的发生概率需要知道初因事件发生的概率以及事件树中各标题环节事件失效的概率，即有关系统或设备的不可用度。在假定事件树中各标题环节事件是相互独立的条件下，可以应用故障树分析方法求出各标题环节事件的失效概率。

5. 故障树

故障树分析法是以不希望发生的、作为系统失效判据的一个事件(顶事件)为分析目标，以图形的方式表明“系统是怎样失效的”，在交通系统中就是分析交通管控是如何失效从而导致交通拥堵的。通过故障树可以清楚地了解系统是通过什么途径失效的，从而找出导致系统失效的基本原因。对事件树中的标题环节事件建造故障树时，首先把标题环节事件的失效状态作为故障树的顶事件，然后找出导致顶事件发生的所有可能的直接因素和原因，它们是处于过渡状态的中间事件，由此逐步深入分析，直到找出导致顶事件发生的基本原因，即故障树的基本事件为止。通常，这些基本事件的数据是已知的，或者已经有过统计或试验结果。

构造故障树的过程是一个系统的且不断询问和回答“顶事件是如何发生?”这一问题的演绎推理过程。因此，故障树通常用来建立事件的层次，可以为事件树中的事件提供更多的细节以帮助量化。由于归纳过程和演绎过程的互补性，事件树和故障树经常一起使用，表示从初因事件到危害状态的系统响应。二者结合使用比只使用其中一种能够更加完全、精确、清晰地构造和记录事故链。事件树和故障树一起描述了每一个危害状态发生的充分必要条件，也是形成代数方程的基础。最终使用这些代数方程来得到危害状态发生的频率及不确定性分布。

有了主逻辑图、功能事件顺序图、事件树、故障树以及有关数据和其他相关的信息和知识，利用综合集成就有了一个集成图。这个集成图是将专家知识以及各种信息、数据和多种模型综合集成的结果。PRA 过程不存在唯一的、精确的图解形式，不同的分析者可以选择不同的形式。适用于交通拥堵风险评估的 PRA 方法分析步骤如下[4]。

(1) 驾驶人对交通系统的熟悉程度

分析驾驶人对于道路的设计和交通运行是否彻底熟悉，并定义交通拥堵分析的目标、类型和范围。由于驾驶人对于道路的熟悉程度将直接影响之后的风险模型建立，所以这一步在交通拥堵风险分析中至关重要。

(2) 初因事件分析

可以使用的风险分析模型包括：失效模式和效果分析(Failure Mode and Effect Analysis，FMEA)；故障模式、影响和危害性分析(Failure Mode，Effect and Criticality Analysis，FMECA)；预危险性分析(Preliminary Hazard Analysis，PHA)等。这时应对导致交通拥堵的事件进行统计分析，尽可能利用以往对道路系统进行可靠性分析的结果，再将结果综合成一个可导致交通拥堵发生的初因事件清单和一个主逻辑图。

(3) 定性分析

依据事件清单和历史数据，通过事故链分析来建立事件树模型，在得到系统集成故障树模型之后，可以直接对其进行定性分析。在某些情况下，由于实际条件不具备对集成故障树进行进一步定量分析的条件，往往只是进行到定性分析为止。定性分析可以识别导致交通拥堵的事件的所有可能的故障模式(最小割集)，还可以通过计算底事件的结构重要度来表明事件在故障树结构中所处地位的重要程度，这样可以定性分析系统中的薄弱环节。

在实际中，为了节省工作量，可以忽略阶数大于指定值的最小割集来近似分析。而所有的一阶割集都是"单点失效"环节，即单个底事件即可导致顶事件(拥堵)的发生，所以危害最大，必须重点分析，采取对策。

(4) 底事件数据采集

列出集成故障树模型中的所有底事件，针对不同类型的底事件(交通事故、早晚高峰等)收集不同类型的数据。

(5) 定量评价集成故障树模型

对集成故障树模型进行定量化评价，计算第 2 步即由"初因事件分析"所确定的导致交通拥堵事件发生的所有初因事件的发生概率以及整个系统发生交通拥堵事件的概率，并且给出所有最小割集的失效频率及其排序和所有底事件的定量重要度。

(6) 灵敏度分析和不确定性分析

PRA 方法中使用灵敏度分析来评价底事件或故障树模型偏差或变化对顶事件最终结果的影响。这时底事件的失效率可以选用服从正态分布或对数正态分布，利用蒙特卡洛(Monte-Carlo)仿真方法，给出均值及 50%，90%，95%，99%的分位数。

Monte-Carlo 仿真方法是最适合于故障树评价的随机变量分析法。在该方法中，故障树的评价重复进行许多次计算，每次计算使用不同的数据。这些不同数据的变化是用根据描述数据变化的概率分布函数的随机抽样来模拟的。每一次计算将给出有关系统结果的数值，而整套重复计算将给出一套系统的计算结果，从这个结果可以确定误差范围。根据对集成故障树模型定量化评价的结果，可以计算出事件分布的可能性。

3.1.3 基于人工智能的风险评估方法

人工智能的迅速发展将深刻改变人类社会和世界，推动人类对世界的认识、感知并实现决策能力跃升。将人工智能应用在风险评估研究中，可提高风险感知能力和精度，有效规避风险。借助人工智能技术，决策管理的影响评估变得可行、精准，风险也将得到有效管控。

按照对人工智能的智能化水平的通行划分标准，人工智能发展分为弱人工智能、强人工智能和超人工智能三个阶段。目前，人工智能仍处于发展早期，属于弱人工智能阶段，需要按照人给定的逻辑框架或规则，通过学习已标记的数据集来训练神经网络参数，才能在实际中应用。但即使是当前的弱人工智能，也已在经济、社会、军事、政治等领域产生全方位影响，尤其在社会科学研究中，人工智能的应用将提升定量研究的水平和精度，增加定量判断的依据，提高对非线性社会问题复杂演化研究的能力。

利用人工智能进行风险评估主要有两条路径：一是复杂系统建模仿真；二是大数据风险因子关联性识别。两种方法都需要建立在大数据资源基础之上，并且都需要引入人工智能的机器学习机制，区别是前者的核心是场景建模，后者的核心在于发现关联。

(1) 复杂系统建模仿真法

在复杂系统建模仿真法中，专家首先将现实问题抽象为概念模型，再将概念模型转换为数学模型，然后将数学模型转换为计算机模型，再由计算机模型带入大量数据进行模拟演算。通过机器学习机制不断与历史数据进行比对，标定模型参数，最终训练出可用于计算(预测)风险的模型。在复杂系统建模中，人工智能的作用主要是根据历史数据训练原始模型，在微观层面，系统中各个行为体的策略根据训练数据进行标定和优化。利用人工智能学习机制，根据历史数据标定系统参数，直到预测准确度达到应用要求，再用训练好的模型带入新数据进行仿真模拟实验。复杂系统建模过程中至关重要且充满挑战性的工作是专家需将现实世界的战略、政策、态势转换为科学的理论模型，这是保证计算结果准确或可解释的关键。复杂系统建模仿真的方法易于发现风险的传导过程和演化机理，在具体实践应用中容易从全流程检视风险异常因子。但其缺点在于建模难度大，复杂烦琐，且对某一问题模拟的准确度很大程度上取决于专家抽象出来的概念模型，因此或多或少带有一定的主观性，容易忽略一些因素(往往是敏感因子)。

(2) 大数据风险因子关联性识别法

这种方法首先需要确定问题目标，确定因变量数据集和自变量数据集，然后将数据切分为训练集和测验集。之后根据不同的问题选择相应的机器学习算法，如神经网络、支持向量机、随机森林和深度学习等算法。通过使用大量的训练数据训练模型，经过检验后模型可投入预测计算。在此过程中至关重要的是有大量准确的数据作为模型学习的样本。这种方法由于避免了复杂的建模过程，可适用于多种问题的求解，且容易识别和发现一些新的风险异常点(监测异常)。但该方法最终的结果是否能符合实践应用仍需专家“把关”，因为对特定问题选择的变量众多，容易混入大量“噪声”从而干扰“信号”的正确识别；并且该方法往往无法追溯结果的原因是由于机器学习模型是“黑箱子”，无法检视其中机理。在大数据风险因子关联性识别法中，人工智能的作用主要体现在两方面：第一，当现实问题没有直接观测指标时，就需要寻找替代性指标，但替代性指标的寻找充满挑战和难度，利用人工智能手段进行关联性检测可以发现强相关的替代性指标，从而节省大量的依靠人力试错的时间成本。第二，利用人工智能搭建风险因子和指标之间的关联关系，将指标历史数据出现的异常和风险进行匹配，提高模型的风险感知和识别能力[5]。

3.1.4 基于主观感知的风险评估方法

由于年龄、性别、受教育程度、心理特征等属性的不同，不同的人之间存在信息接受能力的差异。例如，面对同样的交通拥堵场景，不同的出行者对拥堵状态的主观感知是不同的，并会基于自身的行为目标与准则，依据不同交通环境做出符合自身利益的判断。因此，交通拥堵风险评估在反映实际交通流客观运行状况的同时，应考虑不同出行者的感知情况，充分反映大多数出行者的主观感知结果[6]。

根据评估理念的不同，基于主观感知的风险评估方法有如下几种。

1. 基于感知差异的评估方法

由于人们对于客观状态的感知结果不同，在基于感知差异性的评估方法中，将对正常状态的感知评价定义为“正常感知”，而将异常状况的感知评价定义为“异常感知”[6]。在主观感知与客观数据差异性分析的基础上，提出了基于感知差异与基于机器学习的两类评估方法。

1）基于感知差异性的评估方法

在基于感知差异性的评估方法中，将人们不同身份的感知加权后的结果定义为“加权感知”，其反映了某一交通状况下的总体感知水平，并分析加权感知与客观情况的差异性。例如，在交通分析中，将客观交通流数据中的速度、占有率与加权感知速度相结合，通过动态聚类分析方法，对交通拥堵阈值进行划分[6]。

2）基于机器学习的评估方法

在基于机器学习的评估方法中，分别考虑出行者年龄、性别、驾龄的属性，采用 k-近邻与朴素贝叶斯分类等方法对原始数据进行训练，得到交通畅通、拥挤、阻塞状态的分类结果以及对应的混淆矩阵和相关评价参数。同时，基于不同年龄、性别、驾龄的出行者，进行不同交通运行状况下的拥堵预测，提出了差异化、个性化的评估及预测结果。

2. 基于用户的评估方法

在基于用户的评估方法中，交通拥堵是一个感知量，受道路环境差异性及出行者主观感知差异性的影响，不同交通拥堵状态的分界处具有模糊性。该方法在客观交通环境的基础上，考虑了不同出行者的感知差异性，采用最大隶属度等方法评估交通拥堵状况，即将大部分出行者对拥堵的认知结果定义为当前的拥堵状况[7]。

3. 基于累积 Logistic 回归的评估方法

在基于累积 Logistic 回归的评估方法中，交通拥堵被定义为出行者对交通运行畅通程度的感受，其反映了出行者对交通拥堵的理解。该方法将定性数据的出行者感知结果与客观道路运行数据(行程时间、延误比、停车时间、停车次数、出入口密度)相结合,在道路交通拥堵强度评价模型中引入累积Logistic回归分析方法,对快速路、主干路、次干路不同状态下的速度阈值进行了划分[8]。

4. 基于公众出行感知调研测算的评估方法

在基于公众出行感知调研测算的评估方法中,以大量公众出行拥堵感知的调研与实测数据作为分析基础,通过对1 min间隔出行感知进行加权获取区间出行的综合感知测算结果,选用行程时间为权重系数,将局部路段交通状态向道路整体交通状态集成,建立了城市道路交通状态指数,并以浮动车数据为基础,实现交通走廊拥堵评估[9]。

5. 基于神经网络的评估方法

在基于神经网络的评估方法中,运用与网络调查系统协调的智能交通摄像系统来收集交通状态与出行者主观感知信息,同时借助实际速度、流量数据以及出行者的主观判断数据,运用神经网络方法进行大样本训练,最终提出了高精度自动识别交通拥堵状态的方法[10]。

6. 基于ANFIS模型的评估方法

在基于ANFIS模型的评估方法中,考虑车联网环境下出行者对路段交通状态主观感知的差异,首先建立了基于T-S模糊模型的自适应神经模糊系统模型(Adaptive-Network-Based Fuzzy Inference System, ANFIS)来进行交通拥堵状态的评估,其次对出行者主观认知数据进行统计分析,并最终将其统计结果作为调节因素来修正ANFIS模型的输入参数,从而提出了考虑客观运行条件与主观感知的交通拥堵状态综合评估模型[11]。

3.2 交通拥堵风险评估方法

3.2.1 风险要素识别方法

风险要素识别是指风险管理人员在收集资料和调查研究之后,运用各种方法对尚未发生的潜在风险以及客观存在的各种风险进行系统归类和全面识别。风险要素识别的主要内容是:识别引起风险的主要要素、识别风险的性质和识别风险可能影响的后果。风险要素识别的方法有:信息收集法、图解法、清单法和风险调查法。

1. 信息收集法

常用的信息收集法包括:头脑风暴法、德尔菲法、访谈和SWOT分析法。

(1) 头脑风暴法。头脑风暴法的目的是取得一份综合的风险清单,一般通过会议的形式进行,多个学科的专家受邀来实施此项方法。在一位主持人的推动下,与会人员就交通拥堵的风险进行集思广益。可以以风险分解结构作为基础框架,然后再对风险进行深入讨论,并进一步对其定义加以明确。

(2) 德尔菲法。德尔菲法是专家就某一专题达成一致意见的一种方法。交通拥堵风险管理专家以匿名方式参与此项活动。主持人用问卷征询专家们对于有关重要风险要素的见解。问卷的答案交回并汇总后，随即在专家之间传阅，请他们进一步发表意见。此项过程进行若干轮之后，就不难得出关于主要拥堵风险要素的一致看法。德尔菲法有助于减少数据中的偏倚，并防止个人对结果产生过大的影响。

(3) 访谈。通过访问有经验的风险管理者、利害关系者或某项问题的专家来识别风险。访谈是收集风险识别数据的主要方法之一。根本原因识别是指对项目风险的根本原因进行调查。通过识别根本原因来完善风险定义，并按照成因对风险进行分类。通过考虑风险的根本原因以制定有效的风险应对措施。

(4) SWOT 分析法。SWOT 即优势(Strengths)、劣势(Weaknesses)、机会(Opportunities)与威胁(Threats)分析。这种分析方法可以保证从交通拥堵面临的内部和外部态势的不同角度进行审议，扩大风险考虑的广度。通过分析可以识别出潜在的风险，并制定对策予以预防。

2. 图解法

图解法包括因果图法和系统图(过程流程图)法。

(1) 因果图法。又被称作鱼骨图法，可用于识别风险的成因。一般可运用“头脑风暴法”让大家畅所欲言，积极讨论、查找所有可能导致交通拥堵发生的原因，将可能影响交通拥堵的原因从小骨到中骨、从中骨到大骨(主要原因)进行系统整理归类，最后绘制鱼骨图。

(2) 系统图(过程流程图)法。该方法可以显示交通拥堵的各风险要素之间如何相互联系以及因果传导机制。针对过程流程图的每个环节可以识别不同阶段、不同环节可能存在的风险。

3. 清单法

有关人员利用他们所掌握的丰富知识设计而成的初始风险清单表，尽可能详细地列举案例中所有的风险类别，按照系统化、规范化的要求去识别风险。建立交通拥堵的初始风险清单有两种途径：一是参照风险管理机构公布的潜在损失一览表，再结合具体交通拥堵案例所面临的潜在损失；二是通过适当的风险分解方式来识别风险。初始风险清单只是为了便于人们较全面地认识风险的存在，而不至于遗漏重要的交通拥堵风险，但并不是风险识别的最终结论。在初始风险清单建立后，还需要结合特定案例的具体情况，进一步识别风险，从而对初始风险清单做一些必要的补充和修正。为此，需要参照同类案例风险的经验数据，或者针对具体案例的特点进行风险调查。

4. 风险调查法

由于城市交通拥堵机理的复杂性，两个不同的拥堵实例，其风险要素不可能完全一致。因此，在风险识别过程中，花费人力、物力、财力进行风险调查是必不可少的，这既是一项非常重要的工作，也是拥堵风险识别的重要方法。

风险调查应当从分析具体拥堵案例的特点入手，一方面，对通过其他方法已识别出的风险

(如初始风险清单所列出的风险)进行鉴别和确认;另一方面,通过风险调查有可能发现此前尚未识别出的重要的拥堵风险。通常,风险调查可以从交通流、道路属性及气象环境等方面进行。

3.2.2 风险评估

交通系统属于高风险系统,交通拥堵是交通系统中各种因素综合影响的结果。因此,对于交通拥堵风险的评估可以采用和借鉴其他类似系统的风险评估方法。由于交通拥堵风险的形成机理十分复杂,且受到交通系统中多个因素的综合影响,因此需要综合运用上述介绍的风险评估方法。风险评估方法在交通拥堵风险评估中的基本应用示意如图 3-2 所示。无论是常发性交通拥堵风险还是偶发性交通拥堵风险都可以运用上述介绍的风险评估方法中的一种,或是综合运用上述方法。

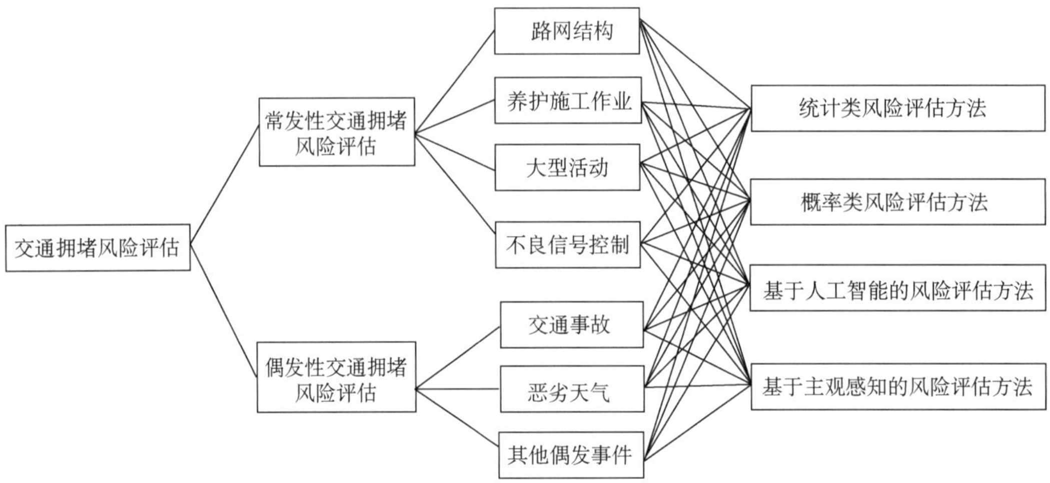

图 3-2 风险评估方法在交通拥堵风险评估中的基本应用示意

在对交通拥堵风险评估的过程中,往往需要定性或者定量的分析手段。但是,交通拥堵风险要素的量化比较困难,另外定量分析用的历史数据也相当缺乏,因此在交通拥堵风险评估的过程中,需要采用定性的量化方法,例如运用专家打分法、层次分析法等进行评估。不同类别的风险评估,需要根据模型中的指标数量以及指标之间的关联程度,选择适合的智能方法。智能算法弥补解决了传统分析法在评估风险时依赖评估者的主观判断这一问题。很多的智能算法例如贝叶斯网络、遗传算法、模糊综合评判等,或者几种方法的结合,已被广泛应用于风险评估中[12]。

交通拥堵风险预测是依据相应的拥堵风险评估模型,运用统计方法研究模型中各参数对交通拥堵风险的影响规律,进而掌握交通拥堵风险的发展规律,辨识当前的拥堵状况,并对未来一定时段内的风险情况进行预测,从而在拥堵发生前采取措施将风险降到最低,或在交通拥堵发生后采取及时、有效的措施进行疏导。根据预测对象、预测理论的不同,交通拥堵预测方法的分类也有所不同。

1. 基于预测对象分类

根据预测对象的不同,交通拥堵风险预测方法可分为直接预测与间接预测两类。

(1) 直接预测。直接预测指运用合适的数理统计模型,直接对风险评估模型中已建立的拥堵风险量化指标进行预测。

(2) 间接预测。间接预测指先对交通拥堵风险评估模型中的各项参数进行预测,进而计算得到交通拥堵风险值,实现交通拥堵风险的间接预测。

2. 基于预测理论分类

根据预测理论的不同,交通拥堵风险预测方法主要分为基于统计理论、基于模糊理论、基于机器学习和基于交通仿真这四类。

1) 基于统计理论的预测方法

基于统计理论的预测是一种常用的预测方法,其以实际资料为预测依据,以理论为预测基础,以数学模型为预测手段,侧重于从概率的角度挖掘交通拥堵风险中各参数的时空模式,并利用这种时空相关信息进行预测。常用的方法与模型包括时间序列法、ARIMA 模型[13]、多元回归模型[14]、聚类算法[15]等。其中,时间序列法主要将参数看作一组时间序列,并利用不同模型与方法分析其变化趋势,常用的模型有移动平均模型、指数平滑模型等。

基于统计理论的预测方法主要针对客观的交通拥堵参数展开分析与预测,其对历史数据依赖性较高,不同模型与方法对参数序列的平稳性有不同要求。

2) 基于模糊理论的预测方法

基于模糊理论(Fuzzy Theory)的预测方法涉及模糊集合的基本概念或连续隶属度函数理论,其侧重于对交通拥堵风险受各参数影响的偶然性、模糊性、不确定性进行综合考虑,以弥补样本少、信息贫瘠参数的不足,并在对各参数分析与判别的基础上,进行交通拥堵风险预测。常用的方法与模型包括各类模糊评判模型[16, 17]、灰色理论(Grey Models, GM)[18]等。

3) 基于机器学习的预测方法

基于机器学习(Machine Learning, ML)的预测方法可依据对大数据样本的训练,以计算机模拟人类思维的特点,通过不断学习与获取知识、不断重新组织与改善自身结构来解决实际预测问题。在交通拥堵预测问题中,机器学习的相关方法应用十分广泛。常用的方法与模型包括贝叶斯网络模型(Bayesian Network, BN)[19]、支持向量机模型(Support Vector Machine, SVM)[17, 20]、遗传算法(Genctic Algorithm, GA)[16, 20, 21]、马尔科夫模型[22]、各类神经网络模型[23, 24]等。许多机器学习相关算法需要大数据的支撑,而不同的机器学习方法对样本量又有不同的要求,同时其训练样本的速度也存在差异。

4) 基于交通仿真的预测方法

基于交通仿真的预测方法即利用交通仿真工具对交通运行状况进行模拟,并依据模拟结果对下一时刻的交通拥堵状况进行估计与预测,从而实现对交通拥堵风险在时间和空间上变化的跟踪描述,同时满足微观和宏观的预测需求。常用的交通仿真软件有 VISSIM、PARAMICS、

TRANSIMS 等。若交通拥堵风险由不同参数构成，可将不同模型与分析方法植入仿真软件中，以各参数的预测值作为仿真输入值，实现交通拥堵风险的间接预测。

综上所述，预测方法是十分丰富的，但各类方法在适用性、预测便利性、预测准确度等方面各有利弊。在对交通拥堵风险实际预测的过程中，各类方法的运用并不能完全割裂，而应考虑不同交通拥堵风险评估模型，以及模型中各参数类型与实际样本量，选择合适的方法与模型进行预测。不同方法的组合与优化可以更好地反映实际拥堵风险状况，以弥补各模型与方法的弊端，拓宽其运用范围，提升预测的准确性。

参考文献

[1] 隋琦，王瑛，李婷.多源信息结合的雪灾交通风险评估研究[J].地球信息科学学报，2018，20(11)：1571-1578.

[2] 于帆，宋英华，霍非舟，等.城市公共场所拥挤踩踏事故统计分析与风险评估研究[J].安全与环境工程，2017，24(1)：126-133.

[3] 顾基发，赵丽艳.航天系统安全性分析的概率风险评估方法[J].系统工程与电子技术，1999，21(8)：28-31.

[4] 赵丽艳，顾基发.概率风险评估(PRA)方法在我国某型号运载火箭安全性分析中的应用[J].系统工程理论与实践，2000，20(6)：91-97.

[5] 唐新华.人工智能在国际风险评估和决策管理中的应用框架[J].当代世界，2018，443(10)：27-30.

[6] 冶志良，李浩.基于速度感知差异性的交通拥堵评价分析[J].武汉理工大学学报(交通科学与工程版)，2016，40(6)：1088-1093.

[7] 劳云腾，杨晓光，云美萍，等.交通状态检测方法的评价研究[J].交通与计算机，2006，24(6)：74-77.

[8] 刘梦涵，于雷，张雪莲，等.基于累积 Logistic 回归道路交通拥堵强度评价模型[J].北京交通大学学报(自然科学版)，2008，32(6)：52-56.

[9] 朱琳，宋国华，于雷，等.基于公众出行感知调研与测算的交通状态实时评价指标[J].北京工业大学学报，2013，39(10)：1526-1531.

[10] PITIPHOOM P, PHOSAARD S, PATTARA-ATIKOM W, et al. Perception-based road traffic congestion classification using neural networks [C]// proceedings of the World Congress on Engineering, London, 2009.

[11] Zhu G-y, Lu G-n, Yang C-G, et al. Research on the comprehensive traffic state evaluation model linked with drivers' perception under the vehicle networking[J]. Personal and ubiquitous computing, 2014, 18(8): 1955-1961.

[12] 肖敏，刘保占，何晓晨.人工智能在信息安全风险评估中的应用[J].资源节约与环保，2016(2)：148.

[13] 韦光波，韦维，胡尧.一种交通拥堵流量范围界定及拥堵预测的方法[J].贵州大学学报(自然科学版)，2012，29(5)：13-16.

[14] 熊励，陆悦，杨淑芬.城市道路交通拥堵预测及持续时间研究[J].公路，2017(11)：125-134.

[15] 孙灵凤，张国.基于 K-means 聚类的交通拥堵预测研究[J].现代经济信息，2017(18)：358.

[16] ZHANG X, ONIEVA E, PERALLOS A, et al. Hierarchical fuzzy rule-based system optimized with genetic algorithms for short term traffic congestion prediction[J]. Transportation Research Part C: Emerging Technologies, 2014, 43:127-142.

[17] 任其亮.时空路网交通拥堵预测与疏导决策方法研究[D].成都:西南交通大学,2007.

[18] 朱连红.基于多维灰色理论的交通拥堵预测[J].公路与汽运,2011(5):46-48.

[19] 陆宇,岳昆,刘惟一.一种基于贝叶斯网的交通拥堵预测方法[J].云南大学学报(自然科学版),2010(s1):355-363.

[20] 张本士.基于浮动车轨迹的城市交通拥堵评估与预测[D].大连:大连理工大学,2014.

[21] 乔春凯,赵佳文.基于时序关联规则挖掘的交通拥堵预测研究[J].科技创新与应用,2017(1):28-29.

[22] 刘张,李坚,王超,等.基于复杂城市道路网络的交通拥堵预测模型[J].电子科技大学学报,2016,45(1):17-25.

[23] GILMORE J F, ABE N. Neural network models for traffic control and congestion prediction[J].IVHS Journal, 1995, 2(3): 231-252.

[24] 沈小军,陈峻,王晨.基于 LVQ 神经网络的交通拥堵预测研究[J].交通运输工程与信息学报,2009,7(3):97-101, 106.

4 常发性交通拥堵风险评估

不同的交通拥堵类型所涉及的风险要素与适用的风险评估方法并不完全相同，为了使交通拥堵风险评估预测的结果更加精准，需要把交通拥堵进一步细分。根据交通拥堵发生的原因，城市快速路的交通拥堵可分为常发性拥堵和偶发性拥堵，本章重点研究常发性拥堵的风险评估方法。常发性拥堵是指在一定的时间内，交通需求超过道路的通行能力而发生交通拥堵的现象，它具有一定的规律性，通常在固定的路段、交叉口和固定的时间内反复出现，属于周期性的拥堵，且拥堵的持续时间在一定范围内波动，发生具有一定的预见性。在常发性拥堵中，路网结构不合理、养护施工作业、不良交通信号控制均属于常见的道路供给能力不足的情况。因此，本章从路网结构特征、养护施工作业以及不良交通信号控制等几方面选取了不同的风险因素和风险评估模型进行交通拥堵风险评估。

4.1 路网结构特征

4.1.1 路网结构合理性

路网结构不合理是造成城市交通拥堵的重要原因。道路网结构包括等级结构、功能结构、连通结构和布局结构。首先，合理的道路网络要求道路网的层次构成与连通结构是合理的，功能定位与周边土地使用相协调，空间布局与城市结构和交通需求相一致。其次，城市道路交叉口是影响道路网交通容量的关键，因而交叉口的通行能力必须与路段的通行能力相匹配，以便提高整个路网的通行能力。

1. 等级结构合理性

城市中长距离出行大多以机动车为主，故应根据城市道路的用地性质和交通需求来建设连续的机动车道路系统，以实现“人”和“物”高效、安全的出行和运输。表 4-1 是各级道路特性表。道路等级结构的合理性直接影响道路的通行能力和利用效率。

2. 功能结构合理性

城市道路网按其功能可以大致分为交通性（疏散性）路网和生活性（服务性）路网两部分，功能结构实质上就是对交通与土地使用之间协调程度的反映和指导。

交通性（疏散性）路网要求快速、畅达，避免行人频繁过街的干扰，对于快速的、以机动车为主的交通性主干路，要求避免非机动车的干扰；交通性路网必须与公路网有便捷的联系，而与城

表 4-1　　各级道路特性表

特性 \ 各级道路	城市快速路网	城市主干路网		城市次干路网	城市支路
		交通性主干路	生活性主干路		
性质	快速机动车专用路网，连接高速公路	全市性的路网，疏通城市交通的主要通道及与快速路相连接的主要常速路	全市性的路网，包括生活性主干路	城市组团内的干路网（组团内成网），与主干路一起构成城市的基本骨架	地段内根据用地细部安排而划定的道路，在局部地段可能成网
功能	为城市组团间的中长距离交通和连接高速公路的交通服务	为城市组团间和组团内的主要交通流量、流向上的中长距离疏通性交通服务	为城市组团间和组团内的主要生活性交通服务，有交通集散功能	主要为组团内的中短距离交通服务	为短距离交通服务
位置	位于城市组团间的隔离绿地中	组团间和组团内	组团间和组团内	组团内	地段内
围合	围合城市组团	大致围合城市片区（分组团）	大致围合 1 个居住区的规模	大致围合 1 个居住小区的规模	
路（网）功能	疏通性道路（网）		服务性道路（网）		

市中的居住、公共建筑、游憩等非交通性用地（工业、仓库、交通运输用地除外，它们属于城市交通性用地）之间有较好的隔离，同时要求道路线型尽量顺直。

生活性（服务性）路网要求行车速度相对低一些，并尽量减少快速通行车辆对行人以及其他车辆的干扰，有较充足的停车条件，同居民区有良好方便的联系，同时又有一定的景观要求，主要反映城市的中观和微观面貌。

此外，功能结构还应兼顾城市市政管线、绿化、景观、日照、防灾等其他附属功能。

3. 连通结构合理性

合理的连通结构是指道路网中不同层次的道路要依次连接，即次干路与主干路相连、支路与次干路相连，要尽量避免支路直接与主干路相连。当路网密度一定时，连通度越高，道路网的连通结构越好。同时，要实现路网发展过程中的功能合理转换、等级顺利衔接，促进交通与用地布局的良性互动。

道路交叉口分为立体交叉口（立交）和平面交叉口（平交），是道路网的重要组成部分。道路交叉口是传递路网交通流的节点和枢纽，各方向交通流汇集于道路交叉口，很容易产生干扰，若不进行合理设计，相互干扰将会加重，进而影响道路通行，甚至造成交通拥堵。从交通安全的角度分析，交叉口的事故在整个路网事故中占较大比例，根据相关数据，中国大约 30% 的事故发生在平面交叉口，道路交叉口已然成为大部分城市道路网的瓶颈。

城市道路交叉口应根据相交道路的等级、分向流量、公共交通站点的设置、交叉口周围用地的性质来确定交叉口的形式及其用地范围。无信号灯控制和有信号灯控制的 T 字形和十字形平面交叉口的规划通行能力，可按表 4-2 的规定采用。同时，做好平面交叉口的渠化设计和交通组织设计，以提高交叉口的通行能力，从而保证机动车、非机动车和行人快速、安全、高效地通过交叉口。

表 4-2 平面交叉口的规划通行能力 单位：千辆/h

相交道路等级	交叉口形式			
	T 字形		十字形	
	无信号灯控制	有信号灯控制	无信号灯控制	有信号灯控制
主干路与主干路	—	3.3～3.7	—	4.4～5.0
主干路与次干路	—	2.8～3.8	—	3.5～4.4
次干路与次干路	1.9～2.2	2.2～2.7	2.5～2.8	2.8～3.4
次干路与支路	1.5～1.7	1.7～2.2	1.7～2.0	2.0～2.6
支路与支路	0.8～1.0	—	1.0～1.2	—

4. *布局结构合理性*

城市道路网从布局上通常可分为如下四种基本形式：方格网式、环形放射式、自由式和混合式。不同的城市规模、性质、土地使用、交通需求特性情况等决定了不同城市道路网的分布形态。道路网布局应与城市城镇体系规划和城市规划、城市空间发展战略、城市各组团发展规划相适应，以满足城市日常运输的需求。

我国很多城市是稀路网、宽马路。这样的道路网往往会增加绕行距离，降低机动车辆的通行效率，降低行人过街的安全性和方便程度。所以，应适当加密道路网，以减小街区物理分块(Block)的规模，使城市街道更温馨、更高效、更方便。

城市道路网结构的合理性主要体现在其对城市交通需求与城市用地服务的影响，表现在：①各级各类城市道路的密度和横断面要匹配；②道路系统的功能分工要合理；③城市道路网与对外交通设施的配合、衔接良好；④城市道路系统与城市用地布局有良好的配合和引导关系；⑤城市道路与城市公共交通系统有良好的配合关系。

根据道路网合理性的要求来优化道路网络和合理配置通行空间，对城市区域内的道路网络进行优化和设计道路横断面，明确主干路、次干路、支路所承担的交通功能，以确保能够充分利用道路资源，确保车辆通行的安全、连续及顺畅。

4.1.2 路网结构评价指标与方法

路网结构指标主要有三类：密度指标、路网指标和服务特性指标[1,2]。重点考虑与城市交通拥堵有关的城市路网结构指标，具体的指标参数选取如下。

(1) 密度指标：城市道路面积密度、人均占有道路面积、车均车行道面积、城市道路网密度和城市干道路网密度。

(2) 路网指标：路网连接度、路网可达性、路网非直线系数、路网网络级配和交叉口间距。

(3) 服务特性指标：负荷均匀性、路网服务水平。

根据《城市综合交通体系规划标准》(GB/T 51328—2018)[3]，城市集中建设区内城市规划建设用地上，规划城市道路用地面积应占城市规划建设用地面积的 15%～24%，且人均道路面积不应小于 12 m^2。不同城市功能地区的集散道路与地方道路的密度(包括承担城市交通功能的非公有支路)应结合用地功能和开发强度来综合确定,以满足开放便捷、各具特色的街区建设要求。《城市综合交通体系规划标准》(GB/T 51328—2018)[3] 中规定街区尺度指标如表 4-3 所列。

表 4-3　　不同用地功能区的街区尺度推荐值

城市功能地区		街区尺度/m		路网密度/(km・km^{-2})
		长	宽	
居住功能区		200～300	100～300	7～15
商业区与就业集中的中心区		100～200	100～200	10～20
工业区		200～600	150～400	4～12
物流园区	物流街区	200～600	150～400	4～12
	服务街区	200～400	100～200	7～15

以下对选取的评价指标进行逐一说明。

(1) 城市道路面积密度

城市道路面积密度也被称为道路用地率,用式(4-1)来计算道路面积密度值。

$$Z_1 = \frac{\text{城市道路用地总面积}}{\text{城市用地总面积}} \tag{4-1}$$

城市道路用地不仅仅是道路,还包括停车场、广场及其他交通附属设施,所以道路面积密度可以反映一个城市的道路交通设施的建设情况以及对道路交通的重视程度。世界上主要发达国家的大城市道路面积率一般在 20%以上,而我国主要大城市道路面积率则大多在 10%以下。

(2) 人均占有道路面积

居民拥有道路面积密度又称人均占有道路面积,它是反映每个城市居民拥有道路面积的技术指标,计算见式(4-2):

$$Z_2 = \frac{\text{城市道路用地总面积}}{\text{城市人口}} \tag{4-2}$$

(3) 车均车行道面积

我国城市经济正处于飞速发展期,城市的机动化水平也随之不断提高,现在私家车保有量每年的增长率都很高,中国现有城市的小客车拥有率增长情况正处于起步或加速阶段,由此可以看出车行道面积是城市道路用地的主要交通面积,它是保证机动车在未来能有一定的通行空间,所以将车均车行道面积也作为规划中的一项指标,计算见式(4-3):

$$Z_3 = \frac{\sum c_i \beta_i T_i}{\sum c_i} \tag{4-3}$$

式中　Z_3——车均车行道面积，m^2/veh；

c_i——第 i 种机动车拥有量，veh；

β_i——第 i 种机动车高峰小时平均出车率；

T_i——第 i 种机动车常速行驶时占用的道路面积，m^2。

其中，β_i 是计算中的一个重要参数，规定一般出车率分为限制型、竞争型和鼓励型，分别取值 0.1、0.2 和 0.3；社会大客车取 0.5；公共汽车和出租车取 0.9；摩托车取 0.5；货运车辆在一般城市高峰小时内被限制通行，所以可以不考虑。不同城市在实际计算时可以根据具体调查结果做出合理的选择。

(4) 城市道路网密度

为了使城市各分区用地之间交通方便，应有足够的道路数量。作为城市总平面骨架的道路数量及其分布，既要满足交通发展的要求，也要结合城市的现状、规模、自然地形条件，以尽可能有利于建筑布置、环境保护等规划要求。城市道路的数量、长度、间距等能否与城市交通相适应，可用城市道路网密度来衡量，其计算见式(4-4)：

$$Z_4=\frac{\text{全市各类道路总长度}}{\text{城市用地总面积}} \tag{4-4}$$

(5) 城市干道路网密度

城市干道路网密度是评价城市干道的空间分布合理程度的指标，用式(4-5)的计算值来衡量城市干道网密度：

$$Z_5=\frac{\text{全市各类干道总长度}}{\text{城市用地总面积}} \tag{4-5}$$

(6) 路网连接度

路网连接度可以在整体上反映道路网络的成熟度，路网连接度的数值越大，说明路网中的丁字路越少，网络结构越好，反之则越差，其计算见式(4-6)：

$$Z_6=\frac{\sum m_i}{N}=\frac{2M}{N} \tag{4-6}$$

式中　N——路网总的节点数；

M——网络总边数(路段数)；

m_i——第 i 节点所邻接的边数。

(7) 路网可达性

路网可达性能用可达性系数来表示，可达性系数是用来评价交通区到达干道网的便捷程度的定量指标，整个城市的可达性系数是各个交通区的平均值。可达性系数可以很好地反映城市干道网的发达程度和分布状况。城市干道网可达性系数的计算公式如式(4-7)所示：

$$Z_7=\frac{1}{m}\sum_{i=1}^{m}\left(\frac{L_i}{\sum_{k=1}^{4}d_{ik}}\right) \tag{4-7}$$

式中 Z_7——城市干道网可达性系数；

L_i—— 交通小区 i 范围内的干线道路长度，km；

m ——交通小区数；

d_{ik}—— 第 i 个交通小区中心位置到周围四个方向干道的最短路径，km。

(8) 路网非直线系数

一般来说，最短路径为两点间最短距离，最好的情况即直线，但是现实不可能完全做到。非直线系数作为衡量道路便捷程度的指标，是网络中两节点间的道路实际长度与空间上的直线距离的比值[4]，即

$$Z_{8ij}=\frac{两点间道路距离}{两点间空间距离} \tag{4-8}$$

$$Z_8=2\sum_{i=1}^{N}\sum_{j=i+1}^{N}\frac{Z_{8ij}}{[N(N-1)]} \tag{4-9}$$

式中 Z_{8ij}—— 交通小区 i 到 j 区间的非直线系数；

Z_8——综合非直线系数；

N ——交通小区数量。

交通干道的非直线系数应尽可能控制在 1.4 之内，最好在 1.1～1.2 之间。非直线系数是衡量城市交通便捷与否的重要指标，不同路网布局的非直线系数具有较大差异，如表 4-4 所列[5]。非直线系数越低，城市居民出行距离越短，交通需求越低。然而对于山城或丘陵地区的城市，非直线系数可不必强求。

表 4-4 不同路网形态的非直线系数

路网形态	非直线系数		
	综合	最大	最小
棋盘式(6×6)	1.3	1.41	1.0
环形放射式(6×8)	1.17	1.39	1.0
蜘蛛网式(任意)	1.0	1.0	1.0

(9) 路网网络级配

城市道路网络等级级配在数量上表现为路网中各等级道路在长度和面积上的比例关系，其实质是道路等级结构和道路功能结构搭配的综合效果。采用基于路网容量的网络级配计算依网络容量确定的级配按式(4-10)计算：

$$l_1 : l_2 : l_3 = \frac{Q_1}{v_1 \cdot n_1 \cdot \eta_1} : \frac{Q_2}{v_2 \cdot n_2 \cdot \eta_2} : \frac{Q_3}{v_3 \cdot n_3 \cdot \eta_3} \tag{4-10}$$

式中 l_i ——道路长度,km;

Q_i ——道路承载量,pcu · km/h;

v_i ——道路单位长度的单车道容量,pcu/h;

n_i —— 各级道路平均车道数;

η_i —— 各级道路机动化系数(主干道、次干道、支路分别为 0.95, 0.8, 0.75); $i=1$ 为主干道; $i=2$ 为次干道; $i=3$ 为支路。

(10) 交叉口间距

交叉口间距是指干道上相邻交叉口之间的距离。交叉口间距的大小反映了道路的通达性及运行的干扰性。交叉口间距越大,则行车速度越快,但通达性较差;反之,间距过小,则行车速度较低,道路通行能力受限。

(11) 道路或路网的负荷均匀性

负荷均匀性表征城市道路网中各路段承载量的差异性。负荷度通常用流量与通行能力之比来表示。平均负荷度是评价各路段承载情况的指标,反映了主要干道路网的供给能力适应需求的程度,其数值的大小代表了不同的交通运行状态和服务水平。由于交通流检测器主要设置在高速公路、快速路、主干路等高等级道路上,因此,用道路平均负荷度指标评价干道交通的运行水平更加合适。从时间角度分析,还能以周、月为评价周期,通过对历史时期主要道路负荷度进行计算,从而综合反映城市路网建设与交通管理水平。此外,还可以综合考虑交通分布的时空特点和不同应用目的,灵活运用于不同区域、不同时段的道路负荷度计算。对于路网而言,路网负荷度通常又称为路网饱和度、路网能力适应度,是路网实际交通量与设计容量的比值。通过求解道路负荷度的均方差值,可以获得道路网的负荷均匀性指标。

(12) 路网服务水平

路网服务水平综合考虑了交通环境、交通设施以及交通参与者三方面,用于评估路网的服务质量。不同的路网服务水平不仅客观上会影响交通量的疏密,也会在主观上影响交通参与者的生理和心理。实践验证服务水平与交通量近似呈先增后减的二次曲线。

常规的路网结构评价指标等级划分如表 4-5 所列。在多指标综合评价中,指标权重反映了指标体系中各层次指标的重要程度,是确定指标之间联系的一种方法,权重在多指标评价中具有极其重要的作用[6]。确定权重的方法主要分为主观赋权法、客观赋权法和组合赋权法三类[7]。

表 4-5　　指标等级划分表

评价指标		4(很好)	3(好)	2(一般)	1(差)
城市道路面积密度/(m · m^{-2})	特大城市	15～19	13～15	10～13	<10
	大城市	14～19	12～14	9～12	<9

（续表）

评价指标		4(很好)	3(好)	2(一般)	1(差)
人均占有道路面积/(m^2 · 人$^{-1}$)		10～15	7～10	5～7	<5
车均车行道面积/(m^2 · veh^{-1})		>28	23～28	20～23	<20
城市道路网密度/(km · km^{-2})	特大城市	4.8～6.3	4～4.8	3～4	<3
	大城市	5.1～6.7	4.5～5.1	3.5～4.5	<3.5
城市干道路网密度/(km · km^{-2})		≥4.0	3.5～4.0	2.0～3.5	<2.0
路网连接度		≥3.5	3.2～3.5	2.9～3.2	≤2.9
路网可达性		≥2.0	1.5～2.0	1.0～1.5	≤1.0
路网非直线系数		≤1.0	1.1～1.3	1.3～1.5	>1.5
路网网络级配		极好	好	一般	不好
交叉口间距		极好	好	一般	不好
负荷均匀性		1	2	3	4
路网服务水平		畅通流 <0.6	限制流 0.6～0.75	高密度流 0.75～0.9	拥挤流 >0.9

通过综合比较专家打分法、层次分析法等确定各级指标权重，进行修正后的权重如表 4-6 所列。

表 4-6　　路网布局评价指标的权重汇总表

一级指标	一级指标权重	二级指标	二级指标权重
密度指标	0.4	城市道路面积密度	0.324
		人均占有道路面积	0.123
		车均车行道面积	0.192
		城市道路网密度	0.324
		城市干道路网密度	0.037
路网指标	0.4	路网连接度	0.194
		路网非直线系数	0.028
		路网可达性	0.286
		路网网络级配	0.314
		交叉口间距	0.178
服务特性指标	0.2	路网服务水平	0.760
		负荷均匀性	0.240

4.1.3 城市路网结构与城市拥堵机理案例分析

1. 厦门岛

1）路网结构现状

厦门市的道路网规划从总体上看是环形加方格网，如图 4-1 所示，道路网的长度和面积统计数据如表 4-7 所列。

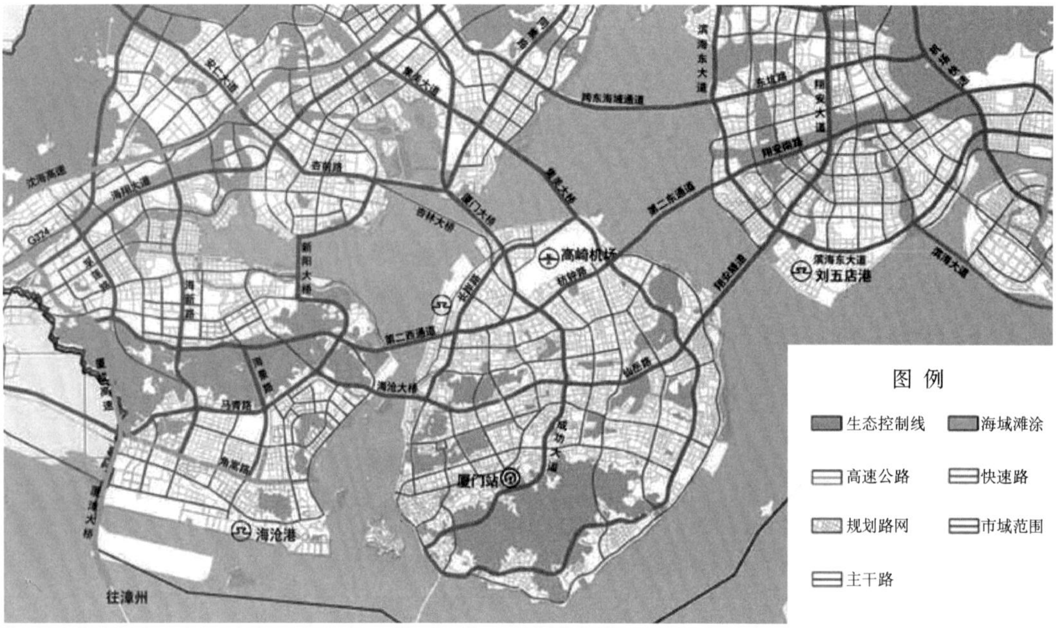

图 4-1 厦门市路网规划图

表 4-7 厦门市道路网的长度和面积统计表

道路等级	厦门岛内		厦门岛外		合计	
	长度/km	面积/km²	长度/km	面积/km²	长度/km	面积/km²
快速路	52.24	2.43	53.80	3.23	106.04	5.65
主干路	113.19	7.58	158.94	16.08	272.13	23.66
次干路	149.65	4.97	390.06	4.24	539.71	9.22
支路	217.67	4.10	473.45	7.32	691.12	11.42
合计	532.75	19.08	1 076.25	30.87	1 609	49.95

根据表 4-7 中“厦门岛内”的道路长度数据，可计算出路网的等级结构为：快速路所占比重为 9.8%，主干路所占比重为 21.1%，次干路所占比重为 28.1%，支路所占比重为 41.0%。所以，厦门岛内部的道路等级结构比例为 1∶2.17∶2.86∶4.2。

2）路网结构指标计算及综合评价

通过计算，厦门市道路网各布局评价指标计算结果如表 4-8 所列。

表 4-8　　厦门市路网布局评价指标

一级指标	二级指标	指标值	评分	权重
密度指标（权重 0.4）	城市道路面积密度	11.5 m^2/m^2	2	0.324
	人均占有道路面积	5.3 m^2/人	2	0.123
	车均车行道面积	21.3 m^2	2	0.192
	城市道路网密度	4.4 m/m^2	2	0.324
	城市干道路网密度	1.98 m/m^2	1	0.037
路网指标（权重 0.4）	路网连接度	3.1	2	0.194
	路网非直线系数	1.4	2	0.028
	路网可达性	1.6	3	0.286
	路网网络级配	好	3	0.314
	交叉口间距	好	3	0.178
服务特性指标（权重 0.2）	路网服务水平	0.7	3	0.760
	负荷均匀性	3	2	0.240

根据表 4-8 的数据，厦门市路网评价最终分值为 2.45，查询表 4-5 指标等级划分，得出厦门市的道路网等级介于“一般”与“好”之间。

2. 荷兰

影响城市交通拥堵的重要因素之一就是路网特征，例如单位长度道路上的匝道数量（进出匝道或交织段）。通常来说，匝道附近就是交通流互相竞争时空资源的区域。

基于荷兰高速公路大量实际交通数据，分析了高速路长廊单位长度上匝道数量对交通拥堵的影响。图 4-2 列出了每十公里匝道数量与交通拥堵变异性（即行程时间 90 分位值减 10 分位值）的关系。图 4-2 中的上图表明匝道数量越多，交通拥堵变异性越大，也就越不可靠。路网特征很大程度上影响了通行能力的变异性，进而影响交通拥堵。当每十公里匝道数量大于 6.8 时，交通拥堵变异性就大大增加。也就是说，匝道之间的距离如果小于 1.5 km 时，由于交织的车流量过多导致了交通拥堵的不可靠。

图 4-2 中的下图表明了不同流量状态下每十公里匝道数量与交通拥堵变异性的关系。低流量时，匝道数对交通拥堵影响甚小。此时，车辆有足够的时间和空间完成交织。中等流量时，交通拥堵的不可靠度随匝道数量的增加而增加，但增加的幅度远远小于高流量。高流量且匝道数量大于 6.8 时，交通拥堵变得异常不稳定。由此可以看出，在高速路设计中（尤其是城市快速路），需要考虑匝道数量对路网性能的影响。从交通拥堵变异性的角度来说，匝道之间的距离应该大于 1.5 km。

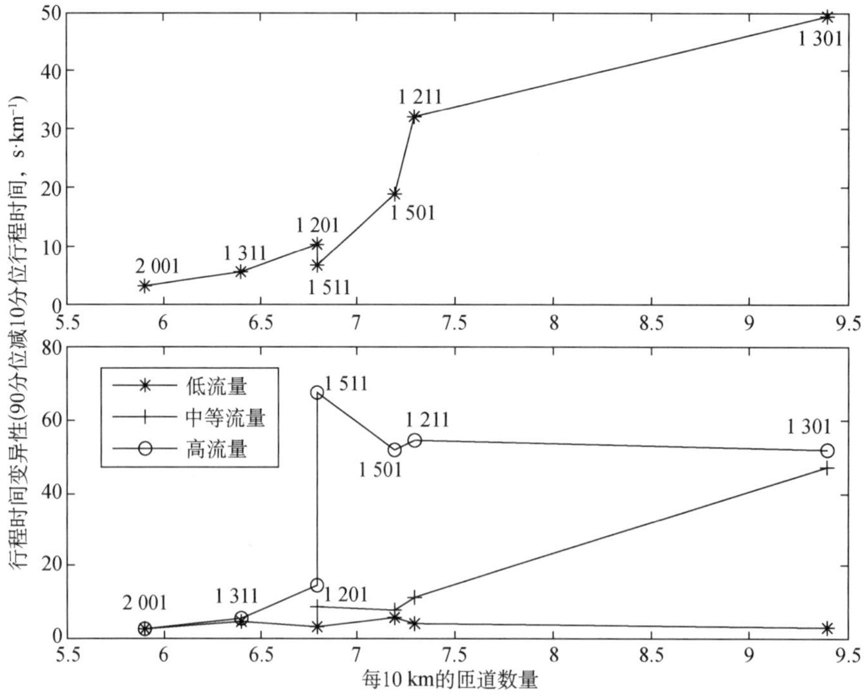

（低流量：小于 600 veh/h；中等流量：600～1 200 veh/h；高流量大于 1 200 veh/h）

图 4-2　交通拥堵变异性与路网特征之间的关系

4.2　养护施工作业

4.2.1　养护施工作业分类与交通设施布置

占路养护施工是指由于工程建设、道路改造等一系列因素而需要占用道路的施工方式。美国学者的相关研究报告指出，至少 24％的交通拥堵是由施工区造成的，而在我国这个统计数据将远超 24％[8]。城市占道养护施工项目逐渐显现出周期长、施工复杂并且覆盖路网密集区域等特点。这也直接导致在占道养护施工期间，交通环境会受到严重影响。一旦进行施工作业，定然会影响车辆的正常运行，进而导致交通流特性的变化和道路通行能力的降低，甚至事故率的上升等。城市道路与高速公路相比交通流密度大、连续性强，即使占道施工区只占用一条车道，都有可能降低整条道路的通行能力。早、晚高峰期，即使短时间占用车道，也可能会极大地影响车辆通过效率，造成车辆排队，进而出现拥堵甚至整个区域交通瘫痪。

因此，对占路养护施工作业进行常发性交通拥堵风险的评估有利于更好地进行交通组织、规划、引导及交通管理，能最大限度地将路网能效完全发挥出来，达到疏导交通的目的。

1. 养护作业分类

根据《道路交通标志和标线第四部分：作业区》(GB 5768. 4—2017)[9]，养护作业根据作业时间可分为长期养护作业、短期养护作业、临时养护作业和移动养护作业。定点作业时间大于 24 h 的各类养护作业称为长期养护作业；定点作业时间大于 4 h 且小于或等于 24 h 的各类养护作业为短期养护作业；定点作业时间大于 30 min 且小于或等于 4 h 的各类养护作业为临时养护作业；连续移动或停留时间不超过 30 min 的动态养护作业为移动养护作业。

2. 养护作业区的设施及布置

城市道路作业区的布置应以减少对非机动车、行人的影响为原则。当作业区占用人行道或非机动车道时，宜提供另外的人行通道或非机动车道。同时封闭两条及以上车道时，宜在每条车道设置上游过渡区和下游过渡区(图 4-3)。当使用中央车道作业时，一般情况下应封闭作业车道及两侧车道中的一条；当交通量大、封闭两条车道会导致严重拥堵时，经交通工程论证后，可只封闭作业车道，但应在道路作业区上游设置前置缓冲区。当作业区需借用对向车道时，在被借用的对向车道结束端应设置线形诱导标或可变箭头信号，以指引车辆驶回原车道，在被借用车道的开始端前设置对向缓冲区、对向过渡区和对向警告区，以指引对向车辆注意避让(图 4-4)。

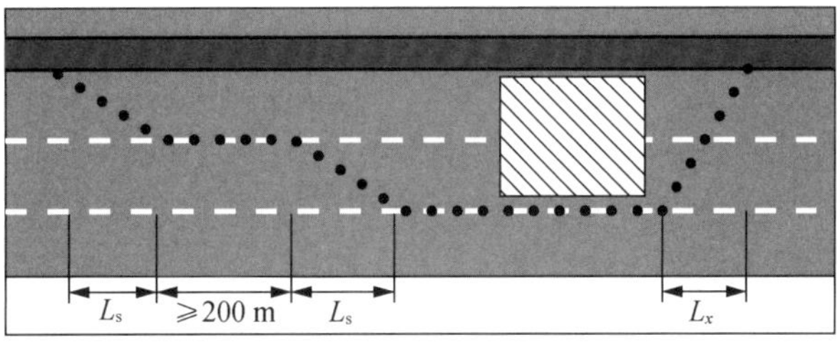

图 4-3 每条车道设置过渡区

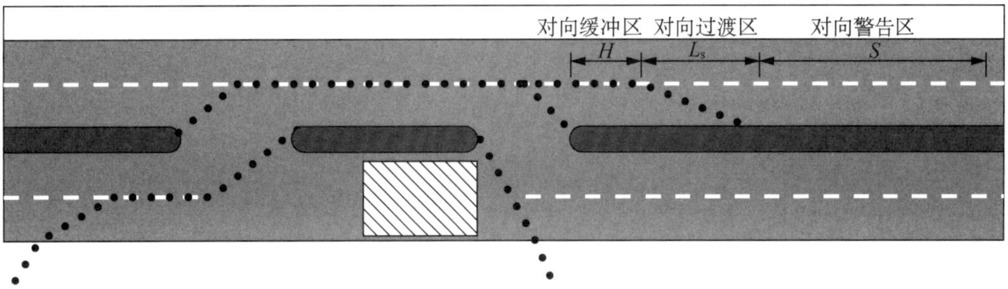

图 4-4 对向车道设置缓冲区和过渡区

在养护施工作业区进行长期、短期或临时养护维修作业时，应布置警告、上游过渡、纵向缓冲、工作、下游过渡和终止等区域。

长期养护维修作业的施工标志应从警告区起点开始布设，在 S，$3/4S$，$S/2$，$S/4$，$S/8$ 位置处布设。限速标志宜布设在警告区的不同断面处，一般布设在 $S/2$，$S/4$，$S/8$ 位置处，对于交通流量大的路段可根据需要增设限速标志。警告区内需按规定划设道路渠化标线和导向标线，并在适当位置设置强制减速设施。短期养护维修作业的施工标志应从警告区起点开始布设，在 S，$S/2$，$S/4$ 位置处布设。限速标志宜布设在警告区的不同断面处，一般布设在 $S/2$，$S/4$ 位置处，对于交通流量大的路段可根据需要增设限速标志，同时在上游过渡区或缓冲区上游布设移动式标志车。进行临时养护维修作业时，应布设防撞缓冲车。进行移动养护维修作业时，应布设移动式标志车。各类养护维修作业类型的控制区布置示例如图 4-5—图 4-10 所示。

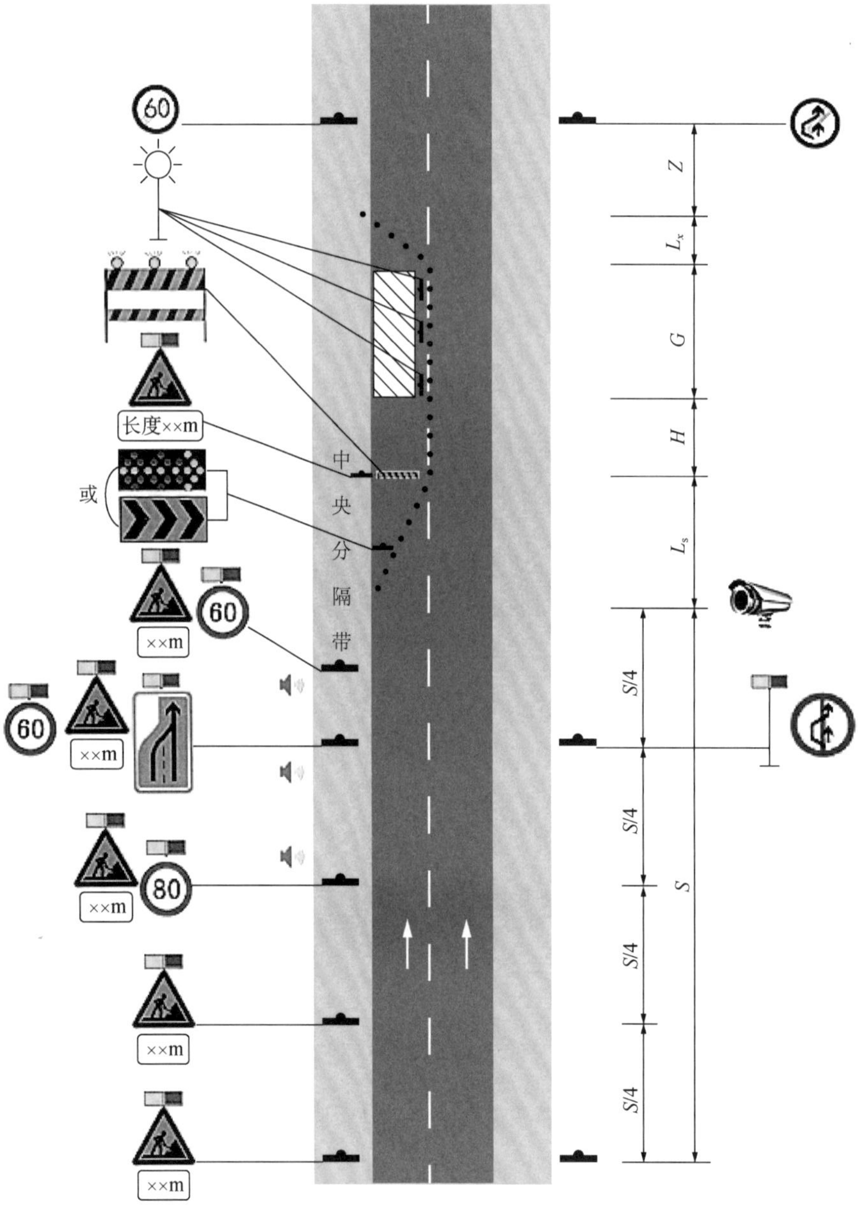

S—警告区长度；L_s—车道封闭上游过渡区长度；H—纵向缓冲区长度；G—工作区长度；L_x—下游过渡区长度；Z—终止区长度

图 4-5 四车道快速路封闭内侧车道养护维修作业控制区示意图（长期养护维修作业，以设计车速 100 km/h 为例）

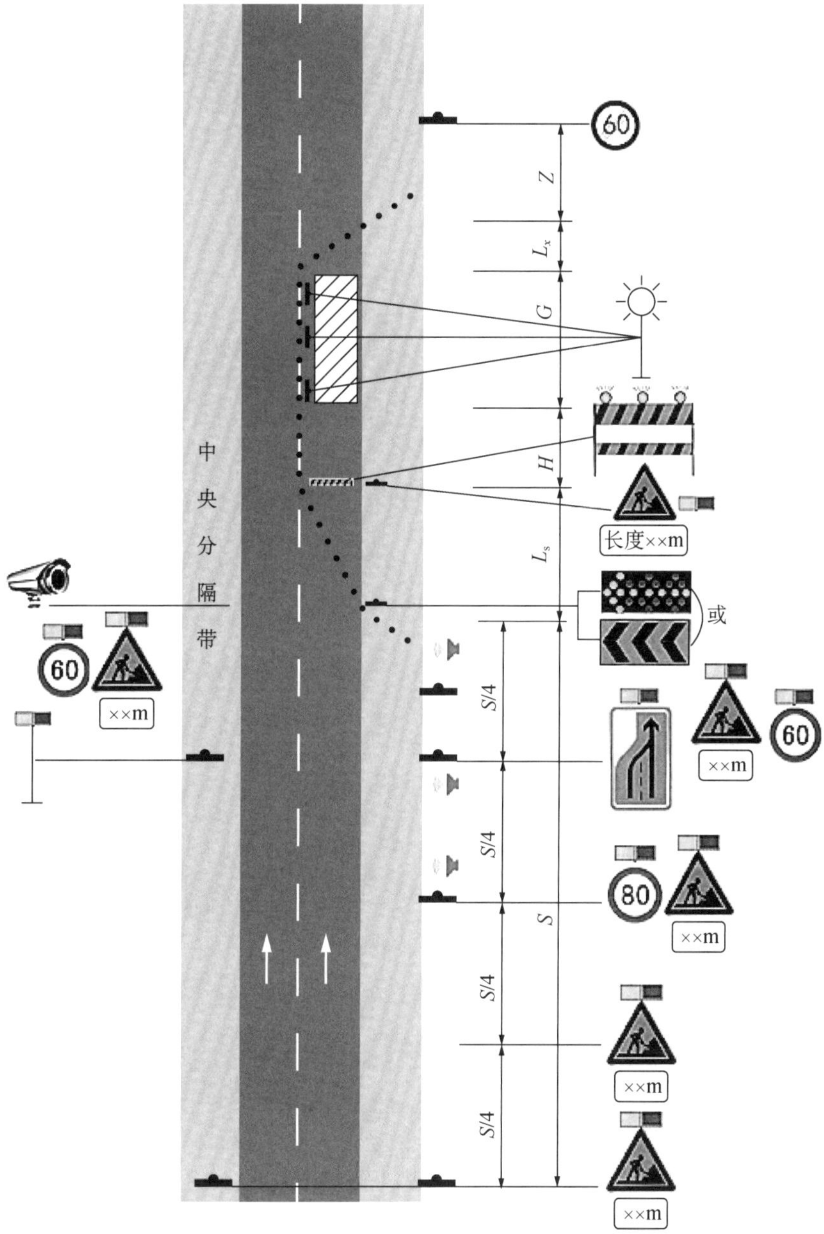

S—警告区长度；L_s—车道封闭上游过渡区长度；H—纵向缓冲区长度；
G—工作区长度；L_x—下游过渡区长度；Z—终止区长度

图 4-6 四车道快速路封闭外侧车道养护维修作业控制区示意图
（长期养护维修作业，以设计车速 100 km/h 为例）

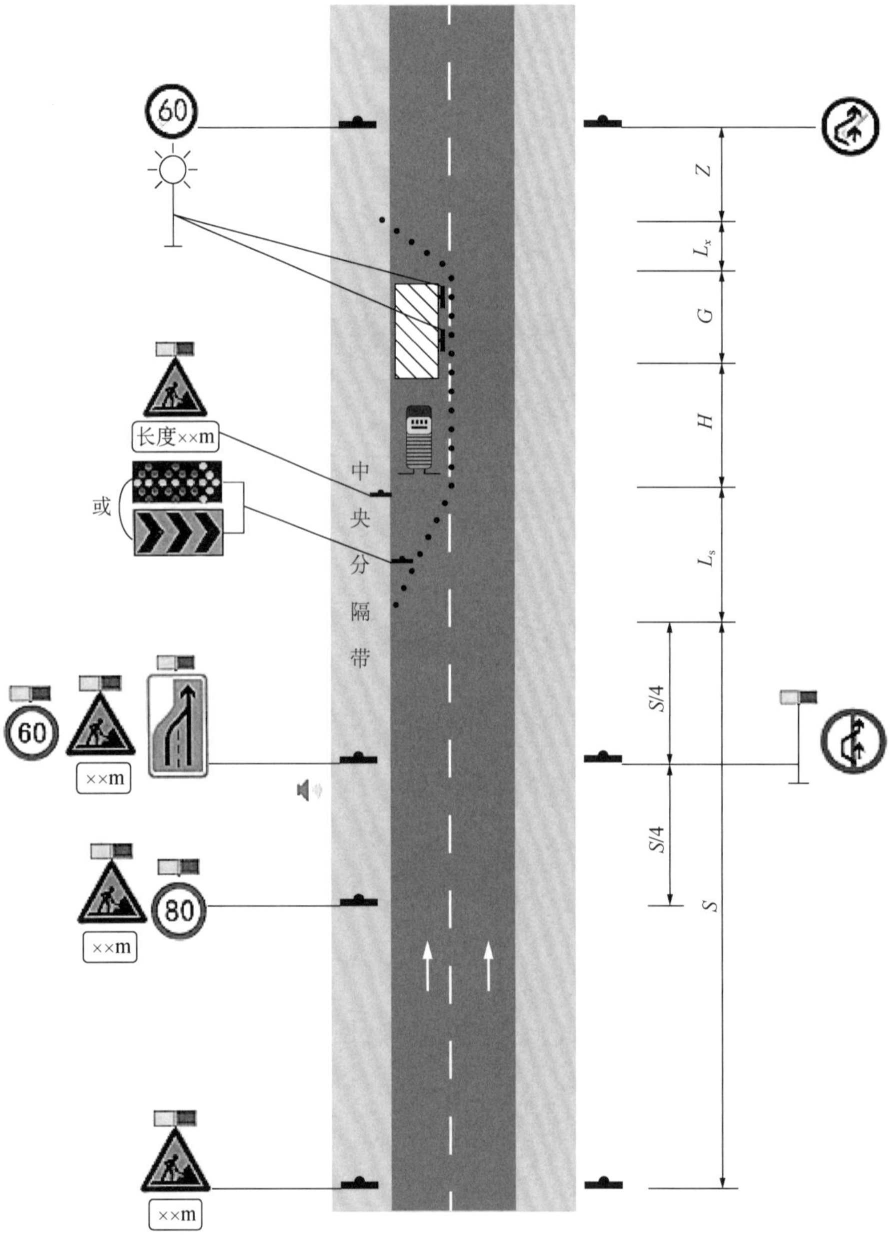

S—警告区长度；L_s—车道封闭上游过渡区长度；H—纵向缓冲区长度；
G—工作区长度；L_x—下游过渡区长度；Z—终止区长度

图 4-7　四车道快速路封闭内侧车道养护维修作业控制区示意图
（短期养护维修作业，以设计车速 100 km/h 为例）

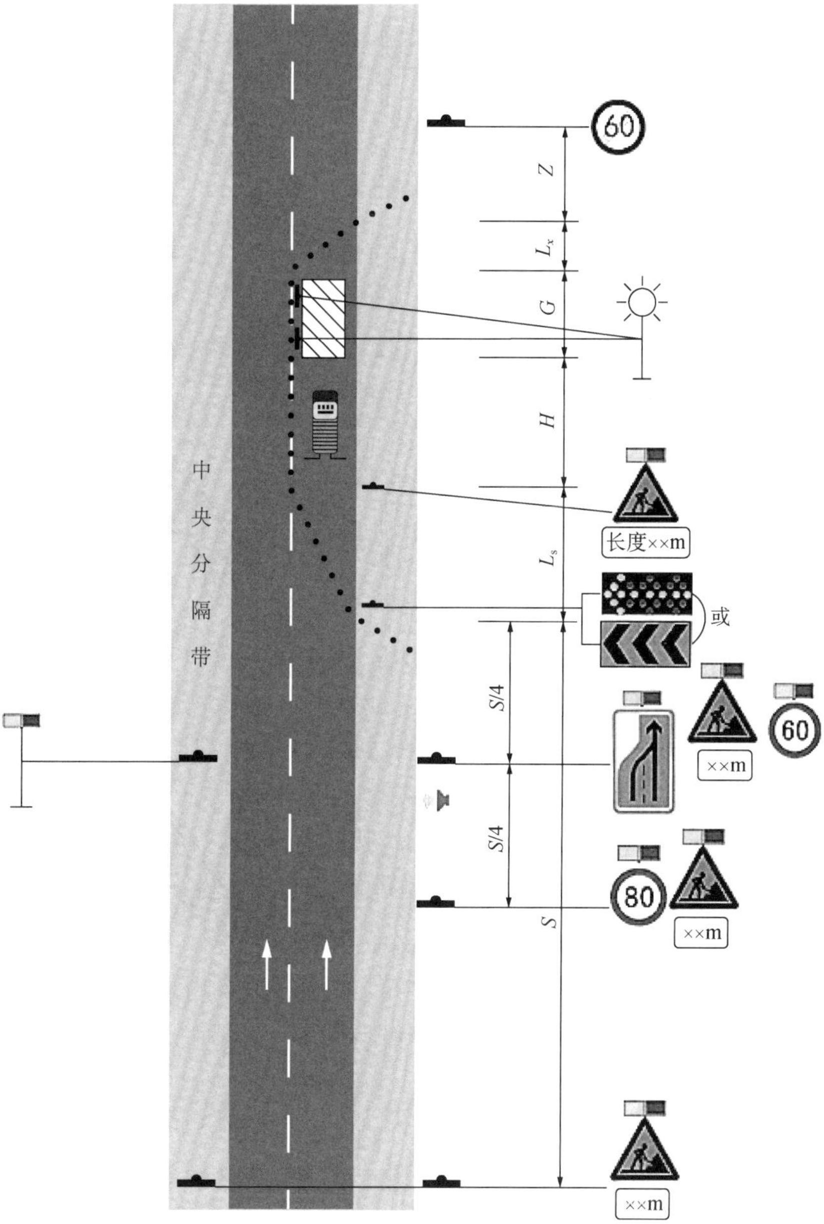

S—警告区长度；L_s—车道封闭上游过渡区长度；H—纵向缓冲区长度；
G—工作区长度；L_x—下游过渡区长度；Z—终止区长度

图 4-8 四车道快速路封闭外侧车道养护维修作业控制区示意图
（短期养护维修作业，以设计车速 100 km/h 为例）

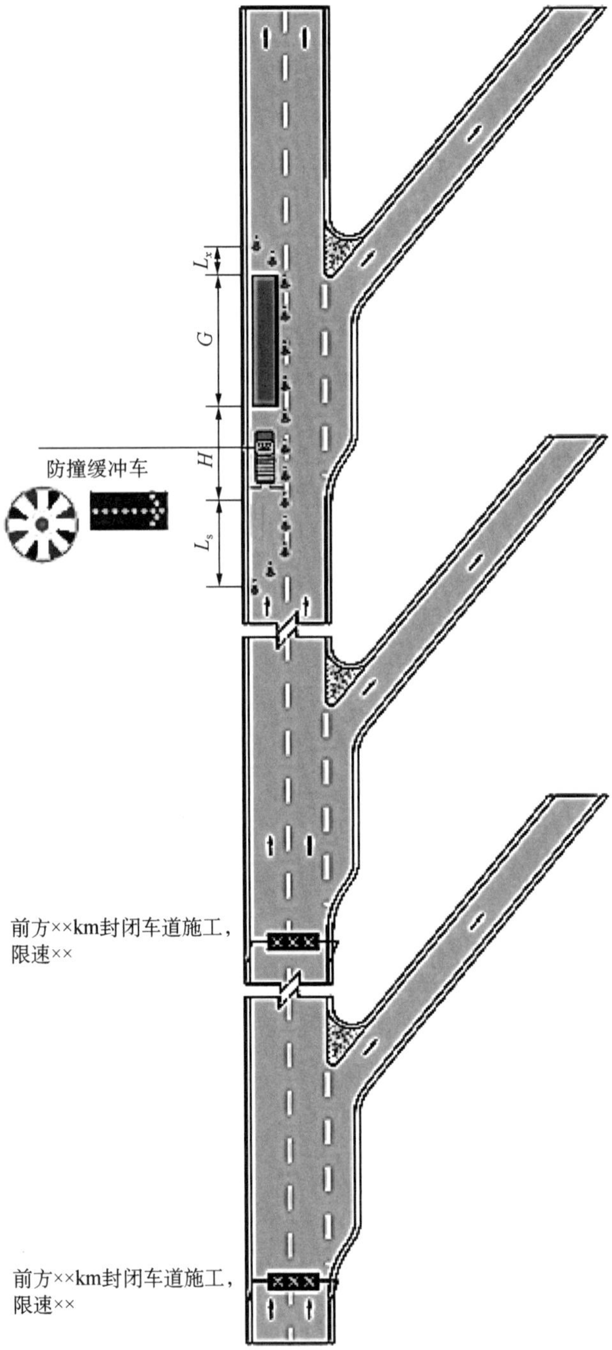

图 4-9　快速路临时养护维修作业控制区布置示意图

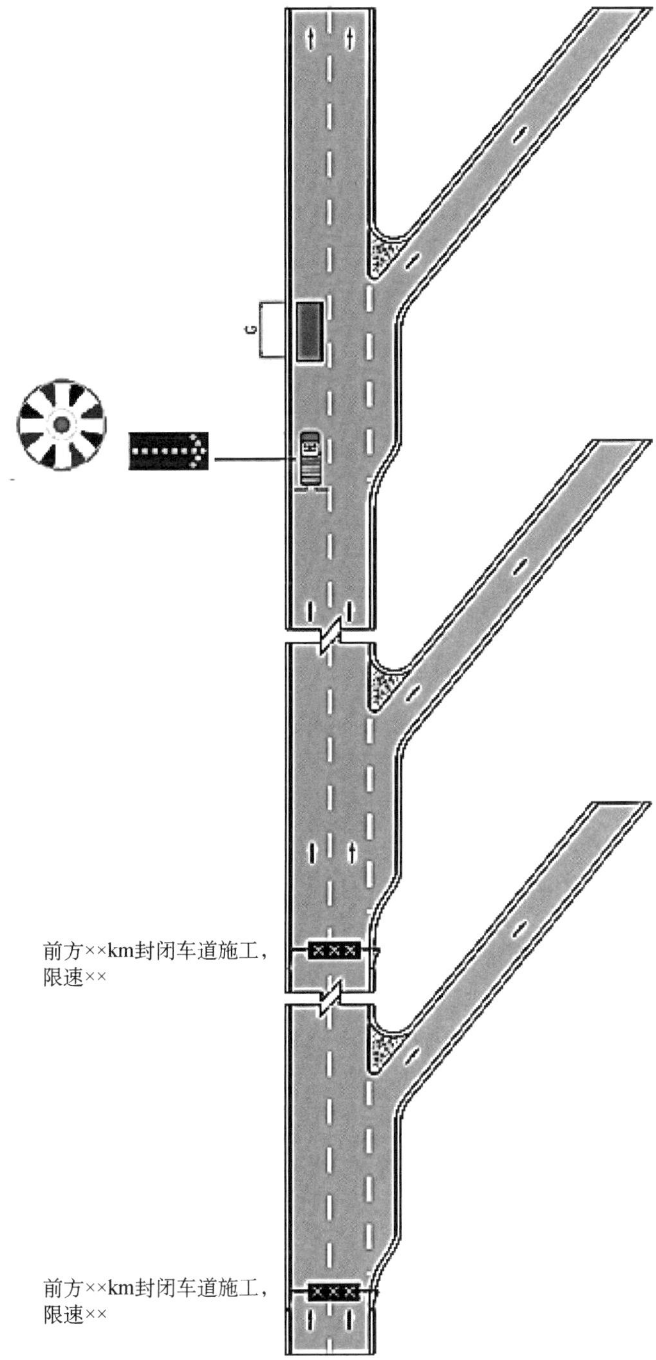

图 4-10 快速路移动养护维修作业控制区布置示意图

当作业区位于交叉口出口道时[10]，在进入该出口道的所有进口道的适当位置都应设置施工标志，并以辅助标志说明作业区的位置。对于正对作业区直行方向的进口道宜进行渠化管理，使该方向进入交叉口的车辆提前合流(图 4-11)。若导致交叉口车行道错位时，应设置路口导向线。

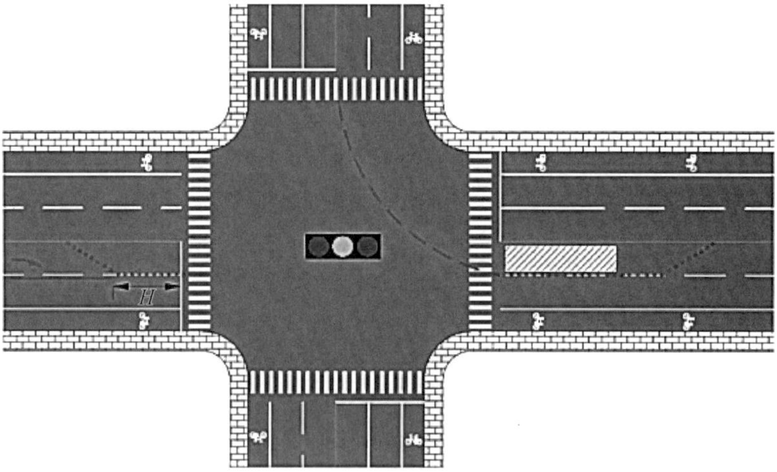

图 4-11　进口方向渠化实例

进口道上的作业区借用对向车道组织交通时，应设置路口导向线。

当作业区位于交叉口中心时，所有进口道前适当位置均应设置施工标志，作业区的来车方向应设置线形诱导标或可变箭头信号(图 4-12)。

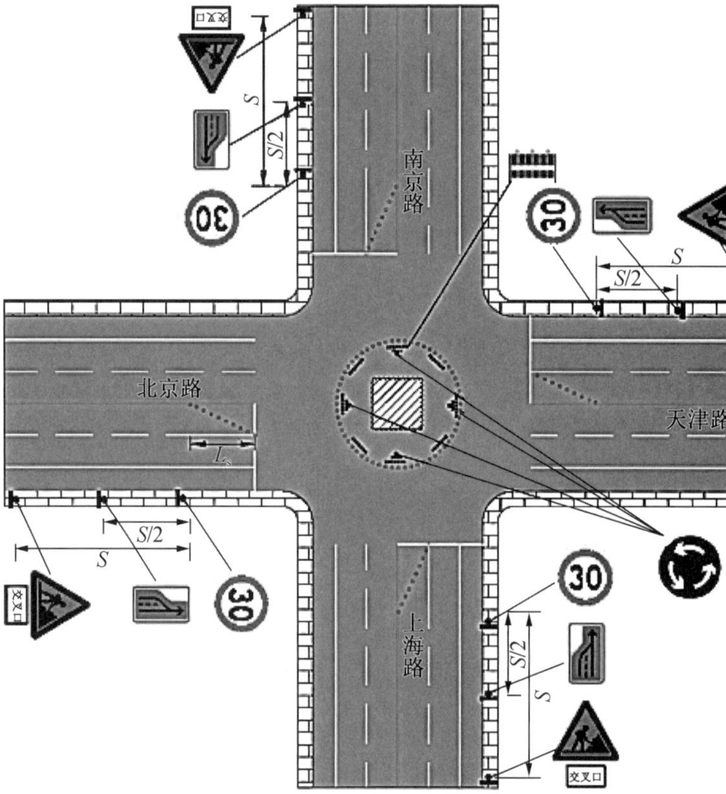

图 4-12　交叉口中心作业区布置实例

当作业区位于入口匝道时，如果警告区长度大于匝道长度，作业区距离标志宜设置在匝道起点附近；当作业区位于出口匝道时，主线渐变段起点附近应设置施工标志(图 4-13)。

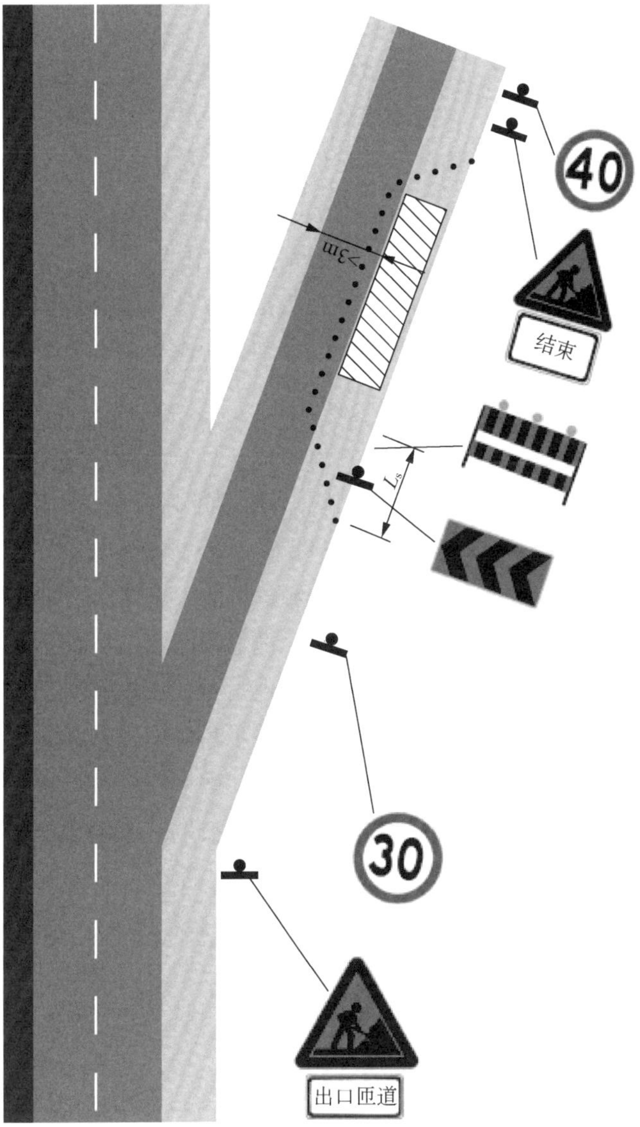

图 4-13 匝道出口路段作业区布置实例

4.2.2 施工作业区拥堵影响因素

1. 养护施工拥堵影响范围

占道养护施工区的交通拥堵影响范围可分为时间范围和空间范围[11]。时间范围主要是指施工期限对周边交通拥堵产生的影响，施工期越长，对占道养护施工区周边交通拥堵的影响就

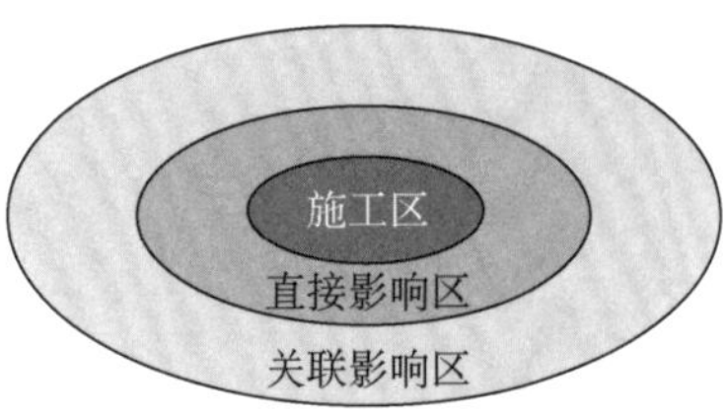

图 4-14　占道施工区影响区域示意图

越大，并且考虑到施工期交通量自然增长这一因素，可能会导致施工期限长的区域交通受影响更严重。空间范围主要指占道施工区对周围交通影响的区域大小，包括直接影响区和关联影响区，如图 4-14 所示。直接影响区一般包括占道施工路段与相邻交叉口，主要取决于占道施工围挡面积与位置等，该区域对交通的影响程度最大；关联影响区指受到占道养护施工区影响但不属于直接影响区的区域。

各类养护施工作业由于类型不同，其对路段拥堵风险的影响也不尽相同。其中，移动养护作业是指连续移动或停留时间不超过 30 min 的动态养护作业，但由于移动养护作业具有持续时间短、作业距离近的特点，对交通流的影响被认为是偶发性交通拥堵风险的一种，本章重点讨论持续时间较长的静态养护作业（临时养护作业、短期养护作业和长期养护作业）对直接影响区的交通拥堵风险。

2. 施工作业区通行能力影响因素

路段拥堵风险往往基于通行能力来评估，施工作业区的通行能力是指拥堵状态下通过施工作业区的最大小时交通量。符锌砂等[12]将其定义为：车辆在通过施工作业区时由于车道数减少，必然会造成车辆排队等候的现象，通行能力应根据排队渗出流量的低值来计算，即以拥挤状态下通过施工作业区的最大交通量作为施工作业区的通行能力。

1991 年，B. Persaud 和 V. Hurdle[13]将施工作业区的通行能力定义为平均排队疏散率，因为预期的最大流与预期的堵塞是不相关的。他们进一步建议最大流的概念不适用于工作区，因为当堵塞发生时，此时的流量不是最大流，而是由排队疏散率控制的。1992 年，R. A. Krammes 和 G. O. Lopez[14]也认为施工作业区通行能力是由高速公路瓶颈路段的平均排队疏散率决定的。1999 年，Y. Jiang[15]将其定义为车速急剧下降前的交通流率，随后是一段持续的低车速和交通流率波动。此时，交通行为迅速从非拥挤状态变为排队状态。

施工作业区通行能力的影响因素共有 20 种，可以分为五类：道路因素、施工作业区因素、交通流因素、管制条件和环境条件，如表 4-9 所列。

表 4-9　施工作业区影响因素

分类	影响因素
道路因素	车道宽度、路面坡度、侧向净宽、交织影响、道路类型（城市或乡村）
施工作业区因素	开放车道数量、关闭车道数量、关闭车道的位置（左或右）、施工作业区长度、工作强度、测量时间（白天或夜间）、测量日期（平日或周末）、工作持续时间
交通流因素	重型车比例、驾驶人构成
管制条件	上游标识距工作区距离、有无交警巡视、限速
环境条件	天气状况、光线条件

1）道路因素

养护作业区的车道宽度如果低于标准值，会显著降低通行能力。路面存在坡度会使通行能力骤降得更剧烈，尤其是在有重型车的情况下[16]。侧向净宽也会影响施工作业区的通行能力，如果路边的警告标志或者隔离设施距离开放车道较近，驾驶人就会被迫减速或者靠近旁边的车道[16]。匝道临近工作区，特别是入口匝道在施工作业区的活动区域内，会给施工作业区带来额外干扰。城市高速公路上的施工作业区的通行能力通常大于乡村高速公路上的施工作业区的通行能力。

2）施工作业区因素

C. L. Dudek 等[17]指出，高速公路车道数和关闭车道数能够显著影响施工作业区的通行能力。2002 年，A. Al-Kaisy 和 F. Hall[18]指出，高速公路每个方向均由四车道变为两车道时，测量结果表明关闭最右侧两条车道时的通行能力比关闭最左侧两条的高 6%。李嘉等[19]认为，通常情况下，施工作业区越长，施工活动越有效，但车辆延误越大，施工作业区通行能力越小。而 W. A. Sarasua 等[20]认为，施工作业区的通行能力不会因为工作区长度的变化而变化。工作强度与通行能力是负相关关系，H. Adeli 等[21]将工作强度分为三个等级：轻、中、重，而 C. L. Dudek 和 S. H. Richards[17]将其分为六个等级：最轻、轻、中等、重、很重、最重，这主要靠工程师根据经验来判断。日期和时间也能影响施工作业区的通行能力，工作日施工相比休息日施工会提高通行能力，夜间施工相比日间施工也会提高通行能力，一方面是能避开高峰时段，另一方面是车辆在夜间的行驶速度也比较快[22]，超速现象比较明显。长期施工作业区的通行能力通常会大于短期施工作业区的，因为驾驶人对长期施工作业区的地形和路况比较熟悉，能够操控车辆以较快的速度通过[16]。

3）交通流因素

大型车在道路上要占用更多的空间，其加减速也比小汽车要慢，因而交通流中重型车的比例不可避免地将对道路通行能力产生影响[23]。驾驶人构成的取值与四个因素有关：驾驶人对环境的熟悉程度、适应条件改变的能力、攻击性倾向和包容别人需求的意愿[24]。

4）管制条件

当上游标识距施工作业区 100 m 时，对平均速度影响很大，进而影响通行能力；距离越远，速度标准差越大。有交警巡视能降低平均车速。速度限制较低会降低施工作业区的通行能力。黄凯等[25]认为高速公路在自由流、稳定流上段与稳定流条件下，工作区的限速值在原来的基础上减少 30 km/h 比较合理，此时的安全性可以达到较高的水平，同时又能保证通行能力的需要。

5）环境条件

天气越糟，对通行能力影响越大。A. Al-Kaisy 等[26]发现，相比晴天，雪天、冻雨和大雨等天气会使通行能力下降约 19%。光线暗能降低通行能力。A. Al-Kaisy 和 F. L. Hall[27]在加拿大安大略省调查了黑暗条件与长期高速公路施工作业区通行能力的关系，发现黑暗条件能明显降低其通行能力，第一个调查地点约降低了 7.5%，第二个调查地点约降低了 3.25%。二者之间的差异可能是由于第二个调查地点的坡度和黑暗因素的联合作用。

4.2.3 基于通行能力的拥堵风险评估

城市道路交通服务水平是根据通行能力和交通需求比较来评价的。当通行能力大于交通需求时，道路畅通；当通行能力小于交通需求时，道路上会发生交通拥堵。在交通需求一定的情况下，因道路养护作业而使道路通行能力降低导致了拥堵风险。因此，城市道路拥堵风险评估可从养护作业道路的通行能力计算入手。从 1981 年到现在，国内外提出的有关施工作业区通行能力的估计模型可分为以下五类。

1. 函数模型

基本表达式：

$$C = C_{基} \times \prod_{i} f_i \tag{4-11}$$

式中 C ——估计的通行能力，pcu/h；

$C_{基}$——基本通行能力，pcu/h；

f_i ——影响因素修正系数。

1) C. Abrams 和 J. Wang 模型[28]

C. Abrams 和 J. Wang 是最初将施工作业区通行能力量化的研究者。他们考虑的因素是在 1965 年版 HCM 的基础上(重型车、车道宽度、侧向净宽)增加了一个施工作业区因素，并将施工作业区的基本通行能力值定为 2 000 vphpl(vphpl：vehicles per hour per lane，每小时每车道交通量)。

$$C = 2\,000 \times TF \times WCF + WZF \tag{4-12}$$

式中 TF—— 重型车修正系数；

WCF—— 车道宽度和侧向净宽修正系数；

WZF ——此研究中确定的施工作业区通行能力修正值，vphpl。

2) R. A. Krammes 和 G. O. Lopez 模型[14]

该模型估计的是短期施工作业区，引入一个新的基本通行能力值 1 600 pcphpl(pcphpl：pcu per hour per lane，每小时每车道交通量)。模型包含了许多新因素，如工作活动类型、强度、匝道、开放车道数量等。该模型后来被 HCM 2000 引用。

$$C = (1\,600 + I - R) \times f_{HV} \times N \tag{4-13}$$

式中 I—— 施工作业区作业类型、强度和位置的修正值，pcphpl；

R—— 匝道修正值，pcphpl；

f_{HV}—— 重型车修正系数；

N ——短期工作区内开放车道数。

3) A. F. Al-Kaisy 和 F. L. Hall 模型[26]

此模型新考虑了天气状况和光线状况，还包括一个非加性相互作用效果的修正系数。

A. F.Al-Kaisy 和 F. L. Hall 指出驾驶人构成和重型车对通行能力的影响程度较大。

$$C = 2\,000 \times f_{HV} \times f_d \times f_w \times f_s \times f_r \times f_l \times f_i \tag{4-14}$$

式中 f_{HV}—— 重型车修正系数；

f_d—— 驾驶人构成修正系数；

f_w—— 工作强度修正系数；

f_s—— 封闭车道位置(左或右) 修正系数；

f_r—— 雨天修正系数；

f_l—— 光线条件修正系数；

f_i ——非加性相互作用效果的修正系数。

4) K. Heaslip 模型[29]

K. Heaslip 等人的研究分为两个阶段：一是仿真模型，使用 CORSIM(Version 5.1)为各种不同的工作区场景建立一个综合的数据库，然后基于仿真数据和现有文献中的数据，提出了一个预测长期施工作业区通行能力的模型，考虑了三种施工作业区布设；二是用现场采集的数据来评估和改善分析模型。

$$C = f_l \times f_d \times f_r \times (C_{unadj} - VR) \tag{4-15}$$

式中 f_l—— 光线条件修正系数；

f_d—— 驾驶人构成修正系数；

f_r—— 雨天修正系数；

C_{unadj} ——不可调整的通行能力，vphpl；

VR ——匝道交通量。

2. *回归模型*

1) J. L. Memmott 和 C. L. Dudek 模型[30]

此模型增加了一个风险估计因子，具体见式(4-16)：

$$C = a - b(CERF) \tag{4-16}$$

式中 $CERF$—— 通行能力估计风险因子；

a，b ——研究中引入的两个系数。

2) T. Kim，D. J. Lovel 和 J. Paracha 模型[16]

多元回归模型，基于 2000 年从 12 个施工作业区采集的现场数据，为车道位置和工作强度引入了哑变量；第一次考虑了重型车与坡度两个因素的联合作用对通行能力的影响。

$$C = 1\,857 - 168.1NUMCL - 37.0LOCCL - 90HV + 92.7LD - 34.3WL - 106.1WI_H - 2.3WG \times HV \tag{4-17}$$

式中 $NUMCL$—— 关闭车道数；

$LOCCL$—— 关闭车道的位置；
HV—— 重型车比例；
LD ——施工作业区距开放车道的横向距离，km；
WL ——施工作业区长度，km；
WI_H—— 重工作强度；
WG ——坡度。

3. 经典宏观交通流模型

1) R. F. Benekohal 行驶速度模型[31]

该模型认为工作强度、车道宽度和侧向净宽能够降低车辆速度。首先，计算工作区车辆的运行速度，然后基于流量-速度关系来计算流量。

$$U_o = FFS - R_{wi} - R_{lw} - R_{lc} - R_o \tag{4-18}$$

式中 U_o ——运行速度，mph①；
FFS—— 自由流速度；
R_{wi}—— 工作强度引起的速度的减少；
R_{lw}—— 车道宽度引起的速度的减少；
R_{lc}—— 侧向净宽引起的速度的减少；
R_o ——其他因素引起的速度的减少。

2) W. A. Sarasua 模型[20]

使用宏观交通流的典型方法分析交通特性，基于速度-密度的线性关系假设，推导出流-速-密和车头时距的关系。

$$C = (C_b + I) \times f_{HV} \times N \tag{4-19}$$

式中 C_b—— 基本通行能力；
I—— 工作活动类型、强度，施工作业区长度和位置的修正系数；
f_{HV}—— 重型车修正系数；
N ——开放车道数。

3) H. Ramezani 模型[32]

H. Ramezani 等[32]提出了三种估计施工作业区通行能力的方法。

第一种是 h-n 模型。该模型是对车头时距的优化。在交通流没有达到饱和时，最大15 min 流率低估了其通行能力。把这个 15 min 分为两部分：充分利用时间和未充分利用时间。用充分利用时间来计算流率。

第二种是基于所有在排车辆的模型。

① mph：mile per hour，英里/小时。

$$C=\frac{3\ 600}{\overline{h_{\mathrm{p}}}} \tag{4-20}$$

式中，$\overline{h_{\mathrm{p}}}$ 是所有在排车辆的平均车头时距。

第三种是基于中长排队情况的模型。

$$C=\frac{3\ 600}{\bar{h}_{\mathrm{p}>4}} \tag{4-21}$$

式中，$\bar{h}_{\mathrm{p}>4}$ 是在排车辆超过四辆的车队的平均车头时距。

4. 神经网络模型

1）A. Karim 和 H. Adeli 模型[33]

他们提出了一种自适应计算模型来估计施工作业区的通行能力、排队长度和延误，考虑了 11 种因素：车道数、开放车道数、施工作业区布局、施工作业区长度、车道宽度、重型车比例、坡度、速度、工作强度、黑暗因素和临近匝道。该模型集合了交通流理论的数学严谨性和神经网络分析的自适应性。径向基功能神经网络模型从影响因素学习映射，对通行能力进行估计。排队长度和延误是在通行能力的基础上使用交通流模型得到的。

2）H. F. Adeli 和 F. ASCE 模型[21]

H. F. Adeli 等提出一种新型的模糊神经逻辑模型来估计施工作业区的通行能力，在 A. Karim 的基础上将黑暗因素进行了展开：施工作业区位置、施工作业区持续时间、测量时间、测量日期、天气状况、路面状况、驾驶人构成。该模型具有良好的泛化性能，当只有部分数据可得时，表现出很强的优越性。有助于开发智能决策系统来进行场景分析，从而制定交通管理计划。

5. 分类均值模型

J. Weng 等[34]基于决策树模型考虑了 16 种影响因素，从现有文献和实地采集了 182 组数据，分为三个部分：训练数据、核查数据和评估数据。他们将训练数据根据施工作业区场景的特征进行分类，划分方法是决策树方法，使得每一类数据之间的差异性最大。最终得到了一棵最大树深是 16，叶子数也是 16 的最佳生成树。每个叶子节点对应一个通行能力值，取值是每组数据的平均值。该模型对长期和短期施工作业区都适用。

4.2.4 基于微观交通仿真的拥堵风险评估

相比通行能力计算方法来评估拥堵风险而言，微观交通仿真评估方法更适用于不同复杂道路情况下的拥堵风险评估。运用 AIMSUN 微观交通模拟软件来评估养护施工的拥堵风险，AIMSUN 是适用于城市和非市区网络的先进的交互式微观仿真系统，可处理不同的交通网络——城市网络、高速公路、公路、环道、主干路以及它们之间任意的组合。它被作为一种设计和使用的工具用于交通分析，可以有助于交通拥堵风险的研究。

1. AIMSUN 仿真属性

在 AIMSUN 仿真系统中，会根据车辆不同的行为模式模拟车辆穿越交通网络的行为，例如车辆跟随、车道变换。AIMSUN 是一个结合离散和连续的模拟系统。也就是说，有一些系统要素（如车辆速度、探测器数值）的状态变化在整个模拟时间内是连续的；另外一些要素（如交通信号、车辆数量）的状态变化在模拟的时间内是离散的。系统可以提供非常详细的交通网络模拟，能区分不同类型的车辆和驾驶人，也能处理各种各样的网络几何构型，可以进行交通事件、交通冲突的仿真等。因此，目前绝大多数在真实的交通网络中用到的交通设施（如信号灯、交通检测器、各种各样的信号设施等）的运行模拟可以在 AIMSUN 中实现。

AIMSUN 所需要的输入数据是一个仿真实验和一套界定实验的模拟参数。实验需要四个类型的数据：路网的描述、交通控制计划、交通需求数据和公共交通计划。模拟参数是描述实验的固定值（如仿真时间、激活时间、数据统计间隔等）和各种用于校准模型的变化的参数（如互动仿真时间、车道变换区域等）。

在仿真试验中，选用车辆运行速度、路段总车道数、施工关闭的车道数、施工持续的时间等指标作为自变量，改变它们的值进行多次仿真试验，由此可得出不同情况下，路段的平均速度、平均密度、最大排队长度、平均延误时间等。并通过对这些值进行分析，可得出在不同情况下，路段的通行能力与自变量之间的关系。

AIMSUN 的输出结果有：一个表征交通网络性能的连续动画图形（二维或三维）、数据统计量（流量、速度、行车时间、延误、停车）和模拟探测器收集的数据（观测车辆数、车道占有率、实时速度）。结果的输出可以在数据库中显示，是按照设定的仿真统计间隔来输出各个统计间隔内的统计值。

对于养护维修的仿真，需要用到 AIMSUN 中的交通条件战略模块。该模块可以用来实现各种路段上的交通条件与战略。例如，可以定时或条件触发地对路段情况进行改变，可以是单车道封闭，也可以是全车道封闭，或者路段改变最高限速，以用来在仿真实验中实现各种养护维修作业的类型。其主要内容与功能包括交通事件与管理措施。

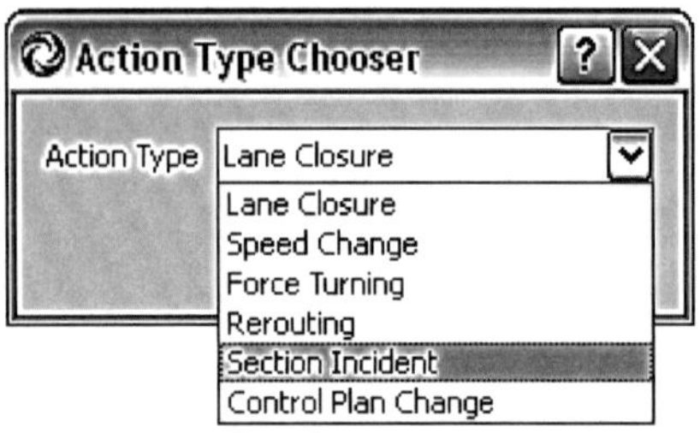

图 4-15　AIMSUN 软件交通事件与管理措施的产生

交通事件与管理措施的产生可以由两种方法来确定：由时间来确定或者是由路网中的各种相应车辆运行状态来触发。交通事件与管理措施的内容如图 4-15 所示，交通事件与管理措施包括以下几个选项：车道的封闭、路段速度限制的改变、强制转弯、车辆路径选择的改变、信号灯控制计划的改变等。这些内容基本囊括了各种发生在道路上的维修作业与交通管理措施。各种交通条件及管理措施能被同时混合使用。

1）交通事件的产生

AIMSUN的交通战略条件模块中可以方便地在仿真路段上产生的交通事件，如图4-16所示，可在任一路段上产生一个障碍物作为一个影响交通的事件，该障碍物的长度与单车道宽度呈倍数关系。根据不同需要可以考虑不同的仿真选择，例如模拟施工状态下的交通情况，可以根据交通事件沿道路方向的影响范围设置受影响的道路长度，部分长度一个车道封闭的情况。当然该交通事件也能模拟一个方向车道被封闭的相关情况。

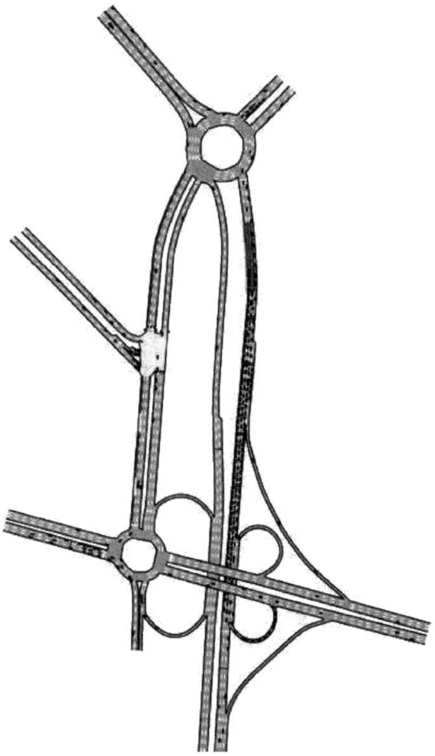

图4-16 AIMSUN软件产生交通事件

2）限速

该功能主要用于仿真道路在限速的情况下，车流的运动状况。限速主要用于一段道路或是一个车道，可以仿真在路段采取限速措施后的车流情况。

3）强制转弯

该功能是通过设置一定的比例来限制车辆由一个路段驶向另一个路段行驶的方向，可以和交通事件的功能配合使用。例如，控制匝道的开闭，用于车辆的选择分流措施等。如图4-17所示，在AIMSUN中，强制转弯可以设定转弯的比例与车辆的类型。

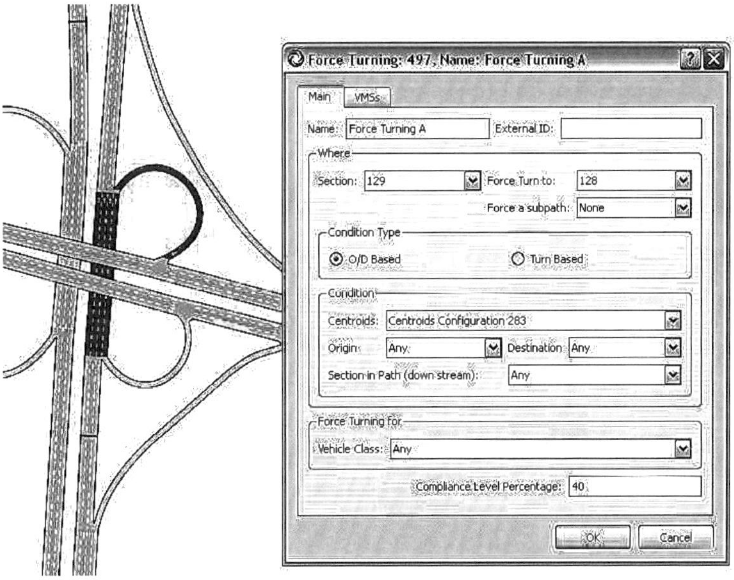

图4-17 AIMSUN实现强制转弯

此外还有交通战略条件使用，例如在模拟使用疏散通道分流的情况，在施工段上游适当的距离根据需要设置探测器，当车辆排队达到探测器的位置时，触发分流战略，即强制要求进入该路段的车流中一定比例的车辆转弯绕过堵点或绕行至别的道路。当施工结束时，可取消施工段上游探测器的触发分流战略。

AIMSUN 仿真软件可以通过外接的 API 功能，利用 C++语言编程实现对施工情况的控制，包括施工的位置、持续时间、范围的大小等。在实际的仿真实验过程中，可采用产生随机数的方式，在路网中随机产生各种作业类型，从而分析交通流的变化情况。其主要的调用函数如下：

Format：

int AKIGenerateIncident(int asection, int alane, double position, double length, double initime,

double duration)；

Parameters：

asection：the identifier of the section where the incident will be generated.

alane：the lane where the incident will be generated(1..N).

position：the position of the incident.

length：the length of the incident.

initime：the absolute time of the simulation when the incident will start(seconds).

duration：the duration of the incident(seconds).

Output：

> 0：No Error

< 0：Error

系统的数据统计间隔取 5 min，路网中探测器的统计间隔可根据仿真实验的需要设置，不需要探测器数据时，为了减小数据库的大小，一般不统计。在需要用探测器完成相应的触发条件时，取 5 s 为一个探测间隔来保证触发条件能实时、正确的完成。最后获得的数据均为路段上的统计数据。统计结果存在数据库表中，包括流量、密度、速度等。如图 4-18 所示，数据库表中

sectid	tfrom	tto	flow	density	spdl	dtimel	qmean	qmax
136	28800	29100	0	0	-1	-1	0	0
137	28800	29100	0	0	-1	-1	0	0
138	28800	29100	72	.489826381207	103.9066390991	0	0	0
142	28800	29100	12	.365969270468	47.09778213501	2	0	0
148	28800	29100	0	.094459816813	-1	-1	0	0
152	28800	29100	12	.228847548366	49.21067810059	1	0	0
153	28800	29100	0	0	-1	-1	0	0
154	28800	29100	84	.743925869465	53.82624053955	0	0	0
155	28800	29100	72	.637051939964	56.7880897522	0	0	0
156	28800	29100	48	.545962750912	40.68817138672	2	0	0

图 4-18　输出的统计数据

按列从左到右依次是:路段编号(sectid)、统计起始时间(tfrom)、统计结束时间(tto)、平均流量(flow)、密度(density)、平均速度(spdl)、平均车延误(dtimel)、平均排队长度(qmean)、最大排队长度(qmax)。

进行各类养护维修作业,在对不同条件下的路段进行仿真实验前,应对仿真数据和实际采集数据进行校核与一致性检验。因篇幅原因,本节重点介绍仿真结果及分析。

2. 车道封闭一车道仿真分析

在 AIMSUN 中建立单向三车道的路段模型,在末端附近设置一个交通事件,事件的范围为外侧一车道。路段设计速度为 80 km/h,根据上海市某城市道路实地调研情况,输入车辆参数信息作为初始标准值如表 4-10 所列。路段输入流量的变化范围为(400, 800, 1 200, 1 600, 2 000, 2 400),单位是 pcu/km;事件持续时间为(20, 40, 60, 80, 100),单位是 min;由此进行一系列仿真实验。

表 4-10 车辆参数

车型	车身长度均值/m	车身长度偏差/m	车辆理想速度均值/($km \cdot h^{-1}$)	车辆理想速度偏差/($km \cdot h^{-1}$)	车型比例
小客车	4	0.5	70	30	70%
大客车	10	2	50	15	14%
大货车	12	2	40	20	16%

1) 路段车速特征

由图 4-19 可见,总体来说随着流量的增大路段平均车速会逐渐降低,速度-流量曲线为凸形曲线,当流量在 1 600 pcu/h 左右时达到峰值。还可以看出,在三车道封闭一车道的情况下,车速降低量的绝对值较小,不超过 4 km/h,说明在这种情况下,施工对车速的影响不大。同时,由于变化绝对值较小,不同事件持续时间下曲线形状不太一致,有一定的随机性。不同施工作业类型持续时间下流量-速度的回归模型如表 4-11 所列。

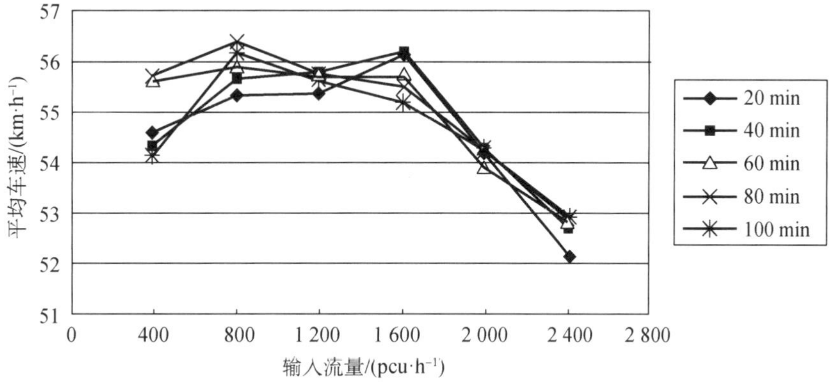

图 4-19 不同施工作业类型持续时间下车速随流量变化特征

表 4-11　　不同施工作业类型持续时间下流量-速度的回归模型

施工作业持续时间/min	回归模型	R^2
20	$y=-2E\text{-}06x^2+0.0058x+52.468$	$R^2=0.9173$
40	$y=-3E\text{-}06x^2+0.0062x+52.255$	$R^2=0.9455$
60	$y=-1E\text{-}06x^2+0.0028x+54.688$	$R^2=0.9593$
80	$y=-1E\text{-}06x^2+0.0023x+55.111$	$R^2=0.9647$
100	$y=-2E\text{-}06x^2+0.0049x+52.883$	$R^2=0.9$

2）路段密度特征

由图 4-20 可见，随着流量增大路段的密度也在逐步增大，曲线形状基本为线性。同时，不同施工作业类型持续时间下密度曲线基本重合，说明施工持续 20 min 后已基本到达稳定状态。在流量约为 1 600 pcu/h 时，密度略有降低。不同施工作业类型持续时间下流量-密度回归模型如表 4-12 所列。

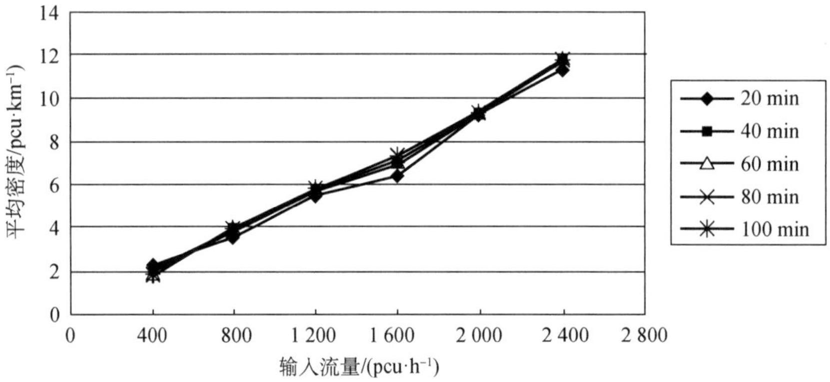

图 4-20　不同施工作业类型持续时间下密度随流量变化特征

表 4-12　　不同施工作业类型持续时间下流量-密度的回归模型

施工作业持续时间/min	回归模型	R^2
20	$y=8E\text{-}07x^2+0.0022x+1.2939$	$R^2=0.991$
40	$y=6E\text{-}07x^2+0.0031x+0.8538$	$R^2=0.9957$
60/80/100	$y=1E\text{-}07x^2+0.0043x+0.2148$	$R^2=0.9992$

3）路段单车平均延误特征

由图 4-21 可见，随着流量增大单车平均延误也呈上升趋势。当流量较小时（400～800 pcu/h），延误增加较迅速；当流量中等时（800～1 600 pcu/h），延误增加较缓慢；当流量大于1 600 pcu/h 时，延误增加较快。不同施工作业类型持续时间下的曲线基本重合，说明延误基本不受施工作业持续时间的影响，相应的流量-单车平均延误回归模型如表 4-13 所列。

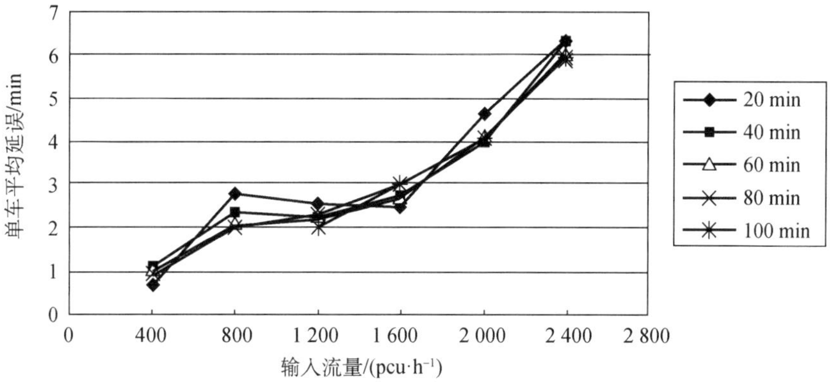

图 4-21　不同施工作业类型持续时间下单车平均延误随流量变化特征

表 4-13　　不同施工作业类型持续时间下流量-单车平均延误的回归模型

施工作业持续时间/min	回归模型	R^2
20	$y=7E-07x^2+0.000\ 2x+1.07$	$R^2=0.873\ 2$
40	$y=1E-06x^2-0.001\ 1x+1.725$	$R^2=0.939\ 7$
60/80	$y=9E-07x^2-0.000\ 5x+1.422\ 5$	$R^2=0.972\ 3$
100	$y=1E-06x^2-0.000\ 5x+1.3$	$R^2=0.974\ 6$

4）路段最大排队车辆数

由图 4-22 可见，在三车道封闭一车道的情况下，路段的最大排队车辆数不超过 3 辆，排队长度较小。

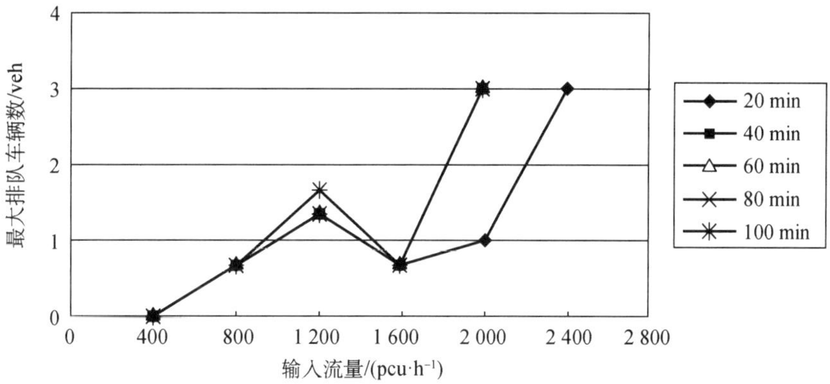

图 4-22　不同施工作业类型持续时间下最大排队车辆数随流量变化特征

5）作业区上游路段的车辆运行特征

由图 4-23 可见，当流量为 400 pcu/h 时，曲线形状与其他有所不同。随着距作业区距离的增大，平均地点车速先降低后增高，而且曲线相当平缓，可以认为在流量很小时车辆驶近的过程中基本没有减速现象。当流量为 800～2 400 pcu/h 时，曲线走向基本相同，随着距作业区距离的增加，平均地点车速也在不断增大，且流量越大，速度增大的幅度越大，说明流量越大，车辆驶近作业区时的减速现象越明显。在距离大于 100 m 时，曲线较为平缓，说明在作业区上游警告区 100 m 之外车辆受养护作业影响较小。不同流量下与作业区的距离和车速的回归模型如表 4-14 所列。

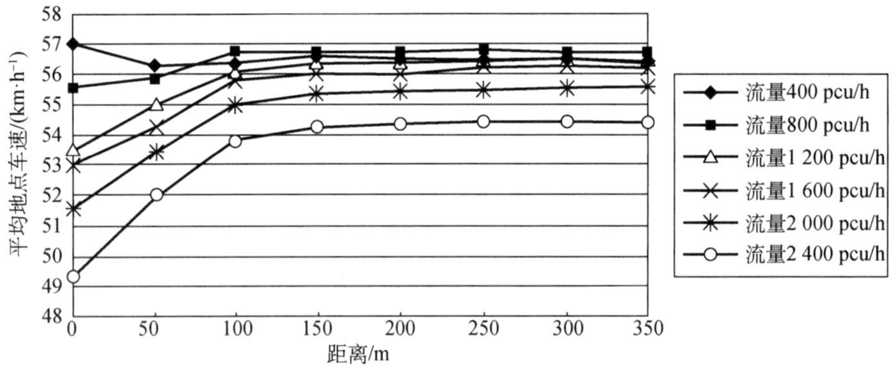

图 4-23　离作业区不同距离的车速变化

表 4-14　不同流量下与作业区的距离和车速的回归模型

流量/(pcu·h^{-1})	回归模型	R^2
400	$y=4E\text{-}06x^2-0.001\ 9x+56.696$	$R^2=0.183\ 7$
800	$y=-2E\text{-}05x^2+0.011\ 1x+55.52$	$R^2=0.907\ 4$
1 200	$y=-5E\text{-}05x^2+0.023\ 5x+53.749$	$R^2=0.939\ 8$
1 600	$y=-5E\text{-}05x^2+0.025\ 5x+53.184$	$R^2=0.947\ 1$
2 000	$y=-6E\text{-}05x^2+0.031\ 9x+51.857$	$R^2=0.940\ 4$
2 400	$y=-8E\text{-}05x^2+0.041\ 1x+49.805$	$R^2=0.944\ 8$

3. 车道封闭两车道仿真分析

在 AIMSUN 中建立单向三车道的路段模型，路段设计车速为 100 km/h，在路段末端插入交通事件，事件占据两车道。流量变化、事件持续时间变化、检测器布设、车型比例均与封闭车道相同。仿真实验结果分析如下。

1）路段车速特征

由图 4-24 可见，随着流量的增加路段平均速度逐渐降低，在流量大于 1 600 pcu/h 时，曲线斜率较大。在三车道封闭两车道的情况下，速度降低的绝对值比封闭一车道的情况下大，说明在该情况下，路段的平均车速受到较大影响。此种情况下流量与平均速度的回归模型如表4-15所列。

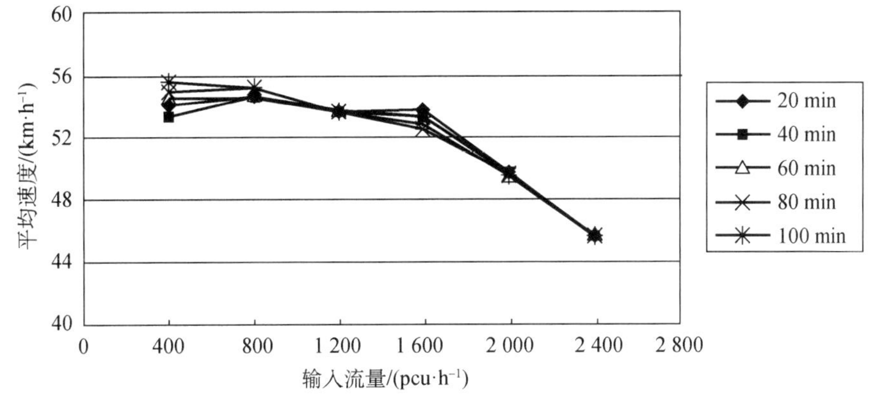

图 4-24 不同施工作业类型持续时间下速度随流量变化特征

表 4-15 不同施工作业类型持续时间下流量-速度的回归模型

施工作业持续时间/min	回归模型	R^2
20	$y=-4E\text{-}06x^2+0.006\,9x+51.576$	$R^2=0.966$
40	$y=-4E\text{-}06x^2+0.008\,5x+50.424$	$R^2=0.988\,1$
60	$y=-3E\text{-}06x^2+0.004\,8x+53.196$	$R^2=0.990\,2$
80	$y=-3E\text{-}06x^2+0.004\,4x+53.615$	$R^2=0.993\,9$
100	$y=-3E\text{-}06x^2+0.002\,4x+54.863$	$R^2=0.991\,4$

2）路段密度特征

由图 4-25 可见，随着流量增大路段密度也在逐渐增大。不同施工作业类型持续时间下的流量-密度曲线几乎重合，说明在时间大于 20 min 后，流量基本已达到饱和。回归模型如表 4-16 所列。

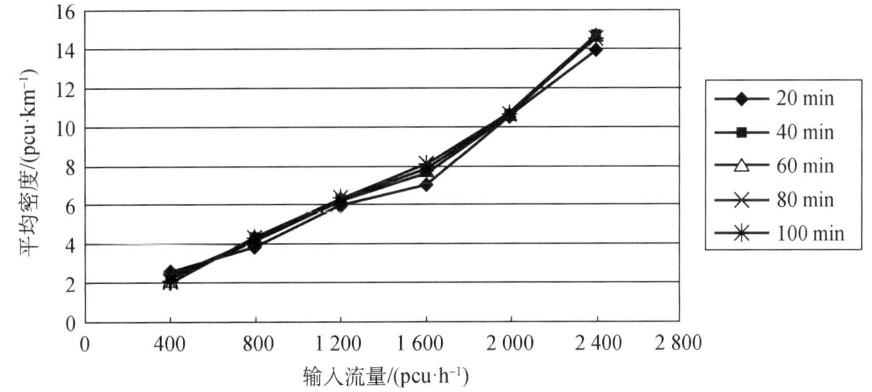

图 4-25 不同施工作业类型持时间下密度随流量变化特征

表 4-16　不同施工作业类型持续时间下流量-密度的回归模型

施工作业持续时间/min	回归模型	R^2
20	$y=2E\text{-}06x^2+0.0006x+2.167$	$R^2=0.9906$
40	$y=2E\text{-}06x^2+0.001x+1.9362$	$R^2=0.9904$
60/80/100	$y=1E\text{-}06x^2+0.0022x+1.3043$	$R^2=0.9951$

3）路段单车平均延误特征

由图 4-26 可见，随着流量的增大路段单车平均延误也在增大，当流量较小时（小于 1 600 pcu/h），曲线变化率较为平缓，流量较大时曲线变化率较大。当流量较小时，不同施工作业类型持续时间下的曲线几乎重合，说明此时单车平均延误基本不受作业时间的影响；当流量较大时，作业持续时间越长，单车平均延误越大，最大延误可达 45 min。不同施工作业类型持续时间下单车平均延误随流量变化的回归模型如表 4-17 所列。

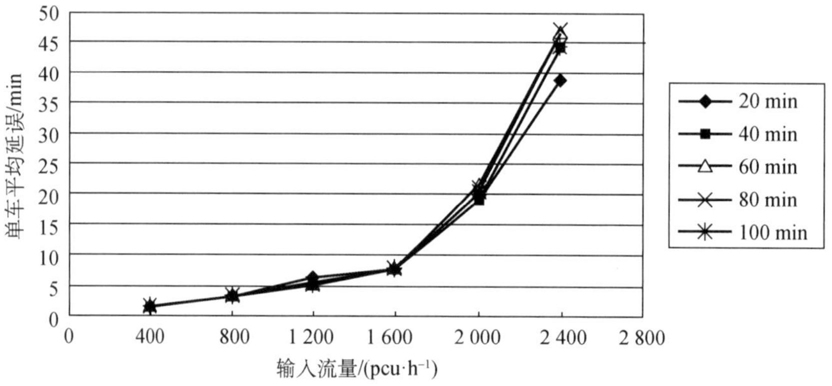

图 4-26　不同施工作业类型持续时间下单车平均延误随流量变化特征

表 4-17　不同施工作业类型持续时间下流量-单车平均延误的回归模型

施工作业持续时间/min	回归模型	R^2
20	$y=1E\text{-}05x^2-0.0208x+9.41$	$R^2=0.9708$
40	$y=2E\text{-}05x^2-0.0281x+12.67$	$R^2=0.9577$
60/80/100	$y=2E\text{-}05x^2-0.0332x+14.6$	$R^2=0.9663$

4）路段最大排队车辆数

由图 4-27 可见，随着流量增大，路段最大排队长度基本呈上升状态。不同施工作业类型持续时间下的曲线走向相同，相应的回归模型如表 4-18 所列。

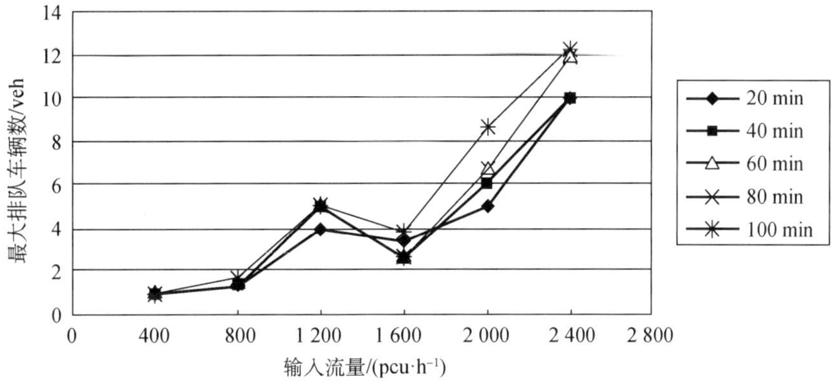

图 4-27 不同施工作业类型持续时间下最大排队车辆数随流量特征

表 4-18 不同施工作业类型持续时间下流量-最大排队车辆数的回归模型

施工作业持续时间/min	回归模型	R^2
20	$y=2E-06x^2-0.002\ 1x+1.8$	$R^2=0.901$
40	$y=2E-06x^2-0.001\ 3x+1.5$	$R^2=0.847$
60	$y=3E-06x^2-0.003\ 3x+2.4$	$R^2=0.872\ 8$
80	$y=3E-06x^2-0.003\ 3x+2.4$	$R^2=0.872\ 8$
100	$y=2E-06x^2-0.001\ 3x+1.366\ 7$	$R^2=0.933$

由图 4-28 可见，随着与作业区距离的增大，平均地点车速也在不断增大。流量越大，速度降低得越多越快。另外，流量越大，施工影响范围就越大，流量在 2 000 pcu/h 以下时，影响范围约为 100 m；当流量在 2 400 pcu/h 时，影响范围约为 150 m。还可以看出，流量越大，在作业区的车速越低，相应的回归模型如表 4-19 所列。

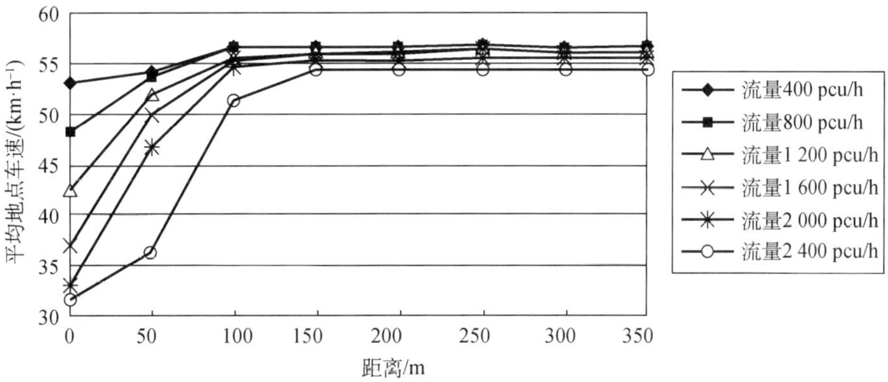

图 4-28 与作业区距离不同的车速变化

表 4-19　　不同流量下与作业区的距离和车速的回归模型

流量/(pcu · h^{-1})	回归模型	R^2
400	$y=-7E\text{-}05x^2+0.0315x+53.266$	$R^2=0.9016$
800	$y=-0.0001x^2+0.0705x+49.378$	$R^2=0.8849$
1 200	$y=-0.0002x^2+0.1097x+44.738$	$R^2=0.8677$
1 600	$y=-0.0003x^2+0.1522x+40.159$	$R^2=0.8675$
2 000	$y=-0.0004x^2+0.1822x+36.24$	$R^2=0.8955$
2 400	$y=-0.0004x^2+0.202x+31.036$	$R^2=0.9262$

4.3　不良信号控制

世界各国交通管理的经验表明，道路交叉口交通管理最有效的方法之一就是采取交通信号控制。因此，信号灯控制也是道路交叉口最普遍的交通管理方式。然而，不良的信号控制却有可能起到反效果，不但不能使交通流更加通畅、有序，还有可能增加延误，加剧拥堵。因此，有必要对交叉口信号控制进行合理的分析与评价。

4.3.1　信号控制设置依据

通常，当交通量发展到接近停车让行或减速让行标志管理的交叉口所能处理的能力时，才在这种交叉口上加设交通信号控制。

拥有合理设计的信号控制交叉口，通行能力会超过停车让行或减速让行标志管理的交叉口。当设有让行标志的交叉口的交通量接近其通行能力时，就会大大增加车辆的停车与延误，特别是使次要道路上的车辆停车、延误更加严重。这时，把设有让行标志的交叉口改为信号控制交叉口，可明显改善次要道路上的车辆停车与延误。如果交通量没有达到需要设置信号灯的条件，不合理地将让行交叉口改为信号控制交叉口，结果可能适得其反。其弊端主要体现在以下两方面：

(1) 增加延误。将让行交叉口改为信号控制交叉口后，要为少量次要道路的车辆放绿灯，主要道路必然会增加红灯时间，从而产生大量停车与延误，导致能耗增加，然而次要道路上因为车少，会出现亮着绿灯却无车通行的情况。这种不良的信号控制在我国许多城市屡见不鲜，导致无谓的停车、延误、能耗与运行费用的浪费。

(2) 诱发闯红灯行为。主要道路驾驶人遇红灯而停车，但在相当长时间内并未看到次要道路上有车通行，这种情形下有时会诱发闯红灯行为。

因此，只有当交通量达到一定水平时才适合设置信号控制。这个水平可以根据停车标志交叉口的通行能力来确定。根据停车标志交叉口的通行规则，次要道路上的车辆必须等主要道路车流间出现足够的可穿越空当时才能通过。因此，当主要道路上的交通几乎不受相交道路的影响，如可忽略左、右转弯车辆的影响，则这种情况下认为主要道路交叉口进口道上的通行能力几乎和路段的通行能力一样。因此，计算这种交叉口的通行能力，一般对应于主要道路交通量，求出相应的次要道路进口道可以进入交叉口的最大交通量，即根据计算主要道路车流中可供次要道路车流穿越的空当数来求出次要道路可以通行的最大交通量。据此，假设主要道路车流按泊松分布到达，可建立计算次要道路可通过的最大交通量的公式，如式(4-22)所示：

$$Q'_{\max}=\frac{Q\mathrm{e}^{-q\tau}}{1-\mathrm{e}^{-qh}} \tag{4-22}$$

式中 $Q'_{\max}$——次要道路可通过的最大交通量，veh/h；

Q——主要道路交通量，veh/h；

q——Q/3 600，veh/s；

τ——次要道路可以穿过主路车流的临界空当时距，s；

h——次要道路车辆连续通行时的车头时距，s。

这里的关键是要确定参数 τ。影响参数 τ 的因素较多，τ 随主要道路宽度、主要道路上车型及车速、次要道路上车辆的去向、驾驶人的驾驶习惯等的不同而异。资料表明：小轿车的临界空当时距，随各种条件在 4.5～10 s 之间变化。h 值一般取 2～3 s。

当次要道路的交通量接近最大可通过量时，次要道路交通已严重拥挤，延误大增，此时应考虑设置交通信号控制。若次要道路交通量并不多，距离 $Q'_{\max}$ 还有较大的增长空间，则不宜设置交通信号控制。

美国《统一交通控制设施手册》(*Manual on Uniform Traffic Control Devices*, MUTCD)[35]对设置交通控制信号列出了 8 条依据，包括 8 小时车流量、4 小时车流量、高峰小时、行人流量、学童过街、联动信号系统、事故记录和道路网络。

我国《道路交通信号灯设置与安装规范》(GB 14886—2016)[36]中指出，需根据交叉口和路段的流量条件及安全条件综合判断交叉口是否需要设置信号控制。一般而言，在主干路和主/次干路相交、次干路和次干路相交的交叉口应设置信号控制。此外，还应根据下列因素判断交叉口是否需要设置信号控制：

(1) 由于交叉口视距不足或优先级不明确，导致交通安全难以保障的干路与支路、支路与支路相交的交叉口。

(2) 经常出现交叉口排队车辆阻塞上游交叉口。

(3) 机动车与过街行人、非机动车之间事故多发点，以及需要考虑特别保护的过街人群(如老年人、儿童、残疾人、病人等)，但无法采取其他保护措施的交叉口和过街地点。

(4) 交通管理部门与紧急救援服务及有其他特殊安保工作需要的交叉口。

除此之外，应根据实际交通流量谨慎评估交叉口设置信号控制的合理性，不应盲目设置。

4.3.2 信号控制宏观评价

为了评估交叉口交通拥堵风险，发现不良信号控制，需要对交叉口信号控制的运行效果做出评价。评价可分为宏观评价和微观评价。

交叉口信号控制的宏观评价通常是以饱和度为指标对交叉口机动车的运行状况进行评价。饱和度是交叉口的到达交通量与通行能力的比值（V/C）。

1. 通行能力计算

通行能力计算包括以下步骤。

1）计算资料的准备

（1）交叉口的平面布局。确定交叉口的形式，各进口道的宽度、机动车车道数和车道类型等。

（2）交通流量。根据实测资料和规划要求，确定高峰小时流量、车流转弯比例，如车流流向分布、车道分布、信号灯配时参数等。

2）计算方法和参数确定

（1）根据实际情况选择适当的计算方法。

（2）确定选用的计算方法涉及的各项参数。

3）通行能力估算

（1）计算一条进口车道的设计通行能力：该车道饱和流量及其所属信号相位绿信比的乘积，单位以小车当量计。其中，饱和流量随交叉口几何因素、渠化方式及各流向交通冲突等情况而异，比较复杂。因此，应尽量采用实测数据，若实在无法取得实测数据时，如新建交叉口设计评价时，才考虑用估算方法，即用实测平均基本饱和流量乘以各影响因素校正系数的方法估算。上海市工程建设规范《城市道路平面交叉口规划与设计规程》（DGJ 08-96—2013）[37]推荐了一种估算通行能力的方法。

（2）计算各个进口道的设计通行能力：某个进口道的通行能力是此进口道上各条进口车道通行能力之和。

（3）验算该进口道的设计通行能力。

（4）计算整个交叉口的设计通行能力，即各个进口道的设计通行能力之和，可以按照式（4-23）计算。

$$CAP = \sum_i C_i = \sum_i S_i \lambda_i = \sum_i S_i \frac{g_i}{c} \tag{4-23}$$

式中 C_i—— 第 i 条进口车道的通行能力，pcu/h；

S_i—— 第 i 条进口车道的饱和流量，pcu/h；

λ_i—— 第 i 条进口车道所属信号相位的绿信比，$\lambda_i = g_i/c$；

g_i—— 第 i 条进口车道所属信号相位的绿灯时间，s；

c ——信号周期时长，s。

2. 饱和度计算

饱和度是到达交通流率与通行能力之比(V/C)，用 x 表示，采用式(4-24)计算：

$$x_i = \left(\frac{V}{C}\right)_i = \frac{V_i}{S_i g_i / c} \tag{4-24}$$

式中 x_i—— 进口道 i 的饱和度，其数值范围从 0(流率等于零)到 1(流率等于通行能力)；

V_i—— 进口道 i 的实际流率，pcu/h；

S_i—— 进口道 i 的饱和流率(绿灯时间)，pcu/h。

需要注意的是，进口道 i 可能包括左转、直行等车道组，车道组是指交叉口各进口道受同一逻辑信号灯组控制的所有车道。

信号配时应保证各车道组饱和度均衡，若不同车道组饱和度相差较大，则应通过调整车道功能和信号配时来均衡各车道组的饱和度。交叉口饱和度评价应取各车道组饱和度的最大值。新建、改建交叉口饱和度应不超过 0.9，治理交叉口饱和度应不超过 1.0。

4.3.3 信号控制微观评价

交叉口信号控制的微观评价通常是以延误为指标对交叉口进行评价，可采用实测方法获取延误，当实测有困难时，可采用理论计算或仿真分析方法获取延误。在饱和度大于或等于 0.9 的情况下，理论计算延误存在较大误差，不宜采用。当采用仿真分析获取延误时，应对微观交通仿真模型进行充分的标定和验证，以保证模型分析计算的精度。

1. 交叉口机动车延误计算

在交叉口机动车延误计算中，应对交叉口各进口道分别估算各车道的每车平均延误；进口道每车平均延误是进口道中各车道延误的加权平均值；整个交叉口的每车平均延误是各进口道延误的加权平均值。上海市工程建设规范《城市道路平面交叉口规划与设计规程》(DGJ 08-96—2013)[37]中给出的各车道延误的计算方法如下。

1) 各车道延误估算

$$d = d_1 + d_2 + d_3 \tag{4-25}$$

式中 d ——各车道每车平均信控延误，s/veh；

d_1——均匀延误，即车辆均匀到达所产生的延误，s/veh；

d_2——随机附加延误，即由于车辆随机到达并引起超饱和周期所产生的附加延误，s/veh；

d_3——初始排队附加延误，即在延误分析初期停有上一时段积余车辆而使后续车辆产生的附加延误，s/veh。

(1) 新建交叉口

对于新建交叉口，须达到设计服务水平的要求，不该出现在分析初期留有初始排队的情况，即不该出现初始排队附加延误 d_3。对于设计交叉口，各车道延误估算如下：

$$d = d_1 + d_2 \tag{4-26}$$

$$d_1 = 0.5c \frac{(1-\lambda)^2}{1-\min[1,\ x]\lambda} \tag{4-27}$$

$$d_2 = 900T\left[(x-1)+\sqrt{(x-1)^2+\frac{8ex}{CAP \cdot T}}\right] \tag{4-28}$$

式中 c ——信号周期时长，s；

λ—— 所计算车道的绿信比；

x—— 所计算车道的饱和度，即交通流量与通行能力之比；

CAP ——所计算车道的通行能力，pcu/h；

T ——分析时段的持续时长，h，可取 0.25 h；

e—— 单个交叉口信号控制类型校正系数，定时信号取 $e=0.5$；感应信号则 e 随饱和度与绿灯延长时间而变，绿灯延长时间为 2～5 s 时建议的平均 e 值列于表 4-20。

表 4-20　　感应信号延误计算中校正系数 e 的建议值

x	e	平均值
≤0.5	0.04～0.23	0.13
0.6	0.13～0.28	0.20
0.7	0.22～0.34	0.28
0.8	0.32～0.39	0.35
0.9	0.41～0.45	0.43
>1.0	0.5	0.5

(2) 改建交叉口

对改建交叉口做延误评估时，应考虑初始排队附加延误 d_3。

在式(4-25)中，d_1 的计算方法如下：

$$d_1 = d_s \frac{t_u}{T} + f_a d_u \frac{T-t_u}{T} \tag{4-29}$$

式中 d_s ——饱和延误，s/veh，按式(4-30)计算

$$d_s = 0.5c(1-\lambda) \tag{4-30}$$

d_u ——不饱和延误，s/veh，按式(4-31)计算

$$d_u = 0.5c \frac{(1-\lambda)^2}{1-\min[1,\ x]\lambda} \tag{4-31}$$

式中，t_u 为在 T 中积余车辆的持续时间，h，按式(4-32)计算

$$t_u = \min\left[T,\ \frac{Q_b}{CAP[1-\min[1,\ x]]}\right] \tag{4-32}$$

式中　Q_b ——分析期初始积余车辆，veh，根据实测得到；

f_a ——绿灯期车流到达率校正系数，按式(4-33)计算

$$f_a = \frac{1-P}{1-\lambda} \tag{4-33}$$

式中，P 为绿灯期到达车辆占整周期到达量之比，可实地观测得到。

在式(4-25)中，d_2 的计算方法见式(4-28)，d_3 则随式(4-32)算得的在 T 中积余车辆的持续时间 t_u 而定：

$$d_3 = \begin{cases} 3\ 600 \dfrac{Q_b}{CAP} - 1\ 800T[1-\min[1,\ x]],\ 若\ t_u = T \\ 1\ 800 \dfrac{Q_b t_u}{T \cdot CAP},\ 若\ t_u < T \end{cases} \tag{4-24}$$

2) 各进口道的平均信控延误

按该进口道中各车道延误的加权平均数估算各进口道的平均延误：

$$d_A = \frac{\sum_i d_i q_i}{\sum_i q_i} \tag{4-35}$$

式中　d_A ——进口道 A 的平均信控延误，s/veh；

d_i —— 进口道 A 中第 i 车道的平均信控延误，s/veh；

q_i —— 进口道 A 中第 i 车道的小时交通量换算为其中高峰 15 min 的交通流率，veh/h。

3) 整个交叉口的平均信控延误

按该交叉口中各进口道延误的加权数估算：

$$d_I = \frac{\sum_A d_A q_A}{\sum_A q_A} \tag{4-36}$$

式中　d_I ——交叉口每车的平均信控延误，s/pcu；

q_A —— 进口道 A 的高峰 15 min 交通流量，pcu/h。

2. 交叉口行人平均延误

交叉口行人延误可按式(4-37)计算：

$$d_p = \frac{(c - g_p)^2}{2c} \tag{4-37}$$

式中 d_p——行人平均延误，s/人；

c——信号周期时长，s；

g_p——行人相位的绿灯时间，s。

3. 信号控制交叉口服务水平

采用高峰 15 min 内的车均(人均)延误评价信控交叉口的服务水平。根据上海市工程建设规范《城市道路平面交叉口规划与设计规程》(DGJ 08-96—2013)[37]，机动车、行人的服务水平分级标准分别如表 4-21 和表 4-22 所列。对于新建或改建交叉口，服务水平不低于 D 级；对于治理交叉口，服务水平不低于 E 级。

表 4-21　　信号交叉口机动车服务水平分级标准

服务水平	车均信号延误/($s \cdot veh^{-1}$)	服务水平	车均信号延误/($s \cdot veh^{-1}$)
A	≤10	D	36～55
B	11～20	E	56～80
C	21～35	F	>80

表 4-22　　信号交叉口行人服务水平分级标准

服务水平	人均信号延误/s	服务水平	人均信号延误/s
A	≤10	D	31～40
B	11～20	E	41～60
C	21～30	F	>60

4.3.4 信号周期时长影响分析

信号周期时长是信号控制的基本参数，即对应于某一进口道的信号灯各种灯色轮流显示一次所需的时间，也即各种灯色显示时间之和，或者说是某主要相位的绿灯启亮开始到下次该绿灯再次启亮之间的一段时间。

信号周期时长是决定交叉口信号控制交通效益的关键参数，周期时长的确定应考虑延误、行人过街时间、饱和度上限、短车道、排队长度和通行能力等因素。

许多不良的信号控制往往是由周期时长设置不合理导致的。我国城市的一些交叉口规模设计得较大，而周期时长却很短，导致行人过街时间紧张，容易诱发闯红灯与交通秩序混乱等问题。更为常见的是周期时长过长的问题，特别是在高峰时段的大型交叉口，周期时长动辄 180 s 甚至 200 s 以上，不但使延误大幅增加，还容易导致排队溢出、拥堵蔓延。

因此，周期时长应控制在合理的范围内。一般来说，最小周期应不小于 40 s，最大周期应不超过 150 s。周期时间过长，会导致排队过长，延误增加；周期时间过短，则导致相位切换频繁，损失时间占比增加，通行能力难以满足实际需求。

从周期时长与延误的理论关系来看，也可以印证上述结论。如果车辆为随机到达，则存在一个使交叉口车辆平均延误最小的最佳信号周期，如图 4-29 所示[42]。正常情况下，车辆都是随机到达交叉口的，均匀到达的情况几乎不会出现，因此总会存在使车均延误最小的最佳信号周期。实际进行信号配时设计时，应将周期时长控制在最佳信号周期附近，周期过短或过长都会使得车均延误增加，且偏离最佳信号周期越远，车均延误增加的幅度就越大。

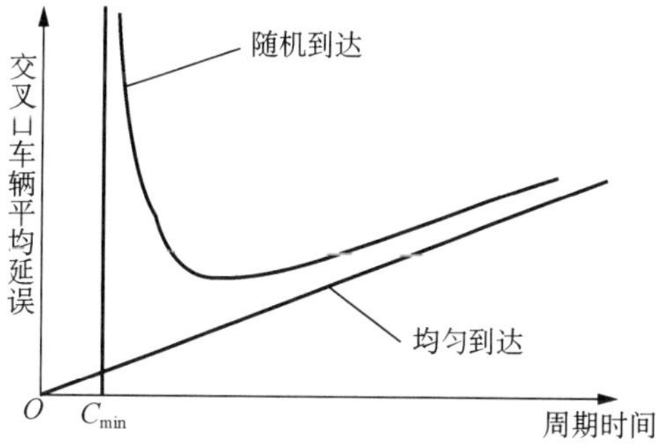

图 4-29 周期时长与车均延误的关系

4.3.5 相位绿灯时间影响分析

信号控制中，除了周期时长，各个相位的绿灯时间同样会对控制效果产生很大影响。就算周期时长合理，但如果分配给各个相位的绿灯时间不合理，也会引发不良的信号控制。绿灯时间不合理引发的不良信号控制主要有三类。

(1) 各相位的绿灯时间与其对应的流量不匹配

有的相位下车流量较大，但绿灯时间不长，导致长排队和高延误；有的相位下车流量较小，但绿灯时间却较长，导致通行时间浪费。也就是说，各个相位的饱和度差别过大，通行时间分配不均衡。这一问题出现的原因是信号配时设计时没有考虑实际流量。流量数据是信号配时设计需要采集的基本数据，必须严格遵照基本的信号配时设计流程开展调查以获取数据，并基于实际数据设计信号配时方案。考虑到交通流的时变特征，最好划分信号配时时段，不同时段下根据不同的流量采用不同的信号配时方案。一般来说，城市道路交叉口的信号配时时段应至少包括早高峰、晚高峰、平峰和低峰四个时段。

(2) 相位绿灯时间过短

一般来说，绿灯时间应考虑到行人过街等问题，因此有最短绿灯时间的限制。若绿灯时间过短，则不利于行人正常过街，就有可能导致行人信号灯的红灯亮起时行人仍在路中，继而引发交通秩序混乱甚至事故。最短绿灯时间可按式(4-56)计算：

$$g_{min}=7+\frac{L_p}{v_p}-I \tag{4-56}$$

式中 g_{min} ——最短绿灯时间，s；

L_p ——行人过街通道的长度，m；

v_p ——行人过街步速，m/s，可取 1.0 m/s；

I 绿灯间隔时间，s。

行人信号灯最好设置有绿灯倒计时，以方便行人预估是否有足够的过街时间。

(3) 绿灯时间空放

绿灯时间的空放就是指绿灯亮时无车辆通过,绿灯时间被白白空放,也即绿灯时间的浪费。绿灯时间的空放是非常普遍的现象。对于定时信号控制,考虑到车辆到达的随机性,绿灯时间的空放几乎是不可避免的事。特别是在平峰和低峰时期,绿灯时间常常被大量浪费。为了尽量减少绿灯时间的浪费,根据交通流量的时变特征划分信号配时时段是一种可行的办法。此外,在条件允许的情况下,还可以考虑采用感应式信号控制的方法。

感应式信号控制是根据检测到的车流特征实时调节信号控制参数,以使绿灯信号与车流匹配,减少绿灯时间的浪费,提高信号控制效率的一种信号控制方式。在低饱和度运行条件下,感应式信号控制具有良好的调节功能;在各方向车流均饱和的情况下,感应式信号控制的调节功能可能会发挥不出来。

感应信号控制必须有检测器的配合。检测器可以设置在主路进口道上,也可以设置在次路进口道上,当然也可以在所有进口道上都设置。检测器设置的位置不同,感应信号控制的流程也不同,如图 4-30 所示。

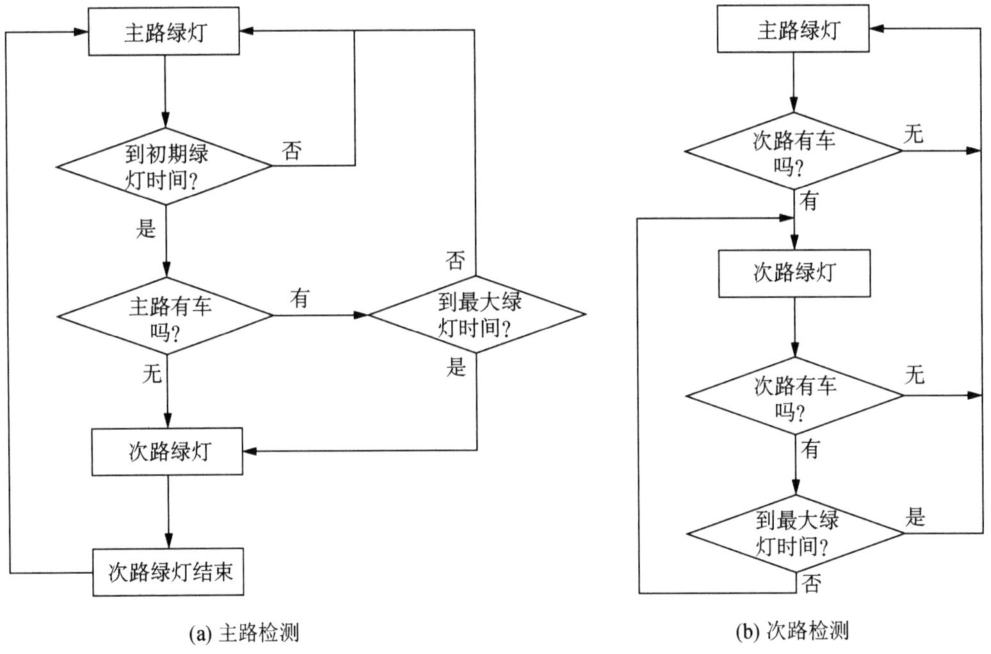

图 4-30 感应信号控制流程图

感应信号控制一般适用于以下情况:①交通量变化大且不规则、难以用定时信号控制处理的交叉口;②有一个或多个流向的交通量时有时无或多变的交叉口;③有特殊车辆通过且需要优先通行的交叉口。

除了对普通机动车进行感应控制外,还可以对行人及公交车辆进行感应控制。例如,在行人量较少的路段或交叉口人行横道处,可以通过行人请求进行感应控制,这样对于机动车通行就可以不考虑最短绿灯时间的限制;在有快速公交或有轨电车通过的交叉口,可以通过感应式控制来实现公交优先的目的。

参考文献

[1] 姚芳.城市道路网规划方案的评价研究[D].石家庄:石家庄铁道大学,2013.

[2] 陆建,王炜.城市道路网规划指标体系[J].交通运输工程学报,2004,4(4):62-67.

[3] 住房和城乡建设部.城市综合交通体系规划标准:GB/T 51328—2018[S].北京:中国建筑工业出版社,2019.

[4] 王炜,徐吉谦,杨涛.城市交通规划理论及其应用[M].南京:东南大学出版社,1998.

[5] 冯树民,陈洪仁.用非直线系数分析哈尔滨市道路网[C]//第一届同济交通论坛——城市交通系统设计学术会议,2004.

[6] 樊治平,张全,马建.多属性决策中权重确定的一种集成方法[J].管理科学学报,1998,1(3):50-53.

[7] 陈衍泰,陈国宏,李美娟.综合评价方法分类及研究进展[J].管理科学学报,2004,7(2):69-79.

[8] SCHRANK D, LOMAX T, EISEL B. Urban Mobility Report [R]. United States: Texas Transportation Institute, 2007.

[9] 国家质量监督检验检疫总局,国家标准化管理委员会.道路交通标志和标线第 4 部分:作业区:GB 5768.4—2017[S].北京:中国标准出版社,2017.

[10] 中华人民共和国交通运输部.公路养护安全作业规程:JTG H30—2015[S].北京:人民交通出版社,2015.

[11] 周劲男.城市占道施工区交通影响与交通组织研究[D].长春:吉林大学,2018.

[12] 符锌砂,葛婷,王晓飞.高速公路改扩建期作业区设置对通行能力的影响分析[J].中外公路,2012,32(2):264-267.

[13] PERSAUD B N, HURDLE V F. Freeway capacity: definition and measurement issues [C]// proceedings of the International Symposium on Highway Capacity,1991.

[14] KRAMMES R A, LOPEZ G O. Updated Short-Term Freeway Work Zone Lane Closure Capacity Values [R]. Federal Highway Administration, U. S. Department of Transportation and Texas Department of Transportation, Austin, 1992.

[15] JIANG Y. Traffic capacity, speed, and queue-discharge rate of Indiana's four-lane freeway work zones [J]. Transportation Research Record Journal of the Transportation Research Board, 1999, 1657(1): 10-17.

[16] KIM T, LOVELL D J, PARACHA J, et al. A new methodology to estimate capacity for freeway work zones [C]// proceedings of the 80th Annual Meeting of the Transportation Research Board, Washington, D.C., 2001.

[17] DUDEK C L, RICHARDS S H. Traffic capacity through work zones on urban freeways [R]. Texas Transportation Institute, Texas A & M University System, 1981.

[18] AL-KAISY A, HALL F. Guidelines for estimating freeway capacity at long-term reconstruction zones [C]. Proceedings of the Transportation Research Board 81st Annual Meeting, 2002.

[19] 李嘉,许国初.多车道道路改扩建工程中最优施工区长度的研究[J].公路工程,2008,33(5):56-60, 68.

[20] SARASUA W, DAVIS W J, CLARKE D B, et al. Evaluation of Interstate Highway Capacity for Short

Term Work Zone Lane Closures[J]. Transportation Research Record Journal of the Transportation Research Board, 2004, 1877(1):85-94.

[21] ADELI H, JIANG X. Neuro-Fuzzy Logic Model for Freeway Work Zone Capacity Estimation[J]. Journal of Transportation Engineering, 2003, 129(5):484-493.

[22] SHEPARD F D, COTTRELL Jr B H.Benefits and safety impact of night work-zone activities[R]. U.S. Department of Transportation, Federal Highway Administration, Washington, D.C., 1985.

[23] 杨庆祥.施工作业对城市道路通行能力的影响分析[J].西部交通科技,2008(5):105-108, 112.

[24] HEASLIP K, LOUISELL C, COLLURA J. Driver Population Adjustment Factors for Highway Capacity Manual's Work Zone Capacity Equation[R]. Proceedings of the Transportation Research Board Annual Meeting, 2008.

[25] 黄凯,何勇,唐健娟,等.公路施工区限速值大小研究[J].公路,2011(5):112-115.

[26] AL-KAISY A, ZHOU M, HALL F. New insights into freeway capacity at work zones: Empirical case study[J]. Transportation Research Record Journal of the Transportation Research Board, 2000, 1710 (1): 154-160.

[27] AL-KAISY A, HALL F L. Effect of darkness on the capacity of long-term freeway reconstruction zones[J]. Proceeding of 4th international symposium on highway capacity, 2000.

[28] WANG J J, ABRAMS C M. Planning and Scheduling Work Zone Traffic Control[R].U.S. Department of Transportation, 1981.

[29] HEASLIP K, KONDYLI A, ARGUEA D, et al. Estimation of freeway work zone capacity through simulation and field data[J]. Transportation research record Journal of the Transportation Research Board, 2009, 2130: 16-24.

[30] MEMMOTT J L, DUDEK C L. Queue and user cost evaluation of work zones(QUEWZ)[J]. Transportation Research Record Journal of the Transportation Research Board, 1984, 979:12-19.

[31] BENEKOHAL R F, KAJA-MOHIDEEN A-Z, CHITTURI M V. Methodology for estimating operating speed and capacity in work zones[J]. Transportation Research Record Journal of the Transportation Research Board, 2004, 1883(1): 103-111.

[32] RAMEZANI H, BENEKOHAL R, AVRENLI K. Methodology to measure work zone capacity using field data[C]//the 90th TRB Annual Meeting, 2011.

[33] KARIM A, ADELI H. Radial basis function neural network for work zone capacity and queue estimation[J]. Journal of Transportation Engineering, 2003, 129(5): 494-503.

[34] WENG J, MENG Q. Decision tree-based model for estimation of work zone capacity[J]. Transportation Research Record Journal of the Transportation Research Board, 2011, 2257(1): 40-50.

[35] ASCE. Manual on Uniform Traffic Control Devices[S]. 2007.

[36] 中华人民共和国国家质量监督检验检疫总局,中国国家标准化管理委员会.道路交通信号灯设置与安装规范:GB 14886—2016[S].北京:中国标准出版社,2017.

[37] 上海市建设和管理委员会.城市道路平面交叉口规划与设计规程:DGJ 08-96—2013[S].上海,2013.

[38] WEBSTER F V.Traffic signal settings[R]. London: HMSO. Road research technical paper No. 39, 1958.

5 偶发性交通拥堵风险评估

偶发性交通拥堵多为偶然发生的交通事件导致道路通行能力急剧下降，从而引起交通拥堵的现象。引发这种交通拥堵的交通事件主要有大型活动、交通事故、恶劣天气、交通违法事件、危化品泄漏以及城市公共安全事件等。偶发交通事件的发生时间、地点具有较大的随机性，没有规律，通常无法预测，由其导致的拥堵也属于非周期性的拥堵。而正是由于偶发性拥堵在时间和空间上所具有的随机性，以及同时具有的极大衍生性，致使由其造成的风险往往相较常发性拥堵更大。

本章研究了城市道路偶发性拥堵的致因与行为演变规律，建立描述偶发性拥堵引起的交通流特征变化和传播模型，对大型活动、交通事故、恶劣天气、交通违法事件、危化品泄漏以及城市公共安全事件等影响源进行了交通拥堵风险评估。

5.1 大型活动

随着我国社会经济的不断发展，综合国力和国际地位也随之不断提升，举办奥运会、世界博览会等大型活动的机会越来越多。大型活动对于承办城市既是机遇，又是挑战。大型活动通常会对承办城市的经济发展、社会进步及政治影响力产生巨大的促进作用，而大型活动产生的交通、资源和资金等方面的需求也会反过来影响城市居民的正常生产和生活。

1988年，美国联邦公路局对已规划特殊活动(planned special events)进行了定义：已规划的、在特定时间和地点发生的能引起交通需求不正常增长的特殊活动，包括体育活动、游行、国家庆典、国际峰会、节日集会、焰火表演等。其中，planned 用于描述大型活动有事先知道的时间、地点安排及相应的运营管理特点。

《北京市大型社会活动安全管理条例》(以下简称《条例》)[1]对北京市大型活动安全管理的职责许可、规范及法律责任进行了具体规定。《条例》中规定，大型社会活动是指主办方租用、借用或者以其他形式临时占用场所或场地，面向社会大众举办的文艺演出、体育比赛、展览展销、招聘会、庙会、灯会、游园会等群体性活动。

《西宁市大型活动治安管理办法》(以下简称《办法》)[2]对大型活动的主管机关、审批手续、申办要求进行了明确规定。《办法》中规定，大型活动是指机关、企事业单位、社会团体、其他组织及个人在广场、道路、展览馆、体育场(馆)、影剧院、公园、游乐园等公共场所面向社会举办的下列活动：①1 000 人以上的各类庆祝、庆典、集会等活动；②占地 500 m^2 以上的产品展览、展销、艺术博览等商贸或文化活动；③在可容纳 500 人以上的公共场所内举办的文艺演出、体育竞赛等活动(不含影剧院的电影放映等日常性活动)；④举办单位认为需要公安机关协助进行治安保卫工作的大型活动。但是单位场所内举办或虽在公共场所举办但参加者均为本单位(系统)人员的各类内部活动，以及在宗教活动场所内举办的宗教活动，不适用本办法。

河南省公安厅《关于印发〈关于做好大型活动安全保卫工作的意见〉(试行)的通知》[3]规定，大型活动包括大型订货会、展览会、展销会、物资交流会，各类大型工程、场所奠基、开业仪式，各类文化艺术节、大型文艺表演、体育比赛、重大节庆、大型纪念、募捐或抽奖活动和有较大规模的广告宣传活动。

本书从交通的角度对大型活动的定义是：具有预先可知的时间和空间范围，具有大量参与者(10 000 人以上)，能够产生显著交通影响(因活动造成两个以上交叉口或路段交通拥挤持续 10 min 以上)，需要制定详细交通组织管理方案的(不包括事故、灾害等偶然事件)的社会活动。

大型活动通常具有以下一个或几个方面的特点：

(1) 规模大。大型活动参与人员数量巨大，可能达到数百万人。

(2) 持续时间长。筹备时间、组织时间和运行时间较长，一些大型活动如世界博览会、奥运会等持续数周或数月。

(3) 所在区域集中。大型活动举办地点和直接影响区域非常集中，使得局部交通压力大增。

(4) 举办地点多样。有些大型活动定期在固定的场地举行，有些在新建或改建的场地举行，有些同时在几个不同的场地举行，有些在临时建设的场地举行，有些在广场、道路或公园举行。

(5) 通常使用临时场地和设备设施。大型活动的场地大多是临时占用的，为了满足活动的需求，经常会有一些临时增加的设备设施，有时还可能会改变固有场地的使用性质。在活动结束后，这些区域的临时功能将会被取消，交通量也相应降低并恢复至日常水平。

(6) 不确定性因素多。大型活动规模大、持续时间长，受恶劣天气、地震、火灾、人为破坏等因素影响的可能性大。因此，在组织管理过程中需要针对各种不确定因素进行全面的风险评估，提前制定预案。

(7) 社会影响大。大型活动可以体现承办城市的人文精神、道德风尚和社会面貌。一些区域性、国际性大型活动，是展现当地政治、经济、文化发展成果的重要窗口，也是展示当地风土人情、居民素养、政府管理水平的一面镜子，更是拓展对外交流、增进了解和融合的重要机会。

(8) 交通影响大。大型活动会吸引和产生大量客流，同时由于道路封闭、车辆限行等交通管制措施的应用，对公共交通系统运行、社会车辆出行都会产生较大影响。例如，某些路段只允许公共交通车辆通行，导致这些路段的公共交通客流量会显著增加。

5.1.1 常见大型活动对交通拥堵影响特征

大型活动会显著影响社会交通的安全程度、畅通程度和出行时间可靠性，其交通影响主要体现在三个方面：产生新的交通需求、减少现有交通系统的容量和带来安全隐患。其中，减少现有交通系统的容量是指大型活动交通管制措施会占用或封闭周边交通设施（部分道路、车道和停车场），从而减少交通供给；安全隐患是指大型活动期间可能产生的交通事故、人群拥挤踩踏事故、活动参与者骚乱和恐怖袭击等。

相对于城市正常交通，大型活动期间交通流特征具有以下特点：

(1) 时空分布不均，峰值明显且流量巨大

交通流的时空分布不均与交通需求的时空分布不均有直接关系。大型活动引发的交通需求量远大于城市同等规模用地产生的交通需求量，大型活动期间，单位面积产生交通吸引量可以达到常规用地交通吸引量的数百倍。如“十运会”开幕式期间，占地面积不到 1 km^2 的奥体中心场馆就吸引了 10 万活动参与者。一般大型活动具有确定的开始时间和结束时间，造成大型活动需求在时间分布上明显不均，大型活动进行期间，交通需求在时间上分布高度集中。相对于背景交通，大型活动的交通高峰是背景交通的数倍，给城市交通组织管理带来巨大的难度。

(2) 非常规短期出行，不具备平衡配流特征

在常规交通分配过程中，大都假设出行者对道路网络、交通状况、交通管理情况非常了解，出行路径选择符合用户最优原理，因此配流模型通常采用平衡配流。然而，大型活动出行是非常规性出行，不同于正常的通勤和生活出行，所以大型活动观众不一定能够选择最优路径，因而也就不满足平衡分配的基本假设。

(3) 具有时空波动特征

大型活动在周边道路引起的交通流量高峰具有明显的时空波动特征，交通高峰像波一样随着时间沿着主要集散道路由活动场所逐渐向外扩散并消失，不同的路段（或交叉口）会在不同的时间出现不同大小的交通量高峰。城市正常情况下的交通高峰则明显不同，其出现的时间一般比较固定而且高峰基本在全路网同时出现，持续时间基本一致。

(4) 出行讫点或起点单一，“多源单汇”或“单源多汇”网络流特征

大型活动进场时，出行目的地唯一，从而形成“多源单汇”交通网络。“多源单汇”是指交通发生源有多个而交通吸引点只有一个的网络出行。相反，在大型活动散场时，形成“单源多汇”交通网络。

(5) 交通方向不均匀系数极大

大型活动进、散场过程中，在周边路网上形成的交通流量反响不均匀系数极大。进场时大型活动主要疏散通道以进场方向流量为主，散场时以离场方向流量为主。特别是当大型活动的开始和结束时间在一天交通的低谷时，其道路不同方向的流量相差极为悬殊。比如大型活动散场时，其离场方向高峰交通流量可能为相反方向交通流量的数十倍。

5.1.2 大型活动期间交通需求预测方法

大型活动期间，公共交通系统可根据服务对象的不同划分为日常公共交通系统与大型活动专用公共交通系统。日常公共交通系统包括轨道交通系统和常规公共交通系统，该系统同时为大型活动及日常交通服务。大型活动专用公共交通系统包括专供媒体、参与活动的大家庭成员及观众使用的穿梭巴士。根据实际情况，城市公共交通的构成方式可以分为：以轨道交通系统、快速公共交通系统为主，大型活动地点和换乘点之间的穿梭巴士为辅，出租车及租赁车辆作为有效补充。

大型活动期间，城市公共交通需求由两部分构成，分别为城市背景公共交通需求和大型活动公共交通需求。然而，大型活动期间城市公共交通需求并不是两部分需求的简单叠加。由于大型活动会对城市背景公共交通需求产生一定的影响，从而需要对其进行相应的修正。所以，先对大型活动对日常需求的影响进行机理分析，再对大型活动下的城市公共交通需求进行预测。

5.1.2.1 日常公共交通需求预测

传统的交通需求预测是以城市土地利用为基础的“四阶段”法，以此为前提，公共交通需求预测的思路可以从居民出行生成预测着手，至居民出行分布预测，再至居民的出行交通方式划分，从而得出规划年的公共交通出行分布OD矩阵。这样，既有利于保证城市综合交通系统合理的发展方向，又达到了综合协调城市各交通方式发展规模和水平的目的。按照上述思路，首先以预测出行生成、出行分布、出行方式划分的顺序分别对城市居民和流动人口的公共交通需求进行预测，然后进行对外公共交通需求的预测，最后将各部分结果汇总。然而，基于活动的公共交通需求预测，是将城市居民公共交通出行这一部分的预测建立在根据个人出行行为划分的居民分组基础上的需求预测方法。由于大型活动会对背景出行需求产生一定的影响，因此，根据居民日常出行的必要性及可调性，一般又将日常交通客流需求分为三个层次。

(1) 非基本出行：主要指对日常生活影响及社会经济影响较小且易于调整的一类出行。

(2) 基本出行：主要指对日常生活影响及社会经济影响较大且难以调整的上班、上学类和公务贸易类出行。

(3) 基本保障出行：消防车、救护车和110警车等特殊社会保障车辆的出行。

1. 城市背景的公共交通需求预测

城市背景的公共交通需求预测方法主要包括两类：传统的“四阶段”交通需求预测方法和基于活动的交通需求预测方法。

传统的“四阶段”交通需求预测方法是基于城市规划年社会经济发展预测、土地使用发展的变化和城市机动车发展规模的预测，以及大型活动举办时的需求管理规划等进行的。通过相关分析方法来确定各交通小区的出行产生吸引量，并通过当时交通基础设施建设的情况，对出行方式比例做出预测，并进行出行方式划分，进而通过重力模型完成出行分布计算，最终通过容量限制多路径的分配方法的多次迭代来完成路网流量的分配。

首先，在传统的"四阶段"交通需求预测方法中，城市背景的公共交通需求预测是在城市背景交通需求预测的基础上，通过出行分布和方式划分步骤得到公共交通的出行需求 OD 矩阵。然后，再将行人和自行车 OD 量在规划路网上进行分配，并根据公共交通线路及发车频率，把具有公共交通模式的路段进行公共交通流量预加载。

城市背景的交通需求预测模型是根据交通小区土地利用数据和供给模型计算的服务水平指标来进行预测的，模型根据个人出行行为划分的居民分组来模拟居民的出行活动和生成居民一日出行链来估计和预测分模式的 OD 矩阵。

1）出行生成阶段

在出行生成阶段，需求模型根据居民小区中居民分组数据和按出行行为划分的居民分组的一日出行的活动链(Activity Chains)概率计算出各个交通小区生成的与出行目的相关的一日活动链数据。活动链描述了一个人一天中与出行相关的活动次序，起点和终点都在家，这里活动(activity)的定义相当于一次有目的的出行(Trip Purpose)，即与出行行为相关的活动。例如，一个活动链：家(H)—工作(W)—购物(O)—回家(H)。那么活动链 HWOH 代表着三次出行：HW, WO, OH。为了计算活动链，对于每条活动链都需要有一个根据居民分组的使用这条出行链的概率，这个值描述了这条活动链对于这个居民分组中的一个人平均每天使用这条活动链的频率。

根据居民出行调查数据，统计城市居民个人出行行为特征，将居民人口划分为若干类行为相似的人群。例如，根据 2005 年北京市居民出行调查数据，统计居民个人出行行为特征，将居民人口划分为七类行为相似的人群：有车的就业人员、无车的就业人员、小学生、中学生、大学生、无职业者、退休人员。将居民活动链经由优化合并进行缩减，根据交通小区中不同人群的人口数量和相应人群选择出行方式的频率，即可预测由各交通小区的人口产生的出行总量和活动链数目。

2）出行分布阶段

目的地选择模型通过将各种活动分布到相应的目的地小区，从而将活动链数据转化为出行链数据。对于出行链中的活动目的地的选择，模型必须给每个活动都提供交通小区对这个活动出行的吸引度的结构化数据(如土地利用数据)。目的地交通小区的选择是由出行 OD 对之间的阻抗(如距离、出行时间、公共交通服务水平等)和各个居民分组及居民活动对于这些阻抗的敏感度共同决定的。通过目的地选择子模型进行目的地选择，计算出行链总数，这些出行链数据可以集计成总的出行需求矩阵。

出行目的地选择模型如下：

$$F_{ij} = O_i \times P_{ij} \tag{5-1}$$

$$P_{ij} = \frac{D_j \times f(w_{ij})}{\sum_{k}^{B}[D_k \times f(w_{ik})]} \tag{5-2}$$

式中 F_{ij}—— 小区 i 至小区 j 的出行量；

P_{ij}—— 以小区 i 为起点，选择至小区 j 的概率；

O_i—— 小区 i 的出行产生量；

D_j—— 小区 j 对出行的吸引强度；

B—— 小区的数量；

k ——交通小区编号。

阻抗函数 $f(w_{ij})$ 的形式为

$$f(w_{ij}) = \mathrm{e}^{-\alpha \times w_{ij}} \times w_{ij}^{\beta} \tag{5-3}$$

式中 w_{ij}—— 小区 i 至小区 j 的阻抗；

α，β ——校正参数。

在分布函数中，选择综合费用作为模型交通阻抗，其数值通过交通分配过程获得。

需要标定 α，β 的值由需求预测模型中人群分类和出行目的分类决定，可以通过 VISEM 软件中的相应功能模块，建立 $\alpha \neq 0$，$\beta = 0$ 和 $\alpha \neq 0$，$\beta \neq 0$ 两种分布模型。

根据标定的参数，可将模型运算得出的各人群分类出行的出行距离分布与实际居民出行调查的距离分布进行对比，最终决定选取哪类形式的分布模型。

3) 总出行需求

经过出行生成和出行分布阶段，得到了总的出行需求，并以 OD 小区之间的出行链的形式表现。之后，总的出行需求需要分配到各种交通方式上，传统的方式划分模型根据集计的交通系统特性将总的出行需求细分到各种交通方式上，这种模型不能够反映个人的选择行为。在方式划分阶段，多维 Logit 方式选择模型考虑到可转换交通模式和不可转换交通模式的因素，将出行链分解为特定的交通模式。VISEM 软件应用了一个面向行为的方法(Behaviour-Orientated Approach)，这个方法在方式划分阶段考虑了三方面的因素：

(1) 社会经济状况，特指决策人群的车辆拥有率(根据居民分组)。

(2) 各种交通模式的服务指标(通过一个效用函数，这个效用函数考虑到了一些指标，如出行时间、进入和离开小区的时间、公共交通换乘次数等)。

(3) 在一个出行链中的选择约束(这些约束被定义为可转换交通模式和不可转换交通模式)。

方式选择模型采用了 Logic 方式选择模型，其形式为

$$F_{gij}(m) = \frac{\mathrm{e}^{U_{gij}(m)}}{\sum_{k=1}^{M} \mathrm{e}^{U_{gij}(k)}} \tag{5-4}$$

式中 $F_{gij}(m)$—— 人群 g 从小区 i 到小区 j 采用交通方式 m 的概率；

$U_{gij}(m)$—— 人群 g 采用交通方式 m 从小区 i 到小区 j 的综合费用；

其中综合费用的函数形式为

$$U_{gij}(m) = -P_{1gm} \times T_{ij}(m) - P_{2gm} \times Z_{ij}(m) + P_{3gm} \times \ln\left[\frac{D_{ij}(m)}{P_{4gm}}\right] -$$

$$P_{5gm} \times C_{ij}(m) + P_{6gm} + P_{7gm} \times A_{ij}(m) \tag{5-5}$$

式中 $T_{ij}(m)$—— 采用交通方式 m 时从小区 i 到小区 j 的旅行时间；

$Z_{ij}(m)$—— 采用交通方式 m 时出小区 i 和进小区 j 的时间；

$D_{ij}(m)$—— 采用交通方式 m 时从小区 i 到小区 j 的距离；

$C_{ij}(m)$—— 采用交通方式 m 时从小区 i 到小区 j 的货币费用；

$A_{ij}(m)$—— 采用交通方式 m 时从小区 i 到小区 j 的其他费用(如停车费用)；

P_{1gm}, P_{2gm}, P_{3gm}, P_{4gm}, P_{5gm}, P_{6gm}, P_{7gm} ——模型参数。

2. 大型活动对日常交通需求的影响机理

如前所述，一般可将日常客流需求分为以下三个层次：非基本出行(文体休闲类、生活购物类等出行)、基本出行(上班、上学类出行)和基本保障出行(消防车、救护车、110 警车等特殊社会保障车辆的出行)。其中，涉及公共交通出行的有：非基本出行(文体休闲类、生活购物类出行)、基本出行(上班、上学类等出行)。根据上述排列的次序，按照具体分类，分别进行日常公共交通客流的需求特征分析，梳理大型活动对日常交通需求产生的影响。

(1) 文体休闲类

根据调查数据，居民进行文化娱乐活动时，采用的出行方式中占前三位的是步行、自行车和公共交通。也就是说，选择这三种出行方式进行文化娱乐的居民占大多数，并且其中步行和自行车出行又占了大部分。步行一般距离较近，再加上目的是文化娱乐，所以出行范围一般在居住地附近，故对全市路网影响不大。

在大型活动期间，一般通过文化娱乐设施建设的完善，使居民可就近进行文化娱乐活动，从而减少了骑自行车和乘坐公共交通出行。

(2) 生活购物类

生活购物类出行即居民出行调查中的生活出行和购物出行。生活出行包括探亲访友、外出就餐、参观浏览等出行，其所占比例较大。所以，大型活动期间的交通需求管理会对这部分出行产生较大影响。

大型活动举办期间，针对该类出行的需求管理主要可采用大型活动前宣传、大型活动时信息发布，从而引导人们就近购物、就近就餐，即便是进行必需的远距离生活购物出行，也尽可能采用公共交通方式，少用或不用私家车等私人交通工具。

(3) 上班、上学类

日常交通中的上学出行主要是由小学生和中学生，即由基础教育在校学生产生的。大型活动期间，可以利用空中课堂等形式，采取网络教学，减少学生的上学出行。

上班出行交通量在背景交通量中占的比例较大，如果可以对其进行适当削减，必将在很大程度上保障大型活动交通的畅通。国外的多次大型活动，如历次奥运会也曾采取过类似措施，但需要注意的是，与我国不同，欧美等国在奥运会召开的季节，多为各公司暑期休假时节，而且国外年假制度也较为灵活。因此，国外对这段时间内的上班出行管理相对简单。但在我国并无此传统，因此应尽量减少奥运会对居民日常行为的干扰，并不提倡大规模的实行赛时放假策略，但可以在高峰日采取部分市民放假或调休的方式，以减少背景交通量，也可以为市民提供实地或居家观看开、闭幕式及精彩赛事的机会。

根据以上分析，总结出大型活动引起的背景出行特征的变化包括以下三部分：

(1) 大型活动期间学生放假，从而引起学生出行特征的变化。

(2) 一部分人员由于参加大型活动或作为大型活动的工作人员、志愿者而引起的角色变化，从而导致的出行特征的转变。

(3) 由于大型活动而诱增的旅游需求。

3. 大型活动期间城市日常公共交通需求

大型活动期间，城市日常公共交通需求会发生如下变化。

1) 学生放假引发出行特征变化

在大型活动期间学生会放假，学生的主要出行目的由上学的通勤出行转变成一般的娱乐出行，出行强度和出行方式均发生了相应的变化。

2) 作为大型活动工作人员、志愿者引发出行特征变化

工作人员、志愿者出行行为特征由日常出行转变为大型活动出行。

3) 大型活动诱增旅游需求

现状城市旅游人员的出行总量在城市背景交通模型中已经体现。假设大型活动期间旅游人数为现状的 n 倍，出行特征和现状旅游人员的出行特征一致，出行率为 m 人次 / 日，则新增旅游出行($n \times m$) 人次 / 日。

4) 交通需求管理政策影响下的日常公共交通需求

被限行之后，小汽车使用者将转而使用其他出行方式，主要为公共交通和出租车方式。

5.1.2.2 大型活动专用公共交通需求预测

大型活动专用公共交通需求预测建立在大型活动的全方式交通需求预测(以下简称大型活动交通需求预测)的基础上。大型活动交通需求预测不同于常规交通预测，这里只关注由于活动的举办而诱增的交通需求。大型活动交通需求的影响因素包括：①大型活动参与团队交通需求及数量；②住宿位置；③活动场馆位置；④关键非活动场馆位置，包括机场、新闻中心、训练场馆、酒店等；⑤大型活动时刻表和活动频率。

大型活动交通需求预测以活动场馆为核心，首先运用场馆上座率需求预测模型分析场馆观众人数，其次分析需求的时间分布特征，再次进行交通方式预测，最后进行出行分布的预测。

1. 大型活动交通特性

以下从交通需求和出行两方面对大型活动的交通特性进行说明。

1) 交通需求

(1) 城市居民交通出行需求的变化

学生放假、工作时间调整等交通需求管理措施会引起城市居民出行需求的变化，需要对这部分变化进行计算。根据以往大型活动的经验，该计算可以在类似 Excel 的电子表格程序中完成计算过程并对矩阵进行相关操作。建立的计算方法要方便后续进一步调整和修改。

(2) 活动参与成员的需求

活动参与成员的需求可以从活动举办方提供的活动参与成员的交通服务计划中得到，只要将其需求、交通方式、出发时间和行驶路线输入相应的预测模型即可。

(3) 观众和游客的需求

根据经验，大型活动的观众来源有两种：本地观众和外地观众。本地观众包括市区观众和郊县观众；外地观众包括国外及国内非本地观众。观众来源不同，则交通出行的产生点也不同。

其中，本地观众的交通出行起点为居民的居住地点，终点为各活动场馆，其 OD 关系相对固定，主要受各交通小区的人口数量、人口构成及区域年内生产总值、从业人员年均收入、区域恩格尔指数等因素的影响。以各交通小区到达不同场馆的交通分布比例为基础，根据各个交通小区的地理位置和各种交通方式的优势，以及预测出的各个小区的观众人数和经济水平，可得出到达不同场馆本地观众的交通方式划分比例。

2) 出行

出行主要包括两类：①大型活动，以及和大型活动有关的文化娱乐活动(大型活动期间举办的文化娱乐活动)的出行；②与大型活动无关的旅游(举办城市旅游景点)出行。

其中，和大型活动无关的旅游出行，在城市背景模型中已经包括一部分，只需要乘以扩大系数就可以得到新的矩阵。

另外，和大型活动有关的文化娱乐活动，以及大型活动的出行，是通过出行活动考虑的，其分类如下：①待在住所(家里、宾馆)；②在单位工作；③参加与大型活动相关的娱乐活动；④参加大型活动(由活动举办方提供计划)；⑤在旅游景点逗留。

根据国内外举办大型活动的经验和相关调查，在交通需求预测中给定如下假设：

(1) 活动观众从住地、工作地、文化娱乐地去看大型活动，然后回到住地或前往其他文化娱乐地。从工作地去看比赛，然后回到工作地的概率为 0。

(2) 大型活动工作人员的出行均是在住地和活动工作地点之间的出行。

(3) 当天没有观看活动而参加相关文化娱乐活动的市民和游客的出行是基于住地、工作地或其他文化娱乐地。

2. 大型活动交通生成预测

1) 大型观众出行链分析

由于大型活动交通需求的情况比较复杂，不同类别的观众在不同时段的出行需求发生的规律有所不同，所以需要对出行需求产生的源头进行细致分析。

出行需求产生的源头不同，发生量的计算方法也就不同，这里考虑将出行需求产生的源头按照观众的空间来源进行划分，空间来源分为五类：家、宾馆、工作地点、其他活动场馆以及火车站或机场等特殊吸引点。这样分类是基于以下原因考虑的：观众主要来自本地、国内的外省市及国外。本地观众主要从家和工作单位前往活动场馆；国内的外省市观众来参加活动，主要居住在宾馆，也可能住在亲友家里，或者周边的观众可能一天往返，即观众的空间来源是宾馆、居民家或火车站及机场；国外观众来参加活动主要居住在宾馆，空间来源主要是宾馆。此外，会有部分观众连续参加多场活动，即从一个活动场馆赶赴另一个活动场馆，这类出行空间的来源即为其他场馆。

另外，在不同时间段内，观众在各类空间来源所占的比重会有所不同：上午的活动，观众主要从家和宾馆出发；中午的活动，除了从家和宾馆出发外，还有部分上班人员请假从工作单位前往活动场馆参加活动的，也可能有观众从上午的活动场馆赶来的；晚上的活动，上班人员不需要请假就可以前去参加活动，所以从单位出发观众的比例数可能会有所增加。根据经验，观众参加完活动再回到工作地的概率基本为零。

2）大型活动吸引交通量预测

对于大型活动交通出行来说，观众以大型活动场馆为出行目的地，场馆需求量即为大型活动交通吸引量。

由于活动项目不同，以及观众对各项目的关注热点不同，导致各场馆内不同活动的关注热点不同，各场馆不同活动的保留座位数也会有一定的差异。

场馆观众人数预测以独立的活动或竞赛单元为预测单位，对单个场馆、单场活动的观众人数进行预测是整个需求预测工作的基础。

场馆观众人数由场馆观众座席数和上座率决定，是二者的乘积，即

$$N = C \times \theta \tag{5-6}$$

式中 N—— 场馆观众人数；

C—— 场馆观众座席数；

θ ——场馆上座率。

场馆观众座席数 C 由场馆容量、制证人员预留座席、安保预留座席、应急预留座席决定：

$$C = C_{应急} + C_0 + C_{制证} + C_{安保} \tag{5-7}$$

式中 $C_{应急}$—— 场馆应急预留座席；

C_0—— 场馆容量；

$C_{制证}$—— 场馆制证人员预留座席；

$C_{安保}$ ——场馆安保预留座席。

3）大型活动发生交通量预测

大型活动交通发生量和吸引量的预测是大型活动交通空间分布预测的前提和基础。这里提到的发生量和吸引量都是针对观众参加大型活动的出行，不包括其他目的的出行。

这类出行的发生量和吸引量之间相互平衡。然而，由于吸引量相对容易把握，这里以吸引

量(即场馆的需求量)作为发生量和吸引量平衡的条件。

(1) 发生量的预测

根据不同类型人员在不同时间内的出行特征进行预测,首先将出行需求按照不同类型进行比例划分,然后对各种类别采用相应的模型进行计算。

(2) 发生量的计算模型

对于从居民家、宾馆、单位和其他场馆出行的观众分别运用相应的发生量计算模型。

需要说明的是,由于在进行 OD 分布预测时一般采用以吸引量为约束的单约束重力模型法,发生量的数量不要求非常准确,只要能反映出交通小区的产生强度就可以了,所以这里的"发生量",也并非实际意义上的发生量,而是反映产生强度的一个指标。

① 居民家发生量模型

以小区的人口数作为发生量计算的主要依据,并考虑收入水平、男女比例、年龄结构等的影响。

$$Q_{i\text{居民家}} = a_i \times \eta_{i\text{收入水平}} \times \eta_{i\text{男女比例}} \times \eta_{i\text{年龄结构}} \tag{5-8}$$

式中 $Q_{i\text{居民家}}$—— 第 i 小区的以居民家为出行源头的发生量指标;

a_i—— 第 i 小区的人口数;

$\eta_{i\text{收入水平}}$—— 第 i 小区的收入水平修正系数;

$\eta_{i\text{男女比例}}$—— 第 i 小区的男女比例修正系数;

$\eta_{i\text{年龄结构}}$—— 第 i 小区的年龄结构修正系数。

② 宾馆饭店发生量模型

以小区的宾馆可用客房数作为发生量计算的主要依据。

$$O_{i\text{宾馆}} = B_i \tag{5-9}$$

式中 $O_{i\text{宾馆}}$—— 第 i 小区的以宾馆为出行源头的发生量指标;

B_i—— 第 i 小区的可用客房数。

③ 岗位数发生量模型

以小区的工作岗位数作为发生量计算的主要依据。

$$O_{i\text{单位}} = C_i \tag{5-10}$$

式中 $O_{i\text{单位}}$—— 第 i 小区的以工作单位为出行源头的发生量指标;

C_i—— 第 i 小区的工作岗位数。

④ 场馆间发生量模型

以预测时段其他场馆观众人数作为发生量计算的主要依据。

$$O_{i\text{其他场馆}} = D_i \tag{5-11}$$

式中 $O_{i\text{其他场馆}}$—— 第 i 小区的以大型活动场馆为出行源头的发生量指标;

C_i—— 第 i 小区在预测时段的观众人数。

3. 大型活动交通分布预测

按照观众源头的不同分别进行预测，然后将需求进行叠加。

$$T_{ij}=T_{ij居民家}+T_{ij宾馆}+T_{ij单位}+T_{ij其他场馆} \tag{5-12}$$

式中 T_{ij}—— 第 i 小区与第 j 小区之间因大型活动产生的额外交通分布量；

$T_{ij居民家}$，$T_{ij宾馆}$，$T_{ij单位}$，$T_{ij其他场馆}$ ——分别表示以居民家、宾馆、单位和其他场馆为源头的两小区之间因大型活动产生的额外交通分布量。

分布预测采用以吸引量为约束条件的单约束重力模型法。

$$T_{ij}=K\times O_i\times D_j\times f(W_{ij}) \tag{5-13}$$

式中 O_i，D_j—— 小区 i，j 的产生交通量与吸引交通量；

K ——模型参数。

其中

$$f(W_{ij})=a\times w_{ij}^{b}\times e^{(-cw_{ij})} \tag{5-14}$$

式中 W_{ij}—— 小区 i，j 间的出行阻抗(距离、时间、费用等)；

a，b ——模型参数。

根据经验，对不同场馆采用不同的模型参数。

5.1.3 大型活动期间交通方式划分

1. 大型活动交通方式选择影响因素

大型活动赛时人流的出行方式与平时的出行方式不尽相同，尤其是与参加活动有关的出行，各出行方式之间相差很大，不能用一般的出行方式划分比例替代大型活动时的出行方式划分比例。

根据经验，充分利用公共交通是成功举办大型活动的关键，也只有充分发挥公共交通的能力，限制私人小汽车的使用，交通运行才能得到可靠保障。

在进行方式划分的过程中，把常规公共交通、轨道交通、大型活动专线公共交通作为一个整体公共交通方式对待。预测出行总量中公共交通方式所占的比例就是本节的主要任务。

为了让观众更多地选择公共交通作为出行方式，将按照相对较高的比例规划公共交通的分担比例，并按照公共交通需求量配置公共交通资源。另外，高比例公共交通分担率也具有一定的基础，一方面私人小汽车出行被限制；另一方面持票观众可以免费使用公共交通工具，这就降低了观众在公共交通出行方式中消耗的成本。

当然，公共交通系统承担比例的具体取值应视场馆所处的地理位置、公共交通情况、周边土地利用性质、活动期间交通管制力度等而定。可以借鉴往届奥运会的经验：悉尼奥运公园，地铁和公共交通承担了95%的观众流量；雅典奥运公园，地铁和公共交通同样承担了95%的观众流量。

2. 大型活动公共交通方式分担率预测

由于出行距离的远近及各地公共交通的便利程度都有所差异，加之不同场馆区域周边的交通压力有所不同，各区域观众到达不同场馆区域的出行方式或换乘方式也将有所不同，即应区分市区及郊县观众的出行，进行各出行区域到达不同场馆区域的出行方式及交通分配预测。原则上，外地观众采用与本地观众相同的公共交通（轨道交通和快速公共交通）方式到达场馆或乘坐宾馆巴士到达轨道站点或其他交通集散点再转乘轨道交通或大型活动场馆专用巴士到达场馆。因此，外地观众的出行方式可视为等同于本地观众。

针对各区地理位置及不同交通方式的交通可达性（以使用时间为参数）差异，对各个区域进行交通方式划分。首先，对观众分布区域根据交通方式选择统一性进行分区，分别计算各小区不同交通方式下到达场馆的时间。然后，以到达场馆时间最短的交通方式作为本小区观众的交通方式选择。

因为大型活动观众的交通出行目的及交通终点非常明确，即到达预定场馆参加活动。因而，在大型活动期间对于到达主要场馆区域的观众，针对他们使用的各种交通方式及相应线路基本是事先指定或经过调整的，只要观众根据实际情况选定了某种交通方式，那么其交通线路基本上就确定了，所以针对大型活动，观众的交通方式划分需与交通分配相结合。

5.1.4 大型活动期间交通分配方法

在大型活动公共交通分配阶段，根据需求模型得到公共交通方式矩阵，并利用供给模型进行公共交通客流分配，计算相应的公共交通网络的服务指标，与大型活动的公共交通需求模型进行循环迭代，使得大型活动的公共交通系统供需达到平衡收敛。公共交通客流分配可采用基于线路的客流分配模型，包括以下三个步骤。

（1）寻找两个交通小区之间的所有路径。

（2）删除阻抗不可接受的路径。

（3）在各分配路径之间根据阻抗情况分配客流。

大型活动的公共交通网络包含大型活动的交通网络，而大型活动的交通网络主要是基于城市交通网络进行增删，重点关注因举办大型活动而进行改变和调整之处，包括：①大型活动专用道；②大型活动专用公共交通线；③大型活动场馆周边站场或出入口到场馆控制区所在小区质心的步行连线；④基本道路网络的禁行、单行设置等；⑤基本公共交通线路变更、停运等；⑥确定安保圈、控制圈、疏导圈的范围，对其内的路网进行限行等设置。

交通网络描述了交通系统中供给方的数据，包括道路网络和公共交通网络，主要包括以下要素：①节点（代表网络中的交叉口及公共交通站点）；②路段（路段属性包括车辆在道路网络中的行驶速度、路段通行能力以及公共交通车辆的行程时间）；③转向关系；④公共交通线路（输入数据包括线路走向、车辆运营时刻、停靠站点和车型等）；⑤小区引线。

其中，主要由大型活动专用道与大型活动专用公交道构成了大型活动的公共交通网络。因此，大型活动公共交通分配预测主要由大型活动专用道分配预测和大型活动的公共交通网络分配预测两部分组成。

5.1.5 大型活动期间交通拥堵风险评估方法

由于大型活动举办时间、地点、活动规模、持续时间等因素的不同，其对周围道路交通产生的影响程度也不同。另外，参加活动各类人员所选择的交通方式，以及活动期间采用的临时交通管制措施也会对周边道路交通产生不同的影响。

大型活动产生的交通流量大且持续时间短，短时交通流变化明显。评估大型活动期间交通拥堵风险，可从大型活动交通流时空消散模型着手，研究主要路段和交叉口交通流量的时间、空间变化规律。2003年，Zhang Yucheng在其博士论文 *Modeling Traffic Impact under Special Events* 中对这一问题进行了分析[4]，论文充分考虑了大型活动交通流的时空波动特性，并将交通影响指数离散为时间因素和空间因素，利用现状数据对时间和空间因素进行参数标定，建立了大型活动场所的交通影响分析模型，从而可以利用模型对新的大型活动进行预测分析。其分析过程大致可以分为如下三步。

步骤一：时间和空间影响因素的标定

利用历史数据进行时间和空间影响因素的标定公式如下

$$\min S=\sum_{j=1}^{M}\sum_{i=1}^{N}\left[w_j\times\left(SF_j\times TF_{(i-l_j)}-IF_i^j\right)^2\right] \tag{5-15}$$

式中 w_j—— 路段 j 的影响权重，由路段 j 的通行能力、路段长度及速度限制等决定；

SF_j—— 路段 j 的空间影响因素；

$TF_{(i-l_j)}$—— 第 $(i-l_j)$ 时间段的时间影响因素；

l_j—— 路段 j 的时间修正值，取波峰到达路段 j 跨越的时段；

j—— 路段序号，$j=1,\ 2,\ \cdots,\ M$；

i—— 时段序号，$i=1,\ 2,\ \cdots,\ N$；

IF_i^j—— 路段 j 的时间段 i 交通影响指数，可采用区间速度影响指数，也可采用运行时间影响指数，由式(4-38)确定：

$$IF=\frac{V_a}{V_0}\text{ 或 }IF=\frac{T_a}{T_0} \tag{5-16}$$

式中 V_a ——实际区间车速，km/h；

V_0——正常区间车速，km/h；

T_a ——路段实际运行时间，h；

T_0——路段正常运行时间，h。

其中，SF_j 和 $TF_{(i-l_j)}$ 为待标定变量。

步骤二：新的大型活动时间影响因素的标定

文中认为大型活动时间影响如图 5-1 所示，并且认为将影响曲线的变化分为三部分，变化曲线的 1，3 部分渐变段，假定符合 S 形曲线；变化曲线的 2 部分为活动造成的最大影响 y_{min} 对应的稳定时段，而 y_{min} 根据活动的规模、性质等情况确定。

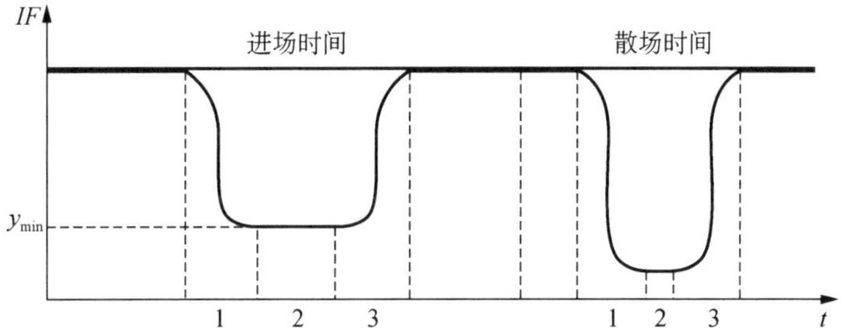

图 5-1 时间影响因素变化曲线

渐变段 1、3 部分的曲线公式如下：

$$y = y_{min} + \frac{1 - y_{min}}{1 + ab^{t-t_0}} \tag{5-17}$$

式中 y—— 时段 t 对应的影响程度 IF；

y_{min}—— 活动造成的最大影响；

t_0—— 曲线开始变化的时段；

a——t_0 时刻对应的影响程度 y；

b ——曲线可能的变化斜率。

步骤三：计算不同时段交通影响程度

将步骤二中新的大型活动时间影响因素计算结果代入步骤一中所标定好的模型中，即可求出各路段不同时段的交通影响程度。

5.2 交通事故

5.2.1 交通事故与交通拥堵的关系

交通事故是诱发交通拥堵的重要原因之一。影响交通正常运行的主要因素是交通需求与道路供给，只有当道路供给大于交通需求时才能保证车辆的畅通运行。当交通事故发生后，事故车辆占据车道，下游通行能力迅速下降，如果此时交通流量大于事故点的通行能力，就会产生排队现象，并且造成长时间整个事故路段的交通堵塞[5]。由交通事故导致的交通拥堵为偶发性交通拥堵。

交通事故下游通行能力的下降受堵塞车道数、车辆换道行为、换道车辆类型等因素影响。堵塞车道数越多、需要换道车辆数越多、换道车辆车型越大，下游通行能力下降越显著[6]。

交通事故上游需求受事故发生时间、地点的影响。在城市道路中，早晚高峰时段上游需求量明显多于非高峰时段，快速路、主干路的交通需求一般大于次干路、支路的交通需求。但是事故发生后，除了按规定线路行驶的公交车、城际巴士外，上游车辆在条件允许的情况下更期望由匝道、交叉口分流至辅路或其他道路，这在一定程度上降低了上游的交通需求量，从而减缓事故拥堵程度。

交通事故发生的时间、地点不同，其造成交通拥堵的程度也不相同。发生于城市道路早晚高峰的交通事故，其造成的拥堵将成倍数增长。交通事故发生地点距离上游匝道出入口或交叉口越近，交通拥堵时车辆排队溢出匝道或交叉口的可能性就越大。

5.2.2 交通事故产生的交通波

交通波理论是基于模拟流体连续方程而建立的一种车流连续方程，用水流的起伏状态比拟道路上运行的车流变化。与水波的起伏波动相同，当车流密度产生变化时，车流将以不同的密度进行传播，就会形成交通波动现象[7]。交通事故发生后，事故地点前后的车流密度在此后一段时间内持续发生改变，进而产生车流的集结与消散，这一过程可以用交通波理论进行分析。

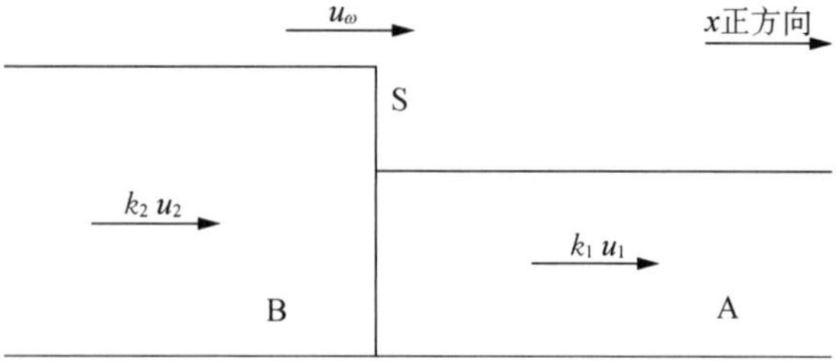

图 5-2　两种密度的车辆运行状况

假设一个路段上有两个相邻的不同的交通流密度区域（k_1 和 k_2），如图 5-2 所示，用垂直直线 S 分割这两种密度，称 S 为波阵面，设 S 速度为 u_ω，A 段的车流平均速度为 u_1，密度为 k_1；B 段的车流平均速度为 u_2，密度为 k_2，并规定交通流按照图 5-2 的 x 正方向流动速度为正，反之为负。

由流量守恒可知，在时间 t 内通过界面 S 的车辆数 N 可以表示为

$$N=(u_1-u_\omega)k_1t=(u_2-u_\omega)k_2t \tag{5-18}$$

整理可得：

$$u_\omega=\frac{u_2k_2-u_1k_1}{k_2-k_1} \tag{5-19}$$

由 $q=ku$ 可知：

$$\begin{aligned}q_1&=k_1u_1\\ q_2&=k_2u_2\end{aligned} \tag{5-20}$$

代入式(5-19)得：

$$u_\omega=\frac{q_2-q_1}{k_2-k_1} \tag{5-21}$$

这里分为两种情况，交通波均向着与车流速度相反的方向传播，即 $u_{\omega} < 0$：

(1) $q_2 < q_1$ 且 $k_2 > k_1$，波阵面经过之处车流密度增大，流速降低，称作集结波。

(2) $q_2 > q_1$ 且 $k_2 < k_1$，波阵面经过之处车流密度减小，流速加快，称作消散波。

需要注意的是，将交通事故影响下交通波传播模型应用于道路全断面，得到的是各个车道的平均影响状况。

一般交通事故所诱发的交通波传播可分为四个过程：交通波三次集结和一次消散。第一个过程为事故发生后到拖挂车或警务车到场。在此过程中，由于事故发生占用一定数量的车道，事故点道路通行能力下降，车流开始拥挤。定义事故未影响到的车流状态为 0 状态，即发生前车流状态；事故发生后受到影响的车流状态为 1 状态。那么事故发生后产生的第一列集结波为 ω_{01}，向车流上游传播，其波速为（为了简化，此后将所有交通波波速 $u_{\omega_{ij}}$ 记为 ω_{ij}）

$$\omega_{01} = \frac{q_1 - q_0}{k_1 - k_0} \tag{5-22}$$

第二个过程为事故处理阶段，从拖挂车或警务车抵达现场到事故处理完毕。在此过程中，事故点的道路通行能力进一步受到影响。定义此时车流状态为 2 状态，则第二列集结波 ω_{12} 向上游传播，波速为

$$\omega_{12} = \frac{q_2 - q_1}{k_2 - k_1} \tag{5-23}$$

第三、第四个过程为交通恢复阶段，从事故处理结束到交通完全恢复。在第三个过程，事故车辆占用的车道被释放，事件点处道路通行能力得以恢复，交通消散波开始向上游传送。定义此时车流状态为 3 状态，消散波 ω_{23} 的波速为

$$\omega_{23} = \frac{q_3 - q_2}{k_3 - k_2} \tag{5-24}$$

在第四个过程中，当 ω_{23} 完全覆盖前两列集结波时，到达集结波影响的最远处。此后 0 状态与 3 状态相遇，$q_3 < q_0$ 且 $k_3 < k_0$，则产生交通波 ω_{03}，且 $\omega_{03} > 0$，即交通波向前传播使得车流逐渐向最初的 0 状态恢复。当 ω_{03} 传播至事故发生点时，算作交通完全恢复。集结波 ω_{03} 的波速为

$$\omega_{03} = \frac{q_0 - q_3}{k_0 - k_3} \tag{5-25}$$

由此，交通波传播速度基本模型为

$$\omega_{ij} = \frac{q_j - q_i}{k_j - k_i} \tag{5-26}$$

式中 q_i，q_j——分别为状态 i，j 的流量；

k_i，k_j——分别为状态 i，j 的密度。

交通波传播速度模型中有流量和密度两个参数，而许多统计研究表明车流密度和速度之间存在一定的关系，通过 $q=ku$ 的转换关系可以将其转换为流量-密度关系，这样交通波传播速度模型中的流量可以被密度代换，进而实际检测数据中仅收集车流密度数据即可进行相关计算。

常用的速度-密度模型有：Greenshields 线性模型、Greenberg 模型和 Underwood 模型。

(1) Greenshields 模型：

$$u=u_{\mathrm{f}}\left(1-\frac{k}{k_{\mathrm{jam}}}\right) \tag{5-27}$$

式中 u_{f}—— 自由流速度；

k_{jam} ——阻塞密度。

代入 $q=ku$ 可得

$$q=ku_{\mathrm{f}}\left(1-\frac{k}{k_{\mathrm{jam}}}\right)=u_{\mathrm{f}}k-\frac{u_{\mathrm{f}}k^2}{k_{\mathrm{jam}}} \tag{5-28}$$

(2) Greenberg 模型：

$$u=u_{\mathrm{m}}\ln\left(\frac{k_{\mathrm{jam}}}{k}\right) \tag{5-29}$$

式中，u_{m} 为流量最大时对应的车速，称为最佳车速。

代入 $q=ku$ 可得

$$q=ku_{\mathrm{m}}\ln\frac{k_{\mathrm{jam}}}{k} \tag{5-30}$$

(3) Underwood 模型：

$$u=u_{\mathrm{f}}\exp\left(-\frac{k}{k_{\mathrm{m}}}\right) \tag{5-31}$$

式中，k_{m} 为流量最大时对应的密度，称为最佳密度。Underwood 模型适用于密度较低的自由流。在研究交通偶发事件影响时，车流状况一般不为自由流，因此此处该模型不予考虑。

上述三个模型中，交通波理论较多使用的是 Greenshields 模型。为了便于推导，将密度进行标准化处理，令

$$\eta_i=k_i/k_{\mathrm{jam}} \tag{5-32}$$

式中，η_i 为 i 车流状态的标准化密度，同式(5-28)一起代入式(5-26)可得

$$\omega_{ij}=\frac{\eta_j u_{\mathrm{f}}(1-\eta_j)-\eta_i u_{\mathrm{f}}(1-\eta_i)}{\eta_j-\eta_i}=u_{\mathrm{f}}[1-(\eta_j+\eta_i)] \tag{5-33}$$

据此可以推导出传统的停车波模型和启动波模型。

假定车队以区间平均车速 u_1 行驶，在交叉口停止线遇到红灯停车，此时 $k_2=k_{jam}$ 即 $\eta_2=1$，有

$$\omega_{停}=-u_f\eta_1 \tag{5-34}$$

当车辆启动时，$k_1=k_{jam}$ 即 $\eta_1=1$，且由于刚启动，车速 $u_2=u_f(1-\eta_2)$，相对于 u_f 可以忽略不计，故有

$$\omega_{启}=-u_f\eta_2=-(u_f-u_2)=-u_f \tag{5-35}$$

对于传统的停车波和启动波模型，杨少辉等[4]在 2008 年利用北京城市快速路实际交通数据进行验证后发现，使用了 Greenshields 速度-密度关系的停车波模型与实际数据误差较大。其原因在于 Greenshields 模型本身有缺陷，不适用于描述交通流的拥挤状态和临界状态。而 Greenberg 速度-密度关系适用于交通流密度较大的拥挤状况。因此，在交通拥挤状况下使用 Greenberg 速度-密度关系对交通波传播速度模型进行修正，发现与实际数据拟合得较好。孙宇星等[5]通过北京城市快速路的多个检测器得到数据，拟合出了基于 Eide 分段指数模型的曲线，且其分段点密度分界值为 25 pcu/km，当车流密度高于该分界值时，使用指数模型，相较于 Greenshields 模型误差明显减小。综合以上结论，为了更好地描述不同交通流密度状况下事件影响的交通波传播状况，我们针对不同密度的交通流相遇产生的交通波采用不同的速度-密度关系来标定其速度传播模型：以 25 pcu/km 为界，以上算作高密度车流，对应使用 Greenberg 速度-密度模型；以下算作中低密度车流，对应使用 Greenshields 速度-密度模型。

将两种速度-密度模型，即式(5-28)和式(5-30)分别代入交通波速度基本公式，即式(5-26)，同样为了便于推导，对密度进行标准化处理，当高密度交通流与高密度交通流相遇产生交通波时有

$$\omega_{ij}=\frac{k_j u_m \ln\dfrac{k_{jam}}{k_j}-k_i u_m \ln\dfrac{k_{jam}}{k_i}}{k_j-k_i}=u_m\frac{\eta_j\ln\eta_j-\eta_i\ln\eta_i}{\eta_i-\eta_j} \tag{5-36}$$

当高密度交通流与低密度交通流相遇时有

$$\omega_{ij}=\frac{k_j u_m \ln\dfrac{k_{jam}}{k_j}-k_i u_f\left(1-\dfrac{k_i}{k_{jam}}\right)}{k_j \quad k_i}=u_m\frac{\eta_j\ln\eta_j+2\eta_i(1-\eta_i)}{\eta_i-\eta_j} \tag{5-37}$$

当两股中低密度交通流相遇产生交通波时，均使用 Greenshields 模型，则传播速度模型直接使用传统模型，见式(5-16)。

5.2.3 交通事故持续时间预测

交通事故的持续时间是评估事件对路网的影响范围和造成的交通延误的主要依据。交通事故持续时间可划分为四阶段，包括：事件检测时间、事件响应时间、事件现场清理时间和交通

恢复时间，如图 5-3 所示。

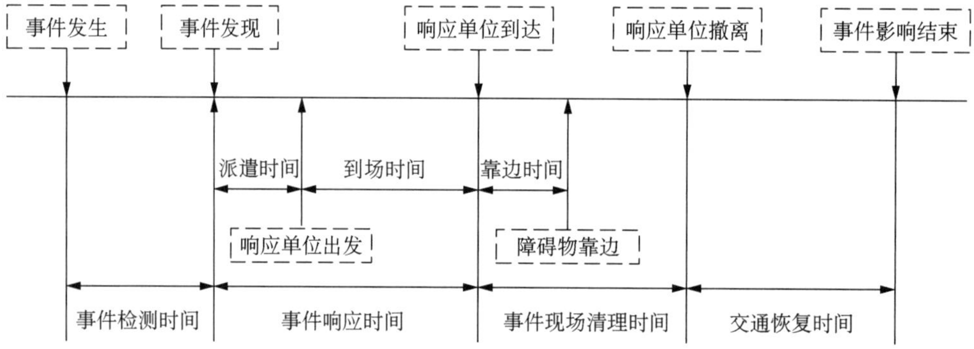

图 5-3 交通事件持续时间分段

1. 事件检测时间

事件检测时间指从事件发生至接到事件报警的时间段。

假设正常情况下，路段通行能力为 C_0，到达流量为 Q_0，由于发生了交通偶发事件，导致道路通行能力降为 C'。定义事件状态下的高速公路路段通行能力折减系数为 λ（λ 的取值可参照 HCM2016 给出的数值），则事件发生情况下的路段通行能力为

$$C'=\lambda C_0 \tag{5-38}$$

由线性交通流的 Greenshields 模型

$$v=v_f\left(1-\frac{k}{k_{jam}}\right) \tag{5-39}$$

$$C_0=(kv)_{max} \tag{5-40}$$

求解得到

$$C_0=\frac{k_j v_f}{4} \tag{5-41}$$

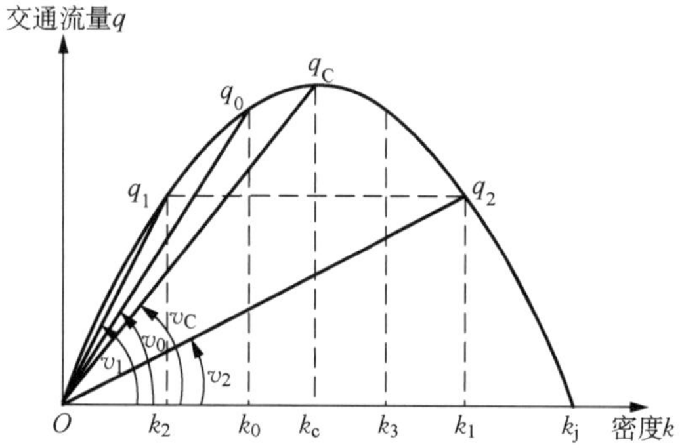

图 5-4 事发点交通流量、密度及速度的关系

式中 v ——车速，km/h；

k ——密度，veh/h；

v_f ——自由流车速，km/h；

k_j ——阻塞密度，veh/h。

事件发生前路段交通状态为 $P_0(k_0,\ v_0,\ q_0)$，事件发生后，下游处的交通状态为 $P_1(k_1,\ v_1,\ q_1)$，上游处的交通状态为 $P_2(k_2,\ v_2,\ q_2)$。密度基于线性交通流的偶发事件的事发点处的交通流量、密度及速度的关系如图 5-4 所示。

事发点的交通量 $q_1=q_2=\lambda C_0=\lambda k_j v_f/4$。由线性交通流模型给出的流量-密度-速度的基本关系式为 $q=kv=kv_f(1-k/k_j)$，令 $\beta=k/k_j$，则：

$$q=\beta(1-\beta)k_j v_f=4\beta(1-\beta)q_c \tag{5-42}$$

式中，q_c 表示最大流量。

解关于 β 的一元二次方程得

$$\beta_1=k_1/k_j=(1+\sqrt{1-q/q_c})/2=(1+\sqrt{1-\lambda})/2 \tag{5-43}$$

$$\beta_2=k_1/k_j=(1-\sqrt{1-q/q_c})/2=(1-\sqrt{1-\lambda})/2 \tag{5-44}$$

根据经典波速公式，即式(5-26)可知，事件发生后，向上游传播的集结波波速 W_1 和向下游传播的消散波波速 W_2 分别为

$$W_1=(q_0-q_1)/(k_0-k_1) \tag{5-45}$$

$$W_2=(q_2-q_0)/(k_2-k_0) \tag{5-46}$$

再根据以上公式进一步得出

$$W_1=v_f(1-\beta_0-\beta_1)=-v_f(\sqrt{1-\lambda}+2\beta_0-1)/2 \tag{5-47}$$

$$W_2=v_f(1-\beta_0-\beta_2)=v_f(\sqrt{1-\lambda}-2\beta_0+1)/2 \tag{5-48}$$

式中，$\beta_0=k_0/k_j$。

设事件发生点与上游检测器的距离为 L_1，与下游检测器的距离为 L_2，若采用双截面检测法来检测事件，事件的平均检测时间 $MTTD$(Mean Time to Detection)的计算如式(5-49)所示。

$$MTTD=\mathrm{Min}(L_1/W_1,\ L_2/W_2)+T(A)+T_e \tag{5-49}$$

式中 $T(A)$——检测算法的反应时间，即当事件产生的集散波到达事件检测器时至被检测出的时间，s；

T_e——其他影响因素产生的延误时间，s。

由此可知，事件的平均检测时间与事发点距离上下游检测器的距离、事件波的传播速度、检测算法的反应时间等因素相关。

2. 事件响应时间

事件响应时间指最先参与清除过程的车辆类型中第一辆车的到场时间。

这里通过一个实例进行说明。采用华东地区某高速公路交警支队 2006 年的事件记录和接出警记录。事件数据集中包含 545 条事件数据，记录了事件处理过程中的报警时间、交警到场

时间、车辆靠边时间、现场撤除时间以及事件特征和环境特征，包括：事件发生的日期、时间、当时的天气、事件类型、占据车道数、需要的救援车辆、报警方式、伤亡人数、当事车辆种类等。通过查阅相关接出警记录可以补充一些必要的信息，包括各种救援车辆的到场时间、事发地点的桩号等。

数据与处理包括有效数据的筛选、相关因子的确定及因子水平的划分。数据预处理后得到400条有效数据，随机选择其中40条数据作为检验数据，其余为训练数据。在描述事件特征的诸多参数中，部分参数是直接影响到场时间的因子，而另一部分为间接影响到场时间的因子或与到场时间无关的因子。在排除间接因子后，可利用散点图、盒状图、相关分析及方差分析来筛选直接因子。事件发生的时间、救援车种与到场时间的盒状图如图5-5所示。

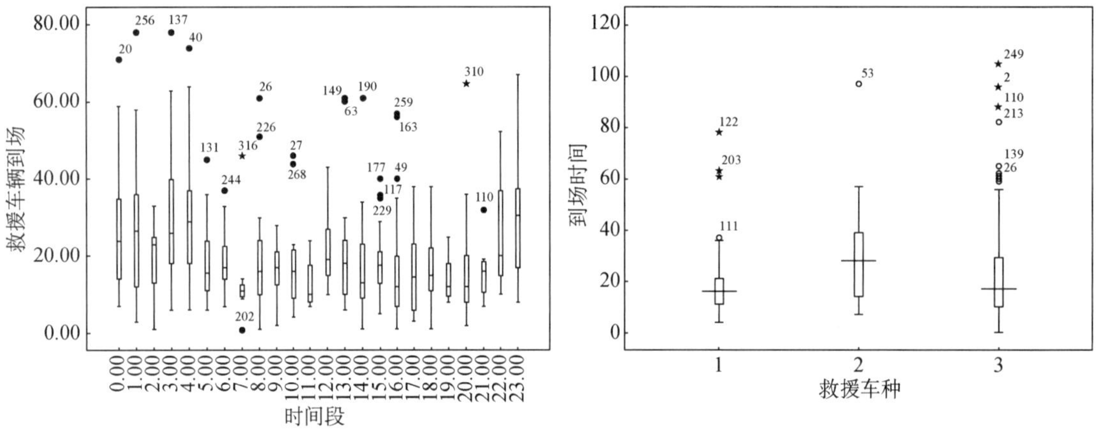

图5-5　事件发生时间、救援车种与到场时间的盒状图

由图5-5可知，事件发生的时间、救援车种与到场时间之间存在联系，并且可以直观判断，夜间事件的到场时间大于白天事件的到场时间，涉及吊车的到场时间要长于救护车和拖车。通过直接影响因子分析，影响到场时间的因子主要有两个：事发时间段和救援车辆种类。为了区分不同时段对到场时间的影响，将影响相近的时间段归类，得到相关因子水平如表5-1所列。

表5-1　相关因子水平及其描述

字段	因子水平	描述
时间段1	1	5:00—7:00，11:00，14:00，19:00—21:00(白天非高峰期)
时间段2	2	8:00—10:00，15:00—18:00(白天高峰期)
时间段3	3	12:00—13:00(午间)
时间段4	4	22:00—4:00(夜间)
救援车辆1	1	救护车
救援车辆2	2	吊车
救援车辆3	3	拖车

由于最终确定的相关因子只有两个，且因子水平只有七类，故采用到场时间的范围预测而非常见的值预测，否则只能求出有限多个预测值，无法满足后续研究和实际应用的需要。相应的预测方法应为概率方法或分类方法而非参数回归方法。七类因子水平下到场时间分布频率的直方图如图 5-6(a)所示。

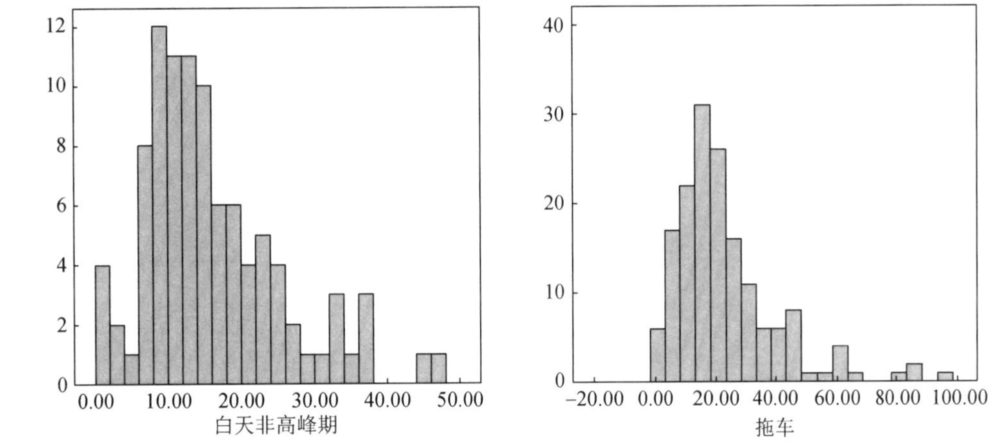

(a) 不同因子水平到场时间频率分布直方图

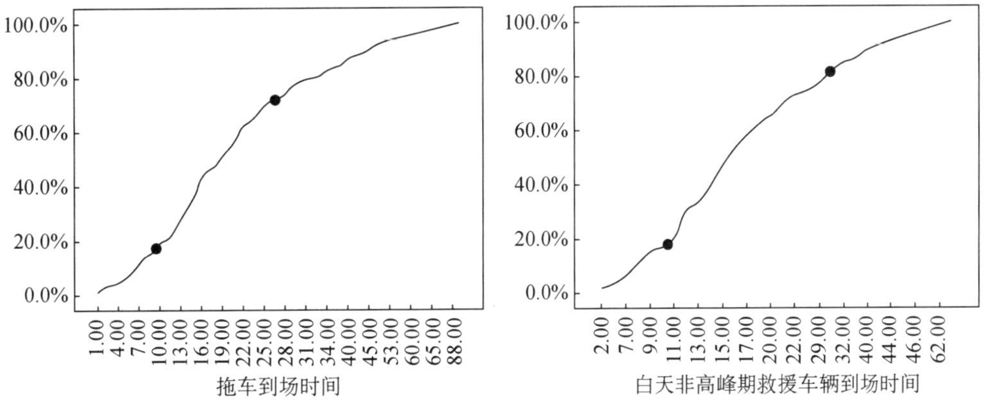

(b) 不同因子水平到场时间累积频率曲线

图 5-6　不同因子水平到场时间

图 5-6(a)显示在所有因子水平下的到场时间频率都具有形如威布尔分布或对数正态分布的曲线形式。威布尔分布的累积分布函数如式(5-33)所示。

$$F(t)=1-\mathrm{e}^{-\frac{t^{m}}{a}} \tag{5-50}$$

式中　m—— 形状参数；

　　　a ——尺度参数。

然而，相关研究成果尚未发现到场时间服从何种分布。考虑到场过程并非连续单一的线程，而是由若干子过程构成的，每一个子过程的运作方式和影响因素又不尽相同，故不采用分布曲线拟合的方式来进行预测，仅将分布曲线作为参考。由分布函数可以看出，诸如威布尔分布或对数正态分布的累积分布曲线通常含有一个拐点，拐点一侧自变量范围较小，但累积频率较大，这一侧往往是样本值的常见覆盖范围，另一侧则相反。部分因子水平下到场时间的累积频率曲线如图 5-6(b)所示。

由图 5-6(b)可以看出，每条曲线含有两个拐点，约 60%～80%的样本值都在这两个拐点之间，而两个拐点之间的时间范围往往在 20 min 左右。通常情况下，可以采用多项式拟合累积频率曲线 $P = a + a_1 t + a_2 t^2 + a_3 t^3 + \cdots + a_n t^n$，并求二阶导数以获取拐点位置。根据样本数据计算所得的各因子水平下该区间的上下限及相应到场时间的均值如表 5-2 所列。

表 5-2　　不同因子水平拐点区间上下限及其均值

因子水平	区间下限/min	区间上限/min	均值/min
白天非高峰期	7	30	15.59
白天高峰期	8	25	18.00
午间	14	43	25.41
夜间	19	37	28.18
救护车	8	27	20.13
吊车	32	52	38.45
拖车	13	33	23.21

由表 5-2 可知，吊车到场时间主要分布在 32 min 到 52 min 之间，如果事件发生在白天非高峰期，则可认为其到场时间累积频率曲线上限拐点右侧部分是由吊车贡献的，而相应的下限拐点左侧部分则大多数由救护车贡献。基于这样的想法，将时间段因子水平与救援车辆因子水平拐点上下限进行组合，得到到场时间预测区间如表 5-3 所列。

表 5-3　　到场时间预测区间

救援车辆	到场时间预测区间/min			
	白天非高峰期	白天高峰期	午间	夜间
救护车	7～27	8～27	8～27	8～27
吊车	30～52	25～52	32～52	32～52
拖车	10～30	10～25	14～28	19～28

将剩余 40 条数据组成的样本检验组来对比实际值与预测值，如图 5-7 所示，检验数据有 80%以上的样本都落在预测区间之内，说明该模型能够有效地预测事件的到场时间。

3. 事件现场清理时间

根据前文事件响应时间的新定义，基于救援车辆的清除时间可定义为：交通事件发生后，从第一次序救援车辆到场至当事车辆靠边或被清除的时间。这个定义考虑了真正实施现场清理

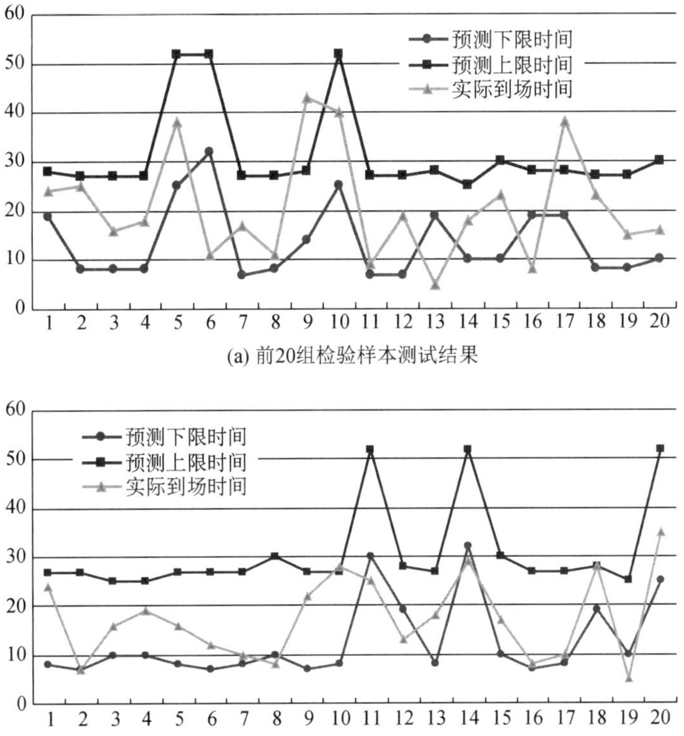

(a) 前20组检验样本测试结果

(b) 后20组检验样本测试结果

图 5-7　模型预测值与实际值的对比

工作的时间节点问题，更加紧密地同交通事件影响范围的研究相结合。本节采用基于人工神经网络的 TSK 型模糊逻辑系统来进行清除时间预测。

数据预处理应根据人工神经网络——TSK 模糊逻辑建模的特点进行。本节利用 MATLAB 提供的 ANFIS 方法进行建模。数据预处理主要包括两方面：去噪和降维。通过数据预处理过程，最终筛选出 200 条有效数据，同时将影响因子合并成三类，这样就极大地减少了模糊规则的数量，也减少了模糊模型的计算工作量。

建立 TSK 模型时，最重要的是初始 FIS 结构的确立。因为人工神经网络训练不会改变模型的结构，只会改变参数的值，因此初始模型结构即为最终模型结构。令 P，V，E 为模型三个语言变量的论域。根据样本数据可得三个论域取值范围分别为[0，6]，[0，9]，[1，10]。采用三个模糊集表征因子水平由低到高的变化，同时设定三个模糊集间的算法为和取（and method），则可以确立模型的整体结构，如图 5-8 所示。

可以看出，三个输入变量通过模糊化和逻辑推理后，得到输出变量的 3^3 个模糊集。最终通过这些模糊集的加权线性叠加，将输出变量清晰化（defuzzification），使之综合为一个输出值。模糊集是由模糊变量和隶属函数决定的。在 ANFIS 方法中隶属函数的参数是通过人工神经网络训练得到的，因此只需手动选择隶属函数的类型。常见的隶属函数形式有三角隶属函数、梯形隶属函数和高斯隶属函数。本文选择更为平滑的高斯隶属函数，其表达式如下：

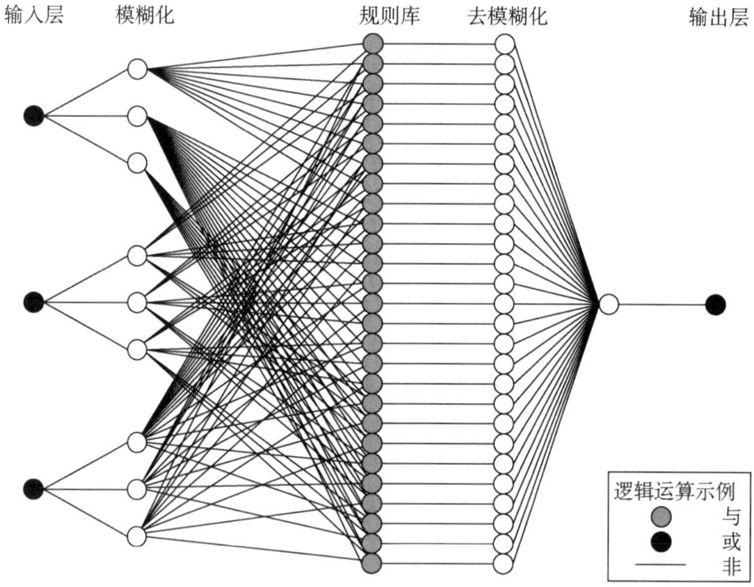

图 5-8　模型整体结构

$$\mu(x)=gaussian(x,\ c,\ \sigma)=\mathrm{e}^{-\left(\frac{x-c}{\sigma}\right)^2} \tag{5-51}$$

式中，c 表示隶属函数的中心；σ 决定了隶属函数的宽度。ANFIS 方法的重要步骤是采用自适应算法拟合隶属函数的参数值。将样本数据按清除时间由小到大进行排序，按各行选取法选取训练数据，其余作为检验数据，取最大训练次数为 50 次，即可用训练数据对初始 FIS 进行训练。通过多次试算，最终得到一个相对精确的清除时间预测模型。模型训练误差随训练次数的变化如图 5-9 所示。

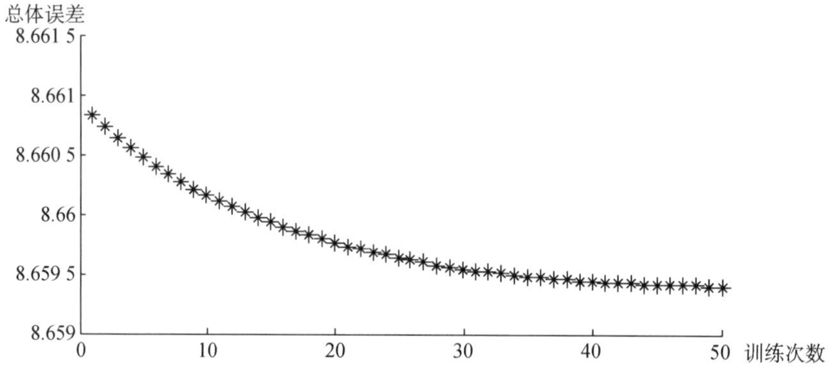

图 5-9　模型训练误差收敛过程

由图 5-8 可以看出，尽管误差收敛过程非常缓慢，但随着训练次数的增加，总体误差是呈减小趋势的。这说明训练数据中输入变量和输出变量之间确实存在一个模糊关系，可以通过输入值大致地推断输出值。表 5-4 列出了预测模型中输入变量隶属函数的参数值。输出函数参数值见表 5-5 所列。

表 5-4 输入变量隶属函数参数值

输入变量	语言值	c	σ
P	低	−0.057 92	1.165
	中	3.013	1.179
	高	5.994	1.285
V	低	−0.172 6	1.713
	中	4.432	1.889
	高	8.85	2.2
E	低	0.963 9	1.798
	中	5.53	1.857
	高	9.937	1.993

表 5-5 输出函数参数值

编号	参数值	编号	参数值
1	[−31.39 38.9 9.268 −20.18]	15	[98.75 62.29 −22.67 19.02]
2	[244.6 −190.5 44.01 49.9]	16	[47.17 −35.85 −22.6 −10.28]
3	[8.05 16.52 11.47 6.575]	17	[35.8 14.74 1.969 −0.8771]
4	[−47.44 46.57 42.16 −129.2]	18	[7.432 4.848 −0.7516 1.469]
5	[191.4 36.43 −20.37 62.08]	19	[−57.54 3.676 14.76 0.065 25]
6	[107.6 302.7 −101.8 98.15]	20	[−35.13 31.37 35.92 14.32]
7	[−32.95 −120.9 −276.1 −24.72]	21	[−6.504 −1.893 −8.75 −1.231]
8	[−2.297 −168.3 −25.15 −29.51]	22	[−57.89 19.75 33.54 6.674]
9	[7.432 22.88 −4.942 7.303]	23	[−25.75 53.73 76.96 25.04]
10	[−31.02 179.8 −20.44 −9.596]	24	[5.875 9.479 20.28 2.617]
11	[57.18 39.49 −49.22 −10.12]	25	[3.82 15.83 6.168 2.36]
12	[−6.845 −2.814 −23.43 −2.183]	26	[2.737 11.62 6.941 2.375]
13	[1.891 120.8 −150.4 −84.16]	27	[0.588 4 0.783 3 1.682 0.222 4]
14	[175.3 −20.93 −112.7 −38.17]		

由此可得，当交通事件的当事人员、当事车辆和救援车辆特征已知时，即可用上述 TSK 模糊逻辑推理模型预测事件的清除时间。ANFIS 是一种基于已有数据的建模方法，建立的模糊系统模型的预测结果能否很好地模拟这些数据是检验此模型的最好方法。对预测模型进行检验，得到样本值和预测值的散点图，如图 5-10 所示。其中，菱形代表清除时间样本值，星形代表模型预测值。

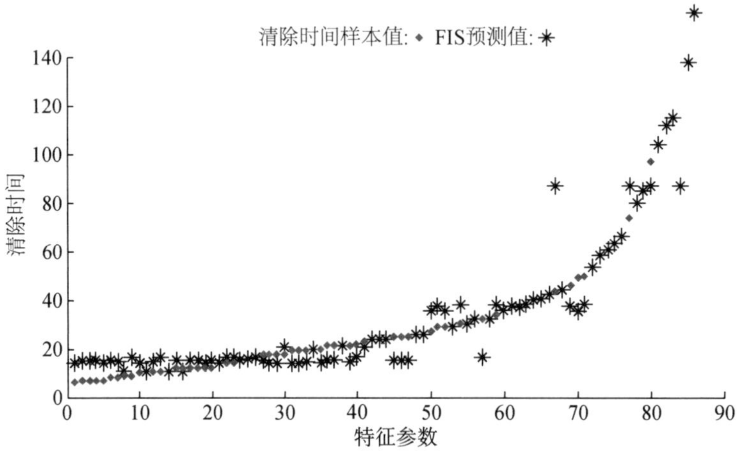

图 5-10　清除时间样本值与预测值散点图

可以看出，当样本值随事件当事人员、当事车辆和救援车辆特征参数变化时，预测值能够很好地模拟这种变化趋势，并且在清除时间不太短时取得了较好的预测效果。然而，当清除时间小于 20 min 时，预测效果并不理想。样本值越低，误差越大。经研究分析，出现这种情况的原因主要有两点：

(1) 清除时间本身是一个具有较强随机性的变量，它唯一的确定性限制规则是所有参与清除的人员都试图尽快地结束清除工作。然而，清除过程的任意环节都包含随机误差，甚至事件记录人员对于事件处理起始和结束点的理解也是误差来源之一。当事件清除时间较长时，随机误差与样本值的比值尚未达到产生严重偏差的地步，但清除时间较短时，这个误差值往往是无法忽视的，甚至会超过样本值本身。此时，对于清除时间的预测不再具有实际意义。当然，短时间内事件对于路网的交通影响通常也较小。

(2) 在事件记录和计算建模过程中，部分事件特征信息丢失。为了简化模型，降低计算工作量，选取的只是对清除时间具有显著影响的变量因子，而其他非显著因子则被忽略。对于短时间事件来说，每一个因子的影响都可能会被放大，这也是造成误差偏大的重要原因。

4. 交通恢复时间

交通恢复时间的定义为从事件处理完毕到事件对路网的影响完全消散的时间。

根据确定性排队理论，在得知前几个阶段的持续时间后，可以推算出交通恢复时间。如图 5-11 所示，当事件发生后，可以认为前两个时间段内交通状况不发生变化，即在事件检测时间段和事件响应到场时间段内，事件上游车辆到达和离去的流率不变，故可以合并为一个时间段 T_1 来考虑。此处简化过程直接给出交通恢复时间结束时刻的计算公式，如式(5-35)所示[10]。

$$t_3 = \frac{(C_0 - C_1)T_1 + (C_0 - C_2)T_2}{C_0 - Q} + t_0 \tag{5-52}$$

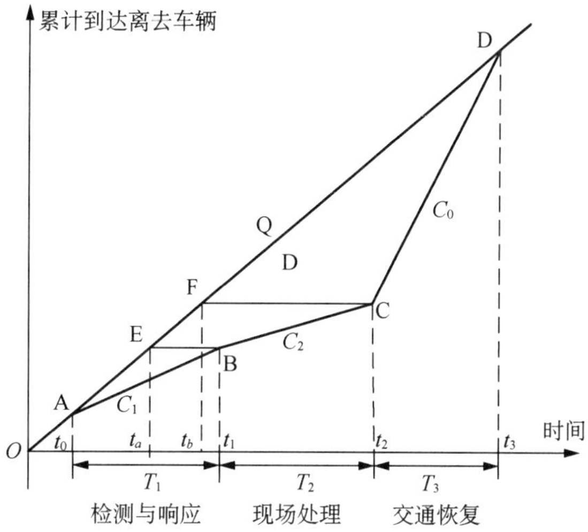

图 5-11 事件上游车辆到达离去曲线图

此时，交通恢复时间 T_3 的预测式为

$$T_3 = t_3 - t_0 - T_1 - T_2 = \frac{(Q - C_1)T_1 + (Q - C_2)T_2}{C_0 - Q} \tag{5-53}$$

5.2.4 交通事故影响拥堵范围预测

在 5.1.2 节中，我们讨论了交通波传播速度预测的问题，本节则依据偶发事件条件下交通波的传播特点来建立事件影响范围的预测模型。

如 5.1.3 节所讨论的，交通事故持续时间预测分为四个阶段，在第一、第二阶段，事故发生时向事故点上游产生第一列集结波，第三阶段事故处理时向上游产生第二列集结波，在第四阶段事故处理结束瓶颈消失后，产生消散波。在此过程中，以第二列集结波首先追上第一列集结波或首先被消散波所覆盖分为两种情况，以下就这两种情况分别做影响范围的分析计算。

(1) 第二列集结波首先追上第一列集结波，形成新的集结波之后向上游继续传播，而后被消散波追上并覆盖，结束影响扩散。此传播状况可用图 5-12 表示，T_1 表示事故接警和响应时间，T_2 表示事故处理持续时间，t_1 时刻 ω_{01} 被 ω_{12} 所覆盖形成 ω_{02}，t_2 时刻消散波 ω_{23} 追上 ω_{02}，事件影响扩散范围达到最大值，其中折线 ABCD 的轮廓即为事件影响扩散范围。

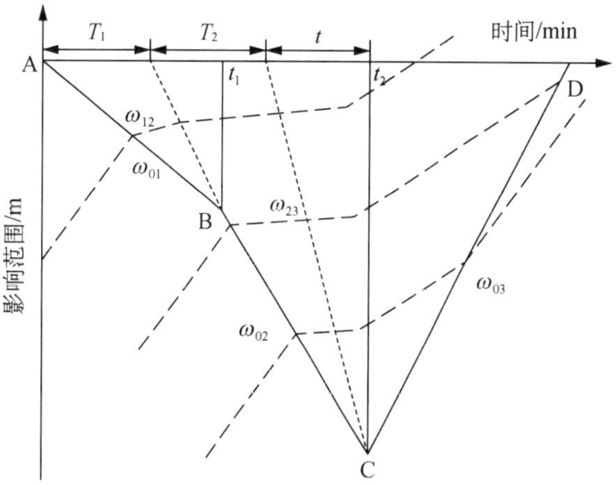

图 5-12 交通事件影响下交通波传播状况一

在这种情况下，我们建立交通事件影响范围预测模型如下：

$$f(t_x)=\begin{cases}\omega_{01}t_x, & 0<t_x\leqslant t_1\\ \omega_{01}t_1+\omega_{02}(t_x-t_1), & t_1<t_x\leqslant t_2\end{cases} \tag{5-54}$$

式中 ω_{01}——第一列集结波波速，km/h；

ω_{02}——第二列集结波波速，km/h；

t_x——从事故发生开始计时的时间，h；

t_1——第二列集结波追上第一列集结波所需时间，h；

t_2——消散波追上新集结波所需时间，h。

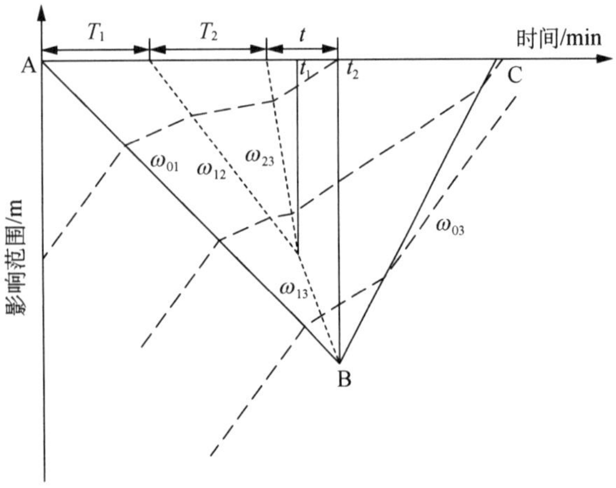

图 5-13 交通事件影响下交通波传播状况二

(2) 第二列集结波还未追上第一列集结波时首先被事故处理结束而发生的消散波所覆盖，而后形成新的消散波继续向上游传播并覆盖第一列集结波结束事件影响的扩散。此传播状况可用图 5-13 表示，T_1 表示事故接警和响应时间，T_2 表示事故处理持续时间，t_1 时刻 ω_{12} 被 ω_{23} 所覆盖形成 ω_{13}，t_2 时刻消散波 ω_{13} 追上 ω_{01}，事件影响扩散范围达到最大值，其中折线 ABC 的轮廓即为事件影响扩散范围。

在这种情况下，我们建立交通事件影响范围预测模型如下：

$$f(t_x)=\omega_{01}t_x,\ 0<t_x\leqslant t_2 \tag{5-55}$$

式(5-55)中各参数注释同前，本式中 t_2 为消散波追上第二列集结波所需时间。

应当注意的是，本节假设事故发生后没有采取交通信息诱导措施。因此，事故发生后，上游驾驶者并不知道前方有事故以及前方道路的拥堵状况，故并不会改变路径，自然也不会引起上游交通需求的变化。

前文所述所有计算模型中均未考虑路网因素，仅仅考虑了基本路段，即单一主线方向，没有考虑使交通状况改变的外来因素，以及其上的交通事件影响下的范围预测模型。路网环境在城市快速路中主要指考虑出入口匝道，在出入口匝道附近主线不仅发生交通量的改变，而且出入口附近车流的交织和车辆的加减速，这些都会使得主线车辆的运行状况受到影响。此时，该处车流状况的改变同样会产生交通波，前述由于事件所产生的集结波和消散波传播经过匝道附近都会与此波叠加形成新的集结波或消散波，然后继续向上游传播。同样地，也会向匝道上游传递新的集结波和消散波。

我们举例分析此处应该如何计算一列交通波传播经过匝道后形成的新交通波。以事件发

生后第一列集结波 ω_{01} 的传播为例，可以简单地认为，在主线上匝道前后为两种交通运行状态，忽略匝道口处车流的渐变和混乱，在 ω_{01} 到达匝道附近之前，匝道下游为原始状况 0，匝道上游为原始状况 0′。当 ω_{01} 覆盖了匝道下游的交通流时，下游的交通运行状态转变为状态 1，此波继续向上游传播，经过匝道口覆盖上游交通流使之转变为状态 1′。此时，ω_{01} 在匝道上游转化为集结波 $\omega_{01'}$。对于匝道 n 来说，任意一列交通波经过，波速由 ω_{ij} 转变为 $\omega_{ij\text{-}n}$。波速计算基本模型为

$$\omega_{ij\text{-}n}=\frac{q_{j\text{-}n}-q_{i\text{-}n}}{k_{j\text{-}n}-k_{i\text{-}n}} \tag{5-56}$$

式中 $q_{i\text{-}n}$，$q_{j\text{-}n}$—— 分别为状态 $i\text{-}n$ 和 $j\text{-}n$ 的流量；

$k_{i\text{-}n}$，$k_{j\text{-}n}$—— 分别为状态 $i\text{-}n$ 和 $j\text{-}n$ 的密度。

由此可以发现，如果要处理路网环境下的范围预测，必须要在匝道附近设置较多的密度收集探测装置，得到能够代表匝道前后车流运行状况的密度等效值。一旦取得数据，路网状况下的范围预测就变得和基本路段相同了。只需在经过匝道时对交通波的速度予以修正调整，继续判断其相互之间相遇的状况，进而在上文中的两种交通波传播状况中择其一对应的模型进行范围计算即可。

如果要在匝道处进行有关的车流引导分流措施以疏导因交通事件造成的交通拥挤，此处发生的交通波速度改变计算方法同前。

5.3 恶劣天气

5.3.1 恶劣天气分类与分级

本节介绍的恶劣天气主要包括雾、雨、雪(冰)、风、极端气温五大类。各类天气的等级划分情况如表 5-6—表 5-10 所列。

表 5-6 雾的划分等级

雾的等级	轻雾	雾	大雾	浓雾	强浓雾
水平能见距离	1～10 km	<1 km	200～500 m	50～200 m	不足 50 m

表 5-7 降雨的划分等级

分级	降雨强度	
	1 小时内的雨量/mm	24 小时内的雨量/mm
小雨	≤2.5	<10
中雨	2.6～8.0	10.0～24.9
大雨	8.1～15.9	25.0～49.9
暴雨	≥16	≥50

表 5-8 降雪的分级

分级	降雪强度	下雪时水平能见度/m	24 小时内的雪量/mm
小雪	较小	≥1 000	≤2.5
中雪	中等	500～1 000	2.5～5.0
大雪	较大	<500	>5.0

表 5-9 风的等级

风力等级	名称	风速/(m·s^{-1})	风力等级	名称	风速/(m·s^{-1})
0	无风	0.0～0.2	3	微风	3.4～5.4
1	软风	0.3～1.5	4	和风	5.5～7.9
2	轻风	1.6～3.3	5	清劲风	8.0～10.7
6	强风	10.8～13.8	12	飓风	32.7～36.9
7	疾风	13.9～17.1	13		37.6～41.4
8	大风	17.2～20.7	14		41.5～46.1
9	烈风	20.8～24.4	15		46.2～50.9
10	狂风	24.5～28.4	16		51.0～56.0
11	暴风	28.5～32.6	17		56.1～61.2

表 5-10 极端气温的分级

高温/低温等级	高温温度/℃	低温温度/℃
1	>40	<−2
2	≥55	≤−3
3	≥62	≤−5
4	≥65	≤−10

这些恶劣天气环境的定义、分类以及等级的更多详细描述，可以参考柳本民、周郑芳等的相关研究[11,12]。

恶劣天气对交通系统的影响具有面广且程度差异大的特点，这点可从最为详细的微观交通仿真建模中的参数受影响分析看出，如表 5-11 所列。

如图 5-14 所示，从三个不同维度来完整地分析恶劣天气对道路交通系统的影响：一是从道路交通系统的构成要素出发，定性地剖析人、车、路等各构成要素受到恶劣天气影响后的交通特性变化情况；二是从道路交通系统的供需双方入手，定量地分析恶劣天气对供需水平的影响程度；三是从系统的输出结果，特别是交通流特性参数入手，定量地分析恶劣天气下间断流和连续流设施的主要交通流特性指标的变化情况。这三个维度是相辅相成、相互印证的，共同作为后续机理理论分析和实际评估与预警应用相关标准确定的基础。

表 5-11 受恶劣天气影响的交通参数一览表[13]

通用交通仿真参数		恶劣天气类型 雨、雪、冰、雾、风等 道路环境影响				
		能见度降低	路面摩擦减少	车辆机动性/稳定性降低	车道阻挡/标志及路面标线遮挡	交通控制设施失效
道路几何	路面条件		●			
	车道数				●	
	车道宽度				●	
	路肩宽度				●	
交通控制与管理	交通信号	●				●
	匝道控制	●				●
	交通管理标志	●			●	
	警告标志	●			●	
	出行者信息标志	●			●	●
	监控检测器					●
	路上停车				●	
车辆性能	加/减速性能		●	●		
	转弯半径		●	●	●	
交通需求	车辆需求	●	●	●	●	●
	路径选择	●	●	●	●	●
驾驶行为	跟车	●	●	●	●	●
	换道	●	●	●	●	●
	期望速度	●	●	●	●	●
	饱和车头时距	●	●	●	●	
	启动损失时间	●	●	●	●	●
	交叉口间隙选择	●	●	●	●	●
	转弯速度	●	●	●	●	●
	黄灯反应	●	●	●	●	●

注:“●”表示恶劣天气对该参数存在影响。

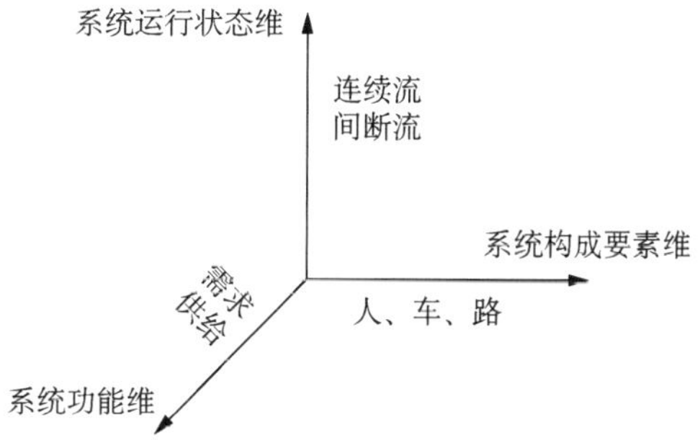

图 5-14 恶劣天气对交通系统影响的分析维度

5.3.2 恶劣天气交通拥挤风险源识别

风险识别是指根据对象和目的来研究和发现潜在的风险事态以明确分析重点的这一过程[14]。风险识别的主要内容是在各种风险源之间进行权衡筛选，圈定可行的风险源监测指标集合，作为下一步风险评估与预警指标的来源。本书采用的风险识别方法是由分解分析法和专家咨询组合起来的一种方法。它首先把恶劣天气与交通系统的交互过程分解为两个阶段，其次在每个阶段分别依据专家知识、经验来确定具体的风险事件或要素。

恶劣天气下交通拥挤风险源是指由于恶劣天气的发生而导致在某一时期内能引发较长时间和较大范围城市交通拥挤现象的那些缘由。一个比较全面的风险源集合如表 5-12 所列。

表 5-12　　恶劣天气下交通拥挤风险源分类及对应的风险要素

层次	风险源大类	风险事件	发生可能性	风险结果
内部环境	人	损害能见度； 生理、心理与疲劳	中 大	驾驶行为趋于保守； 出行需求减少； 改变出行方式
	车	损害车辆操纵； 车辆零部件故障	大 中	车距拉大、车速下降； 车辆故障增多； 交通事故增多
	路	制造道路通行阻碍物； 遮盖交通标志、标线； 损害路面摩擦系数； 阻断、淹没或毁坏基础设施	小 小 大 大	路面摩擦系数降低； 车道封闭； 道路或交叉口封闭； 路网连通性降低
	管理	破坏交通管控设备、中断通信	中	交通秩序变差； 通行能力下降
外部环境	天气	暴雨、大(暴)雪、浓雾、大风、极端高低温	根据当地气象资料评定	内部环境中的所有风险事件

不难看出，由恶劣天气要素、管理因素以及系统内部的人、车、路要素等三部分共同组成了恶劣天气下路网交通拥挤风险源集合。因此，本章从天气危险性、交通管理能力和交通供需水平三个方面构建了路网拥挤风险指标体系，三者之间有如下关系：恶劣天气类指标是从气象灾害造成的潜在影响出发，评估外界自然环境产生的应力；后两类指标是考虑交通系统内部自身的抗干扰(失效)能力，如果系统承受应力的能力足够强，路网不会发生失效，否则就有可能会失效，即出现交通拥挤。

为了增加评估的可信度以及对评价结果进行横、纵向比较，恶劣天气下城市路网交通拥挤风险指标的选择要遵循科学性、可比性、系统性和实用性等基本原则。从静态宏观的角度来看待恶劣天气路网交通拥挤评估，天气环境作为重要的风险因素必须给予合适的量化指标。管理因素对于交通拥挤预防与疏解具有重要的作用，可从交通管理软硬件配置角度进行详细量化；考虑到人、车、路的交通特性在耦合阶段的多变性，无法采用微观的要素作为交通特性的量化指标，而采用整体交通供需水平来反映其整体暴露程度。

5.3.3 恶劣天气交通拥挤风险指标

1. 恶劣天气危险性指标

恶劣天气过程特征主要有类型、强度、灾害预警等级、持续时间和影响范围等。这些信息均可通过气象部门的气象监测与预测业务获取。为了与气象服务对接，恶劣天气危险性采用气象灾害预警等级。

突发气象灾害预警信号（以下简称预警信号）是指由拥有发布权的气象台（站）为有效防御和减轻突发气象灾害而向社会公众发布的警报信息图标。预警信号由名称、图标和含义三部分构成。预警信号分为台风、暴雨、高温、寒潮、大雾、雷雨、大风、沙尘暴、冰雹、雪灾、道路积冰十一类。预警信号总体上分为四级，按照灾害的严重性和紧急程度，颜色依次为蓝色、黄色、橙色和红色，同时以中英文标识，分别代表一般（Ⅳ级）、较重（Ⅲ级）、严重（Ⅱ级）和特别严重（Ⅰ级）。气象部门根据不同的灾种特征和预警能力来确定不同灾种的预警分级及标准[15]。以降雨事件为例，根据《突发气象灾害预警信号及防御指南》，暴雨预警信号的等级与含义如表 5-13 所列。

表 5-13　　暴雨预警信号等级及含义

等级	名称	图标	标准
一般（Ⅳ级）	暴雨蓝色预警信号		12 h 内降雨量将达 50 mm 以上，或者已达 50 mm 以上且降雨可能持续
较重（Ⅲ级）	暴雨黄色预警信号		6 h 内降雨量将达 50 mm 以上，或者已达 50 mm 以上且降雨可能持续
严重（Ⅱ级）	暴雨橙色预警信号		3 h 内降雨量将达 50 mm 以上，或者已达 50 mm 以上且降雨可能持续
特别严重（Ⅰ级）	暴雨红色预警信号		3 h 内降雨量将达 100 mm 以上，或者已达 100 mm 以上且降雨可能持续

在这里，当气象部门有预警信号发布时，恶劣天气等级取值为每种预警信号的预警等级；若没有发布预警信号，则恶劣天气等级指标值取 0。以降雨事件为例，恶劣天气危险性分为五个等级，分别对应于无暴雨预警信号、预警信号为一般、预警信号为较重、预警信号为严重、预警信号为特别严重，从低到高依次称为 0 级、1 级、2 级、3 级、4 级，分别取值为 20，40，60，80，100。

2. 管理能力指标

管理能力是指道路交通系统对内、外部干扰的适应性，在恶劣天气条件下主要表现为灾前的防灾减灾能力，以及灾中的多部门快速处置和应急响应能力。日常交通管理、应急交通管理和道路养护作业管理是恶劣天气下交通管理的主要内容，也是管理能力建设的主要对象。根据面向天气的交通管理策略体系[16]并参考2008年和2012年的《城市道路交通管理评价指标体系》[17]，设计了3个一级指标、9个二级指标，如表5-14所列。

表5-14　管理能力指标及等级划分

一级指标	二级指标	等级划分
日常交通管理	(1) 交通管理中心建设； (2) 信号灯规范设置率； (3) 交通诱导	参考表5-15—表5-17确定应对能力取值，使用0～100分值作为输入来进行评估并划分等级
应急交通管理	(1) 应急交通预案完善程度； (2) 交通事故检测能力； (3) 多部门协调响应能力； (4) 交通疏散与救援能力	专家打分法： 0～100，分数越高表示应对能力越强，使用分值作为输入来进行评估并划分等级： 一级：0～20 二级：20～40 三级：40～60 四级：60～80 五级：80～100
道路养护作业管理	(1) 道路养护资金资源储备； (2) 道路养护人员业务能力	

各指标含义及赋值解释如下：

交通指挥中心是指实现对交通违法行为、事故和突发事件的及时处理，以及对值勤民警的直接指挥和管理（或在110指挥中心）。不同类型的城市根据实际需要建立具有不同功能的指挥中心。

《2003年全国城市道路交通管理"畅通工程"总体方案》[18]中根据2002年经济发展及人口增长情况，将城市分为五类：特大城市、A类、B类、C类和D类城市。

(1) 特大城市有两个：北京、上海；

(2) A类城市为市区国内生产总值在350亿元以上（不含市辖县国内生产总值，县级市为全市国内生产总值，下同），或市区总人口在200万以上（不含市辖县人口，县级市为城关镇人口，下同）的城市；

(3) B类城市为市区国内生产总值在180亿元以上，或市区总人口在50万以上且市区国内生产总值在120亿元以上的城市；

(4) C类城市为市区国内生产总值在60亿元以上，或市区总人口在100万以上但市区国内生产总值不足120亿元的城市；

(5) D类城市为其他城市。

其中，特大型城市和A类城市的交通指挥中心具有如下功能：①信号控制；②信息查询和发布；③监控；④交通诱导；⑤接处警；⑥指挥调度；⑦非现场执法（使用违法行为自动监测设备）。B类城市的交通指挥中心具有如下功能：①信号控制；②信息查询；③监控；④接处警；⑤指挥调度；⑥非现场执法。C类城市根据实际需要建成的交通指挥中心具有如下功能：①信息查询；②通讯；③接处警；④指挥调度；⑤监控。相应的赋值标准如表5-15所列。

表 5-15　　交通指挥中心分级表

特大型城市和A类城市	满足七项	满足六项	满足五项	满足四项	少于四项
B类城市	满足六项	满足五项	满足四项	满足三项	少于三项
C类城市	满足五项	满足四项	满足三项	满足二项	少于二项
应对能力等级	一级	二级	三级	四级	五级
应对能力取值	[80，100]	[60，80)	[40，60)	[20，40)	[0，20)

信号灯规范设置率是指建成区内规范设置信号灯的交叉路口和路段数量占已设信号灯的交叉路口和路段数的比例，其赋值标准如表 5-16 所列。

表 5-16　　信号灯规范设置率分级表

信号灯规范设置率	[95%，100%]	[90%，95%)	[85%，90%)	[80%，85%)	[0%，80%)
应对能力等级	一级	二级	三级	四级	五级
应对能力取值	[80，100]	[60，80)	[40，60)	[20，40)	[0，20)

交通诱导是指利用各种诱导设施对交通参与者出行、停车等行为进行诱导，从而有效均衡道路网上的交通需求。评价内容包括：①是否利用可变情报板等进行诱导；②是否利用广播、电视等传媒进行诱导；③是否利用互联网发布信息进行诱导；④停车诱导信息中是否包含停车场位置、停车状况信息；⑤诱导信息是否及时、准确；⑥诱导设施布局是否合理，其赋值标准如表 5-17 所列。

表 5-17　　交通诱导分级表

交通诱导	满足六项	满足五项	满足四项	满足三项	少于三项
应对能力等级	一级	二级	三级	四级	五级
应对能力取值	[80，100]	[60，80)	[40，60)	[20，40)	[0，20)

应急交通预案完善程度是指非常态交通事件下交通系统减灾、准备、响应和恢复方面的计划和方案，评价内容包括：①是否有涵盖天气类型的预案；②是否有实施预案的经历；③是否定期更新预案。

交通事故检测能力是指通过各种手段发现和确认交通事故的等级，评价内容包括：①事故检测延迟时间；②事故检测的自动化程度；③事故检测的准确度。

多部门协调响应能力是指交通、气象、防灾减灾、应急中心等部门在协调机制、人员配备、信息共享等方面的完善程度。

交通疏散与救援能力是指异常情况下交通疏散通道、疏散交通工具、疏散管理手段、紧急救援点布设、救援物资等方面的建设水平。

道路养护资金资源储备是指养护维修项目安排的财力、机械设备的购置、抗灾物资和材料的准备等方面的保障水平。

道路养护人员业务能力是指道路养护部门的管理者和一线员工的规模、工作经验、专业知识水平、学历层次等方面的养护队伍配置情况。

应急交通管理与道路养护管理下的每个二级指标根据专家经验和实际情况进行评价打分，每种能力指标都分为“极好”“好”“中等”“差”“极差”等五个等级，对应打分值区间分别为[80，100]，[60，80)，[40，60)，[20，40)，[0，20)，实际评价应用中各指标评价值应为 100 减去专家打分值，因此评价值的等级划分如表 5-18 所列。

表 5-18　其他能力类指标等级划分

专家打分值等级	极好	好	中等	差	极差
专家打分值区间	[80，100]	[60，80)	[40，60)	[20，40)	[0，20)
应对能力等级	一级	二级	三级	四级	五级

3. 交通供需水平指标

交通需求是指一定条件下路网中各交通发生点 O 和吸引点 D 的出行总量和分布情况，通常以 OD 矩阵的形式给出。路网容量，第一种定义是从时空资源消耗的角度，指路网所能容纳的最大出行量；第二种定义是从道路通行能力概念的角度，指在某段时间内道路网的断面可能通过的最大交通实体数[19]。

实际中想要获得理论路网交通需求和路网容量是非常困难的，所以这里采用路网中关键路段交通流量之和作为交通需求的实用性指标，采用相应关键路段断面通行能力之和作为交通供给实用性指标。

路网中对交通运行起重要影响作用的路段和交叉口被分别称为关键路段和关键交叉口。它们的交通量可以反映出整个路网的交通流量水平。使用快速路关键路段和主(次)干路关键路段的日平均交通量之和来作为路网交通流量，如式(5-57)所示。

$$D^{\mathrm{net}} = \sum_{a \in A} q_a \tag{5-57}$$

式中　D^{net}——单位时间内路网交通流量，pcu/d；

q_a——关键路段 a 的流量，pcu/d；

A——关键路段集合。

根据不同恶劣天气下历史积累数据求得关键路段的年平均日交通量范围，并把该范围区间从低到高分为五个等级，每个等级对应的分值区间为[0，20)，[20，40)，[40，60)，[60，80)，[80，100]。

地面主(次)干路和快速路构成了路网的骨架，也决定了交通网络的容量。根据路网容量的第二种定义，路网容量计算公式如式(5-58)所示。

$$S^{\mathrm{net}} = \sum_{a \in A} c_a \tag{5-58}$$

式中 S^{net} ——单位时间内路网容量，pcu/d；

c_a—— 关键路段 a 的通行能力，pcu/d；

A ——关键路段集合。

根据不同恶劣天气下历史积累数据和多个评价路网的容量实际大小情况，确定该指标的最大值和最小值以及可能的区间。然后基于等分原则，从高到低划分为五个等级，每个等级对应的分值区间为[0, 20)，[20, 40)，[40, 60)，[60, 80)，[80, 100]。

总结以上分析，得到交通供需水平的二级指标，如表 5-19 所列。

表 5-19 交通供需水平指标

一级指标	二级指标	单位	等级划分
路网交通流量	主(次)干路关键路段日交通流量	pcu/d	根据实际数据划分为五个等级，数值在 0～100 之间
	快速路关键路段交通流量	pcu/d	
路网容量	主(次)干道关键路段容量	pcu/d	实际应用中参考类比对象确定，数值在 0～100 之间
	快速路关键路段容量	pcu/d	

整合以上三部分内容，恶劣天气下城市路网交通拥挤风险评价指标体系是一个四层评价指标体系，评价指标同时包含定量和定性两种类型，正相关指标有恶劣天气危险性和路网交通流量，负相关指标有管理能力下的相关指标和路网容量，如图 5-15 所示。

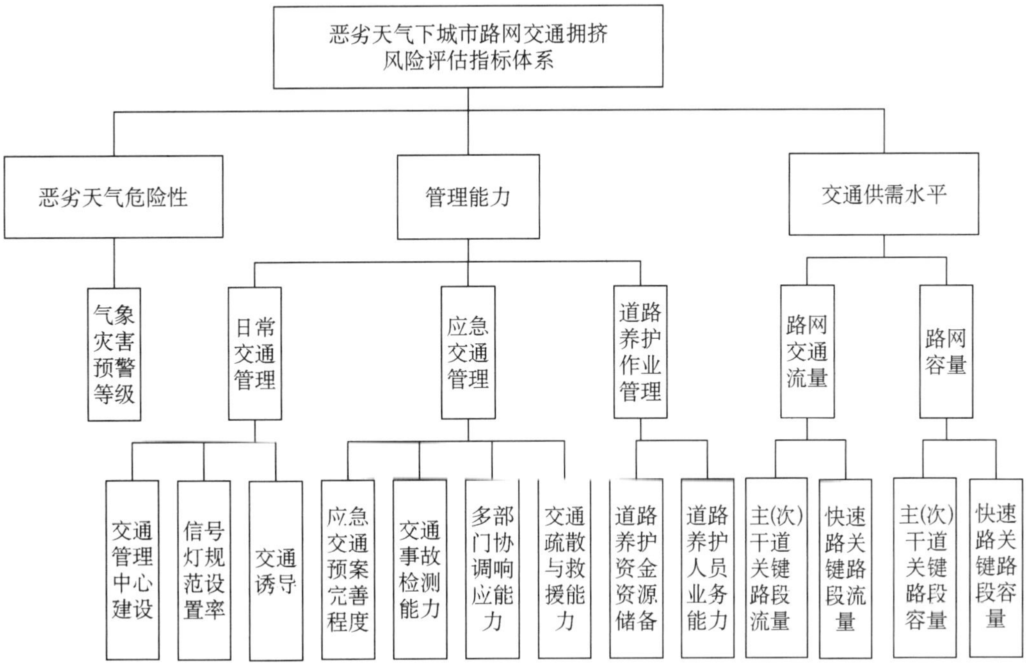

图 5-15 恶劣天气下城市路网交通拥挤风险评价指标体系

5.3.4 恶劣天气下城市路网交通拥挤风险评估方法

1. 恶劣天气下交通拥挤风险评估的要素构成

要在恶劣天气的环境中，寻找到行之有效的办法来对交通拥挤风险进行评估，必须先要确定在恶劣天气下交通拥挤风险评估的构成要素有哪些，从而才能明确评估的切入点与着力点。一般意义的风险构成要素是风险因素、风险事件和风险结果这三者，基于恶劣天气的实际特点，可以从静态和动态两个角度进行分析。

从静态角度来看，恶劣天气下城市路网交通拥挤风险中的风险因素是道路交通系统的人、车、路和管理；风险事件是各种类型各等级的恶劣天气；风险结果是大范围长时间路网交通拥挤。

从动态角度来看，从恶劣天气发生、发展到最终的交通拥挤发生、发展需要经历恶劣天气与交通系统的两个相互作用阶段：耦合阶段和衍生阶段。基于动态视角，恶劣天气下城市路网交通拥挤风险评估是在恶劣天气发生前或处于耦合阶段时，对可能诱发的交通拥挤灾害带给居民交通出行活动、交通运输部门管理活动等各个方面造成的影响和损失进行量化评价。它具体包括评估路网发生交通拥挤的可能性与恶劣天气的危险性关系、交通系统暴露度（交通系统处于有可能受到恶劣天气影响的环境）以及交通部门的应对管理水平。

2. 恶劣天气下交通拥挤风险的定义与量化模型

恶劣天气下城市路网交通拥挤风险是指在恶劣天气干扰下城市道路交通运输系统运行出现（大范围长时间）路网交通拥挤或路网交通瘫痪等现象的可能性及后果。气象灾害风险研究、交通拥挤风险研究、交通拥挤评价研究三者之间的研究定位如图 5-16 所示。气象灾害风险研究不仅分析了恶劣天气的发展规律，还包括交通拥挤损失评估，交通拥挤评价研究更关注交通拥挤出现后的实际严重程度，而交通拥挤风险研究是一种处于恶劣天气预警或发生后且交通拥挤出现之前对潜在交通拥挤可能性和后果的综合评价。

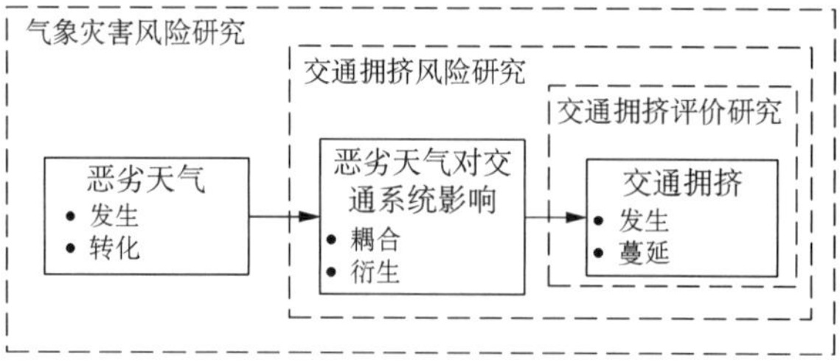

图 5-16 恶劣天气下交通拥挤风险研究定位

根据交通拥挤风险不同的时段特点和分析要求，恶劣天气下交通拥挤风险研究又可分为耦合阶段的交通拥挤风险评估和衍生阶段的交通拥挤风险预警。恶劣天气下交通拥挤风险研究的目的是对交通拥挤风险进行快速评估与动态预警，辅助恶劣天气灾时与灾后的交通应急管理和控制。

恶劣天气下路网交通拥挤风险可从两方面来量化，一是根据风险的可能性与后果包含的内容建立各自的风险指标体系并计算指标值，建立综合评价与决策模型并对比风险阈值来确定等级；二是把拥挤概率与拥挤后果集成考虑，即根据实测或理论计算分析损失后果（如延误、出行时间）的分布变化，得到集成了概率信息的后果值，比如期望值、风险值和条件风险值等。本书将两种模型分别称为分解模型和集成模型，其各自的优缺点如表 5-20 所列。

表 5-20 两种风险量化模型的特点比较

模型	分解模型	集成模型
理论完善性	较差	较好
计算复杂性	低	高
适用对象层次	路网、路段或节点	路段或节点
面向交通分析阶段	交通管理与控制	交通规划、路网设计
适用环境	风险因素多、发生概率与后果不易准确测算	后果单一且可获取其概率分布
已有相关研究	Ma Yan 等[20]提出恶劣天气下的道路运行环境风险评估；李锋等[21]提出的大城市严重交通拥堵风险评估	Xiangdong Xu 等[18]提出的均值-超额总出行时间风险指标

3. 恶劣天气下交通拥挤风险评估的流程

风险评估是一项复杂且重要的工作，是把风险理论转化为风险管理实践的一套较为系统和完整的方法论。

在逻辑上，恶劣天气下路网交通拥挤风险评估流程主要包括全面系统地识别风险源、采用定性定量的分析技术来计算风险的概率和后果、使用评价方法确定风险等级水平这三个过程，如图 5-17 所示。

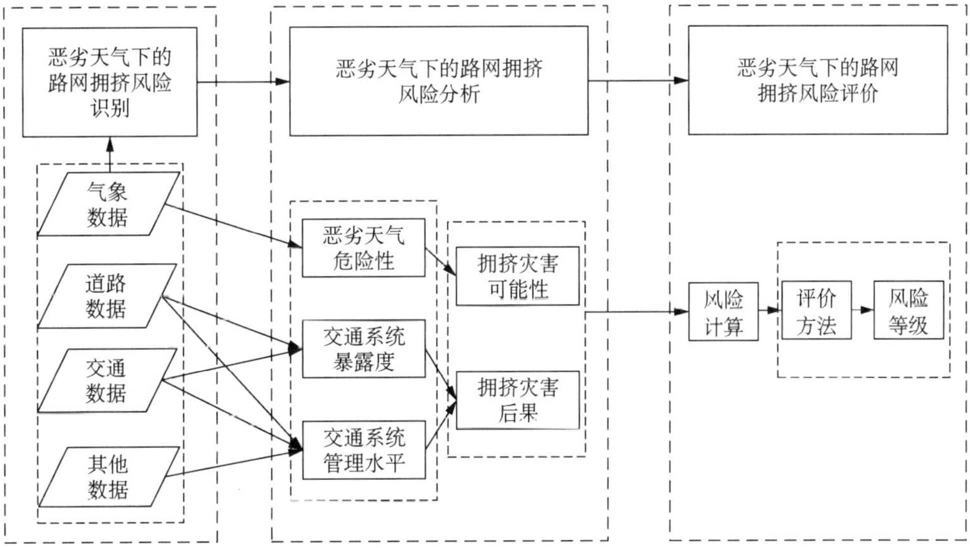

图 5-17 恶劣天气下路网交通拥挤风险评估逻辑流程

在数据处理流程上，图 5-18 给出了针对具体的评价问题的实施步骤和过程描述。

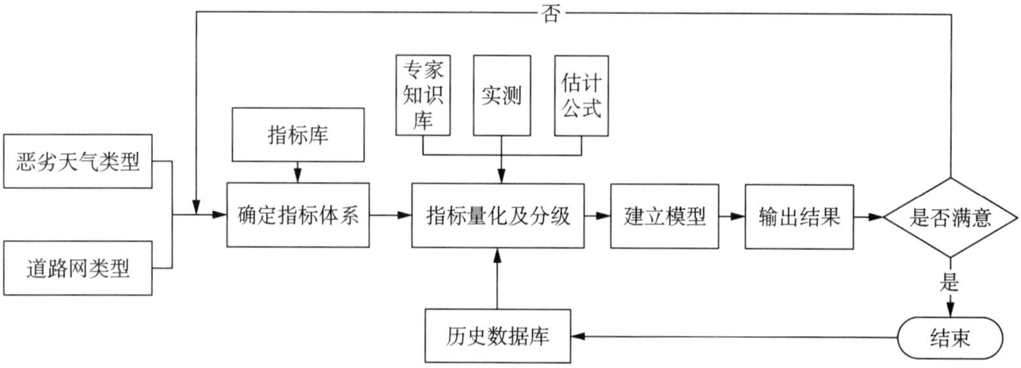

图 5-18　恶劣天气下交通拥挤风险评价数据处理流程

5.4　其他偶发交通事件

5.4.1　交通违法事件

在城市日常交通中，经常有一些违反交通法规的行为，如行人乱闯红灯、机动车抢道、违规停车等。交通参与者的违法行为是造成城市交通拥堵的重要原因之一。一方面，由于交通违法行为，正常的交通秩序受到干扰，原本不应该出现的交通冲突可能就会出现，继而引发交通延误甚至交通拥堵。另一方面，新的交通冲突的出现，为道路交通安全带来了隐患，也大大增加了交通事故的发生概率，而交通事故也是偶发性交通拥堵的重要致因。因此，本节将从引发交通事故和干扰交通秩序两方面探讨交通违法事件对城市交通拥堵的致因分析。

1. 引发交通事故致交通拥堵

本节的研究对象为驾驶人的违法驾驶行为。在我国道路事故中，驾驶人的违法驾驶行为(如超速、超载、违章变道超车、停车、倒车、逆行等)是造成道路交通事故不可忽视的一个重要致因。由于道路整体运行车速较高，其事故后果也比一般公路更加严重。

违法驾驶行为并不是一种特定的驾驶行为，而是一类驾驶行为的总称，指的是驾驶人在驾驶车辆的过程中违反相关法律法规的行驶行为。《中华人民共和国道路交通安全法》[23]对驾驶行为从法律制度层面进行了规范。在相关法律法规完善前，危险驾驶行为是违法驾驶行为的前身。道路上，车辆违法驾驶行为可以分为主动违法与被动违法两类。主动的车辆违法行为包括在道路上超速行驶、随意停车、倒车、频繁变更车道等；被动的车辆违法行为包括因为前方路况或周围车辆影响等非自身原因而不得不紧急制动或变道的情况等。其中，主动的车辆违法行为又可分为有意识与无意识两种状态。所谓无意识的主动违法，是指驾驶人并没有意识到自己的驾驶行为已经违反了相关法律法规的规定，例如新手驾驶人在驾驶不熟悉的车辆时，由于驾驶技术不佳，加上对车辆的操作习惯并不完全了解，导致可能会出现速度过快或过慢、刹车踩得过重、变道过于急促等不稳定驾驶行为，这样的违法驾驶行为在高速行驶的车流中是具有较大危险性的，但驾驶人由于本身能力有限并不会意识到这点。而有意识的主动违法则是指驾驶人故意忽略了对于驾驶安全的考虑，采取了违反法律法规的驾驶行为，如在道路上飙车、随意停车、倒车、急停刹车妨碍其他车辆行驶等。在研究违法驾驶行为时，这些行为的特征都将在车辆违法驾驶行为模型参数中得以体现。

根据2017年度公安部交通管理局编制发布的《中华人民共和国道路交通事故统计年报》[24]，2017年道路事故主要原因统计数据如表5-21所列。

表5-21　2017年道路事故主要原因统计数据

类型		事故数/起	
		数量	占总数百分比
合计		8 216 431	100%
机动车违法	小计	6 423 917	78.18%
	超速行驶	38 497	0.47%
	酒后驾驶	9 893	0.12%
	逆向行驶	67 233	0.82%
	疲劳驾驶	15 422	0.19%
	违法变更车道	528 181	6.43%
	违法超车	68 128	0.83%
	违法倒车	270 536	3.29%
	违法掉头	108 188	1.32%
	违法会车	145 430	1.77%
	违法牵引	583	0.01%
	违法抢行	103 488	1.26%
	违法上道路行驶	87 897	1.07%
	违法停车	55 135	0.67%
	违法占道行驶	144 016	1.75%
	违法装载	20 666	0.25%
	违法装载超限及危险品运输	9 907	0.12%
	违反交通信号	157 831	1.92%
	未按规定让行	766 960	9.33%
	无证驾驶	48 936	0.59%
	不按规定使用灯光	2 948	0.04%

（续表）

类型		事故数/起	
		数量	占总数百分比
机动车违法	铁路道口或渡口	5 226	0.06%
	在同车道行驶中，不按规定与前车保持必要的安全距离	324 645	3.95%
	其他影响安全的行为	3 444 171	41.92%
机动车非违法过错	小计	1 301 574	15.84%
非机动车违法	小计	455 974	5.55%
行人乘车人违法	小计	11 038	0.14%

从表 5-21 可以看到，机动车的违法行为是高速公路事故的主要原因。超速行驶是典型的机动车违法行为，在高速公路事故总数中占 0.47%。未按规定让行、违法变更车道、在同车道行驶中不按规定与前车保持必要的安全距离是所有违法驾驶行为中导致事故最多的几种行为。而超速行驶往往伴随着强制变道和未保持安全距离，因此本节选取超速行驶作为违法驾驶行为的研究对象。

另外，高速公路中车辆大多保持着较高的行驶速度，当有车辆行驶速度较慢且长时间保持该行驶状态不变时，慢速车辆对高速公路的通行能力会产生瓶颈效应。加之违法停车和违法占道行驶也是高速公路事故的主要致因。所以与超速驾驶行为对应的，本节选取慢速驾驶行为和突然停车行为作为违法驾驶行为研究的另外两个对象。

在仿真实验中分别加入不同的违法驾驶行为，对比加入前后仿真实验道路高风险状态数量的变化。将相同流量总量的 50 个重复实验的结果进行平均，得到正常车流状态与加入违法车辆后车流状态道路高风险状态数量的对比，如表 5-22 所列。

表 5-22　　违法车辆加入前后道路高风险车流状态数量的对比

交通流	正常	超速 25%	超速 50%	慢速 25%	慢速 50%	停 5 s	停 10 s	停 20 s	停 40 s
低密度	9.34	9.78	9.38	9.52	19.56	9.98	14.58	14.4	14.82
中等密度	45.46	48.38	49.56	57.68	65.86	136.02	155.28	155.12	156.96
高密度	33.52	37.48	41.34	61.72	107.4	104.96	105.52	106.46	106.17

从表 5-22 可以看出，不同违法行为对车流运行风险的影响程度也不尽相同。从驾驶行为逻辑上来说，三种驾驶行为对交通流的影响方式存在差异。超速车辆为了保证其自身达到期望速度可能需要频繁变换车道，在换道的过程中会对后方车辆造成影响。慢速车辆在道路中行驶时因为其自身惰性占用车道，从而会降低道路的通行能力。突然停车行为则可分为两个阶段来看：第一个阶段是车辆制动到停止前，此阶段违法行为对车流的影响源于前车突然减速导致跟随车辆减速；第二个阶段是车辆保持停止状态的时间，该阶段违法行为对车流的影响是由于车辆停止侵占车道导致道路通行能力下降。

从驾驶行为逻辑上来看，三种驾驶行为对交通流的干扰程度都将随车流密度的增加而增加，而在三种驾驶行为中，慢速行驶和突然停车将会对车流运行的整体状况造成影响，而超速行驶对于车辆本身的风险则更大。

从仿真结果来看，整体上，随着违法驾驶行为程度的增加，其对车流运行风险的影响也越大（如慢速 50%行为带来的影响均大于慢速 25%带来的影响），以下在不同的交通流密度条件下分别对其进行分析。

在低密度交通流状态下，超速对路段车流运行风险的影响较小，和正常交通流状态下的高风险状态数量相差无几，慢速 50%导致的道路高风险状态数量增加量为几种违法行为中最多的。突然停车 5 s 导致高风险状态数量轻微增加，停车 10 s 导致的道路高风险状态数量增加量比 5 s 要高，但超过 10 s 后，停车 20 s 和 40 s 导致的道路高风险状态数量增加量未有显著变化。之所以会出现这种情况，主要是因为在低密度交通流状态下，车辆间的车头时距较大，超速行驶具有“见缝插针”的特性，这种情况下对交通流的扰动较小；对于突然停车且停车时间较短时，可能后方在停车时间内并未产生车辆，所以对交通流的影响较小，而当突然停车且停车时间较长时，则会对道路的通行能力造成影响，但后方车辆在行驶过程中可以比较自由地换道，而且车辆在突然制动前和重新启动后行驶特征与正常车辆无异，所以停留时间的长短对车流运行风险的影响并不显著；对于慢速行驶车辆来说，由于车辆在整个行驶过程中始终保持着很低的行驶速度，在计算碰撞概率风险时会导致后方车辆碰撞概率增加，另外，慢速车辆降低了道路的通行能力，一定程度上增加了道路的交通流密度，所以导致了最大的高风险状态数量增加。

在中等密度交通流状态下，突然停车对车流运行风险的影响最大，有超速车辆的场景高风险状态数量相比正常交通流状态增加了近 10%，而有慢速车辆的场景则增加了约 40%。突然停车极大地增加了高风险状态的数量，停车 10 s 时带来的影响稍稍大于停车 5 s，但是当停车 10 s 以上时，违法驾驶行为带来的影响并没有显著差异。出现这些情况的原因主要有以下几点：①超速行为往往伴随着频繁换道，甚至强行换道。在交通流密度比较大的情况下，频繁换道甚至强行换道，这种行为往往给后方车辆的正常行驶带来影响；②对于慢速驾驶行为，后车可以在合适的条件下选择换道来达到期望速度；③对于突然停车的行为，在车流密度达到一定水平时，其产生的交通波对后方车辆的影响很大，但是当停车时间超过一定时长后，该行为带来的影响则不再是偶发干扰，而是对道路通行能力产生了持续性的影响，后方车辆将采取相应的措施来应对，所以当停车时间超过 10 s 后场景高风险状态数量并未有显著增加。

在高密度交通流状态下，超速仍然是众多违法驾驶行为中导致高风险状态数量增加最少的，而慢速 50%导致的高风险状态数量增量略微高于突然停车，突然停车的停车时间与高风险状态数量的增加之间已不再有显著关系。在车流密度很大的情况下，当前方存在慢速车辆时，后方车辆在行驶过程中寻求变换车道以达到期望速度将变得非常困难，强行换道会产生较大的风险，加之慢速车辆在其整个行驶过程中始终保持着非常低的行驶速度，属于“移动瓶颈”，所以相比突然停车，慢速车辆带来的风险会显著增加。而之所以出现突然停车行为导致停车时间增加但高风险状态数量不显著变化的情况，主要是因为在车流密度很大的情况下，突然停车对后方车流产生的扰动主要源自减速停车操作这一偶发干扰，而非停车时间这一持续性状态。

2. 干扰交通秩序引发交通拥堵

驾驶人的违法驾驶行为会严重干扰正常的交通秩序，对其他驾驶人的正常行驶造成困扰。此处重点选取慢速行车作为研究对象，在 AIMSUN 仿真中，建立仿真路网模型，双向四车道，设计行车速度为 120 km/h，路段上无出入口接入。检测器之间的间距为 0.5 mi(约 800 m)，路段上共布置 10 个检测器。检测器的数据采集间隔为 30 s，采集的数据包括速度、占有率和流量。分别在交通流量为 2 000 pcu/h，3 000 pcu/h 和 4 000 pcu/h 三种场景下，加入慢速行车行为，每个场景重复实验 10 次，计算该路段 10 次实验的平均速度，得到各流量条件下平均速度的变化情况如图 5-19 所示。实验表明，慢速行车会导致路段内平均车速降低，尤其在流量较高的情况下，平均速度降低甚至可达 12.2%。

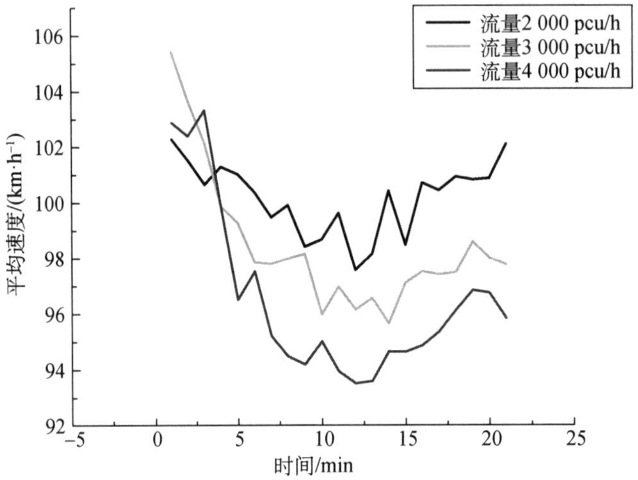

图 5-19　不同流量条件下慢速行车对路段平均速度的影响

5.4.2　运输中危化品泄漏事件

1. 危化品定义

危险化学品指有爆炸、易燃、毒害、腐蚀、放射性等性质，在运输、装卸和储存保管过程中，易造成人身伤亡和财产损毁而需要特别防护的物品，简称危化品，主要包括爆炸品、压缩气体和液化气体、易燃液体、易燃固体、自燃物品和遇湿易燃物品、氧化剂和有机过氧化物、毒害品、放射性物品和腐蚀品八类。在我国，危化品运输环节是导致事故数和死亡人数上升的第二大环节，仅次于生产环节。

2. 危化品泄漏原因

一般而言，引发危化品运输事故主要有两种情况[25]：

(1) 交通事故衍生事故:危化品运输车辆在执行运输任务时因发生碰撞、刮擦以及侧滑翻倾等交通事故,并由此引发危化品的燃烧、爆炸和毒物扩散等。

(2) 非交通事故衍生事故:危化品运输车辆在执行运输任务时由于车体自身以外原因发生的事故,如安全附件失效、罐体非撞击性损坏或危化品自行起火等。

道路运输有行车速度快、车流量大等特点,而危化品本身又具有扩散快、易污染、危害大等特性,所以危化品运输车辆常常被看作是动态的不确定危险源[26],一旦发生事故,容易引起危化品泄漏、燃烧、爆炸等严重后果,同时也会对周围环境造成污染,并且引起交通堵塞[27]。危化品运输事故往往伴随着长时间、大范围的交通拥堵,而且由于现场组织无序,应急救援车辆通行受阻,救援力量到场时间加长,使得现场交通拥堵进一步加剧。

3. 危化品泄漏与交通拥堵之间的关系

运输过程中,危化品泄漏事件对交通拥堵的致因主要有三方面。

1) 造成瓶颈效应

危化品泄漏事故现场,事故车辆滞留,占用车道,导致道路通行能力下降。另外,由于固体,特别是液体、气体的泄漏,现场隔离范围较一般交通事故要大,会造成严重的瓶颈效应。

2) 应急救援困难加重交通拥堵程度

目前,在我国危化品道路运输事故应急救援中存在较多问题,致使危化品泄漏事故持续时间较长。救援问题可以归结为以下三类。

(1) 救援队伍响应时间过长

危化品事故现场由于出现交通瓶颈,通行能力下降,应急救援到场受阻,响应时间也会延长。根据近三年北京市危化品运输事故统计结果显示,在发生的27起事故中,有23起事故的救援等待时间超过1 h以上。

此外,危化品道路运输事故救援力量单一、事故信息报送不畅也是造成救援响应时间过长的重要原因。

(2) 应急救援物资匮乏

危化品泄漏事故往往会引起爆炸、火灾,而危化品运输事故发生地点常处于偏远地区,难以持续提供灭火剂。首先面临的问题就是水源短缺。当发生危化品燃烧事故时,救援队伍只能使用消防车自备水源。即使事故现场附近有水源,往往因为隔离带等的阻碍,造成取水困难。其次是救援人员没有了解运输介质的理化性质,使得运往现场的救援物资无法发挥作用,曾有电石起火调集消防水车的反面案例。同时,车载特殊灭火剂由于剂量小,往往不能满足救援需要,在救援现场作用甚微,反而可能影响整个救援工作的开展。另外,高速公路所穿区域发展不一,有些地区甚至存在消防站建设和相关物资储备严重滞后,或救援人员对现有装备性能不清、操作不熟的情况。

(3) 应急救援机制不健全

目前,我国危化品道路运输事故应急救援体系仍存在诸多问题,比如应急救援力量分散、联动救援机制不佳、涉及部门或环节过多而执法难度大等。这为危化品泄漏救援带来巨大难度。

3）破坏道路基础建设

火灾、爆炸等会对道路基础设施造成破坏，在较长的一段时间内会影响事故地点的道路通行能力。例如，2013 年 2 月，一辆运输烟花爆竹的大货车行至连霍高速公路河南三门峡市渑池段义昌大桥时发生爆炸，导致该桥南半幅桥面垮塌，部分车辆和人员坠落桥下，最终造成 9 人死亡、11 人受伤[28]。

5.4.3 城市公共安全事件

城市公共安全事件主要分为四类。

(1) 自然灾害：风灾、水灾、火灾、雪灾、地震、泥石流、海啸等；

(2) 事故灾难：各类生产安全事故，如交通运输事故、公共设施事故、环境污染、核事故等；

(3) 公共卫生事件：食品中毒、传染病流行事件等；

(4) 社会安全事件：恐怖袭击、信息安全、金融安全、经济安全、群体性事件等。

城市公共安全事件对交通拥堵的致因有两方面：一方面，由于自然灾害、交通运输事故、公共设施事故、恐怖袭击等事件，道路现有设施被破坏，导致通行能力下降；另一方面，由于公共安全事件的发生，短时间内产生大量交通需求，原本城市交通的供需平衡被打破，故易在短时间内产生严重的交通拥堵。

本节参考华北电力大学任薛动构建的大停电社会安全评估模型[29]，选取较为典型的城市大规模停电事故，分析其造成的交通拥堵风险。

1. 大停电事故

大停电发生后，由于路网交通信号灯系统备用电源的配备率不足，或大停电事故持续时间超出信号灯备用电源后备时间等，路网交通信号灯系统极易发生停运。在一些交通流量较高的交叉口，由于信号系统瘫痪，行驶车流不得不降低车速缓慢通过，随着停电时间的增加，各交叉口的车辆排队长度会持续增加。当缺少交警有效疏散时，交通拥堵可能会持续扩散，甚至引发停电区域交通路网体系的瘫痪。如 2002 年巴西“1·21 大停电”事故，巴西圣保罗及里约热内卢两大核心城市在停电事故发生后，城市的交通灯全部熄灭，停电 2 h 后直接致使圣保罗市内 21 个街区范围内的交通系统瘫痪，导致交通拥堵十分严重。2005 年，莫斯科“5·25 大停电”事故直接导致莫斯科中屯、街区总计 236 个交通灯熄灭，43 条地面公交线完全停运，整个市区处于严重拥堵状态长达 4 h。

在大停电交通拥堵度评估中，由于现有的交通拥堵模型是基于交通信号灯正常工作条件下进行研究的，因此并不适用于大停电后的交通拥堵评估。以下采用最基本的调查法作为大停电后交通流运行规律分析的基础，通过采集数据和调研录像来完成大停电对各等级路段平均速度的影响分析，从而建立各等级路段在大停电后速度的下降率与停电持续时间之间的函数关系，并在此基础上，通过车辆行驶里程(Vehicle-Kilometers of Travel, VKT)对各等级路段进行加权，得到整个停电区域路网的平均车速，以此评估大停电后的交通拥堵程度。

2. 大停电对各等级路段平均车速的影响分析

采用最基本的调查法作为交通流运行规律分析和研究的基础。通过采集停电期间、信号灯系统停运情况下，不同等级路段车辆的行驶速度等数据，采用曲线拟合的方法建立关系模型，探究各等级路段在大停电后速度的下降率与停电持续时间之间的函数关系。

大停电对路网的影响主要集中在设置了信号灯的交叉口的主干道、次干道和支路上。这里针对深圳 2012 年 4 月 10 日晚 8 时的大停电事故对交通的影响进行分析。

1）深圳大停电事故

2012 年 4 月 10 日晚 8 时，由于深圳市 500 kV 变电站设备故障，导致多区域同时出现大规模停电，停电损失负荷 76×10^4 kW，停电用户 16.8 万。这次事故引发了福田、罗湖、龙岗等多区域大面积停电，停电持续时间超过 2 h，停电覆盖范围内大量交通信号灯熄灭，对道路交通造成了严重影响，本次大停电事故停电时间为 20:30—22:30。

停电范围内所涉及的城市道路包括：主干道 10 条（深南大道、沿河大道等）、次主干道 15 条（华丽路等）、支路 20 条（凤凰街等）。

2）大停电速度折减模型

停电范围内各等级道路交通流数据从深圳市交通运输委员会处获得。数据显示，平峰期发生大停电事故后，随停电事件的增长，各级道路平均车速呈现明显的下降趋势，停电时间增长到一定程度后，平均车速下降减慢，停电 2 h 后，主干道平均车速下降率超过 70%，次干道约为 65%，支路约为 56%。

经过拟合回归分析，各级道路在大停电期间平均车速下降随时间的变化曲线为

主干道： $$Y=-0.128\ln(X)-0.125\,6,\ R=0.978\,9 \tag{5-59}$$

次干道： $$Y=-0.101\ln(X)-0.172,\ R=0.854\,2 \tag{5-60}$$

支路： $$Y=-0.084\ln(X)-0.169\,9,\ R=0.895\,7 \tag{5-61}$$

式中 Y—— 平峰期各级道路平均车速变化率；

X ——停电持续时间，min。

拟合曲线如图 5-20 所示。

3）基于 VKT 加权的大停电后路网均速模型

基于各等级道路大停电期间速度下降模型，选取车辆行驶里程（VKT）对各等级道路进行加权以获取路网平均速度，从而可以对大停电后路网体系交通拥堵度实现量化评估。

交通拥堵具有一定的时空特性，在空间上体现为拥堵影响范围，一般采用受拥堵影响的路段长度比例来量化。车辆行驶里程（VKT）是指路段上平均车流量和路段长度的乘积，既能体现道路交通强度，又能反映人们对于道路的需求状况，是从空间角度反映交通拥堵的一项重要指标。

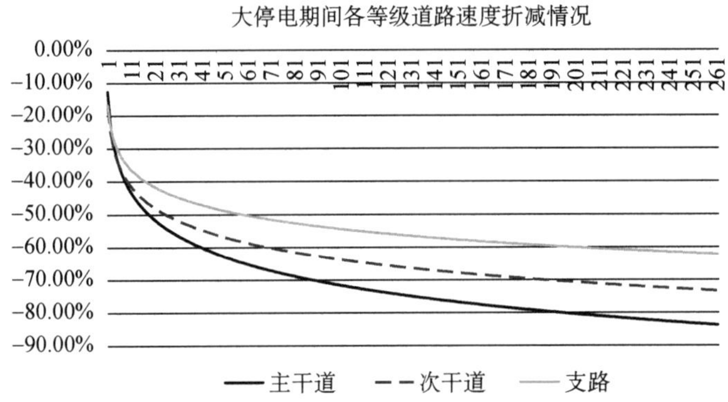

图 5-20　深圳大停电期间各等级道路速度折减情况

对于某一等级的道路而言，在统计时间内的车辆行驶里程计算方法见式(5-62)：

$$VKT_k = n \times q_k \times L_k \tag{5-62}$$

式中　VKT_k—— 第 k 条基本路段在统计时间内的车辆行驶里程，km；

n—— 第 k 条基本路段的平均车道数，条；

q_k—— 第 k 条基本路段在统计时段内的单车道平均交通量，pcu/h；

L_k—— 第 k 条基本路段长度，km。

利用前述量化模型求出各等级路段的平均车速 V_k 后，以 VKT_k 作为权重，由式(5-63)得到整个路网体系的路网平均速度 V：

$$V = \frac{\sum_{k=1}^{n} VKT_k \times V_k}{\sum_{k=1}^{n} VKT_k} \tag{5-63}$$

搜集并整理得到深圳市主要道路平均车速、小时交通量、车道数及路段长度信息，并根据该信息计算得到各路段权值。运用上述不同等级道路在大停电下速度变化率与停电持续时间的关系模型，分别计算深圳市路网中各条道路在停电 4 h 后的实时车速。将区域大停电 4 h 后各等级道路平均车速值与相应权值代入式(5-63)中，求得停电区域内停电 4 h 时路网平均速度：

$$V = \frac{\sum_{k=1}^{n} VKT_k \times V_k}{\sum_{k=1}^{n} VKT_k} = 14.3\ \text{km/h}$$

根据北京市质量监督局发布的《城市道路交通运行评价指标体系》[30]，给出了评估我国各等级道路拥堵程度的平均行程速度等级划分标准，将各等级道路(主干道、次主干道、支路)拥堵等级划分成非常畅通、畅通、轻度拥堵、中度拥堵和严重拥堵五个等级。在此基础上参考北京、深圳的交通指数概念，利用 VKT 对各等级道路进行加权，给出了适用于整个路网的均速等级标准，从而对应给出各拥堵等级的标准，如表 5-23 所列。

表 5-23 交通拥堵划分标准

道路等级	平均行程速度/(km·h^{-1})				
	非常畅通	畅通	轻度拥堵	中度拥堵	严重拥堵
路网均速	(41, +∞)	(28, 41]	(19, 28]	(11, 19]	[0, 11]

所以，深圳市本次大停电导致的路网拥堵度对应为中度拥堵等级。

参考文献

[1] 北京市大型社会活动安全管理条例[J].现代职业安全，2005(11)：9-15.

[2] 西宁市人民政府.西宁市大型活动治安管理办法[Z]. 1999.

[3] 河南省公安厅.关于印发《关于做好大型活动安全保卫工作的意见(试行)》的通知[Z]. 2007.

[4] ZHANG Y. Modeling traffic impact under special events[D]. Ohio: University of Akron, Department of Civil Engineering, 2003.

[5] 沈静.高速公路事故风险实时预测及事后时空影响分析[D].南京：东南大学，2017.

[6] 臧金蕊，宋国华，万涛，等.交通事件下快速路拥堵蔓延消散时空范围模型[J].交通运输系统工程与信息，2017，17(5)：179-185，213.

[7] 李硕，宋志勇.动态宏观路段行程时间模型研究[J].武汉理工大学学报(交通科学与工程版)，2004，28(6)：887-890.

[8] 杨少辉，马林，王殿海，等.城市快速路停车波模型修正[J].吉林大学学报(工学版)，2008，38(4)：808-811.

[9] 孙宇星，陈德望，吴建平.北京市快速环路速度-密度模型研究[J].北京交通大学学报，2004，28(6)：70-73.

[10] 董宪元.高速公路交通事故影响预测及应急措施决策方法研究[D].上海：同济大学，2009.

[11] 周郑芳.顾及气象要素的道路通行分析应用研究[D].郑州：解放军信息工程大学，2009.

[12] 柳本民.灾害性天气下高速公路运行安全控制技术研究[D].上海：同济大学，2008.

[13] PISANO P, HOLM P, COLYAR J, et al. Identifying and assessing key weather-related parameters and their impacts on traffic operations using simulation [C]//Proceedings of 2002 Institute of Transportation Engineer Annual Meeting, 2003.

[14] 黄芳.物流网络运作风险评估与预警研究[D].北京：北京交通大学，2010.

[15] 中国气象局预测减灾司.突发气象灾害预警信号[M].北京：气象出版社，2005.

[16] GOPALAKRISHNA D, CLUETT C, KITCHENER F, et al. Developments in weather responsive traffic management strategies[R]. United States. Joint Program Office for Intelligent Transportation Systems, 2011.

[17] 中华人民共和国公安部交通管理局，中华人民共和国建设部城市建设司.城市道路交通管理评价指标体系[S].北京，2008.

[18] 中华人民共和国公安部,中华人民共和国建设部.2003 年全国城市道路交通管理“畅通工程”总体方案[Z]. 2003.

[19] 邵敏华.网络交通评价方法、指标体系及影响因素研究[D].上海:同济大学,2006.

[20] MA Y, GUO Z-Y, GUO H, et al. Risk Assessment of Road Operation Environment under Atrocious Weather Condition [C]. ICCTP 2009: Critical Issues In Transportation Systems Planning, Development, and Management, 2009.

[21] 李锋,陈永茂.大城市严重交通拥堵风险评估与应对策略[J].城市交通,2011,9(2):15-21.

[22] XU X, CHEN A, CHENG L, et al. Modeling distribution tail in network performance assessment: A mean-excess total travel time risk measure and analytical estimation method [J]. Transportation Research Part B: Methodological, 2014, 66: 32-49.

[23] 中华人民共和国道路交通安全法[M].北京:中国法制出版社,2017.

[24] 中华人民共和国公安部交通管理局.中华人民共和国道路交通事故统计年报[R].北京:公安部交通管理局,2017.

[25] 杨小昌.危化品道路运输风险评估、过程监测与应急救援系统设计[D].广州:华南理工大学,2016.

[26] 赵来军,吴萍,许科.我国危险化学品事故统计分析及对策研究[J].中国安全科学学报,2009,19(7):165-170.

[27] 陈涵.危化品道路运输事故应急救援问题研究[D].北京:首都经济贸易大学,2015.

[28] 李婷.关注危化品物流运输的事故隐患与治理对策[J].今日农药,2018(2):36-41.

[29] 任薛东.大停电社会安全评估[D].北京:华北电力大学,2016.

[30] 北京市质量技术监督局.城市道路交通运行评价指标体系:DB11/T 785—2011[S]. [S. l.]:[s. n.], 2011.

6 交通拥堵风险防控体系

本书第 1—5 章介绍了交通拥堵风险的识别与评估。在此基础上，随之而来的问题便是交通拥堵风险防控。本章主要介绍如何建立交通拥堵风险防控体系，后续第 7—9 章将对相关策略与方法展开详细论述。

交通拥堵风险防控是一个系统工程，涉及道路的规划、设计、管理等各个阶段，构成了一个完整的层次体系，如图 6-1 所示。本章从网络规划、设施设计、运行管控三个层面对交通拥堵风险防控体系展开分析。

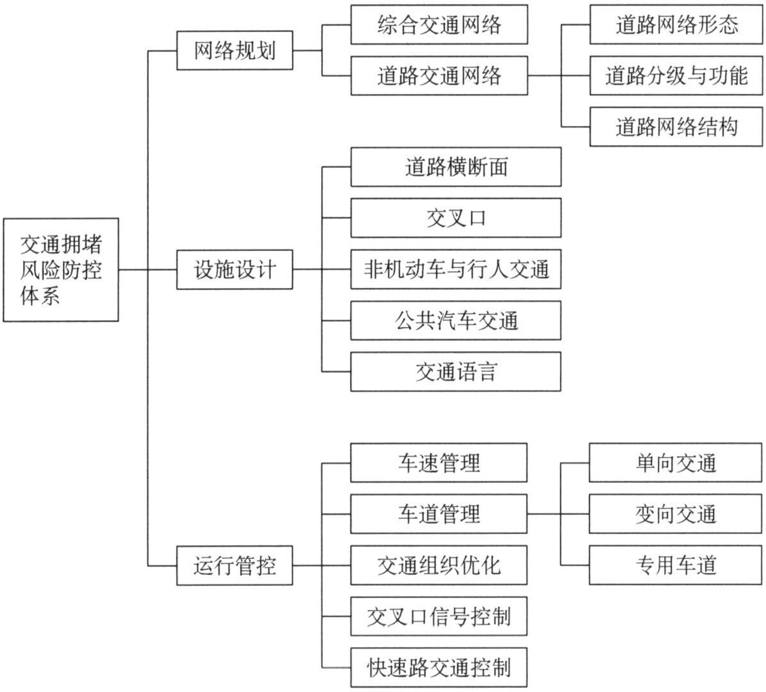

图 6-1 交通拥堵风险防控体系

6.1 网络规划

“网络”是一个交错或交叉状的织物线或交叉的系统。交通网络是各种交通工具运行及转换的基础设施，由道路交通网络、公共交通网络等多层网络叠加而成。

交通网络是交通系统的基本要素，人、货物、车辆的移动均在交通网络中完成。对于交通网络进行合理规划是实施科学的交通设计、管理、控制、营运的前提，也是交通拥堵风险防控的基础。

6.1.1 综合交通网络

从基础设施角度来看，城市(市内)综合交通包括城市道路交通、城市轨道交通和城市水上交通等，其中以城市道路交通和城市轨道交通为主体。本书所讨论的交通拥堵风险防控主要指城市道路交通，而综合交通网络的完善与否必然会对城市道路交通网络产生影响，因此有必要对城市综合交通网络做一些探讨。

城市综合交通网络规划包括以下内容：

(1) 确定城市公共交通系统中各种交通的衔接方式以及大型公共换乘枢纽和公共交通场站设施的分布和用地范围；

(2) 确定各级城市道路红线宽度、横断面形式、主要交叉口形式和用地范围，以及广场、公共停车场、桥梁、渡口的位置和用地范围；

(3) 平衡各种交通方式的运输能力和运量；

(4) 对网络规划方案做技术经济评估；

(5) 提出交通建设项目排序及分期建设的建议。

城市综合交通网络规划应建立完善的交通系统，全面协调各种运输方式之间的关系，且要有利于防控交通拥堵风险，避免埋下交通拥堵问题的隐患。为此，应合理规划各种交通出行方式的分担率，并以此为基础确定各类交通设施的建设与用地比例。参考东京、纽约、巴黎、伦敦四大世界级都市，从都市圈、中心城区和核心区三个层面分析其交通出行结构，如图 6-2 所示[1]。

从都市圈到中心城区再到核心区，个体机动交通所占比例逐渐下降，公共交通及非机动化交通逐渐占据主导地位。以东京区部为例，其公共交通出行分担率高达 51%，小汽车出行分担率只有 11%，因此虽然其人口密度高达 1.43 万人/km^2，但交通拥堵问题并不突出。我国大城市交通规划虽然不能照搬任一模式，但以公共交通为导向的规划理念是应该始终得到坚持和贯彻的。

此外，各种交通方式之间的换乘衔接也是进行城市综合交通网络规划时需要重点考虑的问题。例如，为了引导公共交通出行，建议推广停车换乘(Park and Ride，P+R)模式，在大型公共交通枢纽附近规划 P+R 停车场，加强道路交通网络与轨道交通网络的有机联系，为发展多模式交通奠定基础。

6.1.2 道路交通网络

1. 道路网络形态

城市中不同等级与功能的道路交织在一起，形成道路交通网络。通常将道路网络的布局形态分为方格网式、环形放射式、自由式和混合式，如表 6-1 所列。

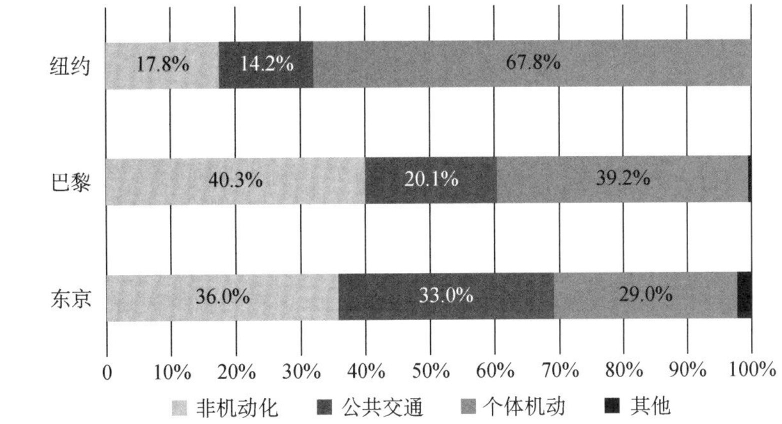

（a）都市圈

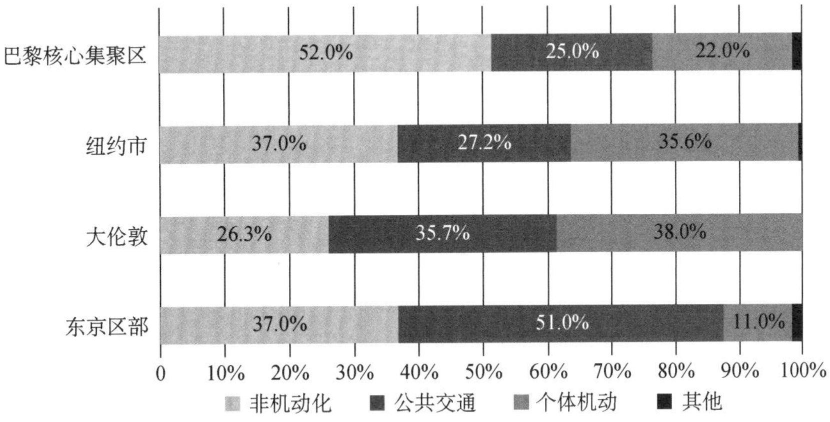

（b）中心城区

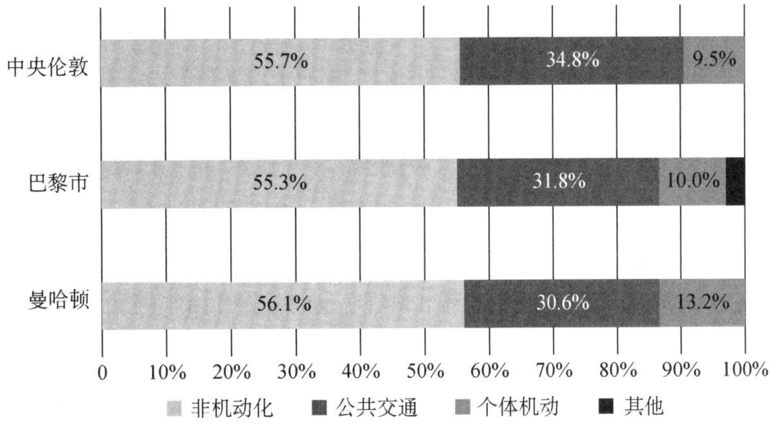

（c）核心区

图 6-2 东京、纽约、巴黎、伦敦的交通出行结构

表 6-1　　道路网络布局形态

形态	图示	特征	代表城市
方格网式	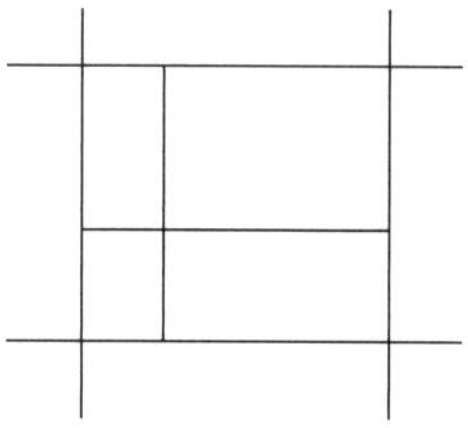	类似棋盘，道路布局严整、简洁，网络交通分布均匀	西安
环形放射式	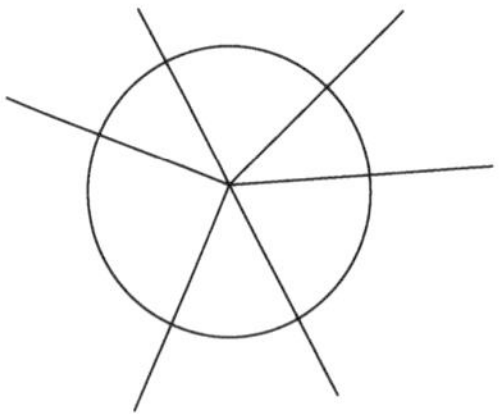	由以城市中心为圆心的几条环线和城市中心向四周的若干放射线组成	成都
自由式	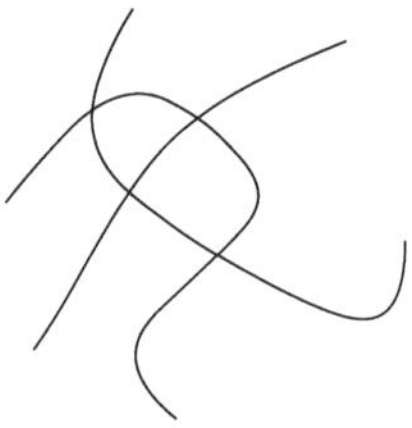	通常由于地形起伏变化较大，道路结合自然地形呈不规则状布置而成	重庆
混合式	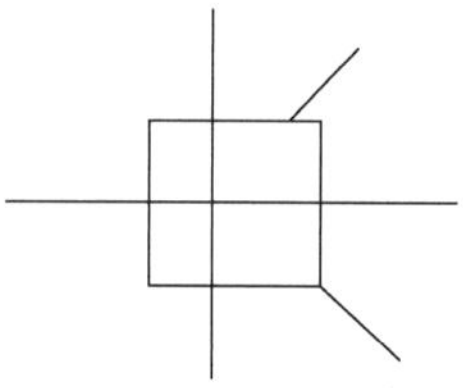	以上几种形式的组合	北京

不同的路网形态具有不同的交通拥堵特征。研究表明，环形放射式路网比方格网式路网更容易产生交通拥堵和拥堵闭环；当路网交通负荷增加时，方格网式路网拥堵规模的增长率高于环形放射式路网；环形放射式路网的最大拥堵规模随交通需求先呈线性增加而后趋于平缓，而方格网式路网的变化趋势整体上呈 S 形，二者最终趋于相同。在整体性能上，方格网式路网要优于环形放射式路网，但其拥堵规模增长迅速，如果交通管理措施不及时，容易导致短时间内路网的大面积瘫痪[2]。因此，在城市路网规划布设中，应综合考虑这两种路网各自的优势，在方格网式路网中增加环路，以降低拥堵规模的增长速度，为交通管理措施的调整赢得时间。

2. 道路分级与功能

将道路按功能进行分类和分级是道路网络规划的基础。《城市综合交通体系规划标准》(GB/T 51328—2018)[3]按照城市道路所承担的城市活动特征，将城市道路分为干线道路、支线道路以及联系二者的集散道路三个大类；城市快速路、主干路、次干路和支路四个种类和八个小类。不同等级道路的功能如表 6-2 所列[4]。

表 6-2　　各等级道路的功能

道路等级	快速路	主干路	次干路	支路
区位特征	非相邻组团间及城市对外交通	邻近组团间及中心组团间交通	组团内部交通	片区内部
功能及特性	高速 交通性 通过性 长距离 可达性弱 隔离性强 兼有货运 交叉口间距大 机动车流量大 不直接为两侧用地服务		低速 生活性 集散性 短距离 可达性强 隔离性弱 客运 交叉口间距小 非机动车流量大 直接为两侧用地服务	

在进行道路网络规划时，必须根据各条道路的功能定位来确定其等级，避免道路等级与其功能不匹配。例如，对于承担中、长距离交通联系功能的主干路，如果在其沿线设置过多的客流集散点而又缺少必要的隔离措施，势必将影响其高速性和畅通性，进而容易造成交通拥堵。

3. 道路网络结构

城市道路网络必须具有合理的等级结构以及衔接方式，以保障各类交通流由低一级道路向高一级道路有序汇集，以及交通流由高一级道路向低一级道路有序疏散，从而实现不同出行距离和不同类别交通的合理分流，保障道路网络的运行安全和效率。

美国城市道路网络的建议级配结构为主干路、次干路、集散道路、地区道路的长度分别占道路总长度的 5%～10%，10%～20%，5%～10%和 60%～80%。日本名古屋规划道路网的级配结构为快速路、基干道路及其他道路，长度分别占路网总长度的 3.3%，13.3%和 83.4%。国外机动化水平较高的城市，干路网规划指标大致处于同一水平，支路及以下水平道路的长度约占规划道路总长度的 80%[5]。

我国《城市综合交通体系规划标准》(GB/T 51328—2018)[3]建议不同规模城市的干线道路网络密度如表 6-3 所列。干线道路占道路总里程比例随规划人口规模略有差异，一般宜为 10%～25%，如表 6-4 所列。

表 6-3　　不同规模城市的干线道路网络密度

规划人口规模/万人	≥200	100～200	50～100	20～50	≤20
干线路网密度/(km·km^{-2})	1.5～1.9	1.4～1.9	1.3～1.8	1.3～1.7	1.5～2.2

表 6-4　　干线道路占道路总里程比例

规划人口规模/万人	<50	50～100	100～300	≥300
干线道路里程比例	10%～20%	10%～20%	15%～20%	15%～25%

道路网络的级配结构决定了道路功能搭配的合理性。国内外经验表明,从快速路至支路,路网合理的级配结构应为"金字塔"形,而我国大城市刚好相反,路网的级配结构为"倒三角"形或"纺锤"形,普遍缺少次干路或支路。由于路网级配规划不合理,交通生成点与干路系统缺乏过渡性连接设施,导致主干道交通压力过大,进而影响了道路系统的运行效率,极易形成拥堵[6]。支路系统是城市道路网络的"毛细血管",对于交通拥堵具有重要的预防和缓解作用,因此必须严格控制干路的级配比例,保证支路的级配比例达到合理水平。

此外,各级道路之间的衔接方式也应遵循一定的原则,如次要道路让主要道路、低速道路让高速道路、生活性道路让交通性道路等。应避免过多的支路与主干路相交,否则支路车流对主干路车流会造成影响,容易增加主干路车流的延误、降低主干路车流速度,并形成拥堵。

6.2 设施设计

交通设计是基于城市与交通规划的理念和成果,运用交通工程学、系统工程学与工业设计的基本理论和原理,以交通安全、通畅、便利、效率以及与环境相和谐为目标,以交通系统的资源(包括通行时间与空间资源、环境资源及投资条件等)为约束条件,对现有和未来将要建设的交通系统及其设施加以优化设计,寻求改善交通的最佳方案,精细化确定交通系统及其构成要素,特别是确定交通的通行权、通行时间与空间及其管理方案、相关设施的布局方案等;上承交通规划、下接交通设施工程设计与交通管理,指导交通设施的土木工程设计以及系统的最佳利用,具有中微观性[7]。交通设计针对的设施对象包括道路横断面、交叉口、公交设施、慢行交通设施、交通语言等。交通设计是交通拥堵风险防控的关键一环。

6.2.1 道路横断面

为了保障人行及各种车辆交通的通畅,道路横断面设计应遵循的原则有以下几个方面。

(1) 满足各种车辆和行人通行能力的要求:设计的车道数适用于道路等级及规划流量,避免因通行能力不足而引发拥堵。

(2) 高等级道路设置中央分隔带,以减少对向车辆的干扰和行人随意过街行为,减轻驾驶人的心理负担,提高车辆行驶速度和道路通行能力。

(3) 高等级道路设置非机动车道,以避免机非混行,减少机非冲突。

道路横断面的组成要素包括机动车道、非机动车道、人行道、分隔带、绿化带、公共设施带、临时停车带以及存车带等。根据《城市道路工程设计规范》(CJJ 37—2012)[8],一条机动车道的宽度推荐值为 3.25～3.50 m;非机动车道最小宽度不得小于 2.5 m;人行道最小宽度不得小于 2.0 m。如果宽度不能满足要求,不仅会影响通行的舒适性,还会影响通行的顺畅性,对拥堵风险防控是不利的。

道路横断面的设计理念通常有小汽车优先、公交优先、非机动车与行人优先三种。其中,公交优先横断面通过设置公交专用道来保障公交优先通行，同时兼顾社会车辆通行。由于公交车辆单位时间客运量大大超过小汽车的客运量，如果公交专用道能得到充分利用，公交专用道的载客效率将远远高于普通机动车道。因此，通过设置公交专用道来给予公交车辆通行优先权是国内外都积极提倡的。考虑到公交车辆一般较宽，约为 2.55 m，故公交专用道的宽度需要适当增加，合理的车道设计宽度取值如表 6-5 所列。

表 6-5 公交专用道的宽度取值[9] 单位：m

车道类型		一般值	最小值
路段	$V \leqslant 60$ km/h	3.50	3.50
	$V > 60$ km/h	3.75	3.50
交叉口进口道		3.25	3.00
交叉口出口道		3.50	3.25
车站停车道		3.00	2.75

注：V 为公交专用道的设计速度。

传统上习惯把道路横断面的形式分为一块板、两块板、三块板和四块板，如表 6-6 所列。不同的道路横断面形式适用于不同的条件，只有根据实际需求合理选取道路横断面形式，道路空间资源才能得到充分利用，发生拥堵的风险才能尽可能地降低。

表 6-6 道路横断面形式

断面形式	图示	适用条件
一块板		次干路或支路，机动车与非机动车流量不大
两块板		主干路或次干路，机动车流量较大，非机动车流量不大
三块板		主干路或次干路，非机动车流量较大
四块板		交通性主干路，机动车与非机动车流量均较大

6.2.2 平面交叉口

交叉口可分为平面交叉口和立体交叉口，本节主要讨论平面交叉口。

平面交叉口是道路的瓶颈，制约着整条道路乃至路网的服务水平。平面交叉口设计的主要目的是在通行安全和有序的前提下，充分利用其空间资源。从交通拥堵防控角度出发，交叉口的典型问题及基本对策如表 6-7 所列。

表 6-7　　交叉口与拥堵相关的典型问题及对策

典型问题	基本对策
进、出口道通行能力不匹配：进口道某一流向的车道数大于相应出口道的车道数，导致两股以上车流同时汇入一条车道，造成拥堵	增加出口车道数；优化进口道车道功能划分
进口道通行能力不足：进口车道数不足，导致排队过长，消散困难，甚至产生二次排队	对交叉口进行展宽；设置左转或直行待行区
交通流量分布不均匀：一些流向排队过长，一些流向车辆很少	优化进口道车道功能划分；优化信号配时方案
机动车与非机动车混行导致互相干扰，通行效率低下	改善非机动车过街横道；非机动车交通与行人交通一体化处理
信号周期过长导致排队过长甚至溢出，排队等待时间过长	优化信号配时方案，协调优化相位、相序及配时参数，严控周期时长

对于干路交叉口而言，为了充分利用交叉口空间资源，尽量提高交叉口通行能力，应增加机动车道数，对进、出口道进行必要的展宽设计。同时，为了使各类不同流向的交通流能在交叉口内部安全、有序、平顺、高效地通行，对于交叉口内部应进行适当的渠化设计，具体包括交通安全岛、路面标线及交通流向标志等。渠化的导流线和标志标线应清晰、简洁、明了，应将各流向交通流的非行驶面积用标线或适当的实体交通岛加以渠化。另外，交叉口内部车行道宽度应适当，避免因车道过宽而引起车辆并行、抢道等；左转待行区的转弯半径最小可采用 25 m；右转专用车道应按转弯半径大小进行车道的适当加宽设计，转弯半径一般宜采用 12～15 m，即使考虑到大车也不宜超过 20 m。

图 6-3 所示的干路交叉口设计图兼顾了安全与效率，是具有参考价值的一种交叉口设计方案。

图 6-3　干路交叉口设计示例

6.2.3 非机动车与行人交通

非机动车与行人交通是城市交通的重要组成部分。对非机动车与行人交通的有效组织与管理,不仅有利于提高非机动车与行人的通行效率,而且有利于减少它们与机动车之间的相互干扰,从而降低机动车交通的拥堵风险。

非机动车与行人交通流都具有膨胀与压缩的特性,以往的道路设计通常将非机动车和机动车设计在同一断面、同一相位内通行,忽略了二者在运行特征方面的差异,从而导致二者相互干扰、安全性差与运行效率低下等问题。

在道路资源受限,甚至是有路内停车需求的情况下,道路断面设计可以考虑将非机动车与行人交通设计在一个平面上,通过路面高差将其与机动车加以分隔,相应的道路横断面设计形式如图 6-4 所示。

图 6-4 非机动车与行人在同一平面的道路横断面设计形式

非机动车与行人交通在同一平面通行,既可互借资源,又可通过绿化把它们与机动车在空间上分开,形成柔性隔离。这样不仅能够有效地缓解路段机动车拥堵,且在交叉口处能减少冲突点,有利于非机动车与行人在交叉口内安全、通畅地行驶,两种设计模式的流线和冲突点的分布,如图 6-5 所示。

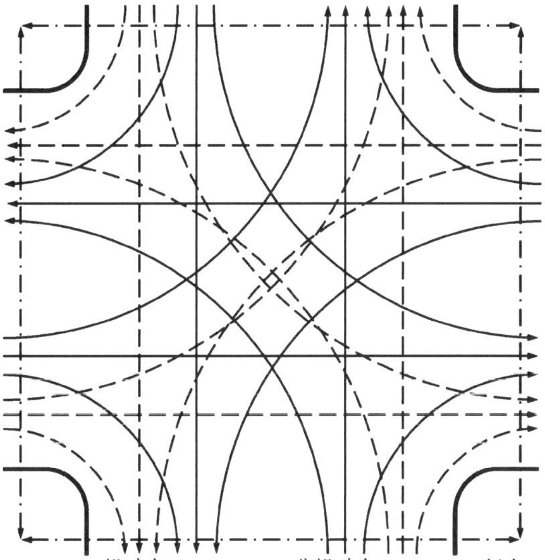

(a) 非机动车与行人不在同一平面

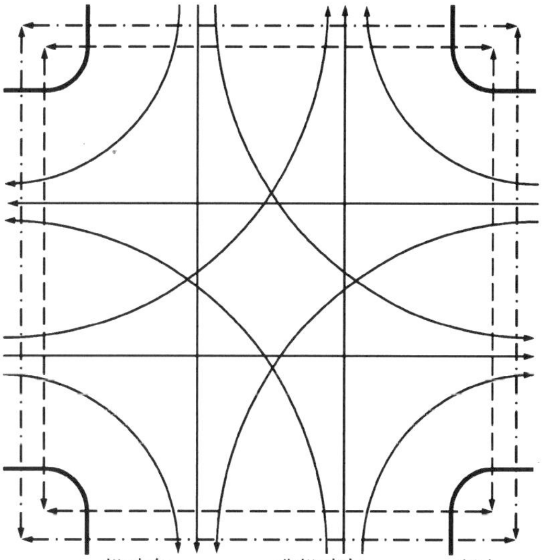

(b) 非机动车与行人在同一平面

图 6-5 不同道路横断面形式在交叉口处的交通流线分布

为了改善这种混合行驶导致的交通混乱状况,左转非机动车二次过街方式被提出。根据相邻路段的横断面形式,可考虑以下两种方案进行优化,如图 6-6 所示。

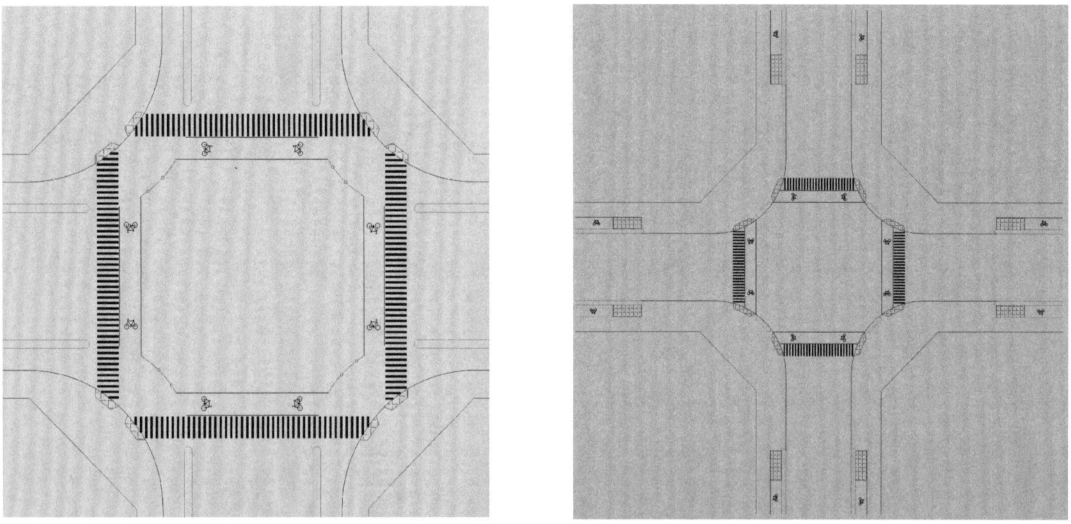

(a) 路段上非机动车与机动车不在同一平面　　(b) 路段上非机动车与行人在同一平面

图 6-6　交叉口左转非机动车二次过街设计

这种设计的基本要点是:在交叉口横向道路非机动车进口道的前面为本向进口道左转非机动车设置待行区,当绿灯启亮后左转非机动车随直行机动车行驶至该待行区内,等待相交方向直行绿灯启亮时再驶出交叉口,即变左转非机动车为两次直行。这种方式虽然增加了左转非机动车的行驶距离,但消除了左转非机动车与机动车之间的相互干扰,不仅有助于提高机动车通过交叉口的运行速度与通行能力,也能显著提高交叉口的运行安全性。

值得注意的是,这种方式要求交叉口内部非机动车左转弯待行空间满足停车需求,如果交叉口待行空间有限,该方式则不再适用。

6.2.4　公共汽车交通

与公共汽车交通相关的设施设计主要为公交停靠站设计,具体包括停靠站的位置、站台形式和规模(长度和宽度)、线路数以及站台附属设施(站牌及候车亭、隔离设施等)设计。设施设计得适当与否将直接影响公交停靠站的容量及通行能力、站台服务效率与安全。

公交停靠站台的形式有两种:一是直线式停靠站,二是港湾式停靠站,如图 6-7 所示。直线式公交停靠站即直接沿路边停靠,当道路车道数有限、交通量较大或有多条公交线路通行时,这种停靠站形式容易造成道路动态瓶颈。港湾式停靠站可以避免道路动态瓶颈的出现,但需要占用一定的土地,并需要一定的投资。从预防交通拥堵的角度考虑,直线式公交停靠站不仅对社会车辆的通行能力会有较大影响,而且也不利于公交车辆的安全停靠和顺利驶离;港湾式公交停靠站则可以减少对左侧交通的干扰,尤其对较窄的道路或饱和度较高的道路,其作用更加明显。因此，在条件允许的情况下，对于高等级道路，应尽量选择港湾式公交停靠站的形式。

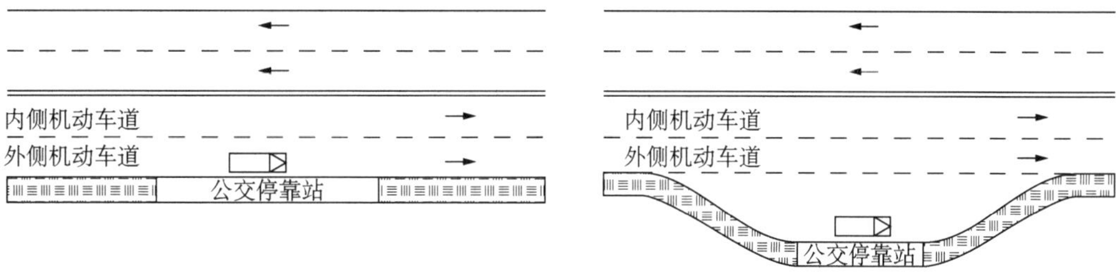

(a) 直线式公交停靠站　　(b) 港湾式公交停靠站

图6-7　公交停靠站形式

公交站点的间距需要兼顾乘客的便利性和公交运行效率，若间距过短，将导致公交车辆起停过于频繁，不但影响自身的运行效率，还会干扰社会车辆的通行。一般而言，城市快速路或交通性主干路上的公交线路应以快速、大容量公交为主，为确保公交车辆快速、大运量通行，宜采用较大的公交站距，一般可取 800～2 000 m；城市主干路上的公交线路主要承担干线公交的功能，其站距还需结合道路交叉口的间距来确定，可取 500～800 m；城市次干路和支路的沿途通常分布了较为密集的交通产生点与吸引点，其上的公交线路以集散快速和干线公交为主，因此公交站距不宜太大，一般可取 350～500 m。

此外，在选取公交站点的位置时，应使公交车辆与其他车辆及行人所发生的干扰或冲突减至最小，因此需考虑站台附近的交通状况以及两侧的侧向进出口分布，尤其是公交车辆与转弯车辆所发生的冲突、公交车辆并入其他车流的能力等。

6.2.5　交通语言

交通语言系统是交通管理者与出行者之间进行信息交流的工具，是以颜色、符号、文字和声音等为基础的符号体系与规划体系的集合体。出行者需要通过获取信息来减少各种不确定性，交通管理者则希望合理配置设施资源，以实现通行效率的最大化和基础设施时空资源的最优化配置。好的交通语言设施有利于交通组织与管理的实现，也有助于交通拥堵风险的防控。

交通语言系统主要包括标志系统、标线系统和交通信号灯系统。

交通标志是设置在路侧或道路上方的交通附属设施，用图形、符号、颜色和文字向交通参与者传递特定信息。根据《道路交通标志和标线　第 2 部分：道路交通标志》(GB 5768.2—2009)[10]，交通标志按其作用分类可分为主标志和辅助标志两大类，其中主标志包括警告标志、禁令标志、指示标志、指路标志、旅游区标志、作业区标志和告示标志。这些标志有利于交通管理方案的实现，以及减少出行者的绕行等。

近年来，可变信息标志(Variable Message Signs, VMS)也得到了广泛应用，如图 6-8 所示。VMS 是指显示内容随时间和交通流状况变化而变化的一种动态交通标志，以实时交通数据采集为基础，用文字和图形来发布交通状况信息，起到辅助管理和诱导交通流的作用。VMS 通常设置在城市出入口、高速道路出入口和城市核心区等的适当位置，通过向出行者发布道路的运行状况信息及拥堵状况信息，以诱导出行者及时调整路线、绕开拥堵路段，从而避免拥堵加剧。

图 6-8　可变信息标志

道路交通标线是以规定的线条、箭头、文字、立体标识、突起路标或其他导向装置施画于路面上，用以管制和引导交通的设施，具有强制性、服务性和引导性，有利于明确路权，以及提高交通流的平顺性。交通信号灯设施用于表达交通控制信息，有利于提高交通流的有序性。

6.3　运行管控

交通运行管控包括管理与控制两方面，二者是一个有机结合的整体。交通管控的主要目的是保障交通安全、疏导交通、提高交通运行效率、缓解交通拥堵。相比于交通规划与交通设计，交通运行管控面向的是已建成的交通设施，可以说是交通拥堵风险防控的最后防线。

6.3.1　车速管理

车速管理是指运用交通管制手段，强制性地要求车辆按照规定的速度范围在道路上运行，以确保道路交通安全。《中华人民共和国道路交通安全法实施条例》[11] 规定，机动车应按交通标志标明的限速行驶，而对机动车在没有限速标志、标线的道路上的最高行驶速度要求如表 6-8 所列。

表 6-8　　机动车最高行驶车速

道路类型		最高行驶车速/(km · h^{-1})
没有道路中心线的道路	城市道路	30
	公路	40
同方向只有一条机动车道的道路	城市道路	50
	公路	70

虽然车速管理的出发点是保障交通安全，但同样对交通拥堵预防具有积极作用。因为超速行驶极易导致交通事故，而一旦发生交通事故，往往会因事故现场占用道路空间资源，引起道路通行能力降低，进而引发偶发性交通拥堵。如果事故发生在干路上，拥堵极容易向周边道路蔓延；如果事故又发生在高峰时期，常发性拥堵与偶发性拥堵重叠，极易引发大面积、长时间的拥

堵,对交通运行效率造成严重影响。因此,无论是从交通安全保障还是从交通拥堵防控的角度出发,严格的车速管理都是很有必要的。

6.3.2 车道管理

车道管理是指在不改变车道物理性质的条件下,根据交通流状况对车道功能进行改变,以适应道路交通需求的一种管理方式。车道管理可分为单向交通、变向交通、专用车道三类。

1. 单向交通

单向交通又称单行线,是指道路上的车辆只能按一个方向行驶[12]。

当城市道路上的交通量超出其自身的通行能力时,将造成城市交通拥堵、延误等问题。此时,在道路交通系统中,若对某条道路或几条道路,甚至对某些路面较宽的巷弄,考虑组织单向交通,则会使交通拥堵问题得到显著缓解和改善。故单向交通是在城市道路交通系统中,缓解城市道路拥堵、充分利用现有城市道路网络容量的一种经济、有效的交通管制措施。

一般而言,在旧城区街道狭窄、路网密度很大的地方,需要且有可能在一些街道上组织单向交通。之所以需要,是因为这些街道车行道很窄;所谓可能,是因为道路网络密度大,便于划出平行的单向交通道。

单向交通在路段上减少了与对向行车的可能冲突,在交叉口也大量减少了冲突点,故单向交通在改善交通拥堵方面具有以下优点。

(1) 简化交叉口交通组织,提高交叉口通行能力。在交叉口,大量的机动车及非机动车汇集于此,由于车辆的行驶方向和交汇方式不同,会形成许多冲突点和交织点。实施单向交通后,可以大大减少交叉口的冲突点数和交织点数,从而提高交叉口的通行能力。

(2) 提高路段通行能力。由于单向交通减少了对向行车的可能冲突,同时也减轻了快慢车之间的干扰,故道路通行能力将会有明显的提高。据美国资料,宽为 12 m 的街道,在禁止路内停车的情况下,双向交通的通行能力为 2 800 veh/h,单向交通的通行能力可达 3 400 veh/h,通行能力提高了 20%以上。

(3) 提高行车速度。实行单向交通可使行车速度得到提高,行程时间缩短,这些都已被实践所证明。如英国伦敦的一些街道实行单向交通后,平均行驶车速从 13～16 km/h 提高到了 26～32 km/h。苏联 20 个城市的单向交通调查资料表明,实行单向交通后,交通条件得到了明显改善,车速提高了 10%～20%。美国实行单向交通的城市,数据表明其车速也提高了 20%以上。

当然,单向交通也存在一些缺点,如增加了车辆绕行距离,增加了附近道路上的交通量;容易导致迷路,特别是对不熟悉情况的外地驾驶人;增加了为单向管制所需的道路公用设施。

总体而言,单向交通对于交通拥堵防控,优点多于缺点。但并非任何道路条件或交通条件都可实施单向交通。国内外经验表明,实行单向交通一般应具备以下条件:

(1) 具有相同起、终点的两条平行道路,它们之间的距离为 350～400 m。

(2) 具有明显潮汐交通特性的街道,其宽度不足 3 车道的可实行可逆性单向交通。

(3) 复杂的多路交叉口,某些方向的交通可另有出路的,才可将相应的进口道改为单向交通。

而在下列情况下,实施单向交通能取得很好的效果:

(1) 当各条平行的横向街道的间距不大,车行道狭窄又不能拓宽,但交通量很大容易造成严重交通拥堵时。

(2) 当车行道的条数为奇数时。

(3) 在复杂地形条件下或对向交通在陡坡上产生很大危险性时。

2. 变向交通

变向交通是指在不同的时间内变换某些车道上的行车方向或行车种类的交通。其中,变换行车方向称为方向性变向交通,又称"潮汐交通";变换行车种类则称为非方向性变向交通。一般默认情况下指的是方向性变向交通。

方向性变向交通可使车流量方向分布不均匀现象得到缓和,缓解重交通方向的拥堵,提高道路的利用率。非方向性变向交通可缓和各种类型的交通在时间分布上的不均匀性,例如在中心商业区变换车行道为人行道及设置定时步行街等。

变向交通的优点是合理使用道路,充分提高道路的利用率,从而提高道路的通行能力,缓解交通拥堵;缺点是增加了交通管制的工作量,要求驾驶人有较好的素质且注意力集中,特别是在过渡地段。

对于方向性变向交通,它的实施条件是:

(1) 道路上机动车道数应为双向三车道以上。

(2) 交通量方向分布系数 $K_D > 2/3$,其中 K_D 的计算式为

$$K_D = \frac{\text{重交通方向交通量}}{\text{重交通方向交通量} + \text{轻交通方向交通量}} \tag{6-1}$$

(3) 重交通方向在使用变向车道后,通行能力应得到满足;轻交通方向在去掉变向车道后,剩余的通行能力应能满足交通量的需求。

(4) 在城市道路上使用时,应在信号控制交叉口进口道上相应地增加进口道的车道数。

变向交通的具体实施方法,可参考文献[13]、[14]等。

3. 专用车道

规划专用车道是缓解城市交通拥堵问题的途径之一。专用车道包括公共车辆专用车道和自行车专用车道等,其中讨论最多的是公共车辆专用车道。

公共车辆包括公共汽车、电车、轻型有轨车辆等。公共车辆载客量大,人均占用道路面积小,可有效地利用道路,故采用公共车辆专用车道的办法来提高公共车辆的运行效率和服务水平,以达到减少城市小汽车交通的目的,使整个城市的交通服务质量得到改善,交通拥堵状况得到缓解,带来较大的社会经济效益。例如,开辟公共汽车专用车道、公共汽车专用街及公共汽车

专用道路，发展轻型有轨交通和地下铁道等。

公共汽车专用车道的开辟，可在多车道道路上划出一条车道，用路面标识或交通岛同其他车道分隔，专供公共汽车通行，这可避免公共汽车同其他车辆之间的相互干扰。另外，在单向交通的多车道街道上，若车道有余时，可划出一条靠边车道，专供对向公共汽车行驶，称为对向公共汽车专用车道，即在单向交通街道上，只允许公共汽车双向通行。

公共汽车专用街是只允许公共汽车和行人通行的街道。对于较宽的街道上也可允许自行车通行。对于城市的中心商业区或只有两条车道而又必须行驶公共汽车的窄街道而言，特别适宜划为公共汽车专用街。

6.3.3 交通组织优化

交通组织优化是指在有限的道路空间，综合运用交通工程规划、交通限制和管理等措施，科学合理，分时、分路、分车种、分流向地使用道路，使道路交通始终处于有序、高效的运行状态。

交通组织优化是一项综合性、系统性的工作。根据组织优化的层次不同，可划分为宏观交通组织优化、区域交通组织优化、微观交通组织优化三个层次；根据组织优化方式的不同，可划分为道路通行时空资源的分配优化与交通流的管制与诱导优化。

交通拥堵的本质是在交通系统中出现了交通供需矛盾，因此交通组织优化的核心思路为分解矛盾、消除矛盾。交通组织优化需要遵循的原则包括以下几个方面。

(1) 宏观把控：从土地利用、道路网络规划、交通方式结构等宏观层面优化城市交通系统，这是解决交通拥堵问题的根源。

(2) 分离：对道路混合交通按照其方向、种类等在时间上和空间上进行分离，使各类交通各行其道。

(3) 连续：对交通系统中的交通方式、交通设施、交通线路彼此间实行合理和有机联系，避免中断。

(4) 流量均衡：时间上削峰填谷，空间上控密补稀，对具有明显时间性、方向性、区域性的交通流进行时间和空间上的调整和疏导。

(5) 总量削减：尽可能缩短道路上行驶车辆的运行时间，减少对道路通行时空资源的占用。

(6) 公共交通优先通行：在道路通行时空资源分配上，优先按照公交、步行、自行车、出租车、私人小汽车这样的顺序排列，优先从时间和空间上保障公共交通的行驶环境。

(7) 排障导流：排除道路和路面上的各种障碍，疏导交通流，使之畅通无阻。

近年来，随着交通组织愈加追求精细化，基于交通微循环的交通组织优化方法被越来越多地提及。所谓交通微循环，可以理解为充分挖掘并提升支路网和部分次干路的通行能力，同时加以管理和诱导措施，使交通均匀分布于区域微循环路网中，以此提高车辆平均行驶速度，缓解城市交通拥堵[15]。这种方法旨在疏通道路网络中的“毛细血管”，结合单向交通等措施，充分利用支路网络，形成车辆分流路径，减轻干路的交通压力，从而达到疏解交通的目的。

6.3.4 交叉口信号控制

交通信号控制是运用现代化的通信设施、信号灯、信号控制机、检测器、监控设备和计算机对运行中的车辆、行人、自行车等进行准确的组织、调控，使其能够安全、畅通、高效地运行。其中，最常见的是交叉口信号控制。

合理设计信号控制的交叉口，通行能力比设有停车或让路标志的交叉口大。值得注意的是，在交通量没有达到需要设置信号灯的时候，如果设置信号控制，反而可能会增加许多不必要的红灯，白白产生停车和延误。一般来说，当设有停车或让路标志的交叉口的交通量接近其通行能力时，车流通行会不畅，此时将其改为信号控制，则可以减少停车与延误，起到较好的效果。

交通信号的主要功能是在道路车流相交叉处分配车辆通行权。虽然，交通安全被公认为是交通管理的一个重要方面，但它不是信号控制的主要目标。信号控制的主要目标是使各类、各向交通有序、高效地通行，这对于交通拥堵防控有着更为积极的意义。

按控制范围由小到大，交叉口信号控制可分为三类，如表 6-9 所列。

表 6-9　　交叉口信号控制分类（按控制范围分）

类别	俗称	含义
单个交叉口的交通控制	点控制	每个交叉口的交通控制信号只按照该交叉口的交通情况独立运行，不与其邻近交叉口的控制信号有任何联系，这是交叉口交通信号控制的最基本形式
干道交叉口信号联动控制	线控制（绿波控制）	把干道上若干连续交叉口的交通信号通过一定的方式联结起来，同时对各交叉口设计一种相互协调的控制方案，各交叉口的信号灯按此协调方案联合运行，使车辆通过这些交叉口时，增加重复遇上绿灯的概率
区域交通信号控制系统	面控制	以某个区域中的若干信号控制交叉口作为协调控制的对象，控制区域内各受控交通信号一般与交通控制中心联网以进行集中控制。对范围较小的区域，可以整区集中控制；范围较大的区域，可以分区分级控制

控制范围越大，可协调优化的范围就越大，但控制的难度相应的也越大，控制不当反而可能会加剧拥堵，造成交通混乱。

按控制方法的不同，交叉口信号控制也可分为三类，如表 6-10 所列。

表 6-10　　交叉口信号控制分类（按控制方法分）

类别	含义
定时控制	交叉口交通信号控制机均按事先设定的配时方案运行，也称定周期控制。一天只用一个配时方案的称为单段式定时控制；一天中按不同时段交通量采用几个配时方案的称为多时段定时控制
感应控制	在交叉口进口道的部分或全部车道上设置车辆检测器，信号灯控制参数或配时方案由智能化信号控制机计算，可随检测器检测到的车流信息实时改变控制方案的一种控制方式
自适应控制	通过建立交通系统的数学模型和目标函数，根据连续测量的交通流特征，如车流量、饱和度、停车次数、延误时间、排队长度等，了解和掌握系统状态，合理改变系统的控制结构或参数，从而实现目标最优或次最优的一种控制方式

定时控制方法相对简单，感应控制和自适应控制相对复杂但更加灵活，具体选用何种控制方式应视实际情况而定。

6.3.5 快速路交通控制

为了使快速路上的车流能畅通流动，充分发挥其功能，对快速路实行交通控制是必要且必需的。快速路交通控制主要分为三个部分：主线控制、入口匝道控制、出口匝道控制。

1. 主线控制

主线控制的作用是取得最佳均匀车速，使瓶颈路段的通行能力达到最大；降低因车速或车流密度发生变化而产生的冲击波影响；当因事故或维修而使主线通行能力受到限制时，提高快速路的使用效率。快速路主线控制常用的方法如表 6-11 所列。

表 6-11　　快速路主线控制方法

主线控制方法	含义
可变限速控制法	在快速路上设置可变限速标志，指示随交通状况变化的限制车速，其作用是向驾驶人预告前方交通拥堵或将要通过瓶颈路段，使车流平稳、车速均匀，从而提高通过瓶颈路段的通行能力
车道封闭控制法	通过车道封闭标志来提高快速路的使用效率
可逆车道控制法	快速路在高峰期间，交通量可能会出现较大的方向不均衡，可通过设计可逆车道来应对

2. 入口匝道控制

入口匝道控制一般被认为是快速路的主要交通控制措施。它的作用是减少整个快速路系统内所有车辆的行程时间；使交通流量均匀平滑，改善车流状况；消除或减少交汇过程中的冲突，提高通行效率。快速路入口匝道控制常用的方法如表 6-12 所列。

表 6-12　　快速路入口匝道控制方法

入口匝道控制方法	含义
封闭匝道法	当交织问题严重或匝道排队空间不足时，可考虑封闭匝道，但这种方法缺乏灵活性，需谨慎采用
匝道定时限流控制法	在匝道上设置一个或两个信号机，采用调节方法限制进入快速路的交通量，限流率根据快速路上游交通量、下游通行能力和匝道进入快速路的交通量而定
匝道感应交汇控制法	在快速路和匝道上安装检测器以取得交通信息，根据不同的控制方案，通过就地控制器或中心计算机来实施限流控制，限流率可依据交通信息做相应调整
匝道系统控制	将一系列匝道集中起来作为一个整体统一考虑交通控制，限流率根据整个系统的交通量与通行能力之差来确定。与独立的限流控制相比，匝道系统控制的优点是能够兼顾整个系统，但这种控制系统操作复杂，需用中心计算机进行控制

3. 出口匝道控制

出口匝道控制主要是为了减少车辆在该处的交织。理论上讲，出口匝道控制可采用如下两种方法：调节驶离快速路的车辆数；封闭出口匝道。然而，前者采用信号控制，容易导致车辆骤然减速，增加发生滑行和追尾的风险，且排队容易蔓延至快速路主线上；后者增加驾驶人的行车时间和距离，容易引发公众的反对。因此，实际工程中，很少使用出口匝道控制。

参考文献

[1] 凌小静.四大世界级都市圈交通出行特征分析[J].交通与运输，2018，34(6)：13-15.

[2] 刘有军，田聪.不同路网形态下城市交通拥堵特性分析[J].中国公路学报，2013，26(1)：163-169，190.

[3] 中华人民共和国住房和城乡建设部.城市综合交通体系规划标准：GB/T 51328—2018[S].北京：中国建筑工业出版社，2019.

[4] 石飞，王炜.城市路网结构分析[J].城市规划，2007，31(8)：68-73.

[5] 吴娇蓉.交通工程[M].北京：人民交通出版社，2018.

[6] 王慧芳.基于复杂系统的城市道路网规划"系统量化"评估研究[D].长沙：湖南大学，2016.

[7] 杨晓光，白玉，马万经，等.交通设计[M].北京：人民交通出版社，2010.

[8] 中华人民共和国住房和城乡建设部.城市道路工程设计规范(2016年版)：CJJ 37—2012[S].北京：中国建筑工业出版社，2016.

[9] 上海市交通委员会，上海市城市建设设计研究总院.公交专用道系统设计规范：DG/TJ 08-2172—2015[S].上海：同济大学出版社，2016.

[10] 中华人民共和国交通运输部、中华人民共和国公安部.道路交通标志和标线　第2部分：道路交通标志：GB 5768.2—2009[S].北京：中国标准出版社，2009.

[11] 中华人民共和国国务院.中华人民共和国道路交通安全法实施条例[Z].2004.

[12] 吴兵，李晔.交通管理与控制[M].5版.北京：人民交通出版社，2015.

[13] HAUSKNECHT M, AU T-C, STONE P, et al. Dynamic lane reversal in traffic management[C]// Proceedings of the 2011 14th International IEEE Conference on Intelligent Transportation Systems (ITSC), 2011.

[14] 刘鹏，刘英舜.潮汐式交通特性分析及应对措施研究[J].交通科技与经济，2011，13(3)：92-94.

[15] 贾帧钧.基于交通微循环理论的城市路网优化与评价方法研究[D].长沙：湖南大学，2018.

7　网络交通拥堵风险防控策略

基于本书第 6 章论述的交通拥堵风险防控体系，本章从宏观的网络层面分析相关的防控策略。本章讨论的网络交通拥堵风险防控，其面向的对象是城市道路交通网络。

交通拥堵现象由点到线、由线到面，由局部向大范围蔓延，不仅影响了城市生活的效率和质量，而且带来了环境恶化、交通事故等一系列社会问题，严重制约着城市的发展。因此，如何针对城市交通现状采取相应措施，治理交通拥堵，保证城市交通的畅达，已成为城市交通建设乃至城市经济、社会发展的当务之急。众多学者认为，想要有效缓解交通拥堵有两种基本解决方法：一方面是实时调节、合理调度交通流，确保城市路网不出现超饱和交通流[1]；另一方面是快速处置偶发性事件引起的交通堵塞，迅速恢复正常交通秩序[2]。

从网络交通拥堵风险防控的角度来看，为防止网络中出现过饱和交通流，可以从需求侧和供给侧两个方面着手。在交通需求管理方面，对过高的交通需求（主要指私人小汽车交通需求）加以限制，以引导出行者采取科学的交通行为，理智地使用（不滥用）道路交通设施的有限资源；或是对交通需求进行时空转移，即时间上削峰填谷，空间上控密补稀，也可考虑将道路小汽车交通网络上的需求转移至公共交通网络、自行车和步行网络上。在交通供给能力提升方面，除了从全局提升网络的通行能力，还可针对局部的交通网络瓶颈进行能力提升。交通需求与供给在数量上达到相对平衡后，还需考虑在交通网络上的均匀分布问题，即实现网络均衡。

本章从需求管理、能力提升、供需均衡三个角度出发，基于网络层面详细分析城市交通拥堵风险防控策略。

7.1　防控目标与原则

1. 防控目标

网络交通拥堵风险防控的总体目标是严格控制路网中拥堵路段的比例。为了量化这一目标，需要对路网的交通运行状态提出评价指标，以识别交通拥堵及拥堵程度。相关的交通拥堵评价指标可以有很多，已在本书 1.2 节中进行了详述。这里简单讨论如何将评价指标应用于路网层级。

以行程时间指数（Travel Time Index，TTI）为例，假设以 $TTI \geqslant 1.6$ 作为交通拥堵的判别标准[3]，则路网中拥堵路段的比例为

$$\eta=\frac{\sum_{i=1}^{n}\varphi_i VMT_i}{\sum_{i=1}^{n}VMT_i} \tag{7-1}$$

式中 η—— 路网拥堵比例；

n—— 路网中划分的路段总数；

VMT_i—— 第 i 个路段的行驶里程，km；

φ_i—— 第 i 个路段是否拥堵的指示参数，若拥堵（$TTI \geqslant 1.6$），则 $\varphi_i=1$，否则 $\varphi_i=0$。

于是，网络交通拥堵风险防控的量化目标为 $\eta \leqslant \eta'$。其中，η' 为某一预先设定的值，表示不希望路网拥堵比例超过 η'。例如，假设不希望路网中有超过 10%的路段里程拥堵，则把 η' 设为 0.1。

2. 防控原则

网络交通拥堵风险防控的原则包括以下几点：

(1) 总量控制原则：限制流入路网的交通总流量，以保证其饱和度不超过某一上限。

(2) 负荷均衡原则：使路网中各时段各部分交通负荷度趋于一致，以最大限度利用道路通行资源。

(3) 通行能力匹配原则：保证道路上、下游相同流向交通通行能力匹配，尽量减少交通瓶颈。

(4) 公交优先原则：在道路通行时空资源分配上，优先考虑满足公交车辆的通行需求而非私人小汽车。

7.2 需求管理策略

交通需求管理（Traffic Demand Management，TDM）是指为提高交通运输系统效率、实现特定目标（如减少交通拥挤、节约能源、减少污染等）所采取的影响出行行为的各种政策、技术与管理措施的总称。交通需求管理的本质就是运用各种措施对交通需求进行调节，从而达到调节交通供需关系，使供需平衡的目标[4]。

TDM 理念的兴起，源于这样一个共识：单纯地增加交通供应无法满足交通需求的无限增长，而交通需求的无限增长、汽车滥用有限的道路资源是交通祸害的真正根源。因此，TDM 的主要目的是通过减少道路上机动车（主要指私人小汽车）的出行总量来减轻或消除道路交通的拥堵。它的基本理念是引导人们采取科学的交通行为，理智地使用（不滥用）道路交通设施的有限资源。可见，TDM 主要是让人们理性地使用汽车，而不是管理人们是否拥有汽车。因此，TDM 的重点是私人小汽车的使用。

TDM 的各种策略主要可以分为“堵”和“疏”两类：“堵”是指小汽车交通需求的限制，“疏”是指小汽车交通需求的转移。

7.2.1 需求限制策略

交通需求限制策略包括替代出行、停车管理、车辆拥有管理、车辆使用管理、车辆项目收费、拥挤收费等。

1. 替代出行

替代出行也称电子通勤，是一种允许人们利用通信系统在家工作以减少上下班交通出行量的方法。替代出行是 TDM 在出行产生阶段采取的措施，从源头上消除了交通需求。

随着计算机、信息技术的发展，电子通勤的方式越来越普遍。广义的电子通勤还包括诸如通过召开电视会议、电话会议等措施来减少参会人员的交通出行量，通过网上购物来减少人们直接去商店的交通出行量等方法。

但从总体上来说，电子通勤还是一种相对较新的 TDM 措施，在实施过程中还需要解决一些技术难题。

2. 停车管理

“有行必有停”，停车管理是 TDM 的基本要素。停车收费定价与停车的方便程度对出行者选择出行方式的影响非常大。一般情况下，停车收费定价较高、停车泊位不充足或限制使用，对小汽车出行需求有较好的限制效果。

在面向 TDM 的停车管理措施中，停车收费管理和停车场建设规模是最具潜力的措施，如表 7-1 所列。

表 7-1　　面向 TDM 的停车管理措施

停车管理	具体措施
停车收费管理	增加或提高单独驾车者或长期使用者在公共停车场停车的价格
	在市中心区域收取较高的停车费，在城市边缘地区收取较低的停车费
	向全部停车场的所有者、经营者征税
	对合乘车辆采取优惠停车收费
	在停车换乘的停车场(库)停车的予以其优惠或免费
停车场规模管理	制定停车法规，将停车场规模控制在合理水平
	对路边停车采取控制措施
	在城市中心区按道路能承受的动态交通容量来控制停车规模

3. 车辆拥有管理

车辆拥有管理是通过政府制定的各种措施限制人们拥有车辆的一种管理方式。例如，通过机动车牌照拍卖、摇号的方式(如北京、上海、深圳等城市)，限量控制牌照的发放，从而达到控制车辆数增长的目的。这种方式虽然在一定程度上能够起到降低道路上交通总量的作用，但是从车辆增长与道路建设增长的速度之比来看，这种控制作用是十分有限的。应当引导人们树立“拥有车辆但要理性使用车辆”的现代交通理念。

4. 车辆使用管理

车辆使用管理是通过政府制定的各种措施限制人们使用车辆的一种管理方式。其中,比较典型的是小汽车限行措施,包括区域限行(如外牌车辆限行)和时段限行(如单双号限行)。

为了达到较好的限制效果,许多城市同时实施车辆拥有管理和车辆使用管理。例如,上海市对本地牌照(除沪 C 牌)实行拍卖制度,而不参加牌照拍卖的沪 C 牌车辆被限制在外环以外区域行驶。上海实行小汽车牌照拍卖政策至今,小汽车拥有量增速明显减缓;但是近年来,受牌照拍卖难度增加等因素的影响,沪 C 牌照车辆增速加快,在道路网络供给增长量极其有限的条件下,牌照拍卖政策对于缓解交通拥堵的边际效益加速递减。因此,《上海市交通发展白皮书》(2013 版)[5]指出,在完善小汽车牌照额度拍卖政策的同时,适时出台小汽车牌照额度有期限使用以及加强小汽车使用调控等系列政策建议。可以说,相比于限制拥有,小汽车的合理使用是更加符合实际且更加可持续的管理方式。

5. 车辆项目收费

车辆项目收费就是对与车辆使用相关的项目进行收费,包括燃油税、保险费、排放费等。这种使收费直接或间接地与车辆的使用情况联系起来的收费办法可能是减少车辆出行量最有效的方式之一。当然,应该注意到,虽然这种方式能够促使汽车出行量的减少,但是由于这种减少不能随道路拥堵的程度、时间、地点的变化而变化,因此也缺乏一定的针对性。

6. 拥挤收费

拥挤收费是根据道路拥堵的程度,对在道路上行驶的车辆在不同时间和地点,采取不同的收费标准收取通行费。这种策略同前述的其他措施相比较,让车辆出行量下降的效果是最显著的。因为道路交通拥堵及其相关的问题总是具有时间和空间特征。因此,采取相应的收费标准能够使交通运输系统经济效益最大化。

拥挤收费的理论基础是经济学中的边际成本定价原理。该原理认为,为了使整个道路系统得到最有效的利用,行驶在拥挤路段上的用户应支付一定的费用,才能抵消它所产生的外部成本(交通拥堵)。收取费用的大小等于社会边际成本和私人边际成本之差。通过对拥堵路段上的用户征收这样的通行费来修正其对出行费用的错误感知,以保证用户在做出决策时考虑自己的出行强加给其他用户的外部不经济性。

拥挤收费策略能使原来在高峰期出行的车辆转向平峰期出行,或改由合乘或乘坐公交,或调整出行路线绕过拥堵路段,或提前出行避开交通高峰期,这些改变都能使地区的交通状况得到很大改善。因此,严格意义上说,拥挤收费策略不仅属于需求限制,也属于需求转移策略。

新加坡于 1998 年实施了著名的电子道路收费系统,成为世界上第一个在大范围内通过实施电子收费来降低高峰时段交通拥堵的国家。根据新加坡陆路交通管理局发布的《2015 年新加坡陆路交通统计概要》[6],新加坡高峰期间高速公路平均车速为 64.1 km/h,主要干道平均车速为 28.9 km/h,总体运行效率在世界上处于领先水平[7]。

然而，拥挤收费是TDM措施中比较具有争议的一种，将该理论投入实践的仅有新加坡、伦敦、斯德哥尔摩等少数城市。近年来，国内多个城市都开始关注拥挤收费政策，并研究拥挤收费在各个城市实施的可行性，但目前还没有城市将其付诸实践。尽管如此，不排除在将来，当相关的法律、政策、民意基础和技术基础都较为成熟时，拥挤收费能在交通拥堵治理中发挥重要作用。

7.2.2 需求转移策略

TDM措施，除了考虑“堵”，还可考虑“疏”。交通需求转移策略包括提供交通信息与路线导行、引导出行方式的选择（如鼓励公交出行、鼓励自行车与步行出行、停车换乘、合乘车）、改变工作时间等。

1. 提供交通信息与路线导行

该措施是考虑到交通系统从本质上来说属于信息不对称系统，道路使用者由于不能全面了解道路交通状况，通常都是按照自己的出行习惯和出行目的选择出行时间、出行方式和出行路线的。如果能够为出行者在出行前提供道路交通与路线导行信息，那么出行者就会根据获得的信息选择更好的出行时间、出行方式和出行路线。通过这种措施引导部分出行需求向非拥堵时段和非拥堵路段转移，从而缓解高峰时期、高峰路段的拥堵状况。

当然，这种为出行者提供道路交通信息的措施，对于减少出行者选择出行时间、出行方式或出行路线的盲目性是有帮助的，但是，对于整个道路交通系统未必就是最优的。例如，有可能出现这种情况：当出行者都按照所获得的交通信息出行时，原本不拥堵的道路也许就会拥堵了，而原本拥堵的道路也许就会不拥堵了，结果是道路的拥堵状况其实没有真正得到缓解，仅仅是拥堵的时间或地点发生了转移。因此，提供的交通信息与路线导行最好具有动态预测功能，以增强出行者的出行决策能力。

2. 鼓励公交出行

交通需求转移策略中，很大一部分是引导公众出行方式的选择。鼓励公交出行就是其中重要的一项。这里的公交指城市公共交通系统，包括常规公交、巴士快速公交（Bus Rapid Transit，BRT）、轨道交通等。

公共交通在城市交通系统中的地位不言而喻。一个城市要从根本上解决交通拥堵问题，必须以公共交通为发展核心。发展城市公共交通的关键是要确立以优先发展公共交通为原则的综合交通体系，发展对小汽车具有竞争力的轨道交通，吸引个人交通工具出行换乘轨道交通，以减少道路上的个人交通量，特别是小汽车交通量。这是城市交通发展的根本政策，也是TDM的核心环节。

要真正做到鼓励公共交通出行，必须保证公共交通相比小汽车交通的“优越性”。有许多措施可以增强公共交通的竞争力，例如设置公交专用车道、设置公交专用进口道、交叉口公交优先信号控制、优化公交车站布局与换乘衔接、实行公交车辆运营智能管理等。此外，还可以通过票价补贴等方式保证公交的价格优势。

3. 鼓励自行车与步行出行

自行车与步行是当前最环保的出行方式，应该鼓励人们采用自行车或步行直接换乘公共交通的出行模式。为了发挥自行车和步行系统的效率，可以从以下方面考虑改进现有系统。

(1) 完善人行系统和自行车道系统的规划，完善行人过街设施的设计，改善人行道和自行车道设计。

(2) 建设大型客流源到附近轨道交通、公交枢纽的直达通道。

(3) 开辟自行车专用道路，在主干道上实施机、非分流，改善自行车出行的交通安全环境与便捷性。

(4) 建设自行车专用道，使自行车能够直达轨道交通或公交枢纽；为了方便自行车换乘，可设置自行车换乘系统。

4. 停车换乘

停车换乘是指驾车或骑自行车的出行者在公共交通枢纽或站点附近停放自己的车辆后换乘公共交通工具再前往目的地的出行方式。停车换乘是保持不同交通方式连续性的关键节点，主要有两种形式：小汽车同公共交通的换乘和自行车同公共交通的换乘。为引导私人小汽车换乘公共交通，在城市外围地区或公共交通枢纽区开辟免费停车场，小汽车在停车场停放后换乘公共交通入城，这样可以减少城内道路上机动车交通流量。当公共交通的线网密度不足或站点设置不均衡时，出行者可从出发地先骑自行车到达公交站点，将自行车停放在附近的自行车免费停车场，然后换乘公共交通。这种形式的换乘不仅方便了出行者，也弥补了公共交通的不足。

为了方便出行者的换乘，通常在公共交通枢纽附近建设停车换乘设施，并在周边道路上设置“停车换乘(P+R)”标志，标志牌显示换乘停车场的位置、空泊位数以及公交车辆的发车时刻等信息。

5. 合乘车

合乘车有两种形式：小汽车合乘、客车合乘。

小汽车合乘是指个人所属的小汽车乘坐 2 人以上的合乘出行。小汽车合乘要求将具有相同起点、终点和时间的人协调起来，以便安排“配客”。客车合乘通常是 7～15 人的上班族在特定的路线共同乘坐客车出行。客车合乘是单独驾车的一种重要替代方式，它的舒适性、便利性和经济性处在公交和小汽车合乘之间。

由于合乘车在减少道路机动车流量方面比单独驾车出行更能产生积极的作用，所以应当鼓励合乘出行，并给予政策上的支持，如允许使用 HOV(High Occupancy Vehicle)道路设施、停车优惠、合乘补贴等。

6. 改变工作时间

改变工作时间包括以下三种方式：

(1) 错开工作时间:由企业设定一个上班时间段,让员工并非在同一时间而是在一个时间段内到达工作单位。

(2) 弹性工作时间:在保证工作时长的前提下,允许员工自己决定上下班时间。

(3) 压缩周工作日:减少每周的工作日,增加每日的工作时间,从而减少员工总的工作出行次数。

其中,前两种方式是通过在时间上分散和转移工作出行需求,来达到缓解交通高峰期交通压力的目的;后一种方式是直接减少工作出行需求。

总之,TDM 策略多种多样,但无外乎是对交通需求进行限制、转移、调节和平衡,从需求侧出发来防控城市交通的拥堵问题。

7.3 能力提升策略

为了从网络层面防控城市交通的拥堵风险,除了“节流”(需求管理),还可“开源”(能力提升)。新建道路设施固然是提升通行能力的一个方式,但事实上,城市交通拥堵较为严重的区域往往是中心区,而中心区的土地资源已十分匮乏,难以再新建道路。另外,盲目地增加设施供给有可能会诱发新的拥堵,陷入“路修到哪堵到哪”的恶性循环。因此,这里讨论的提升道路的通行能力,主要是指现有道路设施的能力提升,而不过多涉及道路设施的新建。

路网能力提升策略可从两个层面展开,网络全局层面和局部瓶颈层面。

7.3.1 网络能力提升策略

在道路网络交通流状态的研究中,常常会引入宏观基本图(Macroscopic Fundamental Diagram,MFD)的概念。

与传统交通流基本图不同,交通流宏观基本图关注道路网络层面上交通流三参数(流量、密度、车速)之间的关系和性质。2007 年,C. F. Daganzo 和 N. Geroliminis[8]通过研究日本横滨的数据发现,单个检测器数据的流量-占有率关系具有很大的离散性,见图 7-1(a)。然而,将整个网络的所有检测器的流量和占有率集聚后,可以形成一个离散度很小的曲线,见图 7-1(b),并基于此验证了 MFD 的存在性。由此引发了学术界对 MFD 的广泛关注,并使其逐渐成为一个新的研究热点。

C. F. Daganzo 和 N. Geroliminis 认为,MFD 具备三个基本性质:

(1) 道路网内平均交通流量和平均交通密度(占有率)之间存在与交通流基本图类似的抛物线关系。

(2) 网络平均流率与网络总输出流量之间存在稳定的线性关系。

(3) MFD 是网络交通流的固有性质,由网络基本设施形态及交通控制决定,而与交通需求无关。

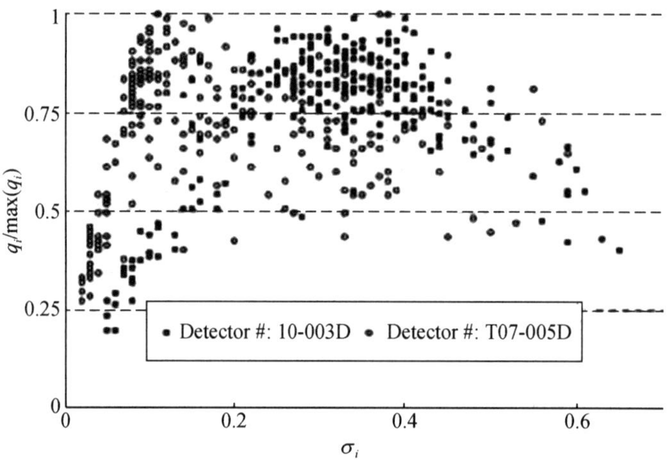

(a) 单个检测器流量与占有率关系

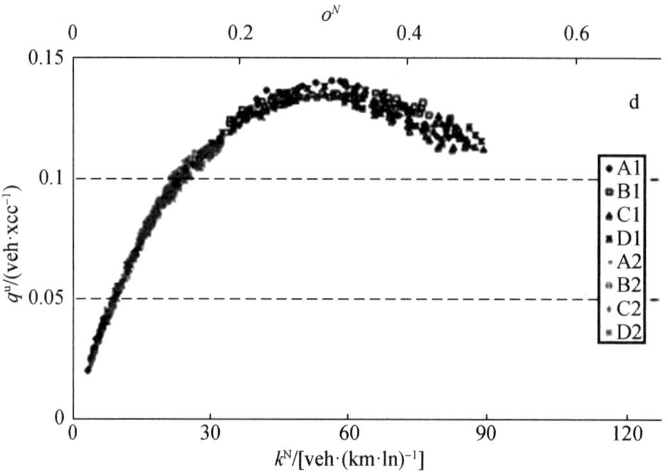

(b) 多检测器流量与占有率/密度关系

图 7-1　道路网络 MFD

MFD 反映了整个网络交通量与网络运行水平的普遍关系，其不仅仅描述了网络流量与占有率的关系，也反映出网络内车辆数和流出网络的车辆数之间的关系，以及车辆运行里程与运营时间之间的关系等。通过对 MFD 的分析，C. F. Daganzo 发现其基本曲线形式为抛物线，但在实际的分析中常简化为三角形或梯形。

此外，C. F. Daganzo 在提出 MFD 时指出，一个网络只有在其内部交通状态处于“同质性”时，即整个交通小区要么全部处于拥挤状态要么全部处于非拥挤状态，才存在离散度低的 MFD。随后，大量学者就各种原因导致的网络“非同质性”对 MFD 的影响展开了研究，探索了不同因素对 MFD 离散度的影响。

现有研究表明，MFD 的影响因素主要包括四个方面：道路设施、交通条件、管控条件以及路径选择行为。本质上，所有影响因素皆因引发网络密度的改变，从而最终对 MFD 产生影响，形成“滞回现象”[9]。所谓“滞回现象”就是流量与占有率的比例关系图为封闭曲线，而不是线性曲线。引起这种现象的主要原因为网络密度的不均匀性。进一步的研究指出，网络密度分布的不均匀是导致路网通行能力不高的主要原因，而网络密度均匀化能够提高网络的通行能力与整体性能[10]。

因此，基于 MFD 的理论分析与实际验证，提升路网通行能力的核心方法是提升路网密度的均衡性。而要实现这一目标，主要有如下几种措施：优化路网结构、合理引导路径选择和实施可变车道等。

1. 优化路网结构

研究表明，路网结构会影响 MFD 的形状及网络密度的均匀化。

文献[11]通过构建北京西三环路网及其子路网交通流的 MFD 模型，研究了不同区域路网宏观交通状态的差异。对比两个不同范围的路网：第 1 个路网是西三环区域路网，区域内包含快速路、主干路、次干路和支路等不同等级和功能的路段；第 2 个路网为西三环子路网，仅包含快速路交通走廊及一定范围内的相交道路。分别向两个路网加载相同背景的交通需求，仿真得到路段的流量和密度，集成路网平均流量和平均密度，绘制两个路网的平均流量-平均密度关系，如图 7-2 所示。

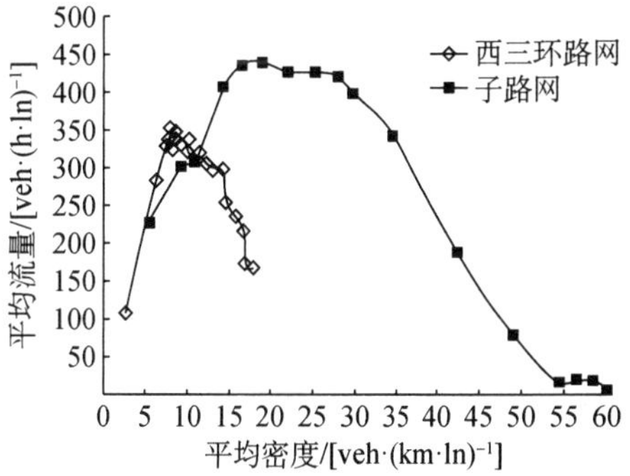

图 7-2　不同路网平均流量-平均密度关系

显然，两个路网的平均流量-平均密度关系图不同。对于西三环大路网而言，路段数量多，等级差别大，且非干道型的次干路和支路比例较大，不同等级道路上车流状况差异大，集成后的路网平均流量、密度值偏小，得到的路网通行能力、阻塞密度均较低。然而，子路网范围小且大部分路段为快速路或主干路，路面交通状况差异小，因此路网平均流量及密度均偏高，通行能力、阻塞密度较高。

由此可见，对于不同规模和结构的路网而言，宏观交通状态差别较大。路网结构越均匀，各路段交通状态差异越小，路网整体性能越高。因此，从网络规划的层面考虑，应优化路网结构，引导交通出行向主干道、次干道、支路等道路均衡发展，协调各等级道路之间的功能，从而提高路网的实际服务能力。相关内容可参考本书 6.1.2 节。

2. 合理引导路径选择

出行者不同的路径选择行为同样会对 MFD 产生影响。

文献[11]选择 INTEGRATION 模型中的个体反馈选择方式和分组反馈选择方式，分别进行了情景仿真。绘制两种路径选择方式下的路网车流密度时空分布图和平均流量-平均密度关系图，如图 7-3 所示。

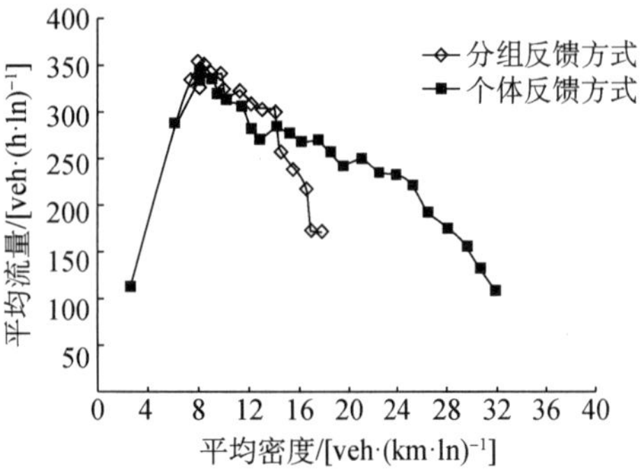

图 7-3 不同路径选择方式下平均流量-平均密度关系

由此可见，不同路径选择方式影响了路网MFD的形状，改变了路网阻塞密度。当出行路径选择分组反馈方式时，运行中的大部分时间内，路网平均流量在通行能力处波动，之后随着路网密度增大，平均流量迅速下降；选择个体反馈方式时，路网平均流量达到通行能力后便呈现出持续下降趋势，但流量下降速度较慢，路网平均密度也持续升高，且阻塞密度远大于分组反馈方式。

由此可见，驾驶人路径选择方式是影响路网宏观交通状态的另一个重要因素，它不仅改变了路网内交通拥堵的时空分布情况，也影响了路网宏观交通状态。据此，交通管理者可结合路网宏观交通状态及变化规律，引导居民调整出行习惯，并通过实施先进的交通信息诱导策略引导驾驶人选择合理的出行路径，从而提高路网整体交通性能和服务水平。

3. 实施可变车道

可变车道通过临时改变某条车道的交通流方向，最大限度地利用未饱和车道的道路资源，以提高拥堵路段的通行能力。如图 7-4 所示，实施可变车道前，由东向西车道的车流密度远大于由西向东车道的车流密度，拥堵严重；实施可变车道即将由西向东的一条车道改为由东向西后，通过变换一条车道的方向，使由东向西车道的通行能力提高约 50%，双向的密度也更加均匀。因此，对于双向交通流不均衡的情况，实施可变车道是提升网络密度均衡性的有效手段。

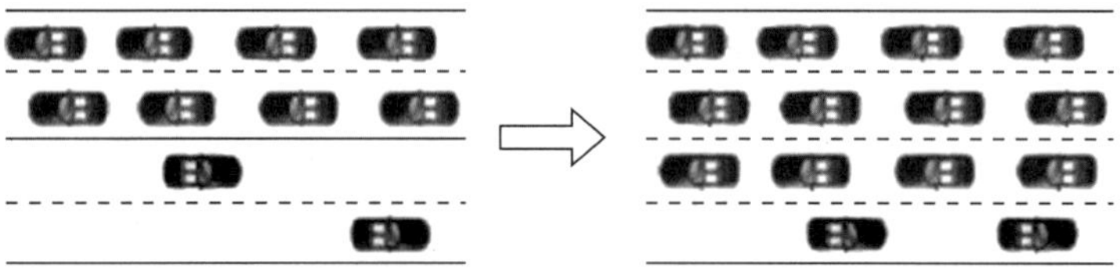

图 7-4 可变车道示意图

对于单个路段的调整是很容易实现的，但是对于一个城市的交通网络来说，某时段内可能存在十几段或几十段双向流量不平衡的路段，而其中任一路段上车道方向的调整都会引起整个路网交通流量的变化，这些路段的调整是相互影响的。因此，不能孤立地着眼于一条路段的调整，而忽略其他路段，必须从系统角度，根据实际交通需求的变化来确定这些路段的车道调整方案，以达到交通网络系统性能指标最优。对路网层面而言，实施可变车道的目标可以定为：对于给定的道路网络、车辆位置和目的地，每个车道分配一定的交通流，使得网络效率最大化。

文献[12]将该问题视为最大的多物网络流问题，提出了整数线性规划和双层规划模型计算网络的通行能力。这里介绍整数线性规划模型。

将道路网络视为由边、节点组成的图 $G=\{V, E\}$，其中 V 表示节点集合，E 表示边集合。在实施可变车道的条件下，该网络满足以下约束条件：

$$\sum_{i=1}^{k}[f_i(u, v)+f_i(v, u)]\leqslant c(u, v), \ \forall (u, v)\in E \tag{7-2}$$

$$\sum_{u\in V}f_i(u, v)=\sum_{w\in V}f_i(v, w), \ \forall i=1, 2, \cdots, k; \ v\in V-\{S, T\} \tag{7-3}$$

$$\sum_{w\in V}f_i(s_i, w)=\sum_{w\in V}f_i(w, t_i)\geqslant d_i, \ \forall i=1, 2, \cdots, k \tag{7-4}$$

式中 i——路网中的某一条交通流（OD 对），一共有 k 条；

(u, v)——起点为 u、终点为 v 的边；

$c(u, v)$——边 (u, v) 的双向通行能力，pcu/h；

$f_i(u, v)$——第 i 条交通流经过边 (u, v) 的流量，pcu/h；

u, v, w——节点；

s_i——第 i 条交通流的起点；

t_i——第 i 条交通流的终点；

S——所有起点组成的集合；

T——所有终点组成的集合；

d_i——第 i 条交通流的交通需求，pcu/h。

式(7-2)表示任意一条边两个方向的流量不得超过这条边的双向通行能力，由于实施了可变车道，两个方向的通行能力可以灵活分配。式(7-3)表示除了起点、终点外的任一节点交通流的流入等于交通流的流出。式(7-4)表示各条交通流从起点流出的流量等于流入终点的流量，且必须达到或超过交通需求。

该模型的目标是最大限度地提高路网的总流量，即

$$\max\sum_{i=1}^{k}\sum_{w\in V}f_i(s_i, w) \tag{7-5}$$

试验表明，相比于没有重新配置车道，经过一定程度的重新配置车道（实施可变车道），路网的通行能力有显著提高，同时进一步证实了路网通行能力的提升是由高频率的车道变换实现的。低频率的车道变换测试（每隔 3～5 h 配置车道一次）的结果显示，该种模式下路网通行能力可以提高约 12%；在高频率的车道变换测试中，如果每隔 2 h 配置车道一次，路网通行能力可提升约 33%；如果每隔 1 h 配置车道一次，路网通行能力增长更是高达 72%。当然，频繁地配置车道会引起驾驶人的不适应，可实施性不强，但也足以表明，快速适应交通流情况的可变车道变换技术可有效提升道路网络的通行能力。

4. 其他措施

有研究表明，还有一些别的因素会影响 MFD 及路网密度。例如，交叉口左转交通流的存

在会减小 MFD 的最大值,因此对于左转流量大的交叉口而言,可以考虑设置左转专用相位、左转待行区和左转导流线,以提高左转车流的通行能力。在一些关键交叉口,甚至可以考虑采用禁左措施。还有研究探索了不同比例公交及私人小汽车出行对 MFD 离散度的影响,发现小汽车出行比例越大,曲线离散度越大,这意味着网络密度不均衡性越大,因此为提升网络密度的均匀性,应提高公交出行比例,严控小汽车的出行比例。

7.3.2 瓶颈能力提升策略

交通瓶颈是指在城市交通路网中,某路段通行能力小于其两侧或单侧的路段。瓶颈路段的通行能力决定了整个城市道路网络的通行能力。因此,提高瓶颈路段的通行能力对提高整个路网通行能力的效果最明显。

一般来说,形成瓶颈的原因有以下几点。

(1) 相邻路段车道数不匹配:瓶颈路段车道数小于两侧或单侧的路段,如快速路驶入匝道的部分。

(2) 相邻交叉口间距过小:下游车辆容易溢出至上游交叉口,影响交叉口的正常运行,形成瓶颈。

(3) 道路设施条件不佳:如路网结构不合理,局部区域转弯半径过小、坡度过大、车道宽度不足等。

(4) 交通运行条件不佳:如路边违规停车、临时占道施工、交通事故等。

提升瓶颈路段的通行能力,核心在于消除造成局部通行能力降低的不利因素。这里提出一些通用性较强的措施,包括道路设施改造、降低瓶颈交通流失效概率如(可变限速控制、匝道控制)等。

1. 道路设施改造

针对瓶颈路段通行能力不足的问题,尝试对道路设施本身进行改造以提升其通行能力。对于有条件拓宽的道路,借用周边绿化等空间对道路进行局部拓宽改造。对于因路面设施受损而形成瓶颈的道路(如坑洼积水),对其进行及时修复,并加强管养。

当然,有些瓶颈路段受限于客观条件难以拓宽,如桥梁、隧道等。对于这些瓶颈,可以从路网层面考虑,修建与其平行的、相距不远的、功能相近的道路,从而对瓶颈路段形成有效补充,缓解瓶颈路段的交通压力。

此外,还有一种对通行能力影响很大的瓶颈类型:断头路。道路修建时期,由于沿线的建筑物拆迁协调不到位,或是周边小区开发未考虑道路的走向、小区围墙拦截在道路上,抑或是因资金短缺导致道路的实际建设未达到规划要求等问题,道路的延续被阻断,形成断头路。断头路的存在使得路网结构残缺,增加了绕行,阻碍了交通流的顺畅运行,从而使路网通行能力下降。对此,应根据断头路成因的具体情况提出改善措施,将不同类型的阻挡物拆除或迁移,使道路通畅,发挥应有作用,具体包括拆除阻挡物或改变道路走向、修建立交道路、在适当位置打通护栏、渠化机动车道等。

2. 降低瓶颈交通流失效概率

交通流失效是现实交通系统中广泛存在的现象，是指当交通需求达到或接近路段通行能力时，车流速度出现急速下降。瓶颈作为通行能力骤降的位置，极易发生交通流失效。交通流失效的内在产生机理至今仍不明朗，但多数学者认为，瓶颈失效是交通需求、驾驶行为及设施设计等多因素交互作用的结果。大量实测数据表明，瓶颈失效不是通行能力的确定函数，具有随机特征。

在瓶颈失效处，交通流速度与通行能力双双骤降，为了避免诱发严重拥堵，应想办法降低瓶颈交通流的失效概率。文献[13]针对快速路瓶颈失效的随机特征，提出了快速路瓶颈失效的生存分析模型，利用生存函数描述了失效发生概率与瓶颈通行能力的关系；进一步采用 Cox 回归模型分析了瓶颈失效的影响因素。Cox 模型结果显示，瓶颈通行能力与主线车流量、车速、匝道车流量相关，且 3 个变量的回归系数均为负，说明任一个变量的值均可降低失效概率。因此，通过调控主线车速及驶入匝道流量可对瓶颈失效起到有效的保护作用，相应的措施为可变限速引导与匝道控制。以下对这两种措施做进一步分析。

1）可变限速控制

可变限速控制的核心思想是通过人为降低上游路段限速值，生成一个低流量、高密度区域，从而控制流入下游瓶颈区域的车辆流率，消除瓶颈区的车辆排队，并将车辆通过流率控制在通行能力状态附近，阻止通行能力下降[14]。

如图 7-5 所示，瓶颈流量随占有率（或密度）增加而突然下降表示通行能力下降现象产生。通行能力下降产生前交通流状态具有一定规律，交通流占有率（或密度）达到一定阈值后通行能力下降。因此，交通流占有率（或密度）可作为通行能力是否下降的指示变量。当瓶颈区交通流状态达到阈值时，即出现通行能力下降时，启动可变限速控制系统。

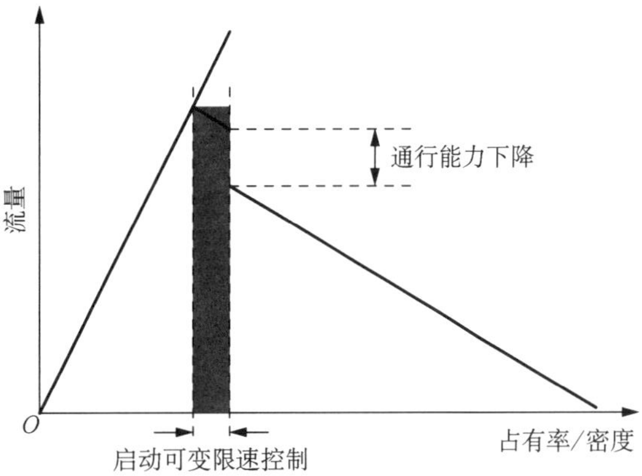

图 7-5　通行能力下降的瓶颈区交通流基本图

可变限速控制策略如下（图 7-6）：

（1）依据历史交通流数据标定瓶颈通行能力下降幅度和下降前交通流阈值。

（2）实时监测瓶颈位置交通流运行状态，判断是否达到通行能力下降阈值。

（3）如无通行能力下降，则进入下一周期继续监测交通流状态；如发生通行能力下降，则启动位于上游位置的可变限速控制。

（4）降低上游路段限速值以减少流入瓶颈的车辆流率，消除瓶颈区车辆排队。

（5）排队消散后，调整限速值维持流入下游瓶颈的车辆流率在瓶颈通行能力附近。

（6）当交通需求变小、路段拥堵状态完全消散后，恢复默认限速值。

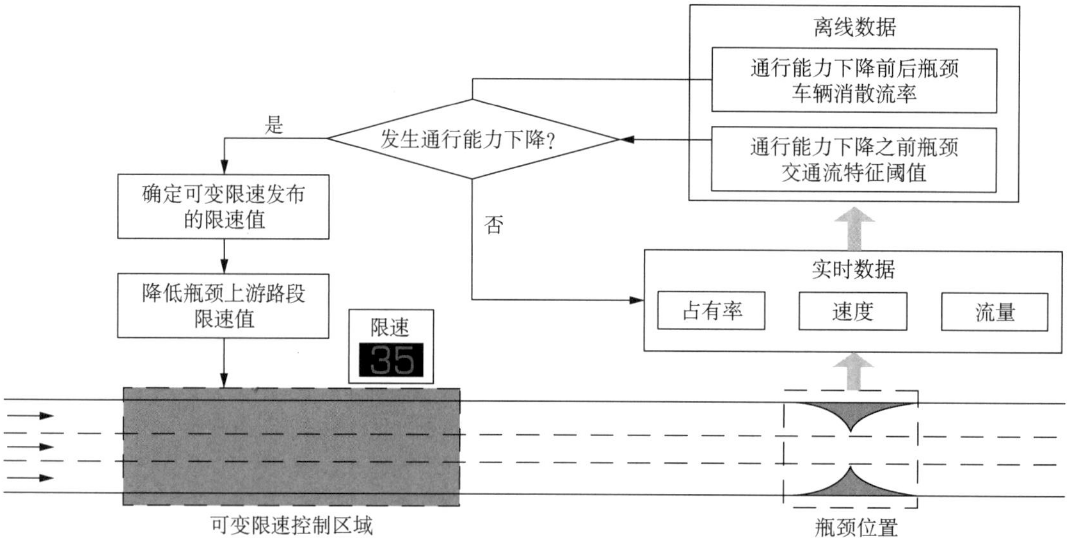

图 7-6　可变限速控制策略流程

2）匝道控制

这里的匝道控制指快速路入口匝道控制。匝道控制的策略有很多，这里介绍一种易于实施的单点动态控制策略：ALINEA/Q 算法[15]。

ALINEA/Q 算法除了考虑主线占有率，还考虑了匝道排队，以避免匝道排队溢出影响地面交通。算法的相关公式如下：

$$r(k)=R(k-1)+K_R[O-O_{out}(k-1)] \tag{7-6}$$

$$r'(k)=-\frac{1}{T}[w'-w(k)]+q(k-1) \tag{7-7}$$

$$R(k)=\max\{r(k),\ r'(k)\} \tag{7-8}$$

式中　$r(k)$—— 仅考虑占有率的第 k 个控制周期的匝道调节率，veh/h；

K_R ——变换系数，一般可取[70, 200]；

O ——主线临界占有率，计算公式为

$$O=K\times(L_c+L_d) \tag{7-9}$$

K ——道路密度，veh/m；

L_c ——车辆长度，m，如 4.5 m；

L_d ——检测器长度，m，如 2 m；

$O_{out}(k-1)$—— 第 $(k-1)$ 个控制周期的主线占有率；

$r'(k)$—— 仅考虑匝道排队的第 k 个控制周期的匝道调节率，veh/h；

T ——控制周期，h；

w' ——匝道最大排队长度，m，如 100 m；

$w(k)$—— 第 k 个控制周期的匝道车辆排队长度，m；

$q(k-1)$—— 第$(k-1)$个控制周期的匝道需求流量，veh/h；

$R(k)$ ——最终确定的匝道调节率，veh/h。

匝道控制的步骤如下(图 7-7)：

(1) 利用检测器采集实时交通流信息。

(2) 判断主线占有率是否大于临界占有率，若小于则返回步骤(1)，否则进行步骤(3)。

(3) 根据 ALINEA/Q 算法计算匝道调节率。

(4) 判断计算所得匝道调节率是否小于最小调节率，若小于则根据最小调节率进行匝道控制，否则根据计算所得调节率进行匝道控制。

(5) 进入下一控制周期。

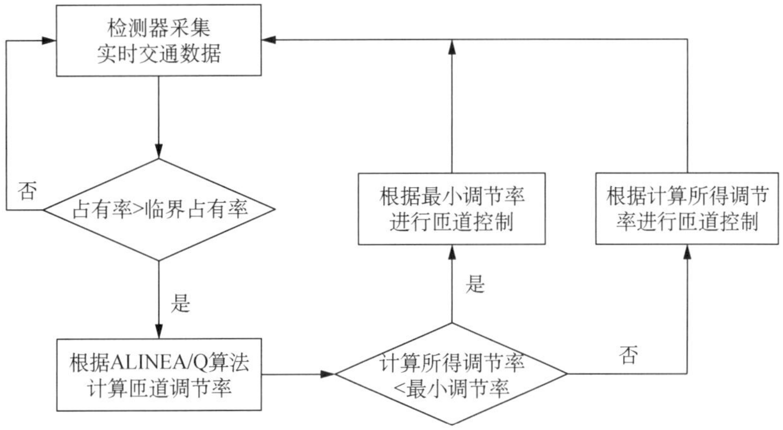

图 7-7　基于 ALINEA/Q 算法的匝道控制流程

此外，还有其他一些保障瓶颈通行能力的措施。例如，加强瓶颈路段的交通管理，高峰时段采取分流、限行措施，诱导车辆绕行至非瓶颈路段，避免对瓶颈造成过大的交通压力而引发失效；完善交叉口信号控制，避免排队溢出等。相关内容在其他章节有详细讨论，这里不再赘述。

7.4　供需均衡策略

交通需求应尽可能均衡地分布在路网上，使供需平衡，避免需求过于集中引发拥堵。这就是网络均衡需要讨论的问题。本节从最基础的、主要面向小汽车交通的用户均衡和系统最优策略出发，逐步深入讨论面向公交、出租车乃至多种模式组合的网络均衡策略。

7.4.1 小汽车网络均衡策略

Wardrop 在 1952 年提出了经典的网络均衡分配的第一准则和第二准则，即用户均衡（User Equilibrium，UE）和系统最优（System Optimum，SO）。

1. 用户均衡

Wardrop 第一准则（UE）假设出行者都确切知道网络的交通状态并选择最短路径出行。在 UE 状态下，所有出行者都不会通过单方面改变路径来降低其行程时间。Beckmann 等学者提出了与 UE 等价的数学规划表达式：

$$\min Z(x)=\sum_a\int_0^{x_a}t_a(\omega)\mathrm{d}\omega \tag{7-10}$$

$$\text{s.t.}\sum_k f_k^{rs}=q_{rs},\forall r\in R,s\in S \tag{7-11}$$

$$x_a=\sum_r\sum_s\sum_k f_k^{rs}\delta_{a,k}^{rs},\ \forall a\in A \tag{7-12}$$

$$f_k^{rs}\geqslant 0,\ \forall r\in R,\ s\in S,\ k\in K^{rs} \tag{7-13}$$

式中 A ——路段集合；

R ——起点集合；

S ——终点集合；

K^{rs} ——OD 对 $(r,\ s)$ 间的路径集合；

$t_a(\omega)$—— 路段 a 的阻抗函数，是路段流量 ω 的函数，常采用 BPR（Bureau of Public Road）函数的形式：

$$t(\omega)=t_0\cdot\left[1+\alpha\left(\frac{\omega}{c}\right)^{\beta}\right] \tag{7-14}$$

t_0——自由流状态下路段的行驶时间，h；

c ——路段通行能力，pcu/h；

α,β——公式中的参数（常用值是 0.15 和 4）；

x_a—— 路段 a 分配的流量，pcu/h；

f_k^{rs} ——OD 对 $(r,\ s)$ 间路径 k 的流量，pcu/h，决策变量；

q_{rs} ——OD 对 $(r,\ s)$ 间的总流量，pcu/h；

$\delta_{a,k}^{rs}$—— 路段-路径关联变量，如果路段 a 在 OD 对 $(r,\ s)$ 间的路径 k 上，则 $\delta_{a,k}^{rs}=1$，否则 $\delta_{a,k}^{rs}=0$。

上述模型中的三个约束条件分别为：式（7-11）表示 OD 间各条路径上的流量之和等于 OD 出行量；式（7-12）表示任意路段的流量等于途经它的全部路径流量之和；式（7-13）表示路径流量非负。可以证明，上述模型的解满足所有使用路径的阻抗相等且最小，未被使用路径的阻抗都不小于使用路径的阻抗。在实际工程项目应用中通常采用用户均衡交通分配法。

上述模型的求解通常采用 Frank-Wolfe 算法，步骤如下：

第一步，初始化。按照 $t_a^0 = t_a(0)$，$\forall a$，进行全有全无交通分配，得到各路段流量 $\{x_a^1\}$，令 $n=1$。

第二步，更新各路段阻抗：$t_a^n = t_a(x_a^n)$，$\forall a$。

第三步，寻找迭代方向。按照更新后的 $\{t_a^n\}$，执行全有全无分配，得到一组附加流量 $\{y_a^n\}$。

第四步，确定移动步长。求解满足如下一维线性搜索问题的最优 λ（可采用黄金分割法或二分法等）。

$$\min_{0\leqslant\lambda\leqslant1}\sum_a\int_0^{x_a^n+\lambda(y_a^n-x_a^n)} t_a(\omega)\mathrm{d}\omega \tag{7-15}$$

第五步，确定新的迭代点：$x_a^{n+1} = x_a^n + \lambda(y_a^n - x_a^n)$。

第六步，收敛性检验。如果 $\{x_a^{n+1}\}$ 满足规定的收敛准则[式(7-16)]则停止计算，$\{x_a^{n+1}\}$ 即为最优解；否则令 $n=n+1$，返回第二步。

$$\frac{\sqrt{\sum_a (x_a^{n+1}-x_a^n)^2}}{\sum_a x_a^n} < 10^{-4} \tag{7-16}$$

在得到 UE 交通分配结果后，就可以这个结果为目标，通过交通信息诱导等手段，引导网络向这一目标靠拢，尽可能地实现网络用户均衡。

2. 随机用户均衡

随机用户均衡(Stochastic User Equilibrium，SUE)进一步考虑了用户对阻抗感知的随机性。在 SUE 中，路径选择概率与路径感知阻抗有关，路径感知阻抗是实际阻抗(和流量相关)与感知误差的和。如此反馈，达到 SUE 状态，这个关系也被称为 SUE 条件。SUE 比 UE 更具普适性，UE 可被看作是 SUE 的一种特殊情形(即感知误差为 0)。

3. 系统最优

Wardrop 第二准则假设，在 SO 状态下，网络总出行成本(或平均出行成本)最小。SO 的数学规划表达式与 UE 具有完全相同的约束条件，唯一不同之处在于目标函数。SO 的目标函数可以等价写为

$$\min Z(x) = \sum_a x_a t_a(x_a) = \sum_a \int_0^{x_a}\left[t_a(\omega) + \omega\frac{\mathrm{d}t_a(\omega)}{\mathrm{d}\omega}\right]\mathrm{d}\omega \tag{7-17}$$

式中，$t_a(\omega) + \omega\dfrac{\mathrm{d}t_a(\omega)}{\mathrm{d}\omega}$ 为路段 a 的边际行程时间(Marginal Travel Time)。

因此，可以简单修改 UE 问题的 Frank-Wolfe 算法，用路段边际行程时间替换 $t_a(x_a)$，即可求解 SO 交通分配模型。

无论 UE 还是 SO,其目标都是尽可能降低路网的总体阻抗,只是侧重的角度略有不同而已。因此,UE 和 SO 都是较好的路网均衡状态,都有利于最大限度地防控交通拥堵风险。

7.4.2 其他网络均衡策略

1. 公交网络均衡

对于公交网络,由于在同一路段上可以有很多公交线路,并且每条公交线路都有固定的行车路线和发车频率。因此,公交网络相对于城市道路交通网络来说更加复杂,而且对于选择公交车作为出行工具的出行者来说,他所考虑的不仅仅是公交车辆在道路上的行驶时间,还要考虑转乘站的数目以及在车站的等待时间。在实际的交通中,每条公交线路都有自己的容量限制,如果选择同一线路的乘客很多,那么在这条公交线路上就会产生拥挤,这也是乘客在选择公交线路时所考虑的一个重要问题。

一般来说,公交网络均衡模型是基于已有的网络均衡模型的,如 UE,只不过需要根据公交网络运行特性做一定的修改。文献[16]认为,公交网络的交通阻抗由边阻抗和节点阻抗组成,其中边阻抗考虑了步行时间、公交车运行时间和乘客不舒适度;节点阻抗考虑了公交车停站延误、换乘节点延误和交叉口节点延误。该研究用流向 $i—j—g—h$ 表示:乘客乘坐线路 g 到达节点 i 起,至在节点 i 换乘线路 h(若 $g=h$,则为续乘),并乘坐线路 h 到达节点 j 的全过程。这一过程的阻抗表示为 r_{ijgh},它包含了节点 i 由线路 g 换乘到线路 h 的节点阻抗 d_{igh},以及乘坐线路 h 到达节点 j 的边阻抗 z_{ijh},但不包含在节点 j 的节点阻抗。根据不同的情况,r_{ijgh} 表达为

$$r_{ijgh}=\begin{cases}0, & i=j\ \text{时}\\ z_{ijh}+d_{igh}, & i\ \text{与}\ j\ \text{相邻且直接由}\ h\ \text{连通}\\ \infty, & \text{其他}\end{cases} \tag{7-18}$$

于是,基于 UE 的公交网络均衡分配模型的目标函数为

$$\min Z(x)=\sum_{i,j}\sum_{g,h}\int_0^{y_{ijgh}} r_{ijgh}(\omega)\mathrm{d}\omega \tag{7-19}$$

式中,y_{ijgh} 为流向 $i—j—g—h$ 的流量。

模型的约束条件基本不变,把相关的符号略做修改即可。

当然,还有许多研究提出了不同公交网络均衡模型。例如,有研究[17]考虑了换乘次数及换乘费用对乘客出行阻抗的影响,并基于 SUE 进行建模。虽然相关研究各异,但基本思路是一致的,即对成熟的网络均衡模型进行改进以适应公交网络特性。

2. 出租车网络均衡

在我国大中城市交通出行中,由于出租车服务具有快捷、门对门、舒适等优点,因此它一直作为公共交通系统的重要组成部分。近年来随着信息技术在出租车行业的广泛应用,以及智能

手机的普及,使用叫车软件召唤搭乘出租车成为新的出行模式,并被广泛关注。叫车软件的应用,一方面使出租车与乘客之间的信息得到互通,让过去出行中尤其在上下班高峰时段的“打的难”问题得到了缓解;另一方面由其导致的问题也遭到出租车管理部门以及部分民众的非议,如叫车软件存在加价收费使得出租车有选择性地载客,同时加价也使得搭乘出租车需花费更高的成本。分析信息系统对出租车运营市场的影响,以及如何规范目前诸如叫车软件等信息技术在出租车行业的应用成为一项十分有意义的课题。

相比于普通的小汽车交通,出租车交通的特点是需要考虑乘客搭乘出租车的等待时间及出租服务费用。相关研究的建模过程较为复杂,这里不做详述,感兴趣的读者可参考文献[18]、[19]。

3. 多模式网络均衡

多模式网络均衡是指同时考虑两种及以上交通模式的网络均衡问题。这类问题的难点在于需要考虑不同交通模式的选择及换乘衔接问题。这里以“小汽车+地铁”为例,讨论对治堵具有积极意义的停车换乘系统的网络均衡问题[20]。

假设在一个双模式交通网络中存在两种基本出行方式:小汽车和地铁。对于出行者来说,有三种出行方式可供选择:小汽车、地铁、小汽车-地铁(停车换乘)。这三种出行方式对应了三种类型的路段:A^a, A^r 和 A^p。A^a 表示小汽车路段集合,A^r 表示地铁路段集合,A^p 是换乘路段(虚拟路段),表示换乘行为。三者互不包含。

路段类型不同,交通阻抗 t_a(行程时间)也不尽相同。对于某一条路段 a,若 $a \in A^a$ 或 $a \in A^p$,由于小汽车出行及停车换乘的阻抗受流量影响,故 t_a 是路段流量 v_a 的函数,表示为 $t_a(v_a)$,流量越大,阻抗越大,二者是单调递增关系;若 $a \in A^r$,由于地铁出行的阻抗不受流量影响,故 t_a 与路段流量 v_a 无关,是一个恒定值。

设网络中的交通需求是 $\bar{q}_{od}$, od 表示一个 OD 对 (o, d),所有 OD 对构成集合 W。出行者的出行决策分为两个阶段。第一阶段利用 Logit 模型进行方式划分,选择小汽车和地铁出行的交通需求分别为 q_{od} 和 q_{od}^r,二者之间的竞争关系可以表达为

$$q_{od} = \bar{q}_{od} \frac{1}{1 + \exp[\theta(\mu_{od} - \mu_{od}^r)]} \tag{7-20}$$

$$q_{od} + q_{od}^r = \bar{q}_{od} \tag{7-21}$$

式中 θ—— 离散参数;

μ_{od} ——小汽车的行程时间,h;

μ_{od}^r ——地铁行程时间,h。

对于不能使用地铁出行的 (o, d), $\mu_{od}^r = \infty$。注意到 q_{od} 是 μ_{od} 的函数,表示为 $D_{od}(\mu_{od})$,小汽车行程时间越大,小汽车的出行需求越小,故二者是单调递减关系。$D_{od}(\mu_{od})$ 的反函数表示为 $D_{od}^{-1}(\mu_{od})$,即把 μ_{od} 看作 q_{od} 的函数。

第二阶段选择换乘的交通需求为 q_{od}^{p}，选择继续使用小汽车的交通需求为 q_{od}^{a}，$q_{od}^{p}+q_{od}^{a}=q_{od}$。

基于弹性需求下的交通分配模型，构建本问题下的数学规划模型。约束条件与 UE 类似，目标函数为

$$\min Z(x)=\sum_{a\in A^{a}}\int_{0}^{v_a}t_a(\omega)\mathrm{d}\omega+\sum_{a\in A^{p}}\int_{0}^{v_a}t_a(\omega)\mathrm{d}\omega+\sum_{a\in A^{r}}v_a t_a-\sum_{(o,\ d)\in W}\int_{0}^{q_{od}}D_{od}^{-1}(\omega)\mathrm{d}\omega \tag{7-22}$$

式(7-22)所表示的目标函数前三项考虑的是小汽车、停车换乘和地铁出行的阻抗函数，最后一项考虑的是弹性需求。由于 $D_{od}^{-1}(\omega)$ 是单调递减函数，取负值后为单调递增函数，与阻抗函数保持一致。进一步的理解请参考弹性需求的相关理论。

通过该模型对交通阻抗、交通需求的敏感性进行分析可得出如下结论：在规划停车换乘系统时，一方面要减少换乘时间，提高停车换乘容量；另一方面随着交通需求的增加，停车换乘的使用率也迅速增加，因此要在交通需求较大的区域做好停车换乘系统的布局规划。但停车换乘也能够吸引原本使用轨道方式的交通量。因此，在布设换乘场(站)位置和设计场(站)容量时，有必要合理评估停车换乘有可能对城市交通网络产生的影响，最终达到城市交通可持续发展的目标。

参考文献

[1] ABOUDOLAS K, PAPAGEORGIOU M, KOSMATOPOULOS E. Store-and-forward based methods for the signal control problem in large-scale congested urban road networks[J]. Transportation Research Part C: Emerging Technologies, 2009, 17(2): 163-174.

[2] HU Q Z, LU H P, DENG W. Evaluating the urban public transit network based on the attribute recognition model[J]. Transport, 2010, 25(3): 300-306.

[3] 张溪，刘建军，周天，等.基于行程时间比指数的街道级交通运行特征研究[J].交通工程，2018，18(6)：8-15.

[4] 荣利利，马洪生.国外交通需求管理经验借鉴分析[J].交通科技与经济，2013，15(4)：110-113.

[5] 上海市建交委.上海市交通发展白皮书[R].上海，2013.

[6] 新加坡陆路交通管理局.2015 年新加坡陆路交通统计概要[R]. 2015.

[7] 包贤珍.小汽车增量调控背景下交通需求管理策略分析：以深圳市为例[J].交通世界，2017(23)：3-5.

[8] GEROLIMINIS N, DAGANZO C F. Existence of urban-scale macroscopic fundamental diagrams: Some experimental findings[J]. Transportation Research Part B: Methodological, 2008, 42(9): 759-770.

[9] GEROLIMINIS N, SUN J. Properties of a well-defined macroscopic fundamental diagram for urban traffic[J]. Transportation Research Part B: Methodological, 2011, 45(3): 605-617.

[10] ZHANG L L, GARONI T M, DE GIER J. A comparative study of macroscopic fundamental diagrams

of arterial road networks governed by adaptive traffic signal systems[J]. Transportation Research Part B: Methodological, 2013, 49:1-23.

[11] 朱琳,于雷,宋国华.基于 MFD 的路网宏观交通状态及影响因素研究[J].华南理工大学学报(自然科学版),2012,40(11):138-146.

[12] 张孜,宋奇文,林思.动态可变车道在路网通行能力优化中的应用[J].公路交通科技,2015,32(9):109-114.

[13] 孙剑,张娟.城市快速路瓶颈交通流失效生存分析[J].同济大学学报(自然科学版),2013,41(4):530-535.

[14] 李志斌,金茂菁,刘攀,等.提高高速公路通行效率的可变限速控制策略[J].吉林大学学报(工学版),2013,43(5):1204-1209.

[15] 蒋咏寒.基于可变限速和匝道控制的快速道路交织区瓶颈改善策略:以南京市内环快速路双桥门段为例[D].南京:东南大学,2016.

[16] 芦群,刘灿齐.城市公共交通网络均衡分配模型与算法[J].交通与计算机,2004,22(4):3-6.

[17] 李远,四兵锋,杨小宝,等.考虑换乘费用的城市公交网络随机用户均衡配流模型及算法[J].系统工程理论与实践,2014,34(8):2127-2134.

[18] 曹祎,罗霞.考虑手机召车软件的城市出租车网络均衡研究[J].交通运输系统工程与信息,2016,16(2):70-76.

[19] 度巍,王先甲,刘炳全.信息系统下出租车运营市场网络均衡模型[J].交通运输系统工程与信息,2014,14(3):91-96,141.

[20] 温旭丽,杨涛,马香.基于轨道交通的停车换乘系统网络均衡模型研究[J].公路交通科技(应用技术版),2016,12(8):261-264.

8 通道交通拥堵风险防控方法

本书第 7 章从宏观网络层面分析了交通拥堵风险防控策略，本章将从中观通道层面分析相关的防控方法。本章所讨论的通道是指城市中吸引或发散主要客货流量方向上的交通干道，又称交通走廊。通道需具备两个基本条件：大流量、高效率。一般来说，通道的道路类型为城市快速路或交通性主干路。

通道是城市道路交通网络中的骨干，承担了主要的交通功能，它的通畅与否从总体上决定了路网的通畅性。因此，通道交通拥堵风险防控是一个很重要的课题。

本章探讨城市通道交通拥堵风险预防与控制的技术方法，具体包括两类通道：城市快速路、信号控制的交通性主干路。其中，城市快速路聚焦于宏观基本图特征、拥堵风险评估及多匝道协调控制；信号控制的交通性主干路则聚焦于范围构建、风险评估、信号协调控制及公交优先控制。

8.1 防控目标与原则

1. 防控目标

通道交通拥堵风险防控的目标可参考国内相关规范。《城市道路工程设计规范》(CJJ 37—2012)[1]规定了城市快速路基本路段的通行能力和服务水平分级标准，如表 8-1 和表 8-2 所列。对于城市快速路而言，防控目标是至少达到三级服务水平。

表 8-1　快速路基本路段一条车道的通行能力

设计速度/($km \cdot h^{-1}$)	100	80	60
基本通行能力/($pcu \cdot h^{-1}$)	2 200	2 100	1 800
设计通行能力/($pcu \cdot h^{-1}$)	2 000	1 750	1 400

表 8-2　快速路基本路段服务水平分级

设计速度/($km \cdot h^{-1}$)	服务水平等级	密度/[$pcu \cdot (km \cdot ln)^{-1}$]	平均速度/($km \cdot h^{-1}$)	负荷度 V/C	最大服务交通量/[$pcu \cdot (h \cdot ln)^{-1}$]
100	一级(自由流)	≤10	≥88	0.40	880
	二级(稳定流上段)	≤20	≥76	0.69	1 520
	三级(稳定流)	≤32	≥62	0.91	2 000

(续表)

设计速度/(km·h⁻¹)	服务水平等级		密度/[pcu·(km·ln)⁻¹]	平均速度/(km·h⁻¹)	负荷度V/C	最大服务交通量/[pcu·(h·ln)⁻¹]
100	四级	(饱和流)	≤42	≥53	≈1.00	2 200
		(强制流)	>42	<53	>1.00	—
80	一级(自由流)		≤10	≥72	0.34	720
	二级(稳定流上段)		≤20	≥64	0.61	1 280
	三级(稳定流)		≤32	≥55	0.83	1 750
	四级	(饱和流)	≤50	≥40	≈1.00	2 100
		(强制流)	>50	<40	>1.00	—
60	一级(自由流)		≤10	≥55	0.30	590
	二级(稳定流上段)		≤20	≥50	0.55	990
	三级(稳定流)		≤32	≥44	0.77	1 400
	四级	(饱和流)	≤57	≥30	≈1.00	1 800
		(强制流)	>57	<30	>1.00	—

对于其他等级道路,《城市道路工程设计规范》(CJJ 37—2012)[1]并没有给出相应的服务水平分级标准,但规定了其通行能力,如表 8-3 所列。

表 8-3　其他等级道路路段一条车道的通行能力

设计速度/(km·h⁻¹)	60	50	40	30	20
基本通行能力/(pcu·h⁻¹)	1 800	1 700	1 650	1 600	1 400
设计通行能力/(pcu·h⁻¹)	1 400	1 350	1 300	1 300	1 100

此外,《城市道路工程设计规范》(CJJ 37—2012)[1]还规定了信号交叉口服务水平分级标准,如表 8-4 所列。对于信号控制的交通性主干路而言,交通拥堵风险防控目标是干路上所有信号交叉口至少达到三级服务水平。

表 8-4　信号交叉口服务水平分级

指标	服务水平			
	一级	二级	三级	四级
控制延误/(s·vch⁻¹)	<30	30~50	50~60	>60
负荷度 V/C	<0.6	0.6~0.8	0.8~0.9	>0.9
排队长度/m	<30	30~80	80~100	>100

因此,通道交通拥堵风险防控目标可定为:

(1) 若通道为城市快速路,则其服务水平至少达到三级。

(2) 若通道为交通性主干路,则其沿线所有信号交叉口的服务水平至少达到三级。

2. 防控原则

通道交通拥堵风险防控的原则包括以下几点：

(1) 服务中、长距离交通。通道主要应该为中、长距离交通服务，如果短距离交通过多，将使通道内车辆频繁交织，影响整个交通走廊的运输效率。因此，应采取一定的措施限制地区短距离交通进入走廊，保证中、长距离交通的安全、迅速。

(2) 具有一定的封闭性。通道相对于其他道路，应具有一定的封闭性和隔离性，以避免低速机动车、非机动车、行人对快速交通的干扰，保障通行效率。同时，为了保护城市环境和保障交通安全，可设置一些防噪和防撞设施。

(3) 通道之间互联互通。规模较大的城市可能不止一条通道，多条通道之间应保证互联互通，从而成环成网，使相连通道上任意两点间的联系都非常方便、快捷，但通道与低等级道路间不应联系过多，以免影响通道的快速交通功能。

(4) 多种交通方式综合。虽然本章主要讨论城市快速路和主干路，但作为通道本身的含义而言，为实现大运量、高效率，往往要综合多种交通方式，如常规公交、城市轨道交通等，以发挥各种交通方式的优势。

8.2 快速路通道拥堵风险防控

通道的类型之一是城市快速路。快速路的宏观交通流分析往往会用到宏观基本图(MFD)。因此，本节从 MFD 出发，分析快速路通道交通拥堵状态的识别评估技术，并介绍用于拥堵风险防控的多匝道协调控制方法。

8.2.1 快速路通道交通流宏观基本图

本书 7.3.1 节已介绍过网络交通流 MFD 的概念，这里对快速路通道做进一步的分析。实际上，将快速路通道组成的路网单独拿出来，也存在 MFD，且具备 MFD 的相关性质与特征。

有研究[2]利用长期的检测器数据，分析了上海市快速路通道的交通流 MFD。首先，通过采集获得的路段流量和速度数据，结合路段车道数，运用交通流基本关系式(流量＝密度×速度)，计算得到各路段单车道的流量、密度等交通流参数，绘制路段的流量-密度关系基本图。这里的“路段”是指由检测器分隔成的一个个小段，因此使用的是单点检测器数据，可以理解为单点的流量-密度关系基本图。

图 8-1(a)为上海沪闵高架某路段 18 天交通流数据产生的流量-密度基本图，一个数据点代表该路段在某个统计周期(1 h)内的交通流状态。路段的流量-密度基本图出现大量散点，路段的临界密度约为 35 veh/(km · ln)，流量的波动范围在此处达到最大，为 900～2 200 veh/(h · ln)。

通过所有检测器数据集计得到快速路通道路网的 MFD。根据式(8-1)和式(8-2)，计算每个统计周期(1 h)内快速路网的平均流量和平均密度(平均的权重是路段的车道长度)。

$$Q^j = \sum_{i=1}^{n} q_i^j l_i \Big/ \sum_{i=1}^{n} m_i l_i \tag{8-1}$$

$$K^j = \sum_{i=1}^{n} k_i^j l_i \Big/ \sum_{i=1}^{n} m_i l_i \tag{8-2}$$

式中 Q^j, K^j——分别为第 j 个统计周期内路网的平均流量,pcu/h 和平均密度,pcu/km;

q_i^j, k_i^j——分别为第 j 个统计周期内路段 i 的同向所有车道的流量,pcu/h 和同向所有车道的密度,pcu/km;

m_i, l_i——分别为路段 i 的车道数和长度,km;

n——路段数量。

图 8-1(b)为用 18 天检测器数据绘制的快速路网 MFD,一个数据点代表某个统计周期内路网的宏观交通流状态。对比图 8-1(a)发现,路段交通流参数经过集计后,那些存在于单条路段基本图中的散点消失了,路网的 MFD 呈现出较为清晰的曲线。这表明相比于路段,路网具有更加稳定的流量-密度关系,路网内存在 MFD。

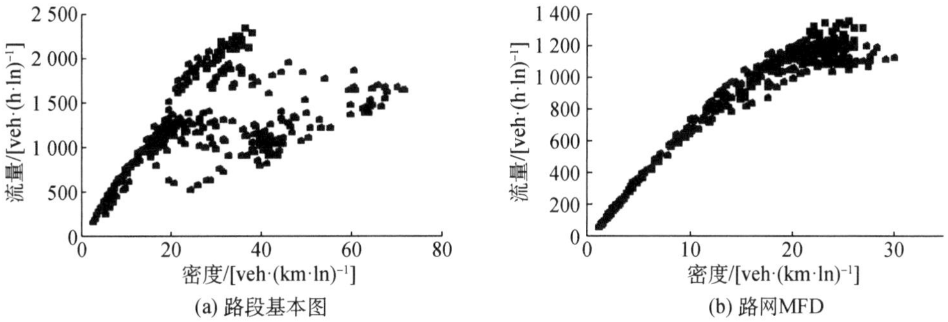

图 8-1 上海市快速路路段基本图与路网 MFD 对比[2]

此外,该研究还分析了 MFD 中的滞回现象。通过数据分析发现,晚高峰拥堵消散时路网密度分布更不均匀且拥堵路段流量更低。这两个因素共同引起了上海市快速路早晚高峰的滞回现象,且后者对路网滞回现象的影响更大。晚高峰拥堵路段流量下降的原因是拥堵路段空间分布更集中,交通流相互干扰更严重。

不仅是上海的快速路,对北京市快速环路的检测器数据的分析也得到了 MFD。相关研究[3]绘制了北京市快速环路某日上午 6:00—12:00 的平均流量-平均占有率关系图,如图 8-2 所示。图形呈现明显的 MFD 特征,且可观察到清晰的滞回现象,证明了滞回现象存在于城市快速路网中。该研究还发现了北京市快速环路宏观基本

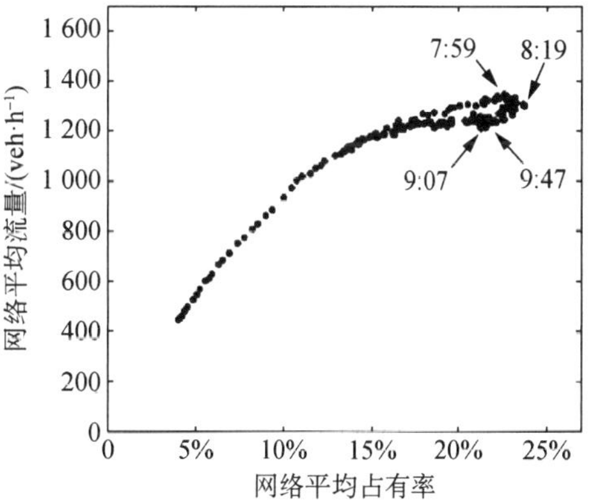

图 8-2 北京市快速环路 MFD[3]

图中不同于现有理论的特征，即在网络占有率方差与网络流量的对应关系中，二者亦可表现出相同的趋势，如较低占有率方差与较低网络流量间的对应关系。通过分析各环路交通拥堵的演化过程，认为北京市由中心向外扩散的放射形拥堵过程是形成这种特殊关系的内在因素。

MFD 模型与宏观交通状态之间存在着密切联系，不同的交通状态可以对应到 MFD 中的不同位置。因此，MFD 是分析与研判城市快速路交通拥堵风险的有效工具。如前所述，通过布设在快速通道上的检测器等传感器获得交通流相关数据，可以集计得到路网 MFD，从而开展快速路通道拥堵风险的监控与评估工作。

8.2.2 快速路通道拥堵风险评估技术

1. MFD 模型

基于快速路通道的 MFD 模型，可以对快速路的宏观交通流状态进行等级划分。文献[4]参考了拥堵感知调研的速度阈值划分结果，根据 MFD 中散点分布位置，将快速路的宏观交通流状态划分为Ⅰ～Ⅴ五个等级。这五个等级的流量、密度参数阈值如图 8-3 所示。该图中，交通流密度越大，对应的等级越高，拥堵越严重。

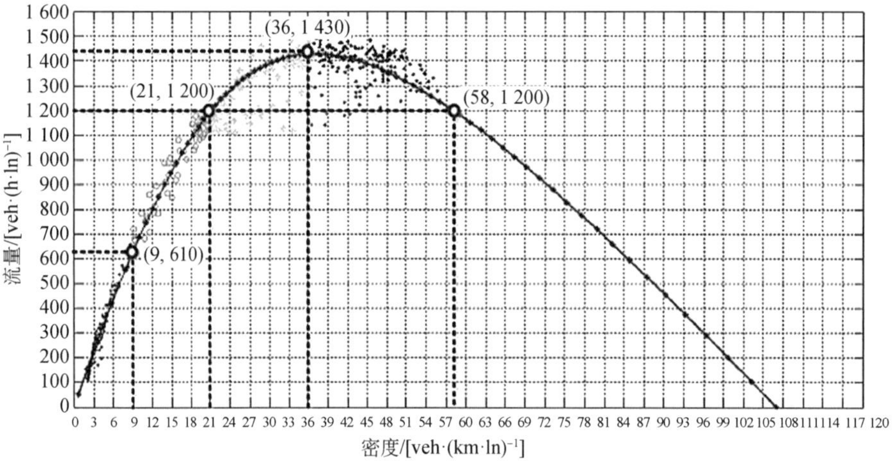

图 8-3 基于 MFD 的快速路交通流状态等级划分[4]

这五个等级下的交通流状态特征及拥堵风险如表 8-5 所列。

表 8-5 五个等级下的交通流状态特征及拥堵风险[4]

等级	交通流状态	特征	交通拥堵风险
Ⅰ级	畅通	交通流整体为自由流状态，样本点落在低密度、低流量区间，车辆在路网内行驶不受外界干扰	较低
Ⅱ级	基本畅通	样本点同样分布在低密度、低流量区间，快速路上大部分路段交通运行畅通或接近自由流状态，存在少量路段交通流状态不稳定，但不会形成拥堵或长时间排队	一般

（续表）

等级	交通流状态	特征	交通拥堵风险
Ⅲ级	轻度拥堵	平均流量接近通行能力，但平均密度低于临界密度。此时，快速路上大部分路段密度低于或接近临界密度，若交通需求继续增加，平均流量会逐渐下降	较高
Ⅳ级	中度拥堵	平均密度已经超过临界密度，平均流量开始从通行能力处下降。此时，快速路各路段交通流状态差异开始增大，道路上的车流排队情况开始恶化，但快速路整体状态仍可控	已拥堵
Ⅴ级	严重拥堵或阻塞	数据样本点集中分布在高密度、低流量区间。快速路已经出现大范围拥堵，大部分路段已处于阻塞流状态	已拥堵

2. 速度分布

文献[4]还研究了基于速度分布的交通流状态等级划分方法。这种方法需要采集快速路上的浮动车（主要指出租车等营运车辆）数据，由于浮动车数据覆盖范围广，所以能较好地反映快速路上绝大部分车辆的运行状况。

在任意一个时间间隔内，若快速路某路段的浮动车平均速度为 v_i，则其对应的单位里程行程时间为 t_i（单位为 min/km），二者满足 $t_i=1/v_i$。不同路段的单位里程行程时间不同，因此存在单位里程行程时间随里程变化的概率密度函数 $f(t)$。可以将单位里程行程时间均匀地划分成小段（如每隔 6 s 划分一段），通过统计每一段上有多少路段里程落在上面，从而得到单位里程行程时间的里程比例分布。分别采用正态（Normal）、对数正态（Lognormal）、伽马（Gamma）和韦布尔（Weibull）四种常用分布进行曲线拟合（图 8-4），从而确定了快速路上车辆单位里程行程时间的里程比例分布服从对数正态分布函数：

$$f(t)=\frac{1}{\sigma t\sqrt{2\pi}}\exp\left[-\frac{1}{2}\left(\frac{\ln t-\mu}{\sigma}\right)^2\right] \tag{8-3}$$

式中　t ——车辆单位里程行程时间，min/km；

μ，σ ——分别为快速路单位里程行程时间概率分布模型的平均值和方差，满足 $t>0$，$\sigma>0$，$-\infty<\mu<+\infty$。

对于任意时间，μ 和 σ 可以通过对所有车流单位里程行程时间的对数进行统计计算获得，分别为 $\ln t$ 的期望值和标准差，计算公式为

$$\mu=\bar{x}=\frac{1}{n}\sum_{i=1}^{n}x_i \tag{8-4}$$

$$\sigma=SD(x)=\sqrt{\frac{1}{n-1}\sum_{i=1}^{n}(x_i-\bar{x})^2} \tag{8-5}$$

式中　x_i ——单位里程行程时间 t_i 的对数，即 $x_i=\ln t_i$；

n ——研究时段内快速路上单位里程行程时间的取值个数；

$\bar{x}$，$SD(x)$ ——分别为研究时段内单位里程行程时间的对数的均值和标准差。

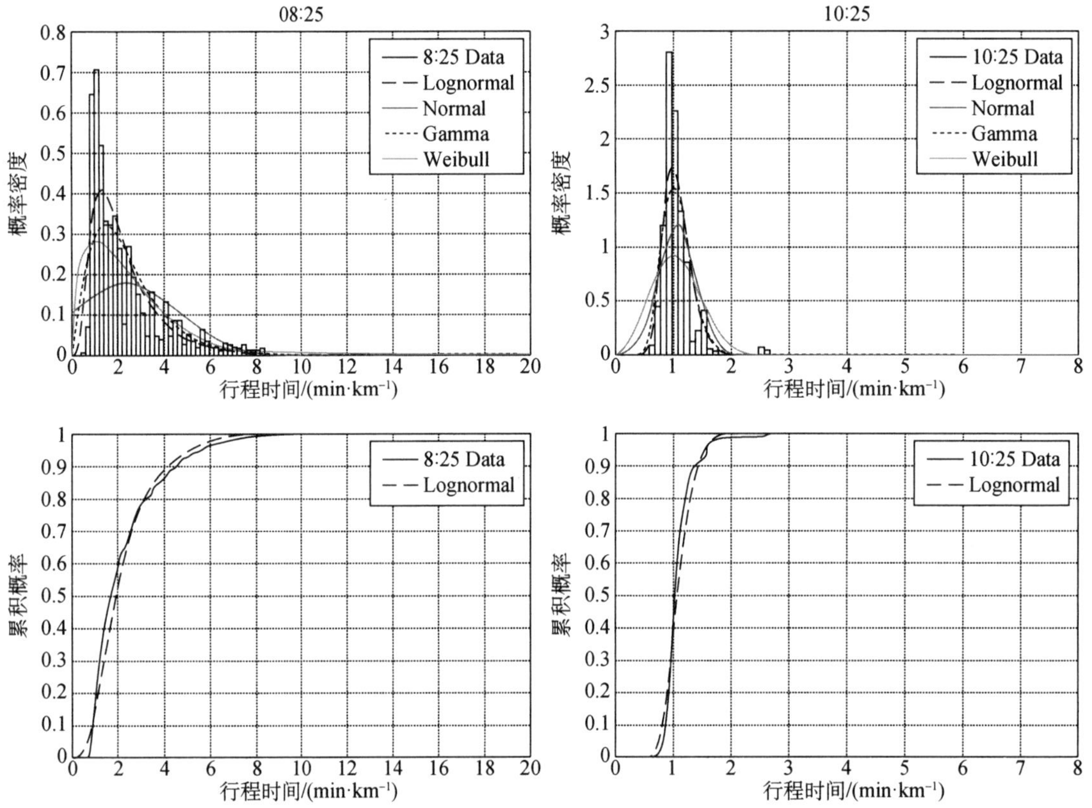

图 8-4 单位里程行程时间概率分布[4]

在给出单位里程行程时间的里程分布的概率密度函数之后,累积概率分布函数可以表示为

$$F(t)=\int_{0}^{t} f(t)\mathrm{d}t=\Phi\left(\frac{\ln t-\mu}{\sigma}\right) \tag{8-6}$$

又因为快速路运行速度 v_i 的累积概率分布 $F(v_i)$ 可表示为

$$\begin{aligned}F(v_i)&=P(v\leqslant v_i)=\int_{0}^{v_i} f(v)\mathrm{d}v=\int_{t_i}^{\infty} f(t)\mathrm{d}t\\&=1-\int_{0}^{t_i} f(t)\mathrm{d}t=1-F(t_i)\end{aligned} \tag{8-7}$$

故快速路上车辆运行速度的累积里程概率分布函数为

$$F(v)=1-F(t)=1-\Phi\left(\frac{\ln t-\mu}{\sigma}\right) \tag{8-8}$$

通过采集北京西三环快速路的浮动车数据,得到每隔 10 min 的车辆运行速度累积里程概率分布,3 天共得到 432 条概率分布曲线,如图 8-5 所示(不同的灰度表示不同状态等级)。其中,横坐标表示车辆运行速度,且取值由高到低,对应单位里程行程时间由 0 向∞;纵坐标为运

行速度的累积概率。图中不同灰度的线条落在坐标系的不同区域，这说明当快速路宏观交通流状态不同时，车辆运行速度的里程分布也不同。

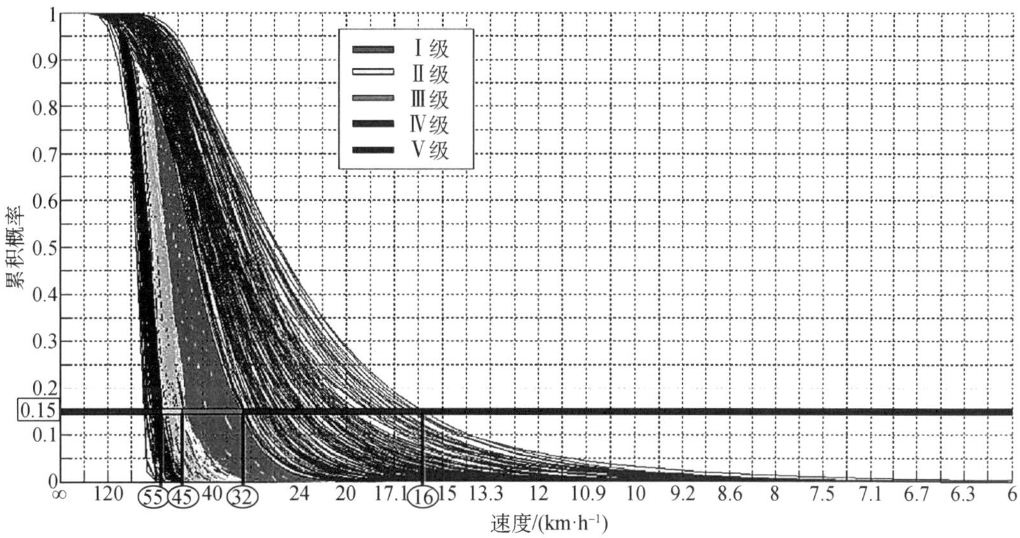

图 8-5 基于速度分布的宏观交通状态等级对应速度阈值划分[4]

设曲线上的任一点的纵坐标取值为 $F(v_i)$，表示快速路上以小于(含)速度 v_i 所完成的车辆行驶里程的总比例。定义 $F(v_i)=15\%$ 为临界点，将其对应的速度值 v_i 作为评价快速路宏观交通流状态的自变量，即该时间段内的车辆行驶里程中有 85%的运行速度不低于 v_i。将 v_i 作为评价快速路宏观交通状态的自变量，不同状态等级对应的速度阈值如图 8-5 所示(也可见表 8-6)。这里五个等级的含义与表 8-5 相同。

当然，速度阈值的确定除了这种方法外，还可以直接参考相关标准。北京市地方标准《城市道路交通运行评价指标体系》(DB11/T 785—2011)[5]也将快速路交通流状态划分为了五级，相应的速度阈值见表 8-6[6]。

表 8-6 基于速度阈值的快速路交通流状态等级划分

等级	交通流状态	速度阈值/(km·h⁻¹)		交通拥堵风险
		根据速度分布	根据标准	
Ⅰ级	畅通	>55	>65	较低
Ⅱ级	基本畅通	(45, 55]	(50, 65]	一般
Ⅲ级	轻度拥堵	(32, 45]	(35, 50]	较高
Ⅳ级	中度拥堵	(16, 32]	(20, 35]	已拥堵
Ⅴ级	严重拥堵或阻塞	≤16	≤20	已拥堵

由此可见，相比于标准给定的速度阈值，根据速度分布统计方法得到的速度阈值在拥堵状态的判别和评估上更为保守一些，但总体差别不大。这里介绍的速度分布统计方法的好处是，

具有更强的普适性，即对于不同城市的快速路，只需按照这个方法重新收集、统计和处理数据，就可以得到适用于该城市快速路的交通拥堵状态速度阈值划分标准。

8.2.3 快速路通道多匝道协调控制

匝道控制是应用广泛且能有效防治快速路交通拥堵的一种交通控制形式。常用的控制方法根据控制范围和复杂程度可分为静态控制、单点动态控制和多匝道协调控制[7]。静态控制是基于历史数据来制定不同时段内的匝道控制策略，并将策略预设在控制机中，但不对实时检测信息做出响应；单点动态控制是利用实时检测或预测数据代替历史数据来制定控制策略，主要面向单点匝道，如经典的 ALINEA 算法；通道多匝道协调控制主要是综合平衡通道上多个入口匝道的交通流量，以保证通道交通流的总体顺畅，主要算法有 METALINE，Helper 等。

一般来说，为了取得较好的控制效果，面向快速路通道的匝道控制主要为多匝道协调控制。考虑到交通流具有随机动态性，尤其高交通需求的交通流在短时间内发生交通突变的概率很大，将交通流的不稳定性因素作为拥堵风险指标纳入匝道控制方法中具有重要意义。相关研究[7]提出了交通流稳定性指标，并基于定量分层模型提出了多匝道协调控制次序方法。

快速路通道交通流的随机性和不稳定性通过交通状态的突变来表征。交通状态突变的概率是一个以累积流量为变量的方程：

$$F(A)=1-\prod_{k:\ A_k\leqslant A}\frac{m_k-d_k}{m_k},\ k\in\{B\} \tag{8-9}$$

式中 A—— 给定时间段内 A_k 的集合；

A_k—— 时间间隔 k 内的网络累积流量，veh/h；

m_k—— 累积流量大于等于 A_k 的记录数；

d_k—— 累积流量为 A_k 时发生交通状态突变的记录数；

$\{B\}$——k 时刻交通状态发生突变的记录集。

将交通状态突变看作一种风险，利用风险评估技术构建网络交通流稳定性控制指标(Production Stability, PS)[8]，以集成网络交通流量和交通流不稳定性两个关键元素。指标如式(8-10)所示。

$$PS(A)=A\cdot P_{50\text{th}}(A)\cdot\omega\cdot[1-F(A)] \tag{8-10}$$

式中 $PS(A)$—— 网络交通流稳定性指标；

$P_{50\text{th}}(A)$ ——50 百分位的网络交通流量，veh/h；

ω ——路段长度的权重。

根据式(8-10)可以推导出一定路网范围不同累积流量下的交通流稳定性控制指标 PS 的值。其中，当 PS 达到峰值时为匝道的最佳控制时机，如式(8-11)所示。

$$A_{PS}=\arg\max_{i=1,\cdots,n}\{PS(A_i)\} \tag{8-11}$$

式中，A_{PS} 为临界 PS 累积流量值，veh/h。

定量分层模型(Quantitative Hierarchical Model, QHM)由分区和分区控制策略组成，对通道进行分区应保证各子分区均包括一组出入口匝道组合，并以出入口匝道为分区划分的边界。鉴于匝道汇入车流对主线交通的影响，参考美国《道路通行能力手册》[9]中匝道连接点或交织区的影响范围建议标准。当设计车速为 80 km/h 时，影响范围为从匝道连接点起，上匝道向上游 102 m，向下游 508 m；下匝道向上游 508 m，向下游 102 m。确定匝道影响范围后，将快速路基本路段均分到相邻的匝道区域，由此建立通道子分区。

通道分区控制策略要消除各子分区在交通特性等方面的差异，首先按式(8-12)用密度指标标准化分区的临界属性，然后利用式(8-13)的作差法求得各子分区当前状态与临界状态密度的差值比 S，进而利用差值比 S 确定匝道的先后控制次序，即多匝道的控制次序优先级矩阵。

$$K_0=\frac{A_{PS}}{L_i} \tag{8-12}$$

$$S_i=\frac{K_i(k)-K_0}{K_0} \tag{8-13}$$

式中 L_i—— 第 i 个分区的里程长度，m；

K_0——临界 PS 累积流量值对应的临界密度，veh/km；

S_i—— 第 i 个分区的差值比；

$K_i(k)$——k 时刻 i 子分区的密度值，veh/km。

整条快速路通道的控制时机由通道交通流稳定性 PS 指标确定。根据通道控制时机状态下的交通流参数，计算各个分区的差值比，进而确定各分区匝道的控制次序。

在通道控制时机状态下，若某分区差值比 $S>0$，则意味着该分区的稳定性已超过了自身临界阈值。如果此类分区再继续放行车辆的话，将很容易发生通道交通状态突变，从而导致通道交通拥挤。因此，在此时应关闭所有差值比 $S>0$ 的分区入口匝道；若某分区差值比 $S<0$，则意味着该分区尚未达到临界状态，且 S 值越大，分区越不稳定。因此，未关闭的分区匝道按差值比 S 值从大到小的顺序依次采取控制措施，进而可以得到多匝道控制次序矩阵。通过借鉴单点匝道控制的需求差额法，按式(8-14)可以计算从控制时刻到临界状态之前各分区入口匝道可放行的车辆数。

$$N_i=|K_i(k)-K_0|\cdot L_i \tag{8-14}$$

式中，N_i 为分区 i 从控制时刻 k 到临界状态可放入的车辆数。按照控制次序，各分区入口匝道依次放行 N_i 辆车后关闭。

与通道控制时机的确定原理相同，各子分区控制时机由分区交通流稳定性指标 PS 确定。若通道控制时机状态下，各子分区的稳定性均未达到自身的临界阈值(即差值比 $S<0$)，此时只要一个分区的交通状态发生突变，即可视为通道交通状态发生了突变。差值比 S 最大的分区先

放行车辆，若此分区 j 可放行车辆数 N_j 大于通道可放行车辆数 N_1，则控制时刻不采取控制措施，分区控制依然服从主线控制目标；若 N_j 小于 N_1，则该分区放行车辆 N_1 后关闭入口匝道。此时，快速路主线的临界值不再是原数，其余分区的可放行车辆数按式(8-14)计算。控制次序优先级矩阵按图 8-6 流程所示步骤确定。

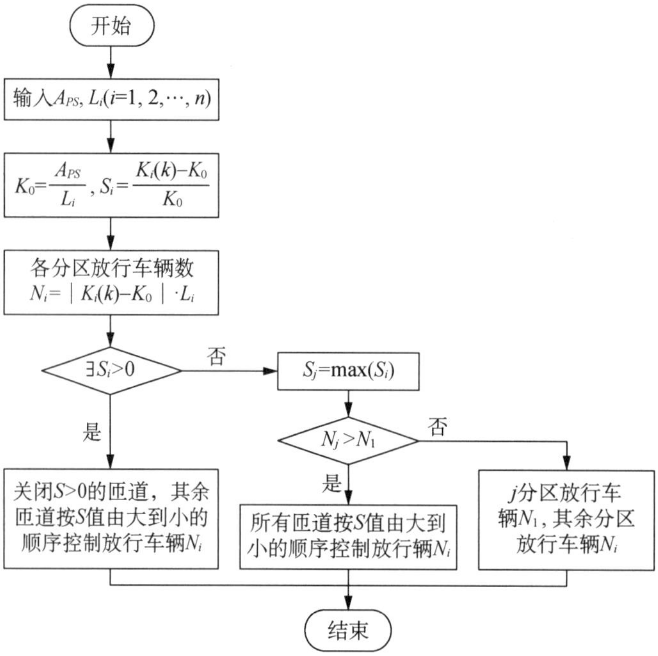

图 8-6　多匝道控制次序优先级矩阵确定方法流程[7]

对上海市内环通道进行仿真试验，并对比无控制、ALINEA 控制、分区控制三种方案，结果表明：

(1) 进行匝道控制后，快速路通道在路网平均速度、车辆平均延误和总行程时间上均有所改善，采用控制策略对车辆平均延误的控制效果尤为明显，说明匝道控制可以有效提高快速路的运行效率。相较 ALINEA 控制，分区控制在三个评价指标上均有一定改善，可以体现出分区控制在路网运行方面的优越性。

(2) 验证得知，分区控制较 ALINEA 控制在占有率和交通量累计值方面均体现出一定的优越性，且在交通量累计值方面尤为明显。可以认为，分区控制能更好地保证路网交通尤其是合流区交通的顺畅运行。

(3) 分区控制较 ALINEA 控制能更好地协调多匝道，从而使主匝道可以放行更多的车辆，提高各个入口匝道的公平性。

因此，这种基于定量分层模型的分区控制方法考虑了交通流的随机动态特征，将交通状态突变看作是一种风险，通过多匝道协调控制来降低通道交通陷入拥堵状态的风险，对快速通道交通拥堵风险防控具有很高的参考价值。

8.3 信号控制通道拥堵风险防控

除了城市快速路外，通道的另一种类型是交通性主干路。这类主干路承担着重要的交通功能，城市中相邻组团间的交通往往由其承担。从交通流性质来看，主干路交通与快速路交通最大的区别在于：主干路上存在大量平面交叉口及信号控制，其上的交通流是间断流；快速路上的交通流则是连续流。因此，本节从主干路通道交通信号协调控制（即6.3.4节所提的“线控制”）的角度，讨论主干路通道拥堵风险防控技术。

8.3.1 通道范围构建技术

在对一个包含数百甚至上千个交叉口的路网进行信号控制时，经常将路网划分成若干个相互独立的区域，每个区域包含1个或者相邻的多个信号交叉口，这样的区域叫作“交通控制子区”。根据形态的不同，可以将交通控制子区分为三类：①只包含1个信号交叉口的孤立子区；②包含若干个位于同一道路连线上的相邻信号交叉口的一维线控子区；③包含若干个位于同一道路平面上的相邻信号交叉口的二维面控子区。显然，孤立子区、线控子区、面控子区将分别运行单点控制、干线协调控制和区域协调控制方案。

交通控制子区的划分具有两方面的意义：①提高交通控制系统的稳定性；②确定每个交叉口的最佳控制方式以提高交通控制效益。控制系统以子区形态为依据确定交叉口最佳控制方式，对孤立子区、线控子区和面控子区分别执行单点控制、干线协调控制和区域协调控制。尤其在线控及面控子区内，通过运行公共周期、合理设置相位差的方式把内部交叉口有机协调起来，从而可以有效降低车流延误。

由于面控子区比较复杂，往往很难实现较优的控制效果，因此现实中更多采用的是线控子区。对于通道而言，由于通道往往较长，经过的信号控制交叉口很多，如果统一进行协调控制，不仅难度较大，而且考虑到交通流的随机性，很容易失控。因此，有必要划分线控子区，确定并构建单个通道信号协调控制区域的范围。

通道信号控制的范围构建，应该考虑以下几个因素。

1. 车流的到达特性

在一个信号交叉口，车辆脉冲式地到达，并形成车队，采用线控系统可以获得良好的效果。如果车辆均匀到达，线控效果并不理想，也就降低了对线控的要求。造成车辆均匀到达的可能原因是：

(1) 交叉口之间距离太远，即使是成队的车流，也因其间距远而导致车辆离散，不成车队。

(2) 在两个信号交叉口之间，有大量的交通从次要街道或路段中间的出入口（如商业中心停车场（库）等）转入主干路。

(3) 在信号交叉口处，有大量的转弯车辆从相交道路转入主干路。

2. 信号交叉口之间的距离

在主干路通道上，信号交叉口的间距可在100～1 000 m的范围内变化。信号交叉口之间的距离越远，线控效果越差，一般不宜超过600 m。美国联邦公路局出版的《统一交通控制设施手册》(*Manual on Uniform Traffic Control Devices*)中建议间距不要超过0.5 mi(约800 m)[10]。

3. 道路运行条件

单向交通运行有利于线控系统的实施及实施后的效果，因而对运行单向交通的主干路应优先考虑采用线控系统。

4. 信号的分相

由于信号配时方案和信号相位有关，信号相位越多，对线控系统的通过带宽影响就越大，因而受控交叉口的类型也会影响线控系统的选用。有些主干路具有相当简单的两相位交叉口，适合选用线控系统，而另一些主干路要求多个左转相位，则不适宜选用线控系统。

5. 交通随时间的波动

车辆到达特性和交通量的大小，在每天的各个时段会有很大变化。高峰期交通量大，容易形成车队，用线控系统会有较好的效果，但在非高峰期，线控系统就不一定会有明显的效果。

8.3.2 通道风险评估技术

主干路通道拥堵风险可用多种交通流指标来表征。例如，美国交通管理部门将道路服务水平划分为六级，划分依据是平均行程速度和饱和度，其中饱和度是道路实际流量和通行能力之比，如表8-7所列。虽然平均行程速度可能不适用于国内城市，但饱和度的度量方式还是有一定参考价值的。当饱和度大于0.8时，交通流开始不稳定，拥堵风险较高；当饱和度大于0.9时，处于不稳定流，拥堵风险极高，只要有小的扰动，就会产生拥堵且迅速蔓延。

表8-7　美国城市道路服务水平

服务水平	运行状态	平均行程速度/($km \cdot h^{-1}$)	饱和度	拥堵风险
A	自由流	≥48	≤0.6	极低
B	稳定流(稍有延误)	≥40	≤0.7	较低
C	稳定流(可接受的延误)	≥32	≤0.8	一般
D	接近不稳定流	≥24	≤0.9	较高
E	不稳定流	≈24	≤1.0	极高
F	拥堵交通流	<24	—	拥堵

我国公安部、住建部于2002年公布的《城市道路交通管理评价指标体系》[11]中，用“高峰时段建成区主干道平均车速”来描述道路交通运行状况，如表8-8所列。

表 8-8　　高峰时段建成区主干道平均车速分级表　　单位:km/h

评价标准等级	一	二	三	四	五
A 类城市	≥25	[22,25)	[19,22)	[16,19)	[0,16)
B 类城市	≥28	[25,28)	[22,25)	[19,22)	[0,19)
C、D 类城市	≥30	[27,30)	[24,27)	[21,24)	[0,21)

注:城市分类标准详见参考文献[11]。

其中,评价标准等级越小,说明道路交通越畅通;反之,等级越大,说明道路交通越拥堵。

此外,为了更加精细化地识别与评估交通拥堵状态,有研究[12]基于"点、线、面"三个层级,构建了城市道路交通拥堵态势的时空分布形态识别模型,如图 8-7 所示。这里主要介绍与通道相关的"点、线"这两个层级。

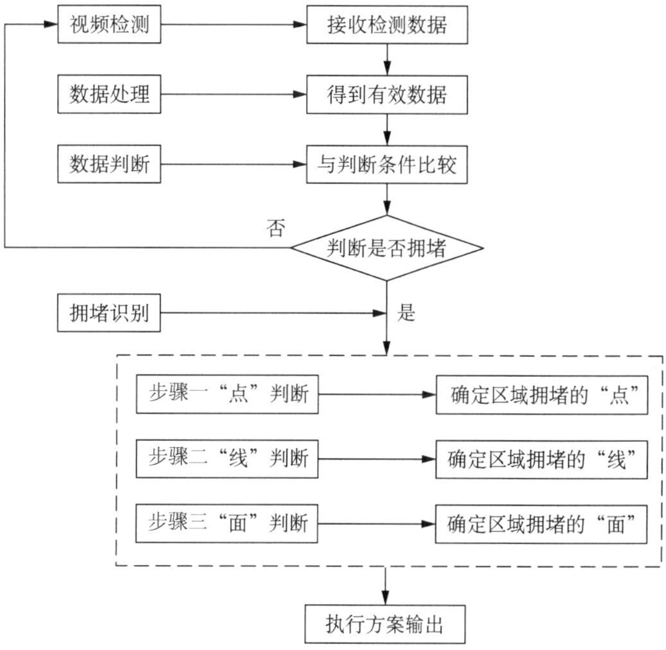

图 8-7　城市道路交通拥堵态势监控流程

由于交通拥堵是一个感觉量,它不仅与交通需求和道路通行能力有关,而且与人们的心理承受能力有关。因此,该研究提出既能反映拥堵强度,又能体现出行者对交通拥堵强度的感受指标,即交通拥堵识别指数(Traffic Congestion Recognition Index, TCRI),从而对道路交通运行状态及拥堵风险进行评估。

1. "点"判断:路段交通拥堵识别指数

"点"判断就是通过交通信息系统收集发生拥堵的路段信息来确定拥堵发生的地点。一般来说,用路段交通流量 V 与路段通行能力 C 的比值,即 V/C 值(饱和度)来进行交通流状态判定。路段交通拥堵识别指数为

$$TCRI_{\text{link}} = \frac{\sum_{i=1}^{l} \frac{N_i(k)}{T}}{\sum_{i=1}^{l} C_i} \times 10 \tag{8-15}$$

式中　$TCRI_{\text{link}}$——城市路段交通拥堵识别指数;

$N_i(k)$—— 第 k 个周期内第 i 车道经过的车辆数，veh；

T ——检测周期，h；

C_i—— 第 i 车道的通行能力，veh/h；

l ——路段车道数。

2. “线”判断：通道交通拥堵识别指数

“线”判断就是判断拥堵路段是否相连。如果路段的起讫节点有重合则表明路段相连，如果路段的起讫节点均无重合，则表明路段为独立拥堵路段。所以，“通道交通拥堵识别指数”较明确地反映了交通状态，且容易被人们理解和接受。通道交通拥堵识别指数为

$$TCRI_{road}=\frac{\bar{v}_{jo}(k)}{\frac{1}{n}\sum_{i=1}^{n}\bar{v}_{ji}(k)}-1 \tag{8-16}$$

式中 $TCRI_{road}$—— 城市通道交通拥堵识别指数，表示第 k 个周期内第 j 路段的拥堵程度，值越大说明拥堵越严重；

$\bar{v}_{ji}(k)$—— 第 k 个周期内路段 j 上第 i 辆车的平均行驶速度，km/h；

$\bar{v}_{jo}(k)$—— 第 k 个周期内路段 j 上允许或设计的车辆最大行驶速度，km/h；

n—— 路段 j 上的车辆数。

以国内或国际标准以及国际或国内公认的城市路网交通拥堵态势监控标准来制定 $TCRI$ 指标的标准值，指标分级标准以指标实际值的国家标准或国外城市达到的平均水平为参考上限（五级），以国内城市路网交通拥堵态势监控现状监控水平为参考中间值（三级），其余通过内插或外推确定，具体的分级标准值及各标准值的区间范围如表 8-9 所列。

表 8-9 $TCRI$ 等级界定区间

等级界定		$TCRI_{link}$ 区间范围	$TCRI_{road}$ 区间范围	备注
一级	非常畅通	[0, 2]	[0, 2]	车辆自由行驶，无排队现象出现
二级	畅通	(2, 4]	(2, 4]	车辆运行受外界制约较小，车流比较稳定
三级	轻微拥堵	(4, 6]	(4, 6]	车辆运行速度较低，有一定延误，排队现象时有出现，车流不稳定
四级	中度拥堵	(6, 8]	(6, 8]	车辆运行速度较低，延误较大，始终有车辆排队，延误基本可以接受，饱和度较高
五级	严重拥堵	(8, 10]	(8, 10]	车辆速度极低，几乎不能前行，始终有车辆排队，延误不可接受，基本饱和或超饱和

8.3.3 通道协调控制技术

主干路通道的交叉口信号协调控制，又称（干）线控制、绿波控制，可以使车流连续通过若干个交叉口，信号灯均显示绿灯，无须停车。这样一种信号控制方式能快速疏解通道交通，对拥

堵防治有良好的效果。相关技术有很多,可以分为定时式协调控制、感应式协调控制和自适应协调控制。其中,定时式协调控制是基础,相关研究也最为丰富。这里主要介绍定时式协调控制。

定时式协调控制指交叉口信号按照预先设定的方案运行。主干路定时协调控制主要是依靠时钟校准来调整主干路信号灯之间的相位变换起始时刻,从而形成有效的绿波带。一般而言,有两种设计思路:一为主干路“绿波”带宽最大化;二为主干路交通性能指标最小化[13]。

1. 最大绿波带法

所谓“绿波带”,就是指车辆能连续通过主干路交叉口的绿灯时间范围,其宽度就是绿波带宽,简称带宽(Bandwidth)。最大绿波带法是以车辆连续通过带宽作为评价指标,通过最大化带宽与周期的比值来设定相位差。基于绿波最大化的设计方案有两种:不变带宽绿波和可变带宽绿波。

MAXBAND是有名的根据最大绿波带思想开发的软件,它的核心模型是J.D.C.Little所建立的混合整数线性规划(Mixed Integer Linear Programming, MILP)算法。优化目标为最大绿波带宽,输入为绿信比、通行能力和上下行带宽比,输出为公共周期(协调的各个交叉口的周期应保持一致)、相位差、上下行带宽、带速和左转相位,约束包括所有时间变量必须为周期的整数倍。模型的公式化表达为

$$\max b = b_1 + b_2 \tag{8-17}$$

$$\text{s.t. } 0.5r_i + w_i' + t_{ij} - w_j' - 0.5r_i = 0.5\, m_{ij} \tag{8-18}$$

$$0.5r_j + w_j' + t_{ij} - w_i' - 0.5r_j = 0.5\, m_{ij} \tag{8-19}$$

$$w_i + b_1 \leqslant 1 - r_i \tag{8-20}$$

$$w_j + b_2 \leqslant 1 - r_j \tag{8-21}$$

$$m_{ij} = 2T_{ij} \text{ 为整数} \tag{8-22}$$

$$w_i,\ w_i' \geqslant 0 \tag{8-23}$$

式中 b ——绿波带宽,s;

b_1——上行绿波,s;

b_2——下行绿波,s;

r_i—— 交叉口 i 的红灯时间,s;

t_{ij}—— 交叉口 i 到交叉口 j 的行程时间,s,等于 t_{ji};

T_{ij}—— 交叉口 i 和交叉口 j 间的绿波带左右红灯中点时刻差,s,等于 T_{ji};

$w_i(w_i')$—— 上行(下行)绿波带在交叉口 i 起始时刻与绿灯开始(结束)时刻的时间差,s。

不变带宽模型的最大缺陷是不能根据实时交通的变化来调整带宽以满足更多的车辆在干道上绿波通行。MULTIBAND 是对 MAXBAND 的完善，能够产生可变带宽的绿波，其带宽是与交通需求变化相对应的，且可以变化的，核心模型也是 MILP 算法，不仅能变动交叉口间的绿波宽度，还能给两向行车分配带宽，只是目标函数变为

$$\max b = \frac{1}{n}\sum_{i=1}^{n-1}(\alpha_i b_i + \alpha'_i b'_i) \tag{8-24}$$

其中

$$\alpha_i = (V_i/S_i)^P,\ \alpha'_i = (V'_i/S'_i)^P \tag{8-25}$$

式中 $V_i(V'_i)$ ——上(下)行的交通流率；

$S_i(S'_i)$ ——上(下)行的饱和流率；

P ——参数，取{0, 1, 2, 4}中的某一值。

MILP 算法中参数的取值都得满足整数条件，一般使用分支界限法求最优解，但由于涉及多参数求解，计算量大，故不能快速得到最优解。

2. 最小交通性能指标法

最小交通性能指标法是基于车队行驶中延误时间、停车次数的计算。首先建立实际路网中信号参数与交通性能指标的关系，一般是以延误为评价标准。其次计算不同的信号参数组合下产生的车辆延误，通过对比可得到最小延误下的最佳信号配时。

TRANSYT 是一种具有代表性的基于最小延误的协调控制定时脱机系统，由英国道路与交通研究所(Transport and Road Research Laboratory, TRRL)开发。TRANSYT 模型的目标函数为最小化交通性能指标(Performance Index, PI)，PI 为延误与停车次数的线性组合，即

$$\min PI = \sum_{i=1}^{N}(d_i + Kh_i) \tag{8-26}$$

式中 d_i—— 第 i 条路段上的车辆每小时平均延误，s；

h_i—— 第 i 条路段上的车辆每小时平均停车次数；

K ——影响因子；

N ——路段数量。

寻优方法为“爬山法”(Hill-Climbing Method)。TRANSYT 从整个路网上考虑了每个交叉口的配时选择和交叉口间车流运行状况，目标函数不是以“延误时间”作为唯一目标，而是使用包含多项参数的综合目标函数 PI，以便能够及时做出合理的配时方案。

3. 其他方法

近几十年来，通道(干线)信号协调控制技术热度不减，且得到了持续的改进与完善，不断有新的算法与模型涌现。

例如,有研究[14]针对MULTIBAND模型的缺陷,即绿波带中心对称导致模型求解范围受限、绿波带位置可能不当导致清空时间不足或浪费,提出了一种改进的多带宽干线协调控制模型。该模型以MULTIBAND模型为基础,通过取消绿波带中心对称约束,增加相邻绿波带中心点位置差的约束,扩大了模型的求解范围,同时保障了绿波带的连续性;通过增加绿波带位置约束,使求出的绿波带位置更加合理。增加约束条件后的模型,带宽所占绿灯时间的比例依然可以增加7.1%,从而更能适应于交叉口较多的干线协调控制。改进后的模型,主路车辆的延误和停车次数分别减少20%和30%以上,说明模型可以有效提高干线协调控制效果。

除了改进现有模型,还有研究从其他角度构建干线绿波协调控制模型。例如,有研究[15]运用交通波理论,阐释了干线车流排队现象,揭示了大流量线控系统绿波交通产生的内在机理。基于交通波理论,考虑交叉口间的关联性,以保证下游交叉口无排队车辆为目标,从协同角度对周期、相位相序、绿信比、相位差四种干线控制参数进行优化,建立了交叉口相位差优化模型。该模型对总行程时间、停车次数的优化效果较为显著,相关指标可降低25%以上。

此外,还有研究[16]另辟蹊径,基于绿波带与红波带协调控制策略,缓解干线局部拥堵。该研究的基本思路是:对于干线上的瓶颈交叉口(或局部拥堵路段),通过绿波带控制,利用下游交叉口和路段,对瓶颈交叉口的拥堵车流进行快速疏散和卸载;同时通过红波带控制,运用上游交叉口和路段的空间优势,有效地将到达交叉口的车流分别截流在上游交叉口和路段上,延长其到达瓶颈交叉口的行程时间,以防止瓶颈交叉口的拥堵蔓延和上溯。该策略的实施流程如图8-8所示。通过该策略,可以预防与疏解局部交通拥堵,提高干线交通的运行效率,显著降低车辆在干线交叉口的停车次数(−15%)和延误(−27%)。当然,需要注意的是,红波带控制有可能带来上游交叉口和路段的拥堵,因此在实施前应预估其影响。

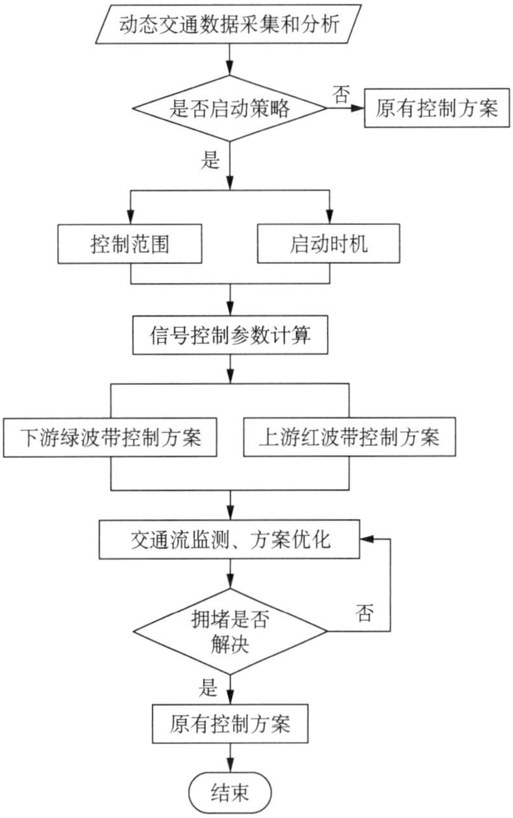

图8-8 绿波带与红波带协调控制策略实施流程

最后,简单介绍一下感应式协调控制和自适应协调控制。

通道的感应式协调控制是指在干路上设置车辆检测器,当检测器测得交通量增加时,开启线控系统,进行协调控制。当测得交通量降低时,各交叉口的信号机按各自独立状态操作,使线控系统既能得到良好的连续通车的效果,又能适应各个交叉口的交通变化。

通道的自适应协调控制能够连续测量交通系统的状态，以便逐渐了解和掌握对象，从而保证控制效果达到最优，一般与区域信号控制相结合。其中，具有代表性的是澳大利亚开发的SCATS系统(方案选择式)和英国TRRL开发的SCOOT系统(方案生成式)。

4. 配套设施

为了提高线控系统的效益，可在实施线控的主干路上设置前置信号和可变车速指示标志。

前置信号是在主要交叉口前几十米的地方设置交通信号，使交通流在信号处集中，在交叉口处不停车通过，从而使交叉口绿灯时间得到有效利用，以提高交叉口的通行能力。

可变车速指示标志是在交叉口前一个或几个地方设置速度标志，指示驾驶人以标志速度行驶通过交叉口。可变车速标志上速度指示的数值同交叉口信号的显示灯色与时间有关，且受交叉口信号控制机的控制。

二者也可合并使用。据报道，采用前置信号与速度指示标志并用的线控系统可使在交叉口不停车通过的车辆数从55%提高到70%～77%。

8.3.4 通道公交优先控制技术

之前讨论的通道协调控制是针对干路上所有机动车的。然而，基于公交优先的治堵原则，有必要考虑通道(干线)上的公交信号优先控制技术。

干线公交优先是在干线信号协调控制的基础上，从提高公交车辆运行效率角度对干线信号配时进行优化的一种控制方式。相关研究有很多，这里介绍一种基于双层优化思想的公交优先信号协调控制方法[17]。

考虑到干线信号协调控制是城市交通控制中一种常见的控制方式，以社会车流为研究对象，通过设置相位差的方式来协调干线车流的运行，以提高控制效益。然而，公交车只是城市交通流中的特殊群体，公交信号优先是对城市交通信号控制功能的一种完善和补充。所以二者相比，干线协调控制的优先级别要高于公交信号优先。

根据上述优先级别的分析，建立双层优化思想：①上层为干线信号协调控制，优化干线交叉口公共周期、绿信比和相位差，并计算绿波带宽度；②下层为公交优先控制，在不破坏干线绿波带的条件下，采用绿灯延长和绿灯提前启亮两种方式为公交车辆提供信号优先。

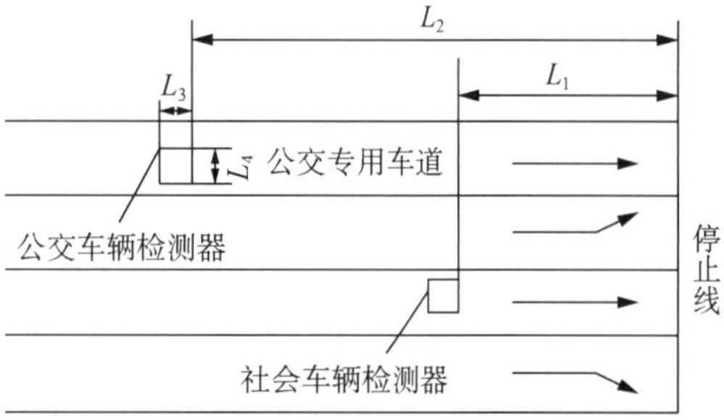

图8-9 干线公交优先控制中的检测器布设示意

公交信号优先控制需要有车辆检测器的配合。车辆检测器的布设方法以图8-9为例。L_1为社会车辆检测器到交叉口停止线的距离，一般取值为30～50 m；L_2为公交车检测器到停止线的距离，为保证信号机顺利处理本周期公交车辆的请求，建议取值为60～150 m；L_3为检测线圈长度，建议取值为2 m；L_4为检测线圈宽度，取值与L_3相同。在设置公交专用车道后，公交车辆和直行社会车辆运行属于同一相位。

公交信号优先控制的基本流程为：当检测器在协调相位绿灯期间检测到公交申请时，若公交车辆到达交叉口停止线时刻协调相位仍为绿灯，则保持原信号配时不变，否则，进行绿灯延长控制；当检测器在协调相位红灯期间检测到公交申请时，若公交车辆到达交叉口停止线时协调相位为绿灯，则保持原信号配时不变，否则，进行绿灯提前启亮控制。干线公交优先信号协调控制总流程如图 8-10 所示。

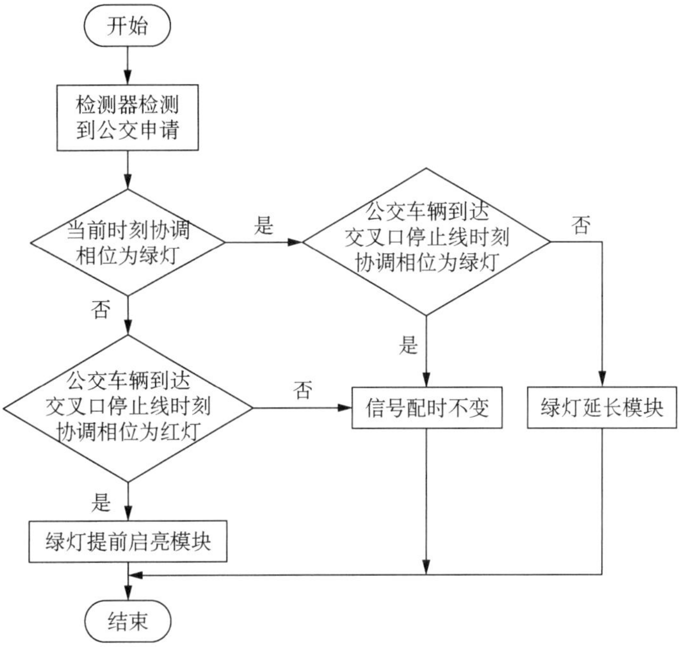

图 8-10　干线公交优先信号协调控制总流程

可见，该控制算法的核心是：绿灯延长模块和绿灯提前启亮模块。其中的关键是：在不破坏绿波带的条件下，为公交车辆提供尽可能多的优先机会。

对于绿灯延长模块，若协调相位最大可延长绿灯时间能满足公交优先所需的延长时间，则确定协调相位延长时间为公交优先所需延长时间；否则，保持信号配时不变。其流程如图 8-11 所示（其中，g_m^n 表示当前周期的最大可延长绿灯时间）。

对于绿灯提前启亮模块，根据协调相位最大可提前启亮绿灯时间是否满足公交优先所需提

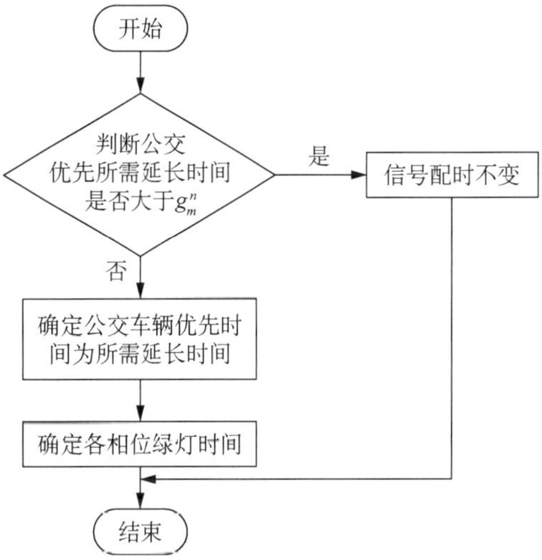

图 8-11　绿灯延长模块流程图

前启亮时间来给公交优先时间以假定值。若公交车辆提前启亮后破坏了协调相位绿波带，则确定公交优先时间为未破坏绿波带情况下的最大提前启亮时间，否则，分别按上述假定确定公交优先时间。其流程如图 8-12 所示（其中，g_m^n 表示当前周期的最大可提前启亮绿灯时间）。

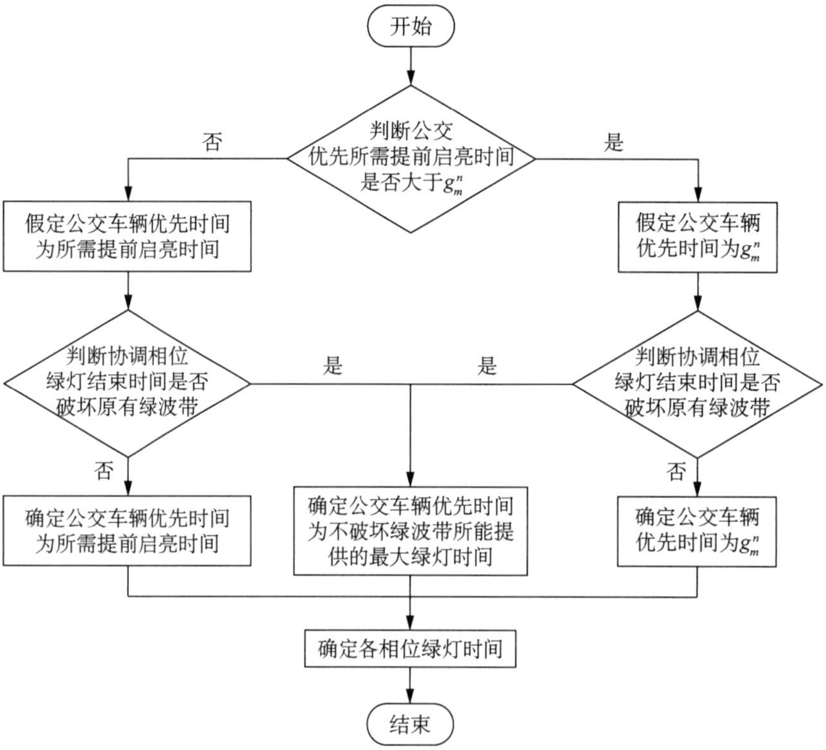

图 8-12　绿灯提前启亮模块流程图

由此可见，该研究基于双层优化思想，在考虑干线协调绿波带约束的情况下，建立了干线公交优先控制方法流程以及绿灯延长、绿灯提前启亮子流程。其中，绿灯延长和绿灯提前启亮代表了公交信号优先的基本策略，因此该研究还是比较具有代表性的。此外，该研究兼顾了社会车辆绿波通行和公交车辆优先，没有因公交信号优先而过多地损害社会车辆的效益。模拟结果表明，实施该算法后，协调相位公交车辆延误和人均延误均有显著降低，干线各交叉口总体车均延误略有增加，但人均延误有一定的降低。

参考文献

[1] 中华人民共和国住房和城乡建设部.城市道路工程设计规范：CJJ 37—2012[S].北京：中国建筑工业出版社，2012.

[2] 姚崇富，付强，林航飞.上海快速路网宏观基本图特征研究[J].武汉理工大学学报（交通科学与工程版），2016，40(3)：519-525.

[3] 贺正冰，关伟，樊玲玲，等.北京市快速环路宏观基本图特征研究[J].交通运输系统工程与信息，2014，14

(2):199-205.

[4] 岳园圆,于雷,朱琳,等.基于速度里程分布的快速路宏观交通状态评价模型[J].交通运输系统工程与信息,2014(4):85-92.

[5] 北京市质量技术监督局.城市道路交通运行评价指标体系:DB11/T 785—2011[S].北京,2011.

[6] 邢珊珊,谷远利,沈立杰,等.基于速度的城市快速路交通拥堵预测研究[J].交通信息与安全,2016,34(2):48-54.

[7] 涂辉招,王颖,谢欣睿.基于定量分层模型的多匝道协调控制次序[J].同济大学学报(自然科学版),2017,45(1):39-45, 52.

[8] TU H Z, LI H, WANG Y B, et al. When to control the ramps on freeway corridors? A novel stability-and-MFD-based approach[J].IEEE Transactions on Intelligent Transportation Systems, 2014, 15(6): 2572-2582.

[9] 美国交通研究委员会.道路通行能力手册(精)[M].任福田,刘小明,荣建,等译.北京:人民交通出版社,2007.

[10] Administration F H. Manual on Uniform Traffic Control Devices[M]. Washington D. C.: Federal Highway Administration, 1978.

[11] 公安部交通管理局,建设部城市建设司.城市道路交通管理评价指标体系[S].北京,2012.

[12] 胡启洲,刘英舜,郭唐仪.城市交通拥堵态势监控的时空分布形态识别模型[J].交通运输系统工程与信息,2012,12(3):41-45, 58.

[13] 张昌禄,翟润平.交通干线信号协调控制方法综述[J].中国人民公安大学学报(自然科学版),2007,13(1):87-90.

[14] 唐克双,孔涛,王奋,等.一种改进的多带宽干线协调控制模型[J].同济大学学报(自然科学版),2013,41(7):1002-1008.

[15] 曲大义,万孟飞,王兹林,等.基于交通波理论的干线绿波协调控制方法[J].公路交通科技,2016,33(9):112-119.

[16] 马亚锋,刘澜.干线局部拥堵的绿波带与红波带协调控制策略[J].城市交通,2017,15(1):66-71, 97.

[17] 王殿海,朱慧,别一鸣,等.干线公交优先信号协调控制方法[J].东南大学学报(自然科学版),2011,41(4):859-865.

9 节点交通拥堵风险防控方法

本书第 8 章从中观通道层面分析了交通拥堵风险防控方法，本章将从微观节点层面分析相关的防控方法。交叉口是城市道路交通网络的节点，是路网通行能力的“隘路”。国内外城市中的交通拥堵主要发生在交叉口，造成车流中断，事故增多，延误严重。因此，城市交通拥堵风险防控，除了“网络”层面和“通道”层面，也离不开“节点”层面的防控。这里的节点指道路交叉口（本章所述的交叉口均指平面交叉口，不涉及立体交叉，并且如无特别说明，均指信号控制交叉口）。

本章围绕道路交叉口，探讨城市节点交通拥堵风险防控的技术方法，主要面向两类风险：溢流风险与过饱和风险，并针对这两类风险分别进行评估、预防与疏解控制技术分析。

9.1 防控目标与原则

1. 防控目标

节点交通拥堵风险防控的目标可参考《城市道路工程设计规范》(CJJ 37—2012)[1]，已在本书 8.1 节中提及，见表 8-4 信号交叉口服务水平分级。因此，节点交通拥堵风险防控的目标可以定为交叉口的服务水平至少达到三级。

考虑到本章的主要研究内容是交叉口溢流和过饱和，而溢流和过饱和代表着交叉口拥堵最严重的状态，是最不希望看到的。因此，对于经常发生溢流或过饱和现象的交叉口，目标是避免溢流或过饱和现象的发生。

2. 防控原则

节点交通拥堵风险防控的原则包括以下几点：

(1) 分离原则：在交叉口范围内，不同种类、不同方向的车辆或行人应进行适当分离，以避免发生冲突和干扰，影响通行效率。分离包括时间上的分离和空间上的分离，即通行权的时空分配。当空间上无法实现较好的分离时，应实施时间上的分离，即交通信号控制。

(2) 低饱和度原则：在交叉口的设计与管控上，应考虑实际交通需求，充分挖掘交叉口的时空资源，使交叉口饱和度尽可能低，以降低过饱和风险。

(3) 饱和度均衡原则：在设计交叉口信号配时方案时，应平衡交叉口各个方向的供需关系，使各个方向的饱和度尽可能均衡，避免通行时间过度倾斜于某个方向，导致其他方向饱和度过大。

(4) 避免周期过长原则:国内许多城市习惯在高峰时段将交叉口信号周期调得很长,实际上这是不妥的。信号周期时长不应过长,否则不但增加驾驶人的最长等待时间,还容易引发长排队,增加溢流风险。一般来说,周期时长宜取 40～180 s,高峰时段不宜大于 150 s。

9.2　溢流风险防控

9.2.1　溢流风险评估技术

1. 溢流概念

所谓溢流,是指交叉口排队溢出现象,即车辆的排队长度超过了路段的长度。如图 9-1 所示,当发生溢流现象时,当前交叉口 O_2 的排队蔓延至上游交叉口,阻碍了上游交叉口 O_1 车辆的正常通行[2]。溢流现象所产生的排队不但占用了 O_2 与 O_1 之间的道路资源,导致该路段无法正常通行,而且使得 O_1 的车辆在绿灯时间内无法进入下一路段,造成 O_1 处绿灯时间的浪费。溢流现象产生的拥堵极易蔓延至周边路网,造成区域交通瘫痪,可谓节点交通拥堵可能导致最严重结果,是交通管理部门应极力避免发生的。

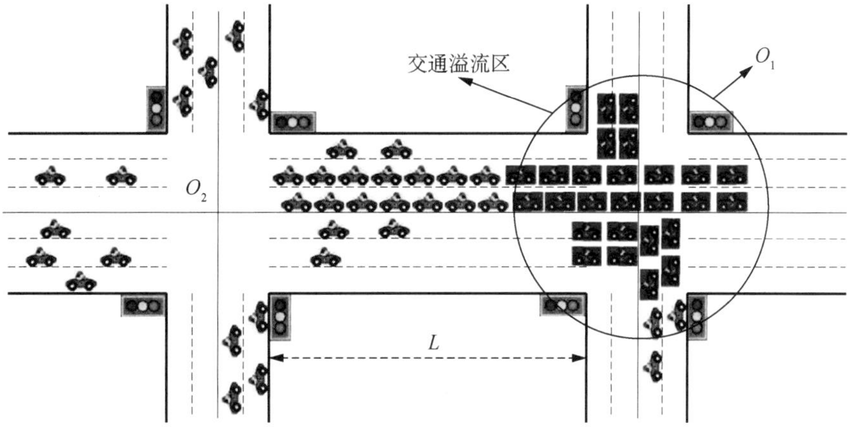

图 9-1　交叉口溢流现象

2. 溢流成因

交叉口溢流现象发生的原因可以归结为以下几点[3]:

(1) 交通需求超过交叉口通行能力。交通需求与交叉口通行能力不平衡是引发溢流现象最主要,也是最根本的原因。交通需求过大,超过交通供给,导致交叉口处于过饱和状态,过饱和状态持续时间长就会出现溢流现象。

(2) 交通信号控制方案设置不合理。信号交叉口各个进口道的通行能力很大程度上是由信号控制方案决定的。不合理的信号控制方案就相当于在本就失衡的供需矛盾中,再度减少交叉口的通行能力。常见的不合理的交叉口信号控制方案有:交叉口各个相位通行能力与实际交通需求不符,会出现一些相位空放而一些相位过饱和的情况;交叉口之间的相位差设计不合理,会出现一些本来不应该出现的短暂性溢流;信号控制方案与交叉口渠化设计不符,导致通行能力浪费等。

(3) 交叉口渠化不合理。交叉口渠化设计不合理而使得交叉口进口车道数与出口车道数不匹配时,容易导致交叉口内车辆相互挤道,影响交叉口的正常运行秩序,从而降低交叉口该进口道的实际通行能力。当交叉口的渠化设计不够合理时,还可能导致某个进口道中不同行驶方向的车辆之间互相影响,严重时还会引发交通拥堵,导致溢流现象发生。

(4) 相邻交叉口间距过短。相邻交叉口间的路段过短,导致车辆运行受到了道路自身条件的限制而发生溢流。对于连接路段过短的相邻交叉口而言,路段本身容量较小,如果此时交通流量较大,信号控制方案周期也长,再加上驾驶人不遵守交通规则等其他因素的影响,很容易导致驶入路段的排队交通量大于路段容量,进而产生溢流。

(5) 道路使用经营不合理。道路使用经营不合理属于在道路规划设计阶段便产生的问题。比如,公交车站设计得太靠近交叉口,公交车频繁地启动、停靠导致交叉口附近路段阻塞,引发溢流;或者公交车在道路右侧的公交站台启动后需要变道至最左侧车道进行左转,在变道时严重影响其他车辆的正常通行等。这些原因造成的溢流现象要通过改进道路规划设计和使用来避免。

(6) 偶发事件。交叉口间的路段上出现车辆故障、交通事故等偶发事件导致路段通行能力骤降甚至无法通行时,在交通量较大的情况下,事件后方的车辆无法正常通过而在短时间内出现大量滞留排队,很容易出现溢流现象。此时需要交管部门快速指挥清障或事故当事车辆自行快速解决,以恢复道路通行能力。

(7) 其他原因。现实中道路交通运行条件错综复杂,行人、道路状况、驾驶人的素质和驾驶技能、天气条件,以及其他的很多不确定因素都有可能降低道路或交叉口的通行能力,从而导致溢流现象的发生。例如,由于道路两侧停车占道,道路两侧商贩密集占用机动车道、行人密集而占用机动车道,大雾或雨雪天气等。

3. 溢流判别

溢流是一种比较明显的交通现象,即交叉口滞留车辆的排队长度大于路段长度。当然,除了肉眼辨别外,还可借助交通检测器加以识别,如交叉口线圈检测器[4]、视频检测器[5]等,这里不做详述。

4. 溢流发生机理

为了评估溢流发生的风险,有必要从理论上剖析溢流发生的机理。不难看出,研究溢流发生机理的关键是车辆排队长度。描述交叉口排队过程的理论方法有很多,如排队论、冲击波理论[6]等。这里介绍一种简单又直观的溢流机理分析方法。

假设交叉口某一进口道的各个方向车流是在同一相位放行的(若不是在同一相位放行,如设置有左转保护相位,则需要分车道进行分析,但分析方法是类似的)。假设开始统计时该进口道无滞留车辆,则至第 n 个信号周期时,该进口道滞留的车辆数为

$$Q_n = \sum_{i=1}^{n} (q_i C_i - sG_i) \tag{9-1}$$

式中 Q_n—— 至第 n 个信号周期,该进口道滞留的车辆数;

q_i—— 第 i 个周期内到达该进口道的流量,pcu/s;

C_i—— 第 i 个周期的信号周期时长,s,若为定时信号控制则 C_i 为常数;

s ——该进口道的饱和流量,pcu/s;

G_i—— 第 i 个周期该进口道对应相位的绿灯时间,s,严格意义上这里的绿灯时间是有效绿灯时间。

需要注意的是,根据 Q_n 的含义,Q_n 不应小于零。若式(9-1)在累加的过程中出现 $Q_n < 0$ 的情况,说明至该周期,滞留车辆已消散完毕,绿灯期间车流不完全是以饱和流量的流率通过的。此时应将 Q_n 归零,再继续统计下一周期。

要容纳下这些滞留的车辆 Q_n,需要的车道长度为

$$Q_n l = Q_n (l_c + l_s) \tag{9-2}$$

式中 l ——平均排队车头间距,m;

l_c ——平均车长,m;

l_s ——平均排队安全距离,m。

记路段(包括进口道)长度为 L(图 9-1),路段车道数为 N。考虑到进口道有可能拓宽,拓宽的这部分道路空间也可用于容纳滞留的车辆,记拓宽车道的长度为 l_b(如果有多条拓宽车道,则每条拓宽车道的长度都需计算在内);若无拓宽则令 $l_b = 0$。

溢流现象发生,说明需求大于供给,即

$$Q_n l > NL + l_b \tag{9-3}$$

或者写成:

$$Q_n > \bar{Q} = \frac{NL + l_b}{l} \tag{9-4}$$

式中,$\bar{Q}$ 为路段(包括进口道)可容纳的最大车辆数。

式(9-4)可作为溢流现象的判定条件。当某一周期滞留的车辆数 Q_n 满足式(9-4)时,表明溢流现象发生。

5. 溢流风险评估

显然,滞留的车辆数 Q_n 越大,或者说越接近路段可容纳的最大车辆数 $\bar{Q}$,发生溢流的风险就越大。因此,可以将二者的比值作为评估溢流风险的指标:

$$R_{sp}=\frac{Q_n}{\overline{Q}}=\frac{Q_n l}{NL+l_b} \tag{9-5}$$

式中，R_{sp} 为溢流风险，越接近 1 表明溢流风险越大，$R_{sp}>1$ 表明已经发生溢流。

道路交通流状态是不断变化的，因此 R_{sp} 也是动态变化的。溢流风险防控的目标是在任意时刻，使 $R_{sp}\leqslant 1$。考虑到当 R_{sp} 很接近 1 甚至等于 1 时是很不稳定的状态，随时可能发生溢流。因此，一般来说应预留一定的缓冲空间，如将目标定为：$R_{sp}\leqslant 0.95$。

9.2.2 溢流预防与疏解控制技术

如前所述，溢流现象是多方面原因造成的，主要可以归结为交通供给与需求的矛盾。为了预防和疏解溢流现象，可以采取的措施包括工程措施、技术措施、交通管理措施等，具体如下：

(1) 交叉口拓宽。充分挖掘交叉口的空间资源，在实际道路交通条件允许的情况下，增加进口车道的数量，以此增加车辆的排队空间，改善车辆的运行环境，提高交叉口的通行效率，预防溢流。需要注意的是，增加车道数量的同时要做到进口车道的数量与路段车道的数量及出口车道的数量相匹配。增加交叉口进口车道数量的方式主要有两种：一种是拓宽交叉口来增加右转车道，另一种方式是利用中央分隔带加设左转车道。

(2) 交叉口渠化。对于用地条件不允许拓宽的交叉口，可以考虑进行渠化设计以减少冲突，提高交叉口通行能力。按照不同行驶方向交通流的运行轨迹渠化交叉口，渠化之后使车辆按照设定的行驶路线运行；对于左转交通流运行轨迹的渠化，要尽量减小车辆在交叉口内的转弯半径；对机非混行的交叉口，最好明确标示出不同行驶方向非机动车的运行轨迹，减少交叉口区域内非机动车对机动车正常运行的干扰；在交叉口内可以通行的区域设置导向线，在不允许通行的区域设置禁止驶入标线，规范交通流的行驶轨迹等。相关内容可参考本书 6.2.2 节。

(3) 优化交叉口信号控制。对于可能发生溢流的进口道，尝试延长其对应相位的绿灯时长，转移该进口方向的交通压力。通过实时监测或者计算交叉口各进口道的车辆排队长度，根据各进口方向车辆的排队长度来调整信号控制方案，将压力较大的进口处的交通压力转移到压力较小的进口处，实现各进口方向车辆排队长度的均衡，平衡各进口方向的饱和度。此外，也可以考虑优化上游交叉口的信号控制，尝试减少上游交叉口相应相位的绿灯时长，以减少到达当前交叉口的车辆数，从而缓解当前交叉口的溢流压力。当然，这种方式本质上是将当前交叉口的交通压力转移到上游交叉口，若上游交叉口交通压力较小则可以采用，不然应谨慎考虑。

(4) 交叉口信号协调控制。现实中，许多溢流现象的发生是交叉口间距过短、没有足够的排队空间所致。对于这样的短间距交叉口，可以考虑信号协调控制。由于两个交叉口之间的距离较短，车辆行驶时间短，受到干扰因素影响的可能性小，因此对这类交叉口进行绿波控制可以取得较好的效果。通过绿波控制，车流可以连续不停车地通过这两个交叉口，从而避免了路段上的车辆排队累积，从根本上预防溢流风险。

(5) 交通信息诱导。交通信息诱导是交通需求管理的重要手段。通过发布溢流拥堵信息来诱导驾驶人选择饱和度较小的其他道路行驶，避开溢流区域，或选择非高峰时段出行，避开拥堵时段，从而快速疏解溢流交通。这种方法相当于将交通需求转移至交通压力较小的其他路段或时段，可参考本书7.2.2节。

接下来，针对溢流防控与疏解的信号控制技术，展开详细讨论。基本流程如图9-2所示。

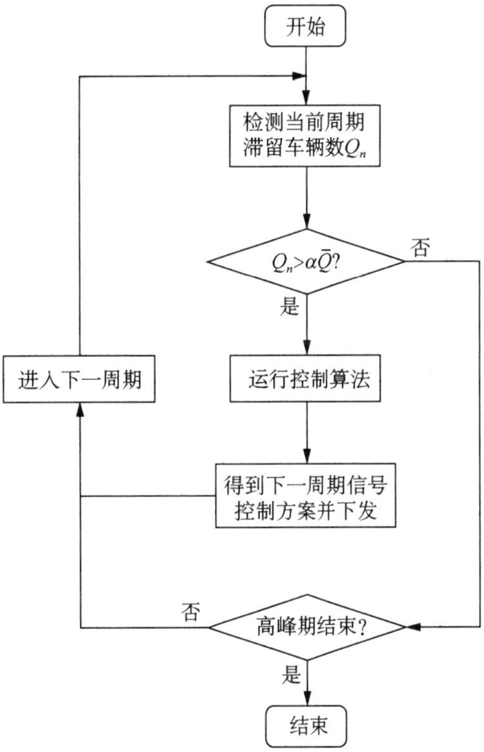

图9-2　交叉口溢流防控与疏解的信号控制流程

图9-2中，$Q_n > \alpha\bar{Q}$ 表示开启溢流控制算法的条件；α 为溢流风险阈值，是人为预先设定的值，即溢流风险 R_{sp} 超过 α 时，开启溢流控制算法，否则维持现有信号控制方案不变。例如，令 $\alpha=0.8$，则表示当溢流风险 R_{sp} 超过0.8(即路段滞留车辆数超过路段容量的80%)时，需要进行溢流控制。

可见，上述流程的核心是溢流控制算法。溢流控制算法可以有很多，但无论何种算法，其核心目标都是把下一周期的滞留车辆数 Q_{n+1} 控制在可接受阈值内：

$$Q_{n+1}=Q_n+q_{n+1}C_{n+1}-sG_{n+1}\leqslant\alpha\bar{Q} \tag{9-6}$$

或者使下一周期的滞留车辆数 Q_{n+1} 尽可能小：

$$\min Q_{n+1}=Q_n+q_{n+1}C_{n+1}-sG_{n+1} \tag{9-7}$$

按控制对象的不同，溢流控制算法可以分为当前交叉口控制、上游交叉口控制和交叉口协调控制。

当前交叉口控制的核心思想是增加当前交叉口驶出车辆数，以尽快疏解滞留车辆。具体方法是增加下一周期进口道对应相位的绿灯时间 G_{n+1}(准确地说，应该是增加对应相位的绿信比)。绿灯时间 G_{n+1} 的增加可以通过缩减其他相位的绿灯时间来实现，但前提是其他相位的饱和度较小(如果交叉口多个进口道都面临较大的溢流压力，则单点控制已很难生效，需要从网络层面调控交通流量，参考本书第7章)。此外，还要考虑下游交叉口的交通承受能力，避免因放行过多流量导致下游交叉口面临较高的溢流风险。

从 Q_{n+1} 的表达式来看，减小 Q_{n+1} 还可以通过缩减下一周期的信号周期时长 C_{n+1} 来实现。缩减周期时长可以减少交叉口的最大排队长度，预防溢流发生，但如果同步缩减绿灯时长 G_{n+1}(即绿信比并没有增大)，则对滞留车辆的消散意义并不大。一般来说，对于交叉口间距实在过短，以至于无法容纳正常排队的情况，缩减周期时长可以取得较好的效果。缩减周期时长需要考虑各个相位的最短绿灯时间，以保障行人过街的通行时间。另外，需要注意的是，缩减周期时长会提高信号损失时间占周期时长的比例，使得有效通行时间所占比例下降，因此需谨慎权衡。一般在高峰时段，交叉口的周期时长宜控制在 40～150 s。

上游交叉口控制的核心思想是减少上游交叉口的到达车辆数，以防止滞留车辆的累积，也就是要减少下一周期的到达流量 q_{n+1}。具体方法是减少上游交叉口对应相位的绿灯时长。同当前交叉口控制方法类似，上游交叉口控制也要考虑到上游交叉口的交通承受能力，避免上游交叉口因控制过多流量而面临较高的溢流风险。

交叉口协调控制的核心思想是合理确定两个交叉口间的相位差，以实现绿波通行。协调控制可以应用在溢流的预防上，即在交通状况较好、无滞留车辆时，通过绿波控制尽量避免滞留车辆的累积。相位差的计算式为

$$O_{\mathrm{f}}=\frac{L}{v}\times 3\ 600 \tag{9-8}$$

式中 O_{f} ——相位差，即当前交叉口对应相位的绿灯起点比上游交叉口的绿灯起点晚 O_{f} 时间，s；

L ——交叉口间距，即路段长度，km；

v ——车辆连续通行的速度，km/h。

此外，协调控制还可以应用在溢流的疏解控制上，即在交通状况较差、滞留车辆较多、溢流风险较高时，通过协调控制尽快疏解滞留车辆。相关内容可参考文献[7]，这里简单介绍思路。该研究利用了交通波理论，通过两个交叉口的协调控制（主要是相位差），使得在当前交叉口车辆的停车波传播到上游交叉口时，上游交叉口协调控制方向能及时切换成红灯，防止路段排队溢出；与此同时，当前交叉口的消散波传播到上游交叉口时，恰好赶上上游交叉口非协调控制方向转换为绿灯，该方向获得通行权，使得该方向的左转车辆可以随着消散波进入两交叉口间的路段而不受阻滞。这样可以避免因溢流而造成的绿灯浪费，同时也可以实现对传统上认为“无法避免”的相位切换造成的损失时间的有效利用，即将相位切换造成的损失时间用来等待消散波的到达，这也就提高了交叉口每个周期绿灯时间的利用效率。

最后，必须指出的是，溢流风险的防控往往不能局限于单个交叉口，应考虑到其与上游交叉口、下游交叉口，乃至区域路网间的相互联系与影响。否则，很有可能只是将溢流现象的发生转移至其他交叉口，治标不治本。

9.3 过饱和风险防控

9.3.1 过饱和风险评估技术

1. 过饱和概念

“过饱和”是一个在交通工程中广泛使用的概念，指某一道路设施的到达流量超过其通行能力的交通状态。用在交叉口上，“过饱和”所指的对象并不唯一，可以是交叉口某一进口道的某

一车道，可以是交叉口的某一进口道，可以是交叉口信号控制的某一相位，也可以是交叉口本身。

与“过饱和”相伴相生的是“饱和度”的概念。饱和度是指某一道路设施的到达流量与通行能力的比值，反映了交通需求与供给之间的平衡度。当饱和度大于1时，即发生过饱和现象。对于交叉口而言，饱和度的概念一般用在某一股车流（流向）、某一个相位或者交叉口本身上。

当一个交叉口各个进口道的车道功能划分及信号配时方案确定下来时，该交叉口的交通供给及基本通行能力便确定下来了。对于在某一相位 i 放行的某一流向 j，其饱和度的表达式为

$$x_{ij}=\frac{q_{ij}}{CAP_{ij}}=\frac{q_{ij}}{\lambda_i s_{ij}} \tag{9-9}$$

式中　x_{ij}—— 相位 i 中流向 j 的饱和度；

q_{ij}—— 相位 i 中流向 j 的到达流量，pcu/h；

CAP_{ij}—— 相位 i 中流向 j 对应车道的通行能力，pcu/h；

λ_i—— 相位 i 的绿信比；

s_{ij}—— 相位 i 中流向 j 对应车道的饱和流量，pcu/h。

对于某一相位 i，在该相位下放行的那些流向中，饱和度最大的流向往往被定义为该相位的关键流向，则相位饱和度为关键流向的饱和度：

$$x_i=\max_j x_{ij} \tag{9-10}$$

式中，x_i 为相位 i 的饱和度。

同理，对于一个交叉口来说，饱和度最大的相位往往被定义为该交叉口的关键相位，则交叉口饱和度为关键相位的饱和度：

$$x=\max_i x_i=\max_{i,j} x_{ij} \tag{9-11}$$

式中，x 为交叉口的饱和度。

可见，交叉口饱和度取决于交叉口所有流向中饱和度最大的流向。因此，交叉口中一旦某个流向过饱和，则意味着该流向所在相位过饱和，也意味着该交叉口过饱和，即

$$x>1 \tag{9-12}$$

等价于

$$\exists x_i>1 \tag{9-13}$$

等价于

$$\exists x_{ij}>1 \tag{9-14}$$

2. 过饱和成因

交叉口过饱和现象发生的原因与溢流现象发生的原因类似，本质上都可以归结为交通供给

与需求的矛盾。从这个角度分析，造成过饱和的原因可以分为两类：

(1) 交叉口交通需求过大，超过其可能的最大通行能力：交叉口各个流向的交通需求都很大，无论怎么调整车道功能划分或信号配时，都无法完全满足这些需求，也就是超过了交叉口的最大通行能力。

(2) 交叉口的交通供给与需求不匹配：交叉口个别流向的交通需求很大，其他流向的交通需求不大，但设施供给与之不匹配，导致某些流向道路资源浪费，而某些流向发生过饱和。

3. 过饱和判别

由于饱和度较难计算准确，一些学者提出了许多更为直观的过饱和状态判别方法。在这些判别方法中，有些通过溢流现象来判断过饱和状态，如 D. Longley 认为是否存在排队溢出是交叉口是否处于过饱和状态的关键判别指标[8]。实际上二者是不同的概念，最好不要混为一谈。

更为合理的过饱和状态判别方法是 D. C. Gazis 提出的是否发生排队剩余，即在绿灯放行时间排队车辆无法全部排放，且排队车辆数逐渐增加的状态表示过饱和状态[9]。这种判别方法更接近过饱和本身的定义。因为过饱和就是指到达流量超过通行能力的情形，交通需求无法完全被满足，它的直接后果就是绿灯结束后有排队剩余。

因此，当交叉口有进口车道发生排队剩余现象时，就认为该交叉口处于过饱和状态。这一现象可以借助交通检测器来识别，如线圈检测器[10]等，这里不做详述。

4. 过饱和与溢流关系

过饱和与溢流是两个非常相似的概念，都是节点交通拥堵所产生的不良现象。然而，二者的含义是有区别的，不应混用。

从字面上看，溢流的概念比较直观，就是指排队溢出至上游交叉口；过饱和的概念相对不那么直观，它反映的是一种供不应求的关系。因此，溢流侧重于描述一种外在的交通现象，而过饱和侧重于描述一种内在的交通供需关系。

理论上讲，交叉口处于过饱和状态并不意味着发生了溢流，而发生溢流也并不意味着交叉口一定处于过饱和状态。前者是因为虽然过饱和意味着绿灯结束时排队有剩余，但并不代表排队一定溢出；后者是因为存在交叉口间距实在过小的情况，导致就算没有发生过饱和，正常排队也会溢出。

当然，交叉口间距小到无法满足正常的红灯排队属于极端情况，现实中极少见(除非信号周期不合理的长)。如果不考虑这种极端情况，那么过饱和与溢流应该是包含关系，即发生溢流现象意味着交叉口一定过饱和。因为一般情况下，溢流现象的发生需要滞留车辆不断累积直至溢出，而滞留车辆正是过饱和导致的排队剩余。如果交叉口一直处于过饱和状态，导致未满足的交通需求在路段上排队并越积越多，最终就会发生溢流。可以说，溢流现象是交叉口过饱和状态由量变到质变的一种体现。

因此，一般情况下，节点交通拥堵从轻微到严重的过程中，会先发生过饱和，再发生溢流。过饱和状态是溢流产生的前提条件，溢流是过饱和状态持续一段时间没有得到疏解而出现的严重后果。

5. 过饱和风险评估

为了评估交叉口过饱和风险，这里分析交叉口从未饱和到接近饱和再到过饱和的过程中，交通流发生了何种变化。

一般来说，车辆是随机到达交叉口的，当交叉口信号为红灯时，车辆排队等待；信号变绿灯时，车辆以饱和流量通过交叉口。对于未饱和状态，当排队消散后，剩余的绿灯时间内车辆就不再是以饱和流量通过交叉口了，而是随机到达并通过；对于接近饱和状态，排队消散后的剩余绿灯时间非常短，整个绿灯时间的绝大部分车辆都是饱和通过的；对于恰好饱和状态，绿灯结束时排队正好消散，因此整个绿灯时间内，车辆都是饱和通过的；对于过饱和状态，绿灯结束时仍有排队剩余，排队无法完全消散，因此整个绿灯时间内，车辆同样都是饱和通过的。由此，可以引入"绿灯时间利用率"的概念来描述交叉口的饱和状态。绿灯时间利用率定义为车辆饱和通过的时间与绿灯时间的比值，即

$$\eta_{ij}=\frac{t_{ij}}{g_i} \tag{9-15}$$

式中 η_{ij}—— 相位 i 中流向 j 的绿灯时间利用率；

t_{ij}—— 相位 i 中流向 j 的车辆饱和通过时间，s；

g_i—— 相位 i 的绿灯时间，s，严格意义上这里的绿灯时间是有效绿灯时间。

当 $\eta_{ij}=1$ 时，意味着该流向恰好饱和或过饱和，也就意味着交叉口恰好饱和或过饱和。由于恰好饱和只是一个临界状态(到达流量恰好等于通行能力)，因此这里不对恰好饱和与过饱和做严格区分，将 $\eta_{ij}=1$ 的情况都称为过饱和。

可见，绿灯时间利用率也是一种交叉口过饱和的判别方法。当然，需要排除一种特殊情况，即在实行绿波协调控制时，车流以车队形式饱和通过交叉口，此时绿灯时间利用率也可能为 1，但并不意味着交叉口过饱和。

基于绿灯时间利用率，可以将评估过饱和风险的指标定义为

$$R_{\mathrm{ov}}=\max_{i,j}\eta_{ij}=\max_{i,j}\frac{t_{ij}}{g_i} \tag{9-16}$$

式中，R_{ov} 为交叉口过饱和风险，即各个流向绿灯时间利用率的最大值。R_{ov} 越接近 1 表明过饱和风险越大，$R_{\mathrm{ov}}=1$ 表明已经过饱和。

由于到达流量是不断变化的，t_{ij} 在不断变化，因此 R_{ov} 也是动态变化的(当然，如果交叉口一直处于过饱和状态，则 R_{ov} 一直为 1)。过饱和风险防控的目标是在任意时刻，使 $R_{\mathrm{ov}}<1$。考虑到 R_{ov} 很接近 1 时是很不稳定的状态，随时可能过饱和，因此一般来说应预留一定的缓冲空间，如将目标定为：$R_{\mathrm{ov}}\leqslant 0.9$。

9.3.2 过饱和预防与疏解控制技术

本书 9.2 节所述的溢流风险防控主要是针对节点交通拥堵特别严重的情况。而对于节点交通拥堵刚开始，还不是那么严重的情况，可以将过饱和风险防控作为目标，采取相关措施预防与疏解交叉口过饱和状态。

实际上，用于溢流预防与疏解的措施，对于过饱和预防与疏解同样适用，见本书 9.2.2 节，这里不再赘述。

以下从交叉口的交通供需关系出发，针对过饱和防控与疏解的信号控制技术，展开讨论。

有时，发生过饱和现象不是因为交叉口能力不足，而是交通供给与需求的不匹配。由于交叉口进口道的车道功能划分与信号配时方案是固定的，当流量发生较大变化时，可能出现一些流向的通行能力有较大浪费，而一些流向过饱和的情况。在这种情况下，可以考虑基于交通检测器检测到的实时流量（条件不允许时也可以基于历史同期的流量数据），动态调整信号配时方案；进一步，车道功能划分也可以是动态的，即在进口道设置可变导向车道，如图 9-3 所示。图中左转车道与直行车道之间的车道被设置为可变导向车道，这条车道的属性是不定的，或者说是动态变化的，有时为左转车道，有时为直行车道，视具体交通流量而定。

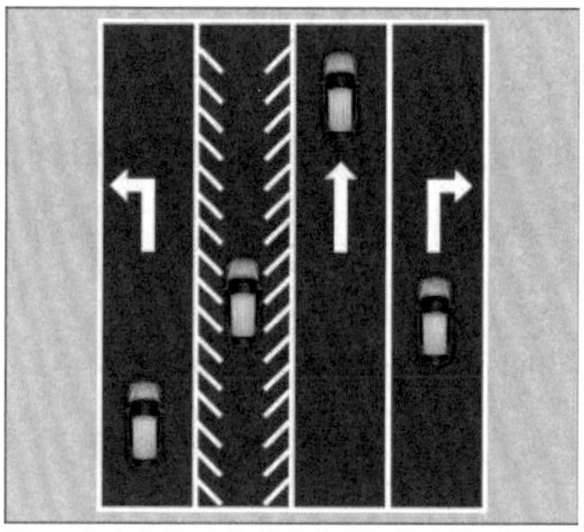

图 9-3　交叉口可变导向车道

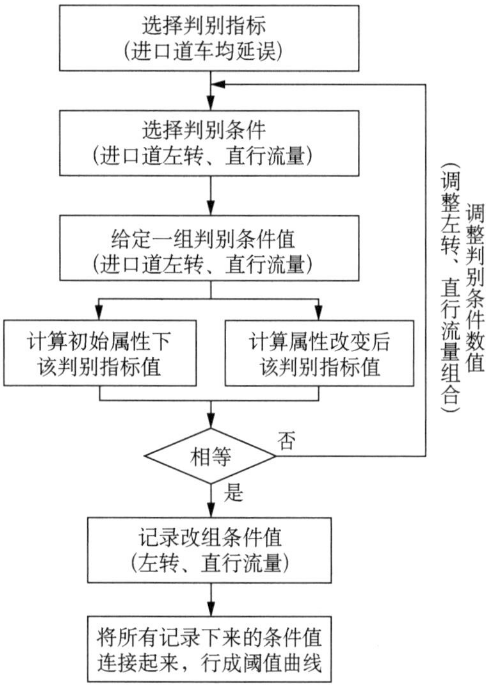

图 9-4　可变导向车道属性改变阈值确定流程

可变导向车道在不同条件下应为何种属性，可基于属性改变的阈值来确定。阈值确定的基本流程如图 9-4 所示[11]。需要注意的是，可变导向车道需要配合动态信号配时方案，从时间和空间上同时优化交通供需的匹配，才能取得良好的效果。

然而，如果交通需求实在过大，导致无论怎么调整车道功能划分或信号配时方案，都无法避免过饱和时，又该如何应对与疏解？传统的 Webster 配时法并不适用于过饱和交叉口，因为在过饱和状态下，其交通条件已不再符合 Webster 方法的建模前提了。对此，不少学者提出了适用于过饱和交叉口的信号控制技术[12]。

目前，常用的方法主要是美国《道路通行能力手册》（*Highway Capacity Manual*，*HCM*）推荐的方法，该方法既适用于低饱和也适用了超饱和的交通条件[13]，具体方法详见相关参考文献，这里不再赘述。

参考文献

[1] 中华人民共和国住房和城乡建设部.城市道路工程设计规范(2016 年版):CJJ 37—2012[S].北京:中国建筑工业出版社,2012.

[2] 董晓刚.城市交通溢流预防和控制策略研究[D].济南:山东大学,2017.

[3] 吕瑶璐.交叉口溢流实时判断及快速疏导方法研究[D].广州:华南理工大学,2018.

[4] LAGO A, DAGANZO C F. Spillovers, merging traffic and the morning commute[J]. Transportation Research Part B: Methodological, 2007, 41(6): 670-683.

[5] 佀君淑.基于视频信息的城市交通溢流识别研究[D].济南:山东大学,2014.

[6] MICHALOPOULOS P G, STEPHANOPOULOS G, STEPHANOPOULOS G. An application of shock wave theory to traffic signal control[J]. Transportation Research Part B: Methodological, 1981, 15(1): 35-51.

[7] 齐立群,云美萍,杨晓光.短连线交叉口饱和条件下相位差优化设计研究[J].交通信息与安全,2013,31(2):128-133.

[8] LONGLEY D. A control strategy for a congested, computer-controlled traffic network [J]. Transportation Research, 1968,2(4):391-408.

[9] GAZIS D C. Optimum control of a system of oversaturated intersections[J]. Operations Research, 1964, 12(6): 815-831.

[10] 钱喆,徐建闽.基于线圈检测的过饱和交通状态判别[J].华南理工大学学报(自然科学版),2013,41(8):93-98.

[11] 李灿,赵欣.信号交叉口设置可变导向车道的阈值条件研究[J].武汉理工大学学报(交通科学与工程版),2016,40(6):1078-1082.

[12] 徐建闽,荆彬彬,卢凯.过饱和状态下的单交叉口最小延误信号周期模型[J].控制理论与应用,2015,32(4):521-526.

[13] MANUAL H C. Highway Capacity Manual[R]. Washington D.C., 2016.